城厢年鉴

YEARBOOK OF CHENGXIANG 2018

莆田市城厢区人民政府　主办

莆田市城厢区地方志编纂委员会　编

方志出版社
Publishing House of Local Records

《城厢年鉴》编纂委员会

顾　问：王文才（区委书记）
　　　　王国太（区人大常委会主任）
　　　　黄志强（区政协主席）
主　任：吴文恩（区委副书记、区长）
副主任：黄美光（区政府副区长）
委　员：陈福平（区委办公室主任）
　　　　陈庆中（区人大办公室主任）
　　　　蔡建志（区政府办公室主任）
　　　　黄黎明（区政协办公室主任）
　　　　林雪琳（区纪委副书记、监察委副主任）
　　　　林祖宪（区委组织部副部长、正科级组织员）
　　　　潘建生（区委宣传部副部长）
　　　　叶建平（区委统战部副部长）
　　　　俞学军（区委政法委副书记、区综治办主任）
　　　　徐达威（区发改局局长）
　　　　林春生（区经信局局长）
　　　　许玉树（区财政局局长）
　　　　黄锦南（区统计局局长）
　　　　刘都峰（区农业局局长、农办主任）
　　　　林凤棋（区保密局局长）
　　　　雷碧霞（区档案局局长）
　　　　林建如（区方志委主任）

编纂委员会下设编辑部，作为常设机构，与区地方志编纂委员会合署办公。

主　编：林建如
副主编：吴胜飞　郑美梅
编　辑：谢　彬　陈荔婷　方友新　吴娓金　卢永芳

城厢区地图

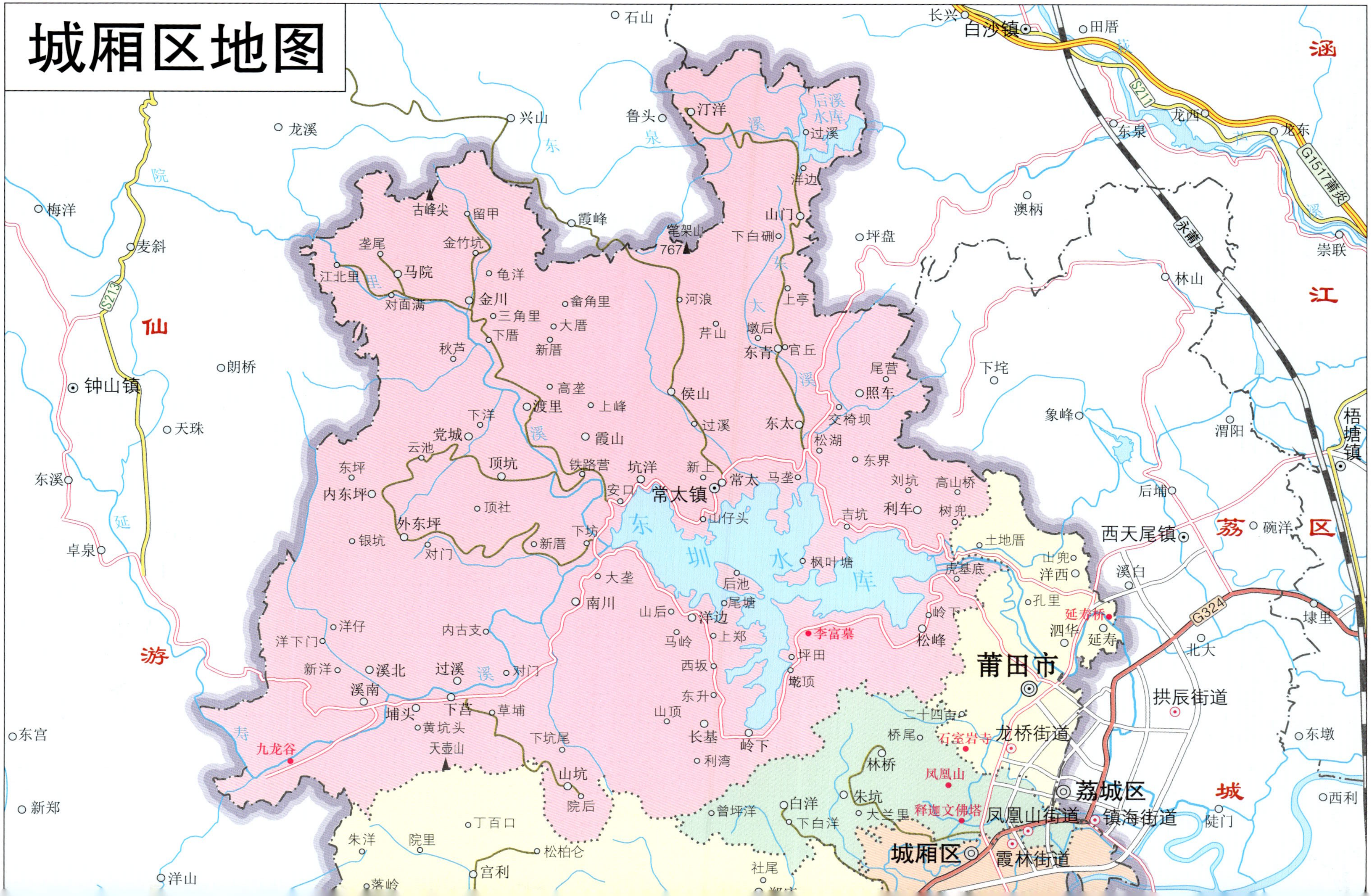

莆田市
城厢区
荔城区
常太镇
西天尾镇
白沙镇
梧塘镇
钟山镇
东圳水库
后溪水库
龙桥街道
凤凰山街道
霞林街道
拱辰街道
镇海街道
涵江区
荔城区
仙游
石室岩寺
凤凰山
释迦文佛塔
延寿桥
李富墓
九龙谷
笔架山 767
古峰尖
天壶山
G1517莆炎
G324
S211
S213
永莆

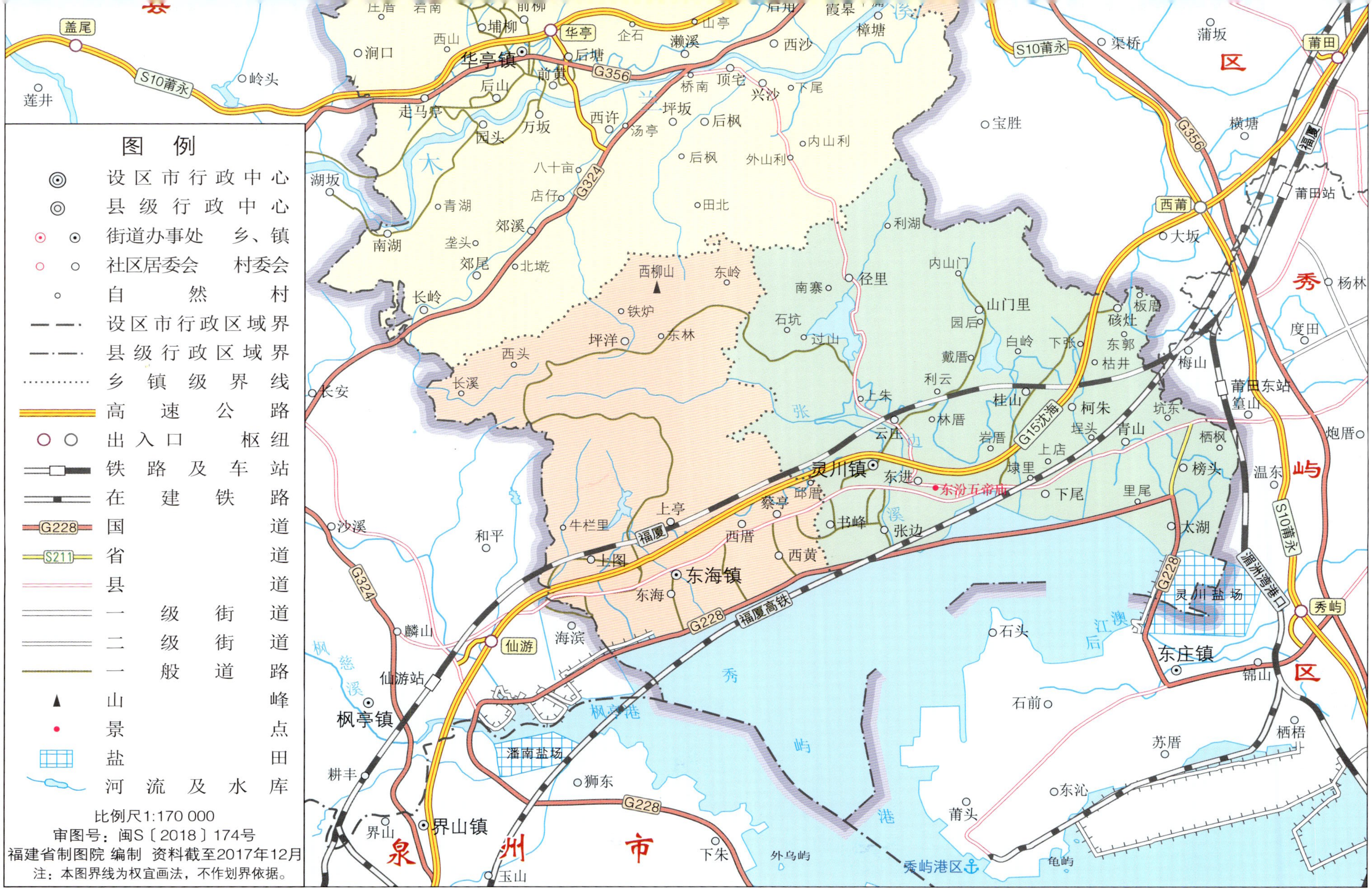
图 例
设区市行政中心
县级行政中心
街道办事处 乡、镇
社区居委会 村委会
自然村
设区市行政区域界
县级行政区域界
乡镇级界线
高速公路
出入口 枢纽
铁路及车站
在建铁路
G228 国道
S211 省道
县道
一级街道
二级街道
一般道路
山峰
景点
盐田
河流及水库
比例尺1:170 000
审图号：闽S〔2018〕174号
福建省制图院 编制 资料截至2017年12月
注：本图界线为权宜画法，不作划界依据。
灵川镇
东海镇
华亭镇
东庄镇
枫亭镇
界山镇
秀屿区
泉州市
S10莆永
G356
G324
G228
G15沈海
福厦
福厦高铁
莆田
西莆
秀屿
盖尾
华亭
仙游
莆田站
莆田东站
仙游站
湄洲湾港口
灵川盐场
潘南盐场
秀屿港区
东汾五帝庙
西柳山
莲井
岭头
涧口
西山
埔柳
后塘
前黄
后山
走马亭
园头
万坂
西许
汤亭
八十亩
店仔
郊溪
圭头
青湖
郊尾
北埯
南湖
长岭
湖坂
企石
濑溪
山亭
西沙
樟塘
霞皋
桥南
顶宅
兴沙
下尾
坪坂
后枫
内山利
外山利
田北
宝胜
渠桥
蒲坂
横塘
大坂
杨林
度田
炮厝
温东
利湖
内山门
径里
南寨
山门里
园后
石坑
过山
铁炉
东岭
东林
坪洋
西头
长溪
长安
白岭
下张
戴厝
利云
上朱
林厝
云庄
桂山
岩厝
柯朱
埕头
青山
上店
埭里
东进
邱厝
蔡亭
西厝
西黄
书峰
张边
上亭
牛栏里
上图
东海
海滨
沙溪
和平
麟山
耕丰
界山
玉山
狮东
下朱
外乌屿
莆头
东沁
石前
苏厝
栖梧
龟屿
锦山
石头
太湖
里尾
下尾
榜头
栖枫
坑东
梅山
篁山
板厝
硋灶
东郭
枯井
张
溪
木
兰
秀
屿
港
枫亭港
枫慈溪
江澳
后

12月26日，城厢区召开九届人大二次会议召开 （许金珊／摄）

12月25日，城厢区召开政协八届二次会议召开 （蔡新添／摄）

1月18日，城厢区召开创建国家食品安全示范城市动员大会　（蔡新添 / 摄）

5月5日，城厢区召开创建全国文明城市动员大会　（蔡新添 / 摄）

1
2 | 3 | 4

1 城厢一角
（许 武／摄）

2 “八二一”路延伸线
（蔡新添／摄）

3 联十一线柯朱段
（陈金楷／摄）

4 城北夜景
（许金珊／摄）

3月21日，城厢区举办安福首届电商招聘会

（陈　峰／摄）

6月18日，城厢区举办“海西第一届快消品+互联网大会暨汇犇B2B平台产品‘快巢’发布会”

（陈　峰／摄）

3月27日，城厢区举办电商培训

（陈　峰／摄）

10月25日，城厢区大型LED宣传车首次走进田间地头
（许金珊/摄）

新路鞋业生产车间
（陈　峰/摄）

10月20日，常太镇东青村收割晚稻
（许金珊/摄）

弘扬传统文化 提升核心素养
城厢区首届小学生规范
汉字听
大赛

城厢区教师“三笔字”

城厢区中小学中华经典诵读
孝敬 友善
俭 诚信
主办单位：中共
城厢区文明办
莆田
区教育局
承办单位：城厢
湖小学
城厢
里小学

1	2	
3		4
		5

1　5月1日，城厢区举办首届小学生汉字规范听写大赛（凡　英／摄）

2　5月17日，城厢区在灵川十八中举办教师“三笔”比赛（易振环／摄）

3　5月31日，城厢区在华亭镇南湖村举办经典诵读比赛（梁亦娴／摄）

4　6月23日，科技走进东海镇蔡亭小学（余思宁／摄）

5　12月26日，文献中学举办30周年校庆（陈　峰／摄）

11月25日，城厢区中小学美术老师在九龙谷开展“美丽城厢”写生系列活动

（许金珊 / 摄）

9月11日，区卫计局、区红十字会、区医院在文献中学联合开展第18个“世界急救日”主题宣传活动

（沈慧清 / 摄）

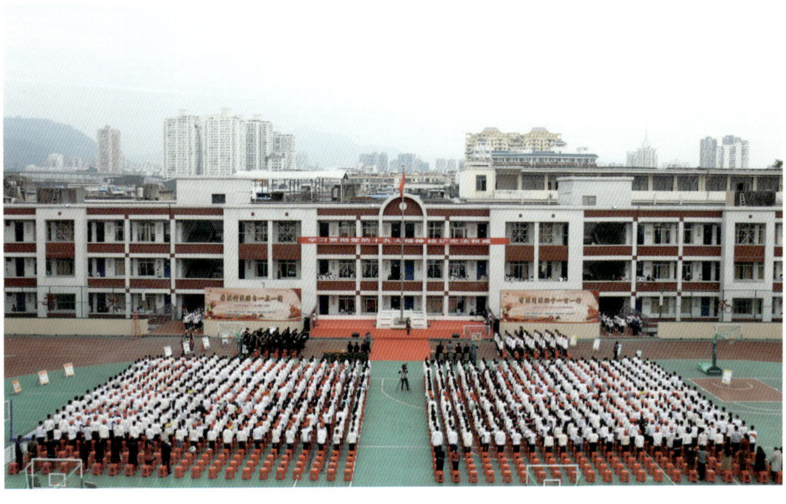

12月4日，城厢区司法局在南门学校开展“12·4”国家宪法日宣传活动

（许帅娟 / 摄）

2月22日，常太镇境内首次出土夏商时期原始瓷

（常太镇／提供）

区级非物质文化遗产项目——东沙村蔡起德油纸灯笼制作技艺

（易振环／摄）

区级非物质文化遗产项目——金沙宫上元祈福习俗

（蔡新添／摄）

龙桥街道泗华村　（许金珊／摄）

东海镇上亭村　（易振环／摄）

灵川镇张边村　（黄知岸／摄）

华亭镇涧口村　（蔡新添 / 摄）

常太镇莒溪村　（梁亦娴 / 摄）

5月28日，市文联、区委宣传部、区文联在恒大御景联合举办“美丽莆田踏歌行”文艺演出

（梁亦娴／摄）

6月30日，区委组织部、区委宣传部、区直机关党工委联合举办“放歌新城厢·喜迎十九大”歌咏比赛

（蔡新添／摄）

2月10日，华亭镇前黄村举办元宵晚会

（曾龙挺／摄）

9月29日，霞林街道屿上村举办龙舟竞赛
（陈　峰／摄）

9月5日，筱塘小学举办秋季开学典礼暨“助力武术入奥”
（许金珊／摄）

6月25日，常太镇人民政府举办、市自行车协会承办“绿色常太　美丽圳湖”自行车环库骑行活动
（林盈青／摄）

编辑说明

一、《城厢年鉴》是由城厢区人民政府主办、城厢区地方志编纂委员会负责编纂的大型地方性综合年鉴，首部年鉴于2010年始。《城厢年鉴》所刊载资料系统、翔实、准确，具有权威性，为国内外读者全面了解、研究城厢提供帮助。同时，也为编修地方志书积累资料。

二、《城厢年鉴》（2018）以马克思列宁主义、毛泽东思想、邓小平理论、“三个代表”重要思想、科学发展观、习近平新时代中国特色社会主义思想为指导，全面系统地记载2017年城厢区政治、经济、文化、社会等各方面的基本情况。记事时限为2017年1月1日至2017年12月31日。

三、本年鉴共设特载、专辑、大事记、区情概览、中共莆田市城厢区委员会、莆田市城厢区人民代表大会、莆田市城厢区人民政府、政协莆田市城厢区委员会、法治 军事、民主党派 社会团体、财政 税务、金融 保险、经济管理、农业 水利、工业 商业、建设 环保、交通 通信、教育 科技、文化 旅游、卫生 计划生育、人力资源 社会保障、民政、镇街、人物 名录、附录、索引等26个类目，其中含119个分目，931个条目。特载、专辑、大事记、人物 名录、附录、索引不计入分目、条目统计。

四、本年鉴的所有资料均由区直各部门、各镇（街道）、管委会及有关单位提供，并由各参编单位组织审定；若有遗漏的内容，即是涉及部门单位未有提供基本资料；采用的统计数字属全区性的，均以区统计局公布的资料为准，不属区统计局统计的部门性资料，由主管部门提供。因部门之间统计口径不同，个别数据在不同条目中不尽一致，使用时请注意出处。

五、本年鉴采用规范的现代汉语记述。文字、标点符号、计量单位均以国家现行规范为准。

六、本年鉴的组稿、编辑、印刷、出版等工作得到各相关单位、镇（街道）的大力支持，对关心支持年鉴工作的各级领导及参与文稿编辑、审定的同志所付出的辛勤劳动，在此致以衷心的谢忱！《城厢年鉴》内容广泛，采编时间仓促，加上编者水平有限，疏漏差错之处在所难免，恳请广大读者批评指正。

目 录

特 载

专 辑

大事记

区情概览

中共莆田市城厢区委员会

莆田市城厢区人民代表大会

莆田市城厢区人民政府

政协莆田市城厢区委员会

法治　军事

民主党派　社会团体

财政 税务

金融 保险

经济管理

农业　水利

工业　商业

建设 环保

交通 通信

教育 科技

文化 旅游

卫生　计划生育

人力资源　社会保障

民　政

人物　名录

附　录

索　引

区委常委会工作报告

（2017年11月27日在城厢区委九届六次全会上）

城厢区委书记　王文才

我受区委常委会委托，向全会报告区委九届三次全会以来的工作。

一年来，在市委市政府的坚强领导下，区委常委会认真学习贯彻习近平新时代中国特色社会主义思想，全面落实“五位一体”总体布局和“四个全面”战略布局，围绕区第九次党代会确定的奋斗目标和主要任务，团结带领全区广大党员干部群众，全面贯彻落实中央和省委、市委的各项决策部署，推动经济、政治、文化、社会、生态文明建设和党的建设取得新进展。

一、坚持抓好首要政治任务，迅速兴起学习宣传贯彻热潮

党的十九大，是在全面建成小康社会决胜阶段、中国特色社会主义进入新时代的关键时期召开的一次十分重要的会议。围绕迎接党的十九大胜利召开，区委精心组织、周密安排，坚持严格标准，做好出席党的十九大代表的推选工作；深入学习贯彻习近平总书记“7·26”重要讲话精神，进一步强化“四个意识”，增强同以习近平同志为核心的党中央保持高度一致的政治自觉、思想自觉和行动自觉；精心组织“砥砺奋进的五年”重大主题宣传，全面展示党的十八大以来我区改革发展取得的显著成就，动员和激励各级各部门以高度负责、奋发有为的精神状态，扎实做好各项工作，以优异成绩迎接党的十九大胜利召开。

党的十九大召开期间，区委组织全区广大党员干部第一时间收听收看党的十九大电视直播盛

况。党的十九大闭幕后，区委常委会把学习宣传贯彻党的十九大精神作为首要政治任务，立即召开区委常委会（扩大）会议进行传达贯彻，及时下发《通知》，对全区学习宣传贯彻十九大精神进行全面部署，在全区上下迅速兴起了学习宣传贯彻的热潮。

一是坚持领导带头。区委常委及其他几套班子领导同志以身作则，带头原原本本、认认真真学习，并分赴挂钩村、联系点进行宣讲，以实际行动带动广大干部群众学习，切实把干部群众思想行动统一到十九大精神上来，把智慧力量凝聚到十九大确定的各项目标任务上来。

二是丰富学习形式。向各级党组织推荐、分发《十九大报告》《中国共产党章程》《党的十九大报告辅导读本》。发挥理论学习中心组、“夜间学堂”等学习阵地作用，通过集中学习、专题讨论、个人自学等方式，引导广大党员干部读原文，悟原理，结合实际，学深学透。邀请十九大代表作宣讲报告，做好市委宣讲团在我区宣讲相关工作。

三是营造浓厚氛围。广泛开展新闻舆论宣传，区主要媒体平台开设专题专栏，刊发系列解读文章，同时组织新闻记者深入基层一线，宣传报道广大干部群众学习贯彻的典型事迹、工作实效和良好风貌。大力开展社会宣传，组建区委宣讲团和宣讲小分队，进企业、进农村、进机关、进校园、进社区，开展对象化、分众化、互动化宣讲，推动十九大精神家喻户晓、入脑入心。中央电视台、福建电视台新闻频道相继对我区的学习宣传情况作了报道。目前，全区各级党组织和广大党员干部正按照中央、省委、市委和区委的要求，不断把学习宣传贯彻党的十九大精神引向深入。

二、坚持实干担当，努力形成比学赶超浓厚氛围

今年是落实区第九次党代会目标任务的开局之年。区委常委会认真落实《建设美丽莆田行动纲要》，按照“一个目标、六个先行、四个保障”总体工作要求，把每个行动落实到具体的项目、责任人、时间节点上，推动美丽莆田建设在城厢全面铺开。

不断凝聚发展合力。每个品牌、每个专项行动都成立了指挥部，由一名区领导任指挥长，制定年度行动计划，并分解到具体项目上，落实到每个部门、每个镇（街道）、每个干部身上，实施挂图作战，推动形成了建设美丽莆田先行区的强大合力。在全区开展“转作风、提效率，美丽莆田我先行”主题实践活动，大力推行“一线工作法”，明确任务表、时间表、进度表，倒排工期，挂图作战，做到问题当面提，能办马上办。每季度开展一次全区性项目检查现场会，倒逼责任单位主动破解问题，同时加强专题报道，形成比学赶超、奋勇争先的发展氛围。

逐步完善工作机制。探索创新工作机制，逐步形成较为完善的工作体系和组织架构。建立项目考评、快速协调、审批服务、融资对接等机制，保障项目要素和责任落实。实行目标管理，全面梳理工作任务、目标进度，细化分解落实。完善项目工作机制，实行一周一例会、两周一调度、一月一通报的“121”项目推进机制，确保工作无缝衔接；完善正向激励机制，扎实推进一线考察干部，树牢“以实干论英雄、凭实绩用干部”的导向；完善督查考评机制，对列入市建设美丽莆田重点项目实行半月一督查一通报，以目标倒逼进度，以任务倒逼责任人。

更加注重典型引领。坚持典型引领，注重从每个行业、每个领域、每个镇（街道）选树典型，培育形成“指挥部+党支部”的项目党建模式、征迁“四张牌”“项目攻坚微信群”、指挥长联席会议制度平台、“互评互看互学”活动等一批好经验好做法，通过指导培育、现场观摩、推广运用，切实发挥典型的

示范引领作用，以点带面推动整体工作水平提升。

三、坚持稳中求进，全力推动经济持续健康发展

区委常委会坚持贯彻新发展理念，紧抓供给侧结构性改革这一主线，加大重点项目攻坚协调力度，加快产业转型升级步伐，跨越发展的基础得到进一步夯实。

发展态势保持良好。坚定咬住全年目标任务不放松，采取积极措施，抓保障、抓运行、抓调度，全区经济保持平稳健康发展。今年1-9月份，地区生产总值完成247.09亿元，比上年增7.6%；社会消费品零售总额完成153.66亿元，比上年增15.3%；农林牧渔业总产值完成13.57亿元。1-10月份，全社会固定资产投资完成186.49亿元，比上年增3.4%；规模以上工业产值完成279.92亿元，比上年增10.7%；财政总收入完成27.63亿元，比上年增14.3%，其中地方级财政收入完成18.29亿元，比上年增10%；外贸出口总额完成45.09亿元，比上年增4.5%。其中，社会消费品零售总额增幅排名全市第一，财政总收入、规模以上工业增加值增幅排名全市第二，地方级财政收入、外贸出口总额增幅排名全市第三位。

发展质量不断提升。坚持把发展经济的着力点放在实体经济上，把提高供给体系质量作为主攻方向,不断增强经济创新力和竞争力。一是加快发展现代服务业。全力推进电子商务、金融服务、总部经济、文创产业、全域旅游等现代服务业集聚区建设，三产占GDP比重连续10年超50%，三产业增加值占全市比重为25.4%，占比全市第一，总量全市第一；电商企业超1000家，其中限规模以上电商企业达142家，1-10月份完成销售额113亿元，同比增长31% ，仅双11销售额就突破9亿元；浦发银行、厦门国际银行等入驻名邦豪苑金融总部楼宇；全域旅游示范区建设扎实推进，1-10月接待游客628万人次，实现旅游收入60亿元。二是加快工业转型升级。实施创新驱动战略，推动企业技术创新，新增科技型企业11家、省科技小巨人领军企业7家，主导或参与制定并发布国家标准、行业标准2项，11家企业入围省技术创新重点项目。采取机器换工、电商换市、两化融合、并购重组等举措，提质提升一批传统企业，做大做强一批龙头企业，有1家企业获工信部两化融合贯标称号(全市两家)，1家企业被质检总局、国家认监委认定为“三同企业”，2家企业被认定为省级质量标杆企业（全省仅10家，全市两家均在我区），1家企业被确定为省级工业企业品牌培育试点企业（全省20家、全市唯一），4家企业获评福建省“专精特新”企业。不断加大扶持力度，研究出台促进工业创新转型稳定增长补充意见、开展园区资产按揭贷款等一系优惠列政策，兑现惠企资金3200多万元，为41家次企业转贷11亿元，有效缓解企业资金压力。三是加快发展现代农业。落实绿色产业一产行动计划，扎实推进花卉世界等25个重点农业项目建设，推动农业与电商融合发展，打造全市首个农产品直销特供新模式，农业综合效益稳步提升。

发展后劲持续增强。坚持以贯彻“建设美丽莆田行动纲要”为载体，谋划和推进一批重点项目，促进投资有效增长。1-10月份，全区438个重点项目完成投资170亿元，完成年度计划的96.6%；17个省重点项目超额完成年度目标，48个市重点项目完成年计划投资的91.4%；11个“市30大美丽莆田重点攻坚项目”得到有序推进。特别是福厦客运专线等项目的开工建设，华源纺织城、天龟线等项目的竣工（投产），以及电商小镇、鞋艺小镇等项目的加快推进，项目保持持续滚动态势。此外，我们强化征迁扫尾，组织精干力量，突破顶墩下黄整村改造、城区4条“断头

路”等历史遗留征迁难题，全年征地超2000公顷，拆除房屋40万平方米以上，成功挂牌出让洋西六、八期等5宗350公顷土地；加大招商引资力度，先后到北京、深圳等地开展招商活动，引进中电海西（莆田）互联网经济产业园、三利谱偏光片等18个重大项目，总投资126.6亿元，这些都大大增强了我区的发展后劲。

四、坚持民生为本，不断提高群众幸福指数

区委常委会坚持以人民为中心的发展理念，始终把解决民生问题作为最大政治，把改善民生作为最大政绩，把解决好人民群众最关心最直接最现实的利益问题放在各项工作的首位，不断提高人民群众的获得感、幸福感、安全感。

完善社会保障体系。切实办好15件年度为民办实事项目，回应群众关切，满足群众需求。深入实施精准扶贫、精准脱贫，确保年内建档立卡贫困户752户2303人全部脱贫、7个贫困村全部摘帽。加快安置房和保障房项目建设，鲤鱼山二期、雷山二期等6个安置房实现回迁，泗华滨溪二期、霞林片区安置房等4个安置房进入扫尾。养老服务体系初步建立，建成农村幸福院23个、社区居家养老服务站18个。城乡低保人均补助水平进一步提高，共发放低保补助等各类救助资金约2000万元。就业保障体系不断完善，新增城镇就业人员2603人，帮助下岗失业人员再就业321人，期末城镇登记失业率为2%，低于市控目标。

加快社会事业发展。召开区委九届五次会议，研究部署教育、医疗卫生、养老、城乡民生基础设施等领域补短板问题，推动相关领域投入大幅增长。坚持教育优先发展，建成太平小学一期、东沙中学等一批改扩建项目，中小学标准化、信息化程度进一步提高，教育集团建设深入推进，中、高考平均分、优秀率等综合评价居全市第一，义务教育教学质量通过国家监测。医药卫生体制改革不断深化，启动城区医联体建设试点组建，完成35个村卫生所一体化建设，公共卫生服务保障能力持续增强。加快建设创新型城区，积极创建全国知识产权强县试点。巩固提升人口计生“国优”水平，考评位居全市前列。认真做好“双拥”创模迎评工作，荣获“省双拥模范城”四连冠。

维护社会安全稳定。以保障厦门会晤顺利举办和党的十九大胜利召开为重点，加大维稳工作力度，社会总体保持安定稳定。深入开展“雪亮工程”建设，布建视频监控探头11721个，建设“电子警察小区”723个，布建高清治安卡口53个，实现公共安全视频“全覆盖”“两抢一盗”发案率同比下降19.8%。积极探索“网格10+”模式，创新提升大调解中心、劳动关系“1+N”调解、名人调解、商会调解、律师申诉代理等多元矛盾调解机制，做实城厢大调解品牌。严格落实安全生产“党政同责、一岗双责、失职追责”，集中开展“21+1”个重点行业领域安全生产大排查、大整治和大检查，有效组织防抗“海棠”和“纳沙”等强台风，切实保障人民群众生命财产安全。全面落实省委、省政府关于进一步提升金融服务水平防范金融风险的通知要求，提前完成今年13.59亿元的不良余额控制目标。

五、坚持问题导向，认真落实改革开放各项任务

区委常委会认真贯彻中央和省委、市委关于全面深化改革的会议精神，从制约我区经济社会发展的深层次、关键性问题着眼，通过深化改革，理顺关系、解决难题、释放活力。加大“简政放权、放管结合、优化服务”改革力度，调整或取消行政许可、行政权力、公共服务、中介服务和前置审批事项265项，深化“多证合一”、电子营业执照

增发等商事制度改革，营造服务发展的良好环境，全区企业数增幅达28%。探索推进社会治理体系改革，“立体化”治安防控体系为全省、全国树立典型，视频技战法经验获得公安部改革创新大赛优秀奖；“多元化解”和“网上大调解”2个典型案例入选全国创新社会治理典型优秀案例；综合执法和服务治理“网格化”工作为全市提供了“样本”。深入推进共建美丽乡村工作，探索出“户分类、村收集、镇中转、县（区）处理”常态卫生保洁、“政府主导、社会参与、群众合理负担”资金多元投入、“三随机、三查”督查考评等长效机制，共建美丽乡村工作走在全市前列，涌现出埔柳、马院、径里等一批示范村，在今年全市季度考评中获第一名1次，第二名2次。在对外交流上，深化对台合作，创建莆田市妈祖书画院采风基地，两岸文化艺术交流、中华五帝文化节、妈祖书画精品大巡展等列入国台办重点对台交流项目；主动对接“5·18”“6·18”“9·8”等投洽会，并组织油画企业赴葡萄牙里斯本参加礼品展，成功对接项目成果 155项，汇总引进、洽谈外资项目8个。

六、坚持正确引导，全面加强宣传思想文化工作

区委常委会认真落实党委意识形态工作主体责任，紧扣迎接宣传贯彻党的十九大工作主线，围绕全区改革发展稳定大局，牢牢把握政治方向，坚持正确导向，推动宣传思想文化工作再上新台阶。

加强理论武装和舆论引导。把学习宣传贯彻习近平新时代中国特色社会主义思想作为重中之重，组织区委中心组集中学习24次，科级干部“夜间学堂”6期，引导党员干部坚定“四个自信”。深化中国特色社会主义和中国梦宣传教育，组织开展“理论进基层”“社科普及周”等活动，推动党的理论创新成果深入人心。围绕习近平总书记系列重要讲话精神、党中央治国理政新理念新思想新战略、迎接宣传贯彻党的十九大等重大主题，组织采写新闻稿件900多篇（幅），刊发在中央、省级和市级主流媒体，形成良好舆论声势。落实意识形态工作主体责任制，做大做强《今日城厢》新媒体宣传平台，为全区经济社会发展营造良好的舆论氛围。

深化精神文明创建。围绕迎接全国文明城市和全省文明城区总评，组织开展系列创建活动，推动公民文明素质和城乡文明程度进一步提升。以培育和践行社会主义核心价值观为根本，大力加强公民道德建设，培育推选“福建好人”2名、省级“最美家庭”1户、市级“最美家庭”12户、市道德模范1名，推动形成见贤思齐、崇德向善的良好氛围。广泛开展文明单位、文明学校、文明村镇、文明社区、文明家庭等群众性精神文明创建活动，常太镇马院村被评为第五届全国文明村镇。

加快文化强区建设。全面推进基本公共文化服务标准化均等化，新建全民健身点、农家书屋、多功能运动场所等文体设施45个。举办群众性文体活动近20场，市第四届运动会现场比赛金牌数位居全市第一。加大优秀传统文化保护弘扬力度，新建非遗项目传习所2个，新增区级文物保护单位9处，组织创作《红色马院》《家园记忆》、闽中三年游击战历史主题油画等一批优秀文艺作品。重点扶持欧雅艺术、腾晖木雕等一批核心竞争力强的大型文化企业，提升全区文化产业整体发展水平。

七、坚持绿色发展，狠抓生态文明建设

区委常委会牢固树立绿水青山就是金山银山的意识，持续

深化生态文明建设，完善体制机制，解决突出问题，努力让城厢的天更蓝、地更绿、水更清、空气更清新。

完善生态文明体制机制。开展生态环境损害赔偿工作、重点生态区位商品林赎买工作试点，落实木兰溪、延寿溪等重点流域生态保护补偿办法，进一步完善我区生态文明建设制度体系，促进经济社会发展与生态环境保护双赢。落实产业投入产出机制，明确全区重点产业投入与产出控制指标，形成以技术创新、税收贡献、生态环保为导向的产业促进机制。

强化环保突出问题整治。以中央环保督察为契机，全面开展环境整治，拆除关闭畜禽养殖场275家、石材加工厂和粘土机砖厂156家，拆除面积12万平方米，淘汰黄标车836辆、改造提升20蒸吨以下燃煤锅炉36台。继续创建国家森林城市，抓好城区绿地、主干道、人行道绿化补植及屋顶绿化工作，累计造林绿化8630公顷，全区森林覆盖率达71.89%，居全市第一，生态环境持续优化。以整改中央、省环保督察交办的26件环境问题为契机，进一步补齐农业、工业和生活污染治理短板，切实解决一批群众反映强烈的环境污染问题，办结率100%。

抓好环境污染防治。全面推进河长制，全区72条中小河流有了“河长”，设置了河道警长以及河道督查长并向社会公示，全方位加强河岸管护。深入开展“六水共治”，完成全区33条共60公里河道清淤，推进木兰溪、南北渠连通等15公里重点防洪工程和延寿溪支流综合治理等一批“小流域综合整治”项目，整治龙桥溪、北渠等5条城区黑臭水体，创新PPP模式治理农村污水，河道水质及沿岸环境有效改善。实施大气污染防治、轻微污染天气应对和“测管联动”计划，稳步推进土壤污染防治，环境质量有效改善。

八、坚持依法治理，大力推进民主政治建设

区委常委会始终坚持中国特色社会主义政治发展道路，积极稳妥推进社会主义民主政治制度化、规范化、程序化，汇聚民心民智民力共促城厢建设。着力完善党委领导人大工作机制，经常听取人大关于重要活动和重大事项的汇报，大力支持区人大及其常委会依法履职；高度重视人大代表的建议，及时督促检查建议办理情况，代表建议办复率100%。加强协商民主制度建设，全力支持和保障人民政协履行职能，鼓励区政协就全区中心工作积极建言献策；加大对政协常委会建议案、委员提案的办理力度，推动科学决策、民主决策。加强和改进统战工作，密切与工商联、各人民团体及各界人士的联系和协作，加强党外知识分子工作，特别是新社会阶层人士的统战工作，密切联系和团结台港澳侨城厢籍乡亲，有力构建区委统一领导的大统战工作格局。创新群众工作体制机制和方式方法，推动工会、共青团、妇联等群团组织增强政治性、先进性、群众性，发挥联系群众的桥梁纽带作用。全面落实司法责任制，健全司法权力运行机制，构建“大服务”法律服务格局，依法治区工作深入推进。

九、坚持政治引领，坚定不移全面从严治党

区委常委会始终坚持党要管党、全面从严治党，全面推进党的政治、思想、组织、作风、纪律建设，把制度建设贯穿其中，切实把党的政治优势和组织优势转化为加快实现赶超的强大力量。

扎实推进“两学一做”常态化制度化。坚持以上率下，区委主要领导带头上党课、带头开展学习讨论、带头到基层指导推动工作，带动每个支部、每名党员都学起来。细化推进“两学一做”学习教育常态化制度化的实

施方案及重点工作任务分解，组织开展各类现场推进会、观摩会、座谈会，推动习近平新时代中国特色社会主义思想入脑入心。结合建党96周年，组织开展全省“六好”、全市“十佳”和全区先进典型推荐评选表彰活动，充分发挥典型引领和激励作用，让广大党员学有榜样、赶有目标。落实“主题党日”制度，推动党支部主题党日常态长效。

*大力加强领导班子和干部队伍建设。*结合实施梯队成才、一线保障、关心关爱等“三大工程”，切实加强换届后的领导班子和干部队伍建设。选派50多名科级干部参加社会治理、城乡建设、全域旅游等专题培训班，提高干部专业化水平。出台《关于选派干部参加项目征迁工作日常管理暂行规定》和《干部一线考察办法》，抽调82名区直机关干部参与项目一线攻坚，继续选派区直机关、事业单位征迁经验较丰富的干部作为一线工作队，进一步充实镇（街道）征迁力量，全力加快重点项目攻坚。今年以来，共有10多名在基层一线表现突出的干部得到提拔重用。严格落实省关心关爱基层干部二十条措施及市贯彻落实关心关爱基层干部十二条意见，探索建立正向激励、容错纠错机制，营造想干事、干成事的良好氛围。

*有效提升基层党建整体水平。*在全市率先成立一线党代表工作室，不断深化党代表联系服务群众作用，持续推动党代表联系服务群众常态长效。探索城市“家党建”工作，创新社区服务管理方式，优化城市基层党组织设置。健全中心村党委运行机制，推行中心村党委“四带工程”，进一步强化中心村党委在脱贫攻坚、壮大集体经济、美丽乡村建设等重点工作中的引领作用。提升“一刻钟”党建网格化管理机制，联合开展主题党日、惠企政策宣讲、人才孵化等区域合作活动，推动基层党建整体提升。

*深入推进党风廉政建设和反腐败斗争。*严格落实省委“五抓五看”要求，全力抓好2016年度省委、市委主体责任落实情况检查和“回头看”反馈问题整改，深化“两个责任”落实。深入开展“一县区一专项”整治，从严查纠“四风”问题，完善落实中央八项规定精神“1+X”专项督查机制，查处违反中央八项规定精神问题29起。探索推进“微巡察”试点，建立“三线并查”扶贫领域督查机制，着力发现和解决发生在群众身边的突出问题，查处损害群众利益案件35件。支持纪委推进纪律检查体制改革，实现派驻监督全覆盖。深入推进廉洁文化建设，打造“东圳移民精神展示馆”等“一园一馆”廉洁文化品牌，促进移风易俗工作制度化、常态化，营造风清气正的政治生态。坚持把纪律和规矩挺在前面，有效运用“四种形态”。坚持无禁区、全覆盖、零容忍，保持惩治腐败高压态势，1-10月，全区纪检监察机关立案137件，其中科级干部16件。

今年以来区委常委会工作的开展和取得的成绩，是市委市政府正确领导的结果，是全区干部群众共同努力的结果，各位区委委员、候补委员对常委会工作给予了真诚帮助和大力支持。新的时代要求新的作为，新的时代呼唤新的担当。进入新时代，我们要更加紧密地团结在以习近平同志为核心的党中央周围，坚持以习近平新时代中国特色社会主义思想为指导，坚决维护习近平同志为核心的党中央的集中统一领导，全面贯彻党的十九大精神，认真落实省委十届三次、四次全会和市委七届三次、四次全会精神，不忘初心牢记使命，勇于担当继续前进，全力打造人文宜居新城厢，建设美丽莆田先行区，为创建美丽中国的示范区作出新的贡献。

政府工作报告

（2017年12月26日在城厢区九届人大二次会议上）

城厢区人民政府区长　吴文恩

现在，我代表区人民政府向大会报告工作，请予审议，并请区政协各位委员和其他列席人员提出意见。

砥砺前行稳发展
新一届政府实现良好开局

2017年，在市委、市政府和区委的正确领导下，区政府团结依靠全区人民，深入学习宣传贯彻党的十九大及习近平总书记系列重要讲话精神，坚决落实省、市系列决策部署，围绕“打造人文宜居新城厢，建设美丽莆田先行区”，全力以赴稳增长、调结构、抓改革、惠民生，经济社会保持平稳健康发展，较好完成了区九届人大一次会议确定的各项目标任务。全区生产总值预计（下同）完成358.2亿元，增长9%。农林牧渔业总产值完成22.5亿元，同比持平。规模以上工业产值完成333.5亿元，增长10.2%。固定资产投资完成247亿元，增长17%。财政总收入完成30.8亿元，增长8.6%；其中地方级财政收入完成20.3亿元，增长3.1%。社会消费品零售总额完成217.7亿元，增长13%。外贸出口总额完成52亿元，增长1.8%。全体居民人均可支配收入完成32740元，增长9%。

（一）调结构、促转型，经济发展稳中有进

综合实力持续增强，三次产业比例预计由上年的3.7∶42.9∶53.4调整为3.4∶42.5∶54.1。

第三产业保持繁荣。三产增加值连续10年占GDP比重过半。“三转一市”成效显著，累计实现“个转企”23家、“小升规”88家，易汇融网络服务在前海股权交易中心挂牌，富力进出口列入省重点上市后备企业。电商产业不断集聚，全区现有电商企业1000多家，其中龙头电商企业达到144家，年销售额突破135亿元。高起点规划建设电商小镇，委托商务部电子研究院专家编制小镇规划，跨境电商生态园列入市试点单位并开园运营，逐步形成以安福电商城为基础，以跨境电商生态园、联发电商城和双洋电商产业园为载体的电商集聚发展商贸圈。出台专项政策，大力扶持电商自主品牌，莫蕾蔻蕾、一枝春等6家企业获得省著名商标认定，赶淘、鑫富来等15个自主品牌获得市知名商标称号。开展打击“仿冒鞋”“假海淘”专项行动，通过扶持正牌和打击仿牌“双管齐下”，打造“城厢好鞋”品牌。电商平台日益丰富，腾讯企点（福建）源产地社交商务平台落地筹建，赶淘、七易蔬果等多个本地平台上线运营。新兴产业取得突破，纳云川新能源和电桩网运营总部项目落地，显卫动漫本土特色手游产品“妈祖手游”在台湾公测。楼宇经济蓬勃发展，新增百盛跨境、众望众创2家省级众创空间，浦发银行、厦门国际银行等入驻名邦豪苑金融总部楼宇，42家企业入驻华友实业医疗总部楼、喜盈门SOHO楼、万达SOHO楼招商入驻率均达80%以上。传统商贸持续提升，南门农贸市场升级改造，万达金街被评为“省级美食一条街”，沃尔玛入驻并开业运营。全域旅游示范区创建扎实推进，天龟线旅游公路通车，天马山、广化寺、龟山寺等十多处景点串点成线，打造莆田最美旅游公路。新增花果华亭、绶溪公园等4个AAA级景区，形成华亭镇省级旅游休闲集镇和兴沙荷花、埔柳花卉世界、马院红色旅游、岭下东圳移民精神展示馆及径里环库生态游等一批乡村特色旅游景观。全年游客接待量694万人次，实现旅游收入72亿元，分别比上年增22.6%、20%。

工业经济稳健运行。新增28家规模以上企业，总数达180家。转型升级步伐加快，高标准规划建设华林鞋艺小镇，打造鞋艺交易平台；华源纺织城一期、赛博思钢结构竣工投产；东南艺纸、锐马电气等8家企业列入省重点上市后备企业；亚明食品、诚味食品获工信部两化融合贯标称号，台兴食品被国家质检总局、认监委认定为同线同标同质企业，才子服饰、溢通环保被认定为省级质量标杆企业。创新驱动日渐彰显，新增嘉辉光电、力奴鞋业等11家科技型企业，金日兴、中科华宇等7家省科技小巨人领军企业，杰讯光电、溢通环保2家省级“专精特新”企业，蛤老大、萨拉曼等5家市级知识产权试点企业。政策扶持力度不断加大，出台“五换三名”等一系列工业稳增长政策措施，激励银行业金融机构加大对实体企业信贷投放，引进邮储银行拓展“助保贷”业务，创新开展园区资产按揭贷款，累计兑现各级惠企政策资金3900多万元，利用政府性担保公司为44家次困难企业转贷11.9亿元，有效缓解部分企业融资压力。金融风险应对有力，多措并举化解不良贷款18亿元，有效处置重点信贷风险企业，年内不良率控制在2%以下，坚决守住不发生系统性、区域性金融风险的底线。

现代农业提质增效。大力实施一批重点设施农业、休闲农业项目，华亭花卉世界二期、利农蔬菜种植示范基地等25个重点农业设施项目加快建设，逐步形成农业生产与创意农业、旅游融合发展新业态。推广名、特、优、新水果品种，新增晚熟龙眼基地100亩。加快农业与电商产业融合发展，创新农产品直销模式，引导壕鲜生、鲜果达等30家农业电商企业共同打造“莆阳农夫市集”农产品直销特供模式，吸引100多家企业参与，帮助农户拓宽销售渠道。完成104个村土地承包经营权确权登记工作，开展重点生态区位商品林赎买工作试点。

（二）强基础、破难题，攻坚克难成效显著

重点项目稳步实施。全年安排重点项目438个，预计完成投资220亿元，其中17个省重点项目、48个市重点项目分别完成投资77.8亿元、68.5亿元，分别超序时16.1、6.4个百分点。切实抓好“五个一批”项目建设，全年新增总投资5000万元以上项目436个，其中谋划项目76个，签约项目130个，开工项目130个，投产项目79个，增资项目21个，总投资1154亿元。贯彻落实建设美丽莆田行动纲要，100个列入市级九大专项行动项目完成投资80亿元，11个列入市重点攻坚项目基本完成年度计划任务。

征迁扫尾全力突破。大力实施“三改一拆”工程，全年征地6470亩，拆除房屋46万平方米，成功出让华亭三紫、坂头东地块七等4宗242亩土地。组织精干征迁队伍，深入做细群众工作，仅用3个月就完成洋西六期、八期项目205亩征地、10万平方米拆迁任务并形成净地；成功破解4条“断头路”涉及十多年历史遗留征迁难题，实现胜利路南伸竣工通车，学园路、延寿路及八二一大街南伸实质性动工；有效化解顶墩－下黄片区征迁遗留问题，整村拆迁有力推进。广化寺文化名胜区征迁顺利推进，完成新塘南景、西塔寺、崇福寺及周边项目征迁，收回方龙等4宗周边地块。重拳管控“两违”建筑，坚持“出土就打、露头就拆”，全年拆除“两违”建筑1478宗65.7万平方米，腾出土地面积约53.5万平方米。

招商引资成效明显。出台实体制造业、总部经济和专业

楼宇招商优惠政策，加强点对点招商，提升招商品质，今年以来共签约落地项目18个，总投资122.6亿元。其中，融创兰溪大观、正荣木兰紫阙等城建项目3个，总投资32.7亿元；两岸牛樟芝中医药健康旅游产业园和台湾兰花引种栽培等现代农业项目2个，总投资1.8亿元；赛博思钢结构、三利谱偏光片等工业项目7个，总投资20.6亿元；大工美跨界融合营销平台、中电海西（莆田）互联网经济产业园等三产项目6个，总投资67.5亿元。一批意向项目的签约落地、签约项目的开工建设，进一步增强了我区发展后劲。

（三）抓建设、重治理，环境品质持续改善

基础设施更加完善。大力实施畅通城市三年行动计划，开工建设洋西、莆田西、泗华滨溪等3个新区周边配套道路和滨溪北路、南站路等多条城市主次干道。推进停车场建设，新建南门迎和、北渠绿道停车场，新增停车位300个，施划临时停车泊位4000余个，缓解城区停车难问题。建成北渠绿道二期、金海湾游园等一批群众休闲娱乐设施，丰富市民业余生活。交通路网更加完善，福厦客运专线、灵华线动工，联十一线、木兰大道、笏枫公路改扩建加快建设，“三纵六横”路网初步形成。

城市管理更加精细。积极创建全国文明城市和省级文明城区，搭建“数字城管”平台，推进城管执法中队下放街道，有效整合城市管理力量，提升城市管理水平。扎实开展城市管理专项整治，改造提升西山、育华等5个老旧小区，拉网式整治148个开放式小区，电动车、摩托车靠右行、斑马线前车辆礼让行人等文明交通行为蔚然成风，城市环境更加文明舒适。共建美丽乡村卓有成效，围绕“四美”标准，重点实施105个村“三边六化”环境综合整治，全域开展乡村人居环境治理和“厕所革命”，动工建设常太、龙桥两座垃圾转运站，清理生活垃圾3.4万吨，推平旱厕5910座，新建公厕132座，垃圾无害化处理率达98%以上。

生态环境更加优化。严格落实生态环境保护目标责任书，建立环保联席会议制度，全市首家实行生态环境损害赔偿试点。全力打好水、大气、土壤污染防治战役，拆除关闭畜禽养殖场367家和石材加工厂、黏土机砖厂156家，拆除面积12.5万平方米，淘汰黄标车850辆，改造提升燃煤锅炉71台，进一步夯实生态环保基础。全面推进“河长制”，全区72条中小河流有了“河长”，设立河道警长及督查长并向社会公示，落实“四个有”，依托“三张网”“两支队伍”，全方位加强河岸管护。东圳库区水环境综合治理三年行动基本完成既定目标任务，为建设美丽莆田提供水安全保障。深入开展“六水共治”，采用PPP模式创新治理农村污水，一期已铺设主干支管网20公里，安装三格式化粪池3950户；强化污水源头治理，完成龙桥、下磨溪等6大片区污水源普查，新建截污管网55公里；开展清淤疏浚专项整治，基本完成全区33条约60公里河道清淤；建设木兰溪、篁山溪等一批重点防洪工程15公里；完成钟潭溪、天妃、南门、沟头等4处城区易涝点整治；开展龙桥溪、北渠等5条城区黑臭水体整治，河道水质及沿岸环境进一步改善。继续创建国家森林城市，抓好城区绿地、主干道、人行道绿化补植及屋顶绿化工作，累计造林绿化8630亩，全区森林覆盖率达71.89%，居全市第一。

（四）补短板、惠民生，群众生活更加美好

全年区本级财政用于社会事业、民生保障等方面支出达16.1亿元，占地方公共财政预算支出的65.5%。

惠民实事大力实施。投入12.6亿元，切实办好15件年度为民办实事项目，解决了一批群众关注的民生问题。全面推进脱贫攻坚，全区建档立卡贫困户778户2338人的人均收入提前超过脱贫标准，五云、岭下等7个贫困村成功摘帽。扎实推进22个安置房建设，鲤鱼山二期、洋西二期等6个安置房实现回迁，泗华滨溪二期、霞林片区等4个安置房进入扫尾。消除地灾隐患点48个，全区现有地灾隐患点基本消除。

社会保障不断加强。养老服务体系初步建立，建成4个乡镇养老院、23个农村幸福院和18个社区居家养老服务站，常太养老院在全市率先完成公建民营改革。提高城乡低保人均补助水平，发放低保补助、医疗救助、临时救助等各类社会救助资金1.86万人次共2000多万元。实施积极的就业政策，城镇新增就业人员2603人，期末城镇登记失业率控制在2%以内。

社会事业全面发展。实施教育强区工程，太平小学二期、逸夫实验小学、东沙中学等一批改扩建项目竣工投入使用，建成24个运动场，中小学标准化、信息化程度不断提高。教育集团建设和名校联姻结对工作有效推进，优质教育资源总量递增，校际差距逐步缩小。出台系列教师激励政策，师资力量明显增强，教学质量不断提升，义务教育教学质量通过国家监测，中、高考平均分、优秀率等综合评价居全市第一。精神文明创建深入开展，涌现出佘晓冬、林智永等一批传承中华美德、体现时代精神的道德模范，常太镇马院村被评为第五届全国文明村。双拥工作再创佳绩，连续四届荣获“全省双拥模范城”称号。文体惠民扎实开展，市博物馆建成开馆，成为展示莆田文化的新地标，新建一批全民健身点、农家书屋、多功能运动场所等文体设施。“非遗”保护取得新成效，建成郑春辉民间非遗综合性展示馆，新建刘志高“留青竹刻”、林庆森“闽台送王船”2个非遗项目传习所，新增9处区级文物保护单位，公布第一批97处区级非物质文化遗产项目保护名录。竞技体育有新突破，市第四届运动会现场金牌总数居全市第一。群众性体育运动蓬勃开展，举办第二届东圳环库公路自行车公益骑行活动，打造全市全民运动新品牌。医药卫生体制改革不断深化，建立医管委工作机制，推进家庭医生签约服务，启动区医院与3个街道社区卫生服务中心组建城区医联体建设试点。完成43个村卫生所一体化建设，并纳入医保定点单位，同步落实药品、耗材零差率销售和一般诊疗费政策。在全省率先实现18个村卫生所与区级医院远程视频诊疗服务，实现老百姓在家门口享受城市医疗服务。

（五）重提升、促和谐，社会保持安定稳定

社会治理持续深化。深入实施“雪亮工程”，建设37处高空全景式监控系统，全区共布建各类视频探头近1.2万个，建设“电子警察小区”723个，实现公共安全视频“全覆盖”，进一步构筑立体化治安防控体系，视频技战法经验获评公安部改革创新大赛优秀奖，为全省、全国树立典型。大力开展“飓风肃毒2017”、打击“盗抢骗”等专项行动，有效预防和遏制各类违法犯罪活动，“两抢一盗”发案率同比下降36.2%。网格化治理服务初见成效，统筹整合公安辅警、流动人口协管员、城管协管员及镇（街道）、村（社区）干部力量，形成一支千人的网格化大队伍。建设网格化社会治理大平台，积极探索“网格10+”模式，延伸服务内涵，让群众不出社区享服务，最大限度地惠及辖区群众，经验做法得到市委充分肯定并全市推广，被推荐为全省第三批平安县区。全市首家对“平安和谐村（社区）”群众实施“2个10%”奖励。

矛盾化解持续加强。建立区大调解中心，构建“一站式”大调解平台，全面推进“1536”大调解工作体系建设，“多元化解”和“网上大调解”入选全国创新社会治理典型优秀案例，打响城厢大调解品牌。扎实开展信访积案大排查、大化解专项行动，推广律师参与化解和代理涉法涉诉信访案件，解决了一批群众反映的热点难点问题。

安全形势持续稳定。严格落实安全生产责任制，集中开展“21+1”个重点行业领域安全生产综合治理，加强风险隐患管控，全年未发生较大及重特大安全生产事故。建立微型消防站170个，购置一批微型消防摩托车，构建社区消防管理新模式。落实粮食安全行政首长责任制，确保粮食安全。积极创建国家食品安全示范城市，初步建立食品追溯体系，强化食品生产经营全过程监管，全市首家建立食品快速检测便民服务站，实现便民服务“零距离”。完善应急体系网络，强化推进应急救援能力建设，及时有效处置各类突发事件。

（六）深改革、提效能，自身建设不断加强

扎实推进“两学一做”学习教育常态化制度化建设，严格落实意识形态工作责任制，着力加快政府职能和作风转变，政府自身建设得到进一步加强。严格执行中央八项规定和国务院“约法三章”“三公”经费支出下降5%。

*依法行政全面推进。*认真执行区人大及其常委会各项决议，主动向区政协通报情况，59件人大代表建议和74件政协提案均及时办复，办理满意率均达97%以上。加快法治政府建设进程，落实重大决策合法性审查机制，实现区、镇（街道）、村（社区）三级法律顾问全覆盖，有效提升政府行政决策科学化、法治化水平。持续推进政务公开和政府信息公开，推动行政权力公开透明运行，被推荐入选“全国法治区”创建活动先进单位。

*行政效能有效提升。*绩效考评连续2年位居县区第一。深入开展“转作风、提效率、美丽莆田我先行”主题实践活动，开展各类效能督查18次，效能问责108人次，作风建设不断增强。加大“简政放权、放管结合、优化服务”改革力度，调整或取消行政许可、行政权力、公共服务、中介服务和前置审批事项265项。推进“双随机一公开”监管创新，23家执法部门建立“一单两库一细则”。大力践行“马上就办、真抓实干”，梳理公布区级部门“一趟不用跑”和“最多跑一趟”办事清单669项。深化“多证合一”、电子营业执照增发等商事制度改革，实现涉企证照“43证合一”到营业执照上，营造服务发展良好环境，全区企业数增幅达28%。

*廉政建设持续加强。*强化行政监察和审计监督，保持反腐高压态势，纪检监察机关全年立案137件，给予党政纪处分116人，党风廉政建设和反腐败工作进一步加强。国防动员、民兵预备役、平安海域等工作得到加强，统计、人事、编制、保密、物价、地震、档案、慈善、老龄、残疾人、工青妇、外侨台、地方志、民族宗教等各项事业也取得新进展。

一年来，在各种不利因素明显增多的情况下，我们能够取得这些成绩，确实来之不易。这是市委、市政府和区委科学决策、正确领导的结果，是全区人民努力奋进、团结拼搏的结果，也是社会各界鼎力支持、通力合作的结果。在此，我代表区人民政府，向在各个领域和岗位上辛勤工作的全区干部群众，向给予政府工作大力支持与有效监督的人大代表、政协委员和离退休老同志、各民主党派、工商联、人民团体、无党派人士，向驻莆部队、武警官兵、公安政法干警，向所有参与、关心、支持城厢建设与发展的同志们、朋友们，表示衷心的感谢和崇高的敬意！

在看到成绩的同时，我们也清醒地认识到，城厢经济社会发展中还存在不少短板、矛盾和问题。主要是：全区经济社会发展不平衡、不充分，与人民群众日益增长的美好生活需要还有差距；受大环境影响，经济下行的压力仍然较大，经济增速整体放缓；金融风险尚未完全消除，部分企业生产经营比较困难；土地、资金、人才等资源要素制约依旧突出；政府机关作风建设和行政效能仍需强化，等等。对此，我们将采取有效措施，逐步加以解决。

锐意进取谱新篇
努力开创城厢发展新局面

2018年是全面贯彻党的十九大精神的开局之年，是改革开放40周年，是决胜全面建成小康社会、实施“十三五”规划承上启下的关键之年，做好明年工作意义重大。

政府工作的总体要求是：全面贯彻党的十九大精神，高举中国特色社会主义伟大旗帜，以马克思列宁主义、毛泽东思想、邓小平理论、“三个代表”重要思想、科学发展观和习近平新时代中国特色社会主义思想为指导，深入贯彻习近平总书记系列重要讲话精神和对福建工作的重要指示，加强党对经济工作的领导，坚持稳中求进工作总基调，坚持新发展理念，坚持以供给侧结构性改革为主线，统筹推进稳增长、促改革、调结构、惠民生、防风险各项工作，按照“五位一体”总体布局和“四个全面”战略布局，主动融入“机制活、产业优、百姓富、生态美新福建”和美丽莆田建设大局，大力实施创新转型、跨越赶超，加快形成引领经济发展的新动力和新机制，奋力开创人文宜居新城厢、美丽莆田先行区建设新局面。

综合考虑明年宏观经济走向，全区经济和社会发展预期目标是：地区生产总值398亿元，增长10%；农林牧渔业总产值23.5亿元，增长3%；规模以上工业产值363亿元，增长8%；固定资产投资284亿元，增长15%；财政总收入33.9亿元，增长10%；社会消费品零售总额246亿元，增长13%；外贸出口总额55.1亿元，增长6%；实际利用外资（验资口径）1000万美元，增长33%；全体居民人均可支配收入增长10%以上。城乡建设和社会各项事业都有新的发展。重点在六个方面求突破：

（一）围绕品质提升，着力在城市建设和管理上求突破

坚持建管并重，以开展“城市规划建设管理提升年”活动为契机，委托中规院高起点高标准实施城市设计，提升城市管理服务水平，努力建设宜居宜业的现代新城。

实施“三改一拆”重点工程。按照“成熟一片、启动一片、改造一片”的原则，持续推进旧片区、旧村庄、旧厂房改造，全年征收土地2200亩、拆除房屋100万平方米以上。旧片区重点实施龙德井、万达南、坂头东、油画城、泗华孔里等片区改造，统筹推进青少年宫、沟头、文献、天妃等片区；旧村庄全力推进顶墩下黄、屿上、延寿、樟塘整村改造，适时启动木兰新城征迁；旧厂房着力改造珍奥核酸、侨雄旧址片区，重点实施莆田西出口文创园片区和鞋艺小镇片区旧厂房改造提升工程，提升产业集聚水平。继续保持整治高压态势，严厉打击“两违”行为，做到“零容忍、零增长”。在推进“三改一拆”过程中，注重把拆违与土地清理、项目建设“拔钉清障”相结合，提高土地使用效率，为重点项目建设提供保障；注重把拆改与“六水共治”“三边六化”等结合起来，因地制宜做好拆改后的绿化美化，为民生补齐短板；注重把拆建与淘汰落后产能、推动工业园区有机更新和招商引资结合起来，促进存量调整和增量提升，为发展腾出空间。

实施交通互联互通工程。进一步建设交通路网“大动脉”，完善市政道路“主动脉”，实现“城区互联，城乡互通”。大力推进交通路网工程建设，加快联十一线、木兰大道、滨海大道等国省干线城厢段项目和福厦客运专线、灵华线建设，实现笏枫公路改扩建工程完工通车，开工建设龟山路、九华路，构建现代化综合交通运输体系。大力实施市政道路“5433”贯通工程，扎实推进八二一大街、延寿路、学园路、肖厝路、顶黄路等5条“断头路”延伸工程，启动月塘、新塘、兴安、梅山等4个旧区“微循环”改造，加快建设滨溪北路、滨江北路、广化路等3条城市主次干道和洋西、莆田西、泗华滨溪等3个新区周边配套道路。

实施城市管理精细工程。巩固创建全国文明城市和省级文明城区成效，推进“大城管”体制改革，整合现有的城管执法局、城管办、环卫处及数字城管、园林绿化等城市管理资源，组建区城市管理局，探索“城管+公安

+N”模式，创建一批城市管理精品亮点，全力推进精细城管、智慧城管、和谐城管建设。加强城市管理网格化建设，着力规范148个开放式小区管理，大力整治城区77条主次干道、23个大型商场超市、10个集贸市场，做细做美中心城区。在荔城大道、学园路等主干道探索设置城管岗亭，方便服务群众。加强市场整顿提升和小区物业管理，突出抓好一批老旧小区提升改造，加快龙桥环卫基地建设，努力展现整洁有序、文明和谐的城市管理新面貌。

（二）围绕提档升级，着力在产业结构和集聚上求突破

坚持质量第一、效益优先，着力加快建设实体经济、科技创新协同发展的产业体系，不断增强经济创新力和竞争力。

提质发展实体工业。持续实施工业“三转一市”，力争实现“个转企”35家以上、“小升规”20家以上、“规改股”3家以上及企业挂牌上市1家以上。深入开展“五换三名”工程，加快园区闲置厂房清理，全面排查整治“四无”租赁企业，腾出发展空间10万平方米以上，改造“老旧厂房”2.5万平方米以上。深入实施品牌和标准化战略，引导企业参与制定国家标准、行业标准，培育省市级品牌7个以上，不断增强企业核心竞争力。主动融入国家电子信息、节能环保、新能源等新兴产业布局，推动产业发展向智能化、网络化、定制化转变。依托华林鞋艺小镇建设，围绕“一心两廊三区”，加快华林智汇电商城进度，整合现有鞋业企业资源，打造全国重要的运动鞋生产制造、定制设计研发及时尚鞋艺展销基地；依托纳云川新能源项目，落地汽车超市、共享汽车、出行科技等运营总部，努力引进新能源汽车研发生产、零配件制造（含三电制造）等上下游产业链，打造滨海新能源产业园；依托深圳三利谱宽幅偏光片生产线项目，对接晶元体、封装等项目，打造电子信息产业集聚区；依托赛博思钢结构项目，加快其下游墙体新材料等产业的配套布局、招商，打造装配式建筑产业园；依托辖区汽贸汽修资源，结合市驾考场及汽车检测年检中心搬迁，打造集汽车整车销售、零配件产销、保养维修及缴税、上牌一条龙代办等功能于一体的西许汽贸城。

提速发展现代服务业。实施生产性服务业和生活性服务业并重战略，深入推进商贸服务业“三转一市”，力争实现“个转企”45家以上、“小升规”70家以上、“规改股”1家以上。

培育壮大平台经济，着力推动大工美跨界融合营销平台运营，打造工艺美术跨界品质营销联盟，依托工信部工业文化发展中心和国有银行高端资源，建立工艺美术产业研发设计院和国家级质量检测鉴定中心，实现工艺美术产业从研发、设计到营销、溯源的全产业链发展；引进网胜科技婚纱垂直电商平台，推动建立跨境电商展示体验中心，引入亚马逊、谷歌等跨境平台资源，以产品端来整合凝聚莆田跨境电商从业人员，助力电商转型升级；加快莆田跨境电商通关公共服务平台建设，推动第三方、第四方公共物流服务平台和区域物流中心建设，全面降低社会综合物流成本；引进突出莆田运动休闲鞋类销售的靠莆平台，打造鞋类产品智能化、柔性化、个性化定制车间和生产线，推动鞋业转型升级。

着力发展数字经济，推动数字经济与传统产业融合创新，不断培育和壮大新兴产业，为经济发展提供新动能。加快腾讯企点（福建）产业中心平台建设，力求以数据驱动生产，实现精准产销，发展以互联网+产业模式为突破的线上线下一体化新零售；依托中电互联网信息产业园，整合莆商电子信息企业及中国电子集团内信息服务产业资源，带动行业龙头入驻，推动台湾软件信息产业及境内其他软件信息企业、高校、科研机构入园，培育发展莆田市软件开发、云计算、大数据、物联网等数字产业。

加快发展总部经济。依托

莆田电商城全力建设电商小镇，促进电商总部企业集聚发展，着力打造莆田电商创业、创新、诚信、优质发展新生态；依托莆田西写字楼和南兴国贸、金海湾现代服务业集聚区，着力打造能源总部、金融总部等一批专业总部楼宇，提升城市品位和竞争力；依托城厢商务楼重点发展建筑业总部，着力打造建筑业产业集聚发展示范区。改造提升传统商贸业，重点建设联创休闲娱乐一条街等一批特色街区，积极引进苏宁生活广场项目，推动文献步行街广场开业运营。

提升发展文创旅游。着力创建省级全域旅游示范区，力争全年游客接待量820万人次、旅游收入86亿元以上。突出广化寺文化名胜区建设，以举办第五届世界佛教论坛为契机，着力打造以广化寺为核心的世界佛教文化交流中心，带动区域整体开发；突出莆田西出口文创园片区改造，利用腾晖工艺、百年复茂及御庄园温泉等资源，着力打造集创作、展览、销售、交流于一体的莆田文化创意产业园，提升莆田“西大门”形象；突出木兰溪两岸旅游资源开发，重点建设木兰陂公园，加快周边城市开发建设、自然景观提升、历史人文挖掘等规划设计，着力打造“百里兰溪十里景”的特色城市景观；突出以天龟线为主轴发展全域旅游，对接中青旅集团，整合提升沿线旅游景点，着力打造集观光、休闲、运动、养生于一体的旅游目的地；突出实施工艺美术产业提升工程，依托市博物馆，在其周边规划工艺美术展销中心，着力打造集创意、设计、定制、展销于一体的莆田工匠精神精品展示区。

提效发展现代农业。大力发展都市休闲农业和农产品精深加工业，着力推进凤凰山农业观光园、华亭2500亩省级桂圆产业园、两岸牛樟芝中医药健康旅游产业园、常太生态果园等重点项目，加快培育优势突出、特色鲜明、示范带动效应强的现代农业产业基地。拓展华亭花卉世界，建设500亩三角梅大观园、1000亩梨花园，发展乡村旅游。全力推动农村电商发展，拓展农产品销售渠道，挖掘乡村优势资源，开发“政府+农民合作社+电商”模式，推动农村一、二、三产业融合发展，促进农民持续增收。坚决落实粮食安全行政首长责任制，推进农业标准化，完善全过程监管体系，确保农产品从农田到餐桌的质量安全。

（三）围绕项目带动，着力在扩大投资和启动上求突破

以重点项目建设为抓手，集中建设一批支撑城厢长远发展的大项目、好项目，增强调结构、促升级的内生动力。

坚持项目引领。全年安排重点项目440个，总投资1865亿元，年计划投资261亿元。其中城建环保项目149个，投资165.4亿元；交通及基础设施项目46个，投资19亿元；工业项目64个，投资35.8亿元；商贸服务业项目57个，投资25.6亿元；农林水利项目59个，投资10.4亿元；社会事业项目65个，投资4.8亿元。完善“五个一批”项目管理机制，力争5000万元以上项目谋划30个、签约15个、开工40个、投产7个、增资5个以上，总投资500亿元以上。继续实施涉及教育、水利等20个投资工程包，提升项目建设运营的规模效应和政策效益。

整合要素保障。融入市“多规合一”试点，推进城市总体规划修编，深化木兰溪两岸城市设计，推动广化寺、延寿、沟头等片区控规编制，为打造宜居宜业的中心城区提供规划引领。实施太湖工业园扩容工程，加快木兰大道、灵华线、滨海大道两侧土地资源开发，增加工业用地6000亩以上，拓展发展空间。着力推进补充耕地790亩、建设高标准农田3200亩，实现耕地占补平衡。创新投融资模式，大力推进政府购买服务、PPP、EPC等模式，鼓励社会资本参与滨江北路、龟山路等基础设施项目建设，积极对接银行业金融机构融资，保障项目资金需求。着力解决项目规划、用地、用林、资金等难题，力争全年实现开工项目

192个，完成投资163亿元以上；竣工项目138个，完成投资54亿元以上。

厚植发展后劲。坚持“走出去、请进来”的原则，重点引进投资强度高、科技含量高、产业关联度高、带动能力强的项目，积极对接洽谈北外附属学校、筷云科技等一批重点招商项目，力促签约落地。继续开展区域招商、产业招商、以商招商、小分队招商等多层次、多形式的招商推介活动，探索委托招商模式，充分利用异地商会平台和谷川联行等第三方机构，提高招商效率和对接成功率，力争全年引进亿元以上投资项目15个以上，总投资80亿元以上，其中产业类项目争取突破50亿元。

（四）围绕统筹发展，着力在发展质量和效益上求突破

牢固树立和践行“绿水青山就是金山银山”的理念，坚定走生产发展、生活富裕、生态良好的文明发展道路，建设美丽城厢。

实现城乡协调发展。落实乡村振兴战略，统筹推进4个集镇区改造，持续共建美丽乡村，创新发展“共建+旅游、文化、产业”模式，因地制宜培育品牌亮点，重点从发展产业、土地流转、乡村旅游等方面探索乡村振兴途径。规划建设集循环农业、创意农业、农事体验于一体的田园综合体项目，整合利用好现有的名优水果及文化、地理优势，以乡村特色旅游项目为主线，结合油画创作、花卉制作、展馆游览、农家体验等，创建一批AAA级景区，进一步拓展农业农村的多功能性。继续推进19个市级“幸福家园”试点村建设，实现拆除旧房12万平方米、新建住宅15万平方米以上。大力推广涧口、云峰农村拆旧复垦建新区模式；湖头、前黄旧村改造建社区模式；园头、埔柳土地流转发展设施农业模式；马院、径里发展乡村旅游壮大村集体经济模式；岭下、海头村庄综合整治优环境等模式，带动全区农村新一轮发展。

大力推进“六水共治”。全面落实“六水共治”三年行动计划，着力实施污水处理、养殖场标准化改造等6大类共56个项目建设。“治污水”着力推进城南、城北等4个片区污水源整改工作，启动农村污水项目二期工程，治理覆盖剩余45个行政村的污水；“清河水”全面推进“河长制”，完成中小河道的清淤疏浚，实施径里溪、上图溪、院里溪等河流安全生态水系治理；“防洪水”扎实推进木兰溪华亭段、木兰陂生态修复与南北渠连通等重点项目建设，继续实施篁山溪防洪排涝工程；“排涝水”重点推进莆田西、文献路政协桥、荔涵大道洋西段等3处区域易涝点整治；“保供水”重点实施笏枫路、濑榜路和太湖园区自来水主管网改造提升工程；“抓节水”着力改造提升自来水主管网17公里及老旧破损管网2000户以上，全力打造水清河畅岸绿景美的生态水环境。

统筹推进环境治理。持续实施水、大气、土壤三大污染防治工程，严控点源、面源污染，推动城区经营面积100平方米以上的餐饮场所全部安装油烟净化和油水分离设施，加强饮用水水源地保护，严肃查处环境违法行为，努力降低碳排放强度，确保单位GDP二氧化碳排放下降4.5%以上。提升城乡功能品质，实施天马山省级森林公园及凤凰山风景名胜区慢道建设，连接五山公园，辅助建设滨溪公园等城市口袋公园，及北渠三期、洋西溪等绿化慢道，构建多维城市休闲养生福地。抓好“四绿”工程建设，努力创建国家森林城市。进一步完善东圳库区生态补偿机制，继续实施库区退果还林，将常太镇创建成为全国生态文明示范镇。进一步优化生态公益林布局，推进重点生态区位商品林赎买改革试点，完成赎买面积1500亩以上。

（五）围绕改革创新，着力在创新体制和机制上求突破

继续深化重点领域和关键环节改革，全力破除体制机制束缚，强化创新驱动，不断激发创新发展的新动力。

拓展重点领域改革。深化

“放管服”改革，广泛运用“双随机”“互联网+”等监管方式，建立企业投资项目管理负面清单制度，实现政府行政效能的提升和企业运行成本的降低。完成民生服务、工商登记、投资审批等重点领域电子证照系统升级，逐步实现电子证照在行政审批、公共服务等领域的应用和共享。推动金融服务创新，发展普惠金融，增强金融服务实体经济、小微企业、“三农”和精准扶贫的能力，持续培植后备企业挂牌上市，提高直接融资比重，促进多层次资本市场健康发展。规范政府举债行为，加强地方性政府债务风险防控，切实防范财政金融风险。完善金融安全防线和风险应急处置机制，稳控区域金融风险，促进社会经济健康发展。调整区对镇（街道）财政体制，进一步理顺财政分配关系，提高基层财政保障能力。

深化供给侧结构性改革。坚持去产能与优产能相结合，推进华林经济开发区扩区升级，整合园区产业集群，形成“一区多园”的发展格局，提高工业有效供给。推进住房供给侧结构性改革，建立购租并举住房制度，研究实施以奖代补等优惠政策，积极培育和鼓励住房租赁，盘活存量住房资源；稳步推进土地出让，全年出让300亩以上经营性土地，实现洋西六期、八期，京都国际等一批房地产项目动工建设；继续以商业办公用房去库存为重点，加强销售监管，扎实推进共有产权住房建设，促进房地产市场平稳健康发展。积极稳妥降低企业杠杆率，加大减税、降费、降低要素成本工作力度，盘活企业存量资产，助推经济转型升级。

大力推进自主创新。深入实施人才强区战略，积极培养和引进各类创新创业人才。深化科技体制改革，建立以企业为主体、市场为导向、产学研深度融合的技术创新体系，加强对中小企业创新的支持，完善产学研运行机制，促进科技成果转化，培育壮大一批科技型中小企业。组建区科技投资服务有限公司，搭建股权投资、融资担保、中小企业信用管理等多元化、综合性的科技投资服务平台。建立财政科技经费与创业投资协同支持科技项目的机制，鼓励科技企业积极引入社会资本，加快高新技术产业发展。加强和规范知识产权试点、示范工作，引导企业技术创新与产品研发，努力创建国家级知识产权强区。

（六）围绕共享发展，着力在民生改善和福祉上求突破

着眼于群众最关心最直接最现实的利益问题，在发展中补齐民生短板，使人民获得感、幸福感、安全感更加充实、更有保障、更可持续。

促进社会事业均衡发展。持续推进教育集团化办学和信息化建设，加快太平小学三期、筱塘幼儿园、科技学校等项目建设，新建泗华小学及幼儿园等一批教育补短板项目。督促移交泗华滨溪二期安置区幼儿园等一批小区配套幼儿园，缓解“入园难”问题。支持莆田五中创建省级示范学校，十二中、三中分别申报省一级、二级达标校，打造城厢教育品牌。实施名师、名校、名校长“三名”工程，加大新任教师招聘引进力度，建立编外教师队伍，促进教师队伍素质整体提升。持续深化医药卫生体制改革，积极推进区、镇（街道）、村（社区）三级医疗机构全部加入市第一医院医疗集团，实现医疗卫生服务资源最大化。全面完成60个村卫生所一体化建设，积极推动市第一医院与村卫生所远程视频诊疗服务对接，实现乡村卫生服务一体化管理和远程视频诊疗服务全覆盖。持续贯彻落实全面二孩政策，进一步提升“国优”水平。加大文体设施建设，盘活市图书馆旧址资源，筹建区图书馆，新建3个村（社区）综合文化服务中心，构建全民健身设施网络和城市15分钟健身圈，形成与绿道网相连的体育设施网络。支持工青妇、老年人、残疾人、红十字会等群团组织工作，统筹推进档案、地震、外侨台、地方志、民族宗教等工作。

促进民生保障全面改善。集

中财力办好“四好”公路、“公厕革命”等15件惠民利民实事。严格落实贫困退出机制，建好扶贫农场等一批产业扶贫项目，巩固扶贫成效。持续推进剩余安置房处置工作，加快祥和经济适用房配售进度，缓解城市困难群众住房压力。加速推进莆田西、洋西五期等16个安置房建设，力争木兰大道、坂头东地块一等9个安置房上半年动工建设，泗华滨溪二期、顶墩一下黄等4个安置房实现回迁。建设救灾储备库，切实保障受灾群众基本生活。全力推进医养结合，着力加快养老产业发展，新建14个农村幸福院，实现乡镇敬老院和社区养老日间照料中心使用率100%。实施大学生就业促进和创业引领计划，城镇登记失业率控制在2.5%以内。全面推进全民参保工作，基本实现社会保障全覆盖。

促进综治平安持续深化。深化“互联网+社会治理”，着力打造共建共治共享的社会治理格局，提高社会治理法治化、智能化、专业化水平。完善城乡网格化服务管理体系，加强社会治安立体防控网络建设，深入开展基层“善治”工程，建立群防群治新模式，推行社会治安综治保险，切实提升群众安全感。健全三级调解机制，广泛发动社会组织、民间组织参与调解，实现全区60%村（社区）矛盾纠纷“零出村”的目标。深入探索多元调解新机制，提高信访事项的及时受理率、按时办结率和息诉息访率，全力维护群众的合法权益。围绕创建“国家食品安全示范城市”目标，深入实施健康中国和食品安全战略，切实维护好人民群众“舌尖上的安全”。推进安全生产领域改革发展，加快各行业领域安全专项信息化建设，保持安全生产形势稳定。

勇于担当善作为
努力建设人民满意政府

新的形势、新的任务对政府自身建设提出了新的更高的要求，我们要始终坚持党的领导，深入学习贯彻落实党的十九大精神和新修订的党章，强化“四个意识”，坚定“四个自信”，进一步加强服务型政府、法治政府和廉洁政府建设，不断提高政府治理现代化水平。

（一）善做善成、敢于担当，建设服务型政府。大力倡导立说立行、雷厉风行的作风，在执行上比精神，在落实上比速度。按照“一切工作具体化”的要求，对已经确定的重大事项、重要决策和重点工作层层分解、明确责任，对看准的事紧抓不放，对定下的事一抓到底，高效率、快节奏推动各项工作落实，坚决克服不推不动、不催不办的“懒政”现象。强化督查考核，对于“两会”和区委区政府研究确定的重要事项，实时跟踪进度，严格完成时限，定期开展督查。凡工作落实不力、效率低下、服务质量不高、出现慢作为、假作为的，一律问效问责。深化目标管理，健全正向激励和容错纠错机制，给改革创新者撑腰鼓劲，让广大干部要干事、敢干事、能干成事。

（二）尊崇法治、依法行政，建设法治政府。牢固树立职权法定观念，坚持法无授权不可为、法定职责必须为。自觉接受区人大及其常委会的法律监督、工作监督和区政协的民主监督，高质量做好建议和提案办理工作，加强与法院、检察院良性互动衔接。严格规范公正文明执法，完善规范性文件、重大决策合法性审查机制，不断提高政府决策能力和水平。深入实施“七五”普法。加大政务公开力度，推行决策、执行、管理、服务、结果向社会公开，让权力在阳光下运行。加强政府信用建设，诚信施政，提升政府公信力。

（三）干净自律、勤勉为政，建设廉洁政府。严格执行《廉洁自律准则》《党内监督条例》和《问责条例》，认真落实全面从严治党主体责任和“一岗双责”。持续推进“两学一做”学习教育常态化制度化建设，进一步加强和改进意识形态工作，坚持不懈纠“四风”提效能。扎实推进监察体制改革试点工作，实现对所有行使公权力的公职人员监察全覆盖。认真贯彻落实中央八项规定及《实施细则》，稳步推进事业单位、国有企业公务用车改革。强化招投标、土地出让、项目建设等重点领域的监督，坚决查处不正之风和腐败行为，切实做到政治清明、政府清廉、干部清正。

奋斗托起使命，实干成就梦想。城厢正处在创新转型、赶超发展的关键时期，在城厢发展的新征程上，我们有能力凝心聚力，我们有信心再创辉煌。让我们紧密团结在以习近平同志为核心的党中央周围，在市委、市政府和区委的坚强领导下，奋勇争先、奋发有为，为打造人文宜居新城厢，建设美丽莆田先行区而努力奋斗！

《政府工作报告》部分缩写词释义

1.三转一市：即个体工商户转企业、规模以下企业转规模以上企业、有限责任公司转股份有限公司、企业上市。

2.五换三名：即腾笼换鸟、机器换工、空间换地、电商换市、引智换脑，培育名牌、名企、名家。

3.三改一拆：即改造旧片区、旧村庄、旧厂房，拆除“两违”。

4.PPP：即政府和社会资本合作，是公共基础设施中的一种项目运作模式，鼓励私营企业、民营资本参与公共基础设施的建设。

5.四美：布局美、环境美、建筑美、生活美。

6.三边六化：即道路边、河道边、民房边；道路硬化、村貌洁化、污水净化、村域绿化、墙面美化、杆线优化。

7.四个有、三张网、两支队伍：有专人负责、有监测设施、有考核办法、有长效机制；掌上河务APP网、河道电子监控网、河道水质监测网；专管员队伍、志愿者队伍。

8.六水共治：即治污水、清河水、防洪水、排涝水、保供水、抓节水等六项治水工程。

9.“1536”大调解工作体系：构筑一张大调解组织网络，用好五项工作机制，搭建三个工作平台，推进矛盾调解组织“进部门、进商会、进网络、进侨乡、进民间、进企业”。

10.“2个10%”奖励：对所在村（居）民参加新农合和城镇医保时，个人缴费部分由财政奖励10%资金，参加新农保的60周岁以上的村（居）民，基础养老金奖励10%。

11.一单两库一细则：“一单”指随机抽查事项清单，“两库”指市场主体名录库、执法检查人员名录库，“一细则”指规范“双随机”抽查工作细则。

12.一心两廊三区：即时尚鞋艺智慧之心，时尚创业走廊和木兰溪休闲走廊，创新创业孵化区、时尚鞋艺智造区和时尚艺术旅游区。

教育强区

2017年，区教育局在区委、区政府正确领导和市教育局的指导下，以推进项目建设和教育集团化为抓手，创新发展思路，改善办学条件，优化师资队伍，实施品牌战略，提高教学质量，狠抓学校安全，城厢教育各项工作有了长足进步，区教育局顺利通过第十三届省级文明单位评估验收，并先后获“关爱明天·普法先行”全国先进单位和“2016－2017学年普通高中教育教学优质管理奖”。主要成效和做法如下：

一、夯实基础，系统党建有新活力

一是坚持不懈抓党建常态。抓信念教育常态化。要求全系统党员干部学习党章党规，精选习近平系列讲话精神，结合区委“转作风、提效率、美丽莆田我先行”实践活动，学习贯彻党的十九大精神，学习廖俊波先进事迹、研讨《将改革进行到底》《榜样》等专题片，以及通过主题党日、专题党课等多种形式组织学习，让党员自觉增强“四个意识”。促作风转变常态化。出台《教育系统“转作风、提效率”活动方案》着重围绕教育热点难点问题，提出“六个着力”目标，与教育系统“党风、行风和师风”建设紧密结合，着力解决当前教育领域存在与新常态不相符合的“三风”问题。保廉洁自律常态化。组织系统党员干部观看《永远在路上》等警示教育片接受廉洁教育；先后6次召开系统反腐倡廉工作会议，通过约谈、诫勉谈话等方式，落实主体责任。二是凝心聚力强党建堡垒。顺利召开系统党委成立大会并选举第一届党委委员，对照“两个意见”要求，把隶属乡镇党委管理的13个学校党支部划转系统党委管理，新成立中特小学等4个学校党支部，按区域筹划成立龙桥街道等5个民办学校联合党支部，实现党建工作全覆盖。提出“让党建引领学校正能量，让党员成为教师领头羊”，创新“五个一批”创建活动，开展党员教师与年轻教师结对子，通过签订“师徒结对”方式带动年轻教师专业成长。率先创建“党员名师工作室”，开展“金点子”征集、党员亮身份、“校长接待日”等，真心诚意亮观点，传递正能量，树好党员形象。《湄洲日报》及“莆阳先锋”等媒体作了报道。三是千方百计创党建载体。以“庆七一”为契机，开展“讲奉献·铸师魂”党员演讲等“七个一”系列活动，全区41个学校党组织探索开展“互查互比”党建工作督导全覆盖检查，效果良好。贯彻十九大精神，举办“倡移风易俗，谱文明乡风”文化下乡会演，有效增强党建活力。创新举措，打造品牌，莆田五中被市委组织部确认为基层党建工作示范点，率先成立党代表工作室，为集团党建品牌增添色彩。召开“两学一做”学习教育制度化常态化现场推进会，成立由党委委员组成的十九大精神宣讲团，走进基层学校、走进广大党员，努力“让好声音听得到，让好政策看得懂”。

二、攻坚克难，督导创建有新亮点

面对新一轮省级“两项督导”和“教育强区”评估工作，克服时间紧、标准新、任务重等诸多因素，通过积极协调，加大投入，规范管理，查找短板，整改落实，突出亮点，推动城厢教育综合实力全面提升。1月2－5日，省评估组对城厢区教育“两项督导”和“教育强区”工作进行全面评估，充分肯定党政教育履职到位，教育质量提升明显，教育改革率先实施，教师队伍素质持续提升，学校党建工作有声有色，区委、区政府主要领导抓教育工作有望获得“优秀”等次，“教育强区”创建工作有望全省首批通过评估认定。

三、加大投入，项目建设有新推进

一是为民办实事项目按时完成。逸夫实验小学教学楼、太平小学二期综合楼、东沙中学综合楼、西厝中学教师宿舍楼投入使用，文献中学学生宿舍楼封顶内装修。二是市级民生项目有序推进。灵川西墩小学教师宿舍楼封顶内装修；太平小学三期综合楼及地下停车场、科技学校学生宿舍楼及地下室主体在建。三是公办幼儿园建设项目进展顺利。华亭第二中心幼儿园竣工使用，筱塘幼儿园综合楼动工。四是“改薄”项目全面完成。24个运动场塑化项目大部分投入使用。投资1519万元，统筹配置了课桌椅、图书、计算机、教学仪器设备。全区学校办学条件进一步改善。

四、强化管理，教育质量有新提升

一是随机督查促提升。开展双随机督查，每季度组织4个检查组深入莆田五中等70多所学校，通过查看材料、进入课堂、现场询问等对13个教育监管事项进行工作抽查，发现问题及时通报，责令整改。对问题比较多的学校，对校长进行约谈。二是强化教改促提升。落实中小学管理“五规范”，城乡学校统一常规管理标准，落实一日、一周、一季度常规，开展学校领导、中层干部兼课上课督查制度等。落实听课、评课制度，定期举行教改、课改阶段性教学观摩课、课程改革开放周和专题研讨活动。三是名校联姻促提升。实施莆田三中等4所学校分别与福州八中等5所学校教学结对工作。一年来，校领导互访28次、专家讲座28场、骨干教师蹲点交流24批次、集体备课12次、送教观摩86节、课堂诊断16节，有效促进区域间学校优势互补、互助共赢。四是搭建平台促提升。举办城厢区第四届教师教学技能大赛，选拔了一批教师人才，为参加市赛、省赛做好准备。举办主题为“凝心聚力抓教学，千方百计提质量”的第十四届教育论坛，共商提质良策。举办中小学教师优秀论文等区级学科专业技能比赛，努力促进教师专业成长。五是质量监测促提升。加强全区教育教学质量管理，每年一次实施中小学教学质量监测工作，组织四年级、六年级语文、数学、英语和初中相关学科学期教学质量监测，收集、分析教学情况数据和资料，召开全区学校教育教学质量分析会，促进教师围绕教学质量提升转变教育思想和改进教学方式方法。9月，本区就学校教学质量管理工作方面在教育强市动员会议上作书面发言。

2017年高考中考再获丰收。全区高考本一上线31.6%，本二上线68.8%，区教育局被市教育局授予2016－2017学年普通高中教育教学优质管理奖，莆田五中、莆田三中、莆田十二中分别获得高中教育教学优质管理奖。全区中考总平均分、优秀率、及格率位居全市所有县区第一，中考九个科目（不含体育），各科平均分、及格率、优秀率27个指标，城厢区获得16个第一、7个第二、4个第三。南门学校获得初中教育教学优质管理奖。

五、培育亮点，集团办学有新收获

一是集团管理不断加强。持续落实“单月例会、双月交流会”和“三长”年度述职制度。区教育局班子成员挂钩教育集团工作。莆田五中教育集团细化对成员学校具体工作的检查、督导、跟踪落实。南门学校教育集团推行集体备课、教研、赛课制度和培训共享制度，实施统一命题、质量检测、跨校监考，集中评卷、分析、总结。逸夫实验小学教育集团采取随机抽查、专项督导和综合联评等方式，点面结合，严督勤导，促进集团年度目标任务的落实。二是教研教改方兴未艾。莆田五中教育集团总校长参与成员校听课、评课，成员校互派教师参加教研组集体备课，加强交流。南门学校教育集团组织教师300人次到沟头小学、筱塘小学观摩骨干教师示范教学活动。逸夫实验小学教育集团实施教师岗位大练兵，邀请省技能大赛特等奖获得者为骨干教师和技能大赛选手作专题讲座和赛前指导。太平小学师生发明与设计的作品已连续6年闯入“福建省青少年科技创新大赛”决赛，共获得2个全国专利10个省级奖项。三是特色活动有效开展。莆田五中开展党建品牌引领示范，推动成员管理提升。南门学校教育集团开展以“心存感恩，成就人生”为主线的德育特色教育，培养学生良好行为习惯和感恩意识。逸夫实验小学教育集团把足球引进课堂，聘请教练对足球队进行系统培训；开展国学经典活动引领校园特色文化。四是办学成效有新突破。三大教育集团通过品牌带动、示范引领，促进成员校常规规范、教学有序、质量提升，知名度不断扩大，学生数得到扩增；优质教育资源总量递增，校际差距逐步缩小。福建电视台教育频道、《湄洲日报》等媒体报道推广。

六、机制推动，师资力量有新增强

一是落实教师补充机制。根据全区师资余缺实际，通过公开招聘，招录新任教师135名，大部分安排到农村任教。二是实施绩效奖励机制。校级干部奖励72.2万元，增发教师一个月绩效工资。出台《乡村教师支持计划实施办法》，逐步提高农村教师待遇。着手按照名优教师奖励办法，予以280多位名优教师兑现奖励金。三是实施“三名”培养机制。组织61位名师参加省级培训，设立莆田五中陈玉水等8个区级“名师工作室”，徐国裕被确认为首批省级名师工作室领衔名师。组织12名教师参加国培计划，40名班主任到西南大学培训，23人次校长（园长）参加省级培训，4500多名教师参加网络全员培训。组织中学及高三骨干教师外出到宁化、湖北、长沙、厦门等地考察学习先进教学方法、了解中考高考动态。四是实施教师交流机制。继续实施城乡教师10%流动计划，2017年272名教师参与校际交流。实施区内城乡学校结对帮扶，开展百名名师、教研员、骨干教师送教下乡活动，促进农村青年教师专业成长。五是启动片区管理机制。切实加强学前教育管理，努力补齐民生短板，出台《城厢区推进学前教育片区管理实施方案》，落实公办扶持民办制度。12所省市示范幼儿园挂钩83所公办园和33所民办园，通过师资流动、教研培训、资源共享等手段，促进师资水平提升。

七、打造品牌，达标创建有新成效

一是支持高中校发展。支持莆田五中推进基地校建设，构建符合校情的课程建设主体框架，投入800万元夯实硬件建设，莆田五中首批通过省普通高中课程改革基地校评估，有望首批通过省示范高中评估和省一级达标校复评。加强对莆田三中达标创建工作督促指导，着力推进学校内涵建设，创建省二级达标有望通过评估。投入360万元支持莆田十二中实施硬件建设，筹备省一级达标创建工作。二是支持义务教育学校发展。文献中学等6所学校创建义务教育管理标准化学校通过省级评估（目前共12

所）。区第一实验小学等9所学校通过省首批义务教育教改示范校评估。三是支持学前教育发展。积极创造条件，激励幼儿园参与各级示范园评估，5月底灵川下尾幼儿园通过市级示范性幼儿园评估，华亭第一中心幼儿园通过市级示范性幼儿园复评。4所幼儿园通过区级示范园评估。

八、着眼长远，信息化水平有新突破

积极推进“三通两平台”建设，投入500万元，建成东海中心小学、灵川中心小学等录播室5间，建成太平小学等3所学校云学堂7间和东沙中学等9所学校云桌面13间，购置260台实验室专用计算机和500万本图书。全区31所学校图书馆实现自动化集群管理；应用“教育装备自动化管理平台”，91所学校开通实验仪器入库及实验流转等操作功能。区第一实验小学、华林学校等8个优质校带动20个薄弱校的“一校带多校”在线课堂全面启动，一批教学点和基层校与优质学校实现同上一堂课，弥补了乡村学校教师结构性缺编、专业课教师业务水平不高等问题。深入开展教师网络空间创建活动，全区教师参加省中小学教师网络空间创建获一等奖2人，二等奖3人，三等奖4人，获奖人数居全市前列。

九、落实责任，党风廉政有新加强

一是强化主体责任意识。先后召开4次局务会议，专题研究部署党风廉政建设工作。5次组织召开教育系统党风廉政与反腐败工作会议。系统党委“一把手”上党课，与学校校长、书记签订党风廉政建设责任书和治理教育乱收费责任书，形成“责任到人、责任到位”的工作格局。二是狠抓热点难点问题。开展“八项规定”执行情况监督检查和“双随机”检查，着力整治教育系统社会关注度较高的考风考纪、升学招生、违规补课、教辅征订、工程建设、物品采购等领域“四风”及信访问题，着力营建风清气正的政治生态，着力提升教师队伍整体形象。三是加大案件查办力度。严格落实案件主办人员的工作责任制，认真梳理分析每一件来信来访，做好每一个案件的调查工作。2017年，共受理信访件16件（重复件5件），转立案11人，处分6人，效能告诫2人。“12345”政府平台诉求件616件，按时办结率100%。开展廉政谈话及承诺活动，廉政责任谈话提醒33人，整个系统工作作风持续好转。

十、多措并举，安定稳定有新常态

全区学校安全工作以厦门金砖会晤和党的十九大胜利召开营造和谐稳定的环境为导向，以创建“平安校园”为抓手，以学生为中心，以抓信访维稳工作、校园周边环境整治、校园防欺凌、食堂自主经营、火灾隐患排查整治和防溺水安全教育等活动为载体，大胆探索，全员参与，创新措施，积极引导，落实责任，推动创建工作全面有效开展。开发建立学校安全隐患排查整治监管平台，实现对全区学校安全工作进行实时监管；协调做好交通护学岗工作，全区学校增配保安145人，每人每月增资600元，保安全年工资支出从273万元提高到790万元。全区116所学校分别被评为5A、4A、3A级平安校园。区教育局被区政府评为2016年度安全生产目标责任制度先进单位。被市教育局评为2017年度学校综治安全目标管理优秀单位。

十一、内涵发展，校园文化有新气象

以美育工作为重点，推动校园文化建设深入开展。一是抓资金投入。投入美育专项资金200万元，实施美育硬件、软件建设。二是抓常规教育。督促学校开齐开足音乐、美术、体育课程，重视学校艺术课程教材的编写，开设各类兴趣班。首批美育名师工作室挂牌开展活动，组织音乐教师赴杭州培训，提高教师的美育教学技能，汪莉容、林剑平两位教师参加海峡两岸中小学音乐课现场观摩活动优质课展示。三是抓平台搭建。在挂钩村太湖村举办“传承好家风”文艺专场和义务写春联活动。举办青年教师独唱、美术教师九龙谷现场写生、第二届教师“三笔字”

比赛、青年教师优质课评选等活动。区教育系统党委代表队获区党工委举办“七一”合唱比赛第一名。督促学校开展形式多样的活动，30多个学校开展校园文化节、科技节、“读书节”“校园歌手”等活动。四是抓特色创建。鼓励学校根据地方特色围绕“一校一品”抓创建，涌现了莆田十八中规范汉字书写、文献中学足球、华林学校的莆仙戏表演等一批特色学校，其中莆田十二中陶艺、沟头小学的妈祖、筱塘小学绑鼓咚等艺术校本教材参加省赛。

同时，成功举办第十七届中小学生运动会和第四届教职工篮球赛，大力营造全民健身良好氛围。通过局领导挂钩包片社区制度、加强学生品质养成教育、开放青少年校外活动中心和推进乡村少年宫建设等方式，助力“创城”工作通过国家级评估。

（宋建伟）

非物质文化遗产

【非物质文化遗产代表性项目情况】 截至2017年12月，城厢区非物质文化遗产代表性项目一共包含9个类别97个项目，其中国家级非物质文化遗产代表性项目1项，省级非物质文化遗产代表性项目4项，市级非物质文化遗产代表性项目34项，区级非物质文化遗产代表性项目97项。

城厢区国家级和省级非物质文化遗产代表性项目一览表

序号	类　别	项目名称	级别（批次）	保护单位
1	传统美术	竹刻（莆田留青竹刻）	国家级　第二批	莆田市云起香材有限公司
2	民　俗	闽台送王船	省级　第二批	灵川镇东汾五帝祖庙董事会
3	传统美术	留青竹刻	省级　第二批	莆田市云起香材有限公司
4	传统技艺	复茂饼家制作技艺	省级　第三批	福建复茂食品有限公司
5	传统体育	南少林武术（莆田）	省级　第四批	莆田南少林武术协会

城厢区市级非物质文化遗产代表性项目一览表

序号	类　别	项目名称	级别（批次）	保护单位
1	民间文学	小五哥传说	市级　第二批	城厢区文化馆
2	民间文学	龙眼的传说	市级　第二批	城厢区文化馆
3	民间文学	龟山茶的传说	市级　第二批	城厢区文化馆
4	民间文学	黄濂起义歌	市级　第三批	城厢区文化馆
5	传统舞蹈	南门棕轿舞	市级　第二批	凤凰山街道南门社区居委会
6	传统舞蹈	皂隶舞（东汾五帝庙）	市级　第二批扩展	东汾五帝庙管委会
7	传统戏剧	莆仙戏“净、末”	市级　第二批	莆田市艺术研究所
8	传统戏剧	木偶戏（东海西厝）	市级　第三批扩展	城厢区文化馆

续表

序号	类 别	项目名称	级别（批次）	保护单位
9	曲 艺	俚歌（常太山歌—俚歌）	市级 第一批扩展	城厢区文化馆
10	传统美术	刘氏竹雕	市级 第一批	莆田市云起香材有限公司
11	传统技艺	复茂饼家制作技艺	市级 第一批	福建复茂食品有限公司
12	传统技艺	莆田柯氏藤编传统技艺	市级 第二批	柯国华藤编工艺所
13	传统技艺	方氏家酿枇杷酒工艺	市级 第二批	城厢区天妃红酒业有限公司
14	传统美术	郑氏沉香雕	市级 第四批	城厢区文化馆
15	传统技艺	郑氏山水木雕圆浮雕技艺	市级 第四批	城厢区腾晖工艺厂
16	传统技艺	莆田传统美食烹饪技艺	市级 第五批	城厢区老蒲鲜海鲜楼
17	传统技艺	龟山茶制作技艺	市级 第五批	三紫有机茶叶有限公司
18	传统医药	郑氏传统跌打伤科	市级 第四批	南湖郑氏传统拳医研究室
19	民 俗	东汾端午节化龙船	市级 第一批	灵川镇东汾五帝祖庙董事会
20	传统体育	南少林三十六宝传统拳术	市级 第二批	莆田南少林武术协会
21	传统体育	戴氏南少林鸣鹤二十八宿	市级 第二批	莆田南少林武术协会
22	传统体育	南少林桂麟拳	市级 第二批	莆田南少林武术协会
23	传统体育	南少林韦陀拳	市级 第二批	莆田南少林武术协会
24	传统体育	南少林韦陀扁担法	市级 第三批	莆田南少林武术协会
25	传统体育	南少林五雷拳	市级 第三批	莆田南少林武术协会
26	传统体育	南少林白鹤拳	市级 第三批	莆田市非物质文化遗产学会
27	传统体育	南少林佛祖棍法	市级 第四批	莆田南少林武术协会
28	传统体育	南少林青龙大刀	市级 第四批	莆田南少林武术协会
29	传统体育	南少林候拳	市级 第三批	莆田南少林武术协会
30	传统体育	南少林老鹰披翅拳	市级 第四批	莆田南少林武术协会
31	传统技艺	东沙村油纸灯笼制作技艺	市级 第六批	东海镇东沙村委会
32	民 俗	东海镇金沙宫上元祈福习俗	市级 第六批	东海东沙金沙宫
33	传统医药	余氏传统消痛配方	市级 第六批	莆田国医堂民间秘方研究所
34	传统技艺	唐式佛像彩绘、贴金	市级 第六批	庄严苑工艺品有限公司

城厢区非物质文化遗产项目代表性传承人一览表

序号	类　别	项目名称	传承人	批次/级别	主要传承地
1	民　俗	闽台送王船	林玉坤	第二批　省级	闽台送王船传习所
2	传统技艺	复茂饼家制作技艺	郭继光	第三批　省级	福建复茂食品有限公司
3	传统技艺	郑氏山水木雕圆浮雕技艺	郑春辉	第三批　省级	城厢区腾晖工艺厂
4	传统体育	南少林武术（莆田）	洪光荣	第四批　省级	莆田市南少林武术协会
5	传统技艺	柯氏藤编技艺	柯国华	第三批　市级	柯国华藤编工艺所
6	民　俗	闽台送王船	林庆森	第四批　市级	闽台送王船传习所
7	传统技艺	刘氏竹雕	刘志高	第三批　市级	莆田市工艺美术城木雕区
8	传统技艺	留青竹刻	刘建新	第四批　市级	莆田市工艺美术城玉雕区
9	传统技艺	莆田传统美食烹饪技艺	陈伟军	第四批　市级	莆田市城厢区老蒲鲜海鲜楼
10	传统技艺	龟山茶制作技艺	郑亦新	第四批　市级	三紫有机茶叶有限公司
11	传统技艺	郑氏沉香雕	郑云鹏	第四批　市级	莆田华艺雕刻厂
12	传统体育	南少林三十六宝拳术	洪光荣	第二批　市级	莆田市南少林武术协会
13	传统体育	南少林老鹞批翅拳	郑瑞凿	第四批　市级	莆田市南少林武术协会
14	传统体育	南少林候拳	朱圣熙	第四批　市级	莆田市南少林武术协会
15	传统体育	南少林韦陀拳术	陈玉樵	第四批　市级	莆田市南少林武术协会
16	传统体育	南少林佛祖棍法	吴　鹤	第四批　市级	莆田市南少林武术协会
17	传统体育	南少林白鹤拳	吴锦春	第四批　市级	莆田市南少林武术协会
18	传统体育	南少林戴氏鸣鹤二十八宿	戴义龙	第四批　市级	莆田市南少林武术协会

其中，传承人郑春辉作品《清明上河图》是莆田市唯一一位在非物质文化遗产传统技艺类获得吉尼斯世界纪录者。

（许少杭）

大事记

1月

2日，区委书记王文才深入嘉辉光电、庄严苑、荔城纸业、皇冠制罐、新步鞋业、杰讯光电等企业调研，并现场解决协调企业发展过程中遇到的问题和困难。

4日，区委副书记、区长吴文恩带队到龙桥街道洋西六期、八期指挥部听取六期、八期项目进展情况。

5日，最高人民检察院控告检察厅厅长宫鸣一行到区检察院，检查验收“全国检察机关文明接待室”创建工作。

同日，省残联理事长柯少愚率团到城厢区开展春节慰问贫困残疾人活动。

6日，城厢区召开2016年度全区基层党委（党工委）书记抓党建工作述职评议会议，区委书记王文才主持会议。

同日，城厢区学校和福州市直学校结对合作协议签订仪式在福州市教育局举行。福州市参与结对合作的学校是福州八中、福州十一中、屏东中学、福州教育学院附属第一小学、福州教育学院附属第二小学等5所直属学校，城厢区参与结对帮扶的学校是莆田三中、莆田文献中学、城厢区霞林学校、城厢区第一实验小学等4所学校。

12日，区委宣传部联合区直21家单位，在常太镇东青村举行城厢区文化、科技、卫生“三下乡”集中服务活动，为当地群众送去科技文化图书、疾病预防和卫生知识，并举办现场义诊、送春联等多项活动。

同日，城厢区总工会开展“关爱外来工·情满返乡路”活动，现场还赠送印刷体春联3800幅和电影票800张。

13日，城厢区出台关于调整区级行政事业通用办公设备和办公家具购置费预算标准的通知（莆城财〔2017〕7号）。

14日，由城厢区安福电子商务城管理委员会、城厢区安福电子商务联合会举办2017莆阳市集年货节。

同日，区委书记王文才走访慰问金伯爵珠宝、三利谱光电、锐马电器、嘉业光电、新路鞋业、中科华宇等企业。

16日，由城厢区安福电子商务城管理委员会、城厢区安福电子商务联合会主办的“2017安福迎新春品牌特卖会”在安福电商城举行。

17日，区委书记王文才前往百盛跨境电商中心、汇美电商、夏末电商等企业调研电商企业发展情况。

18日，在区机关三楼会议室，召开区纪委九届二次全会。区委书记王文才作强调讲话，区长吴文恩传达中央、省、市纪委全会精神，区委常委、区纪委书记作工作报告。随后，召开城厢区创建国家食品安全示范城市动员大会。

19日，2016年度城厢区委领导班子及其成员民主生活会召开，区委书记王文才主持会议，市委常委、区纪委书记吴立新，市纪委正处级纪检监察员黄素彬，市委组织部副部长蔡金春到会指导。

20日，召开区委九届四次全体会议，推荐福建省出席党的十九大代表候选人初步人选13名。

同日，市委常委、市委秘书长沈伯麟带领市总工会到城厢区走访慰问部分劳动模范、困难职工，查看职工文体中心选址事宜及进展情况。

22日，楚楚街“2017年度全品类莆田站招商会”在安福电商城优恩恩大楼召开，共有20余家电商企业出席会议现场。

23日，市委书记林宝金到樟林大桥调研木兰大道建设进展情况。

24日，市委书记林宝金到凤翔保洁公司、市供电公司高度大厅看望节日一线工作人员。

同日，在东方国际大酒店附属楼三楼会议室，举行2017年新春团拜会。

25日，区委书记王文才前往筱塘市场、莆运城厢分公司、万达广场、中石油商贸加油站、顺天礼花有限公司、旷远能源LNG罐瓶站、春运检查站等单位开展春节安全生产大检查。

28日，市委书记林宝金带领市直有关部门主要领导，到华亭镇云峰村进行慰问。

2月

3日，区工商局联合区委文明办、区公安局、区经信局在绶溪公园开展“学雷锋志愿服务宣传活动月暨防诈骗反传销宣传教育活动”。全区道德模范志愿者、教育系统巾帼志愿者、各单位志愿者共200多人参加该宣传活动，共分发宣传资料3000多份，提供咨询服务1000多人次。

5日，区政府在常太镇常太学校举行莆田市东圳水库湖滨缓冲带治理工程搬迁选房签约仪式。

9日，市委副书记、市长李建辉等一行前往洋西调研电商未来城。

11日，在东方国际大酒店附属楼三楼会议室，召开城厢区贯彻落实《建设美丽莆田行动纲要》暨“转作风、提效率，美丽莆田我先行”主题实践活动动员大会。

12日，新华社记者以图片新闻报道华亭、东海等镇的元宵习俗，并被《人民日报》海外版、《印尼国际日报》《澳门日报》等媒体转载。

13日，区委书记王文才到华源工贸、振兴旅游、嘉裕华等工业企业调研节后重点项目和工业企业复工情况。

14日，区委书记王文才调研延寿绿心项目。

同日，莆田市医疗保障管理局、医保局医保中心正式挂牌成立。

15日，区委书记王文财到向阳坊、台富、亿华轻工、协顺鞋业、温氏等规上企业调研。

同日，区工商局在喜盈门建材家具广场举行纪念“3·15”国际消费者权益保护日系列活动。

16日，区委书记王文才实地调研莆田之星汽车有限公司、老蒲鲜、凤凰家政服务有限公司、百胜租车管理有限公司、苏宁云商销售有限公司、莆田富力进出口有限公司调研绿色产业。

17日，市委书记林宝金到区人大常委会进行调研，并主持召开座谈会。

同日，在区第一实验小学举行2017年全区教育系统信息宣传工作会议，表彰信息宣传工作先进学校13所、优秀信息员21位。

22日，常太镇东青村村民许某在自家屋后修路时挖掘出一批距今3000多年夏商时期原始瓷、石矛和石锛，是莆田境内首次出土原始瓷，填补福建省瓷文化考古空白，对深入研究闽文化具有极高的学术价值。

23日，副市长郑瑞锦等携区领导调研洋西新区建设城建项目。

25日，区委书记王文才在

区委六楼一号会议室主持召开区委常委会，研究《城厢区2017—2021巡察工作规划》《城厢区委2017年第一轮巡察工作实施方案》和干部工作。

28日，区人民法院党组书记、院长陈志权获“全国维护妇女儿童权益先进个人”。为受到表彰的莆田市唯一基层法院院长。

2月，省高级人民法院再次授予一批资深法官“荣誉天平奖章”，城厢区法院党组成员、专职审判委员会委员钟丽华和立案庭庭长戴爱富、监察室主任林凤莺、执行庭副庭长陈金贤、民一庭副庭长阮志娟、研究室原审判员程省立榜上有名。

3月

1日，城厢区干部网络培训正式启动，全区近2000名处级干部、科级干部和一般干部分期分批参加福建干部网络学院的培训学习。

3日，市委副书记、市长李建辉带领市直有关部门负责人，先后深入凤达凤翔城、华林智汇电商城等项目，调研城厢区产业发展情况，实地察看油画小镇、华林鞋艺小镇规划建设情况，并主持召开汇报会。

同日，莆田市电视台对城厢区居民健康档案自助查询服务项目试点工作进行采访报道。

4日，区委副书记、区长吴文恩调研洋西六期、八期片区改造项目。

6日，区委副书记郑松青、区委常委、区委政法委书记陈庆王到东海镇督导“两会”期间信访维稳工作。

9日，市委常委、区委政法委书记李飞亭到城厢区调研社会治理及“综治三率”工作。

同日，区委书记王文才到万达南片区、莆田西屿上片区、莆田西安置房等地调研城建项目规划、建设情况。

10日，区委书记王文才带领相关部门负责人，到木兰大道实地调研，先后来到木兰大道一期华亭段施工现场及项目征迁指挥部，详细了解项目征迁工作进展情况，以及征迁中遇到的困难和问题。

14—15日，由安福管委会主办，安福电商联合会承办的“电商破局与网红VR创客实训班”在双洋环球广场四楼举办。

17日，在区委六楼二号会议室，召开城厢区创建全国第三届青少年普法教育示范区工作推进会。

18日，由团市委指导，安福电商城管委会、区妇联和市创业者协会主办，香港国际女企业家学院、市民营企业商会、市青年创业促进会和莆田学院大学生创业实践中心协办的“‘新经济·新模式·轻资产’互联网创业论坛”在百盛跨境中心培训室举办。

21日，国家发改委副秘书长范恒山到城厢区考察广化寺佛教文化名胜区。

同日，副市长陈惠黔到城厢区调研华亭镇卫生院项目建设情况。

24日，市委书记林宝金带领市直有关部门察看樟林片区建设情况。

同日，在区机关三楼会议室召开全区宣传、组织、统战工作会议，传达全省、全市宣传部部长、组织部部长、统战部部长工作会议精神，回顾总结2016年全区宣传、组织、统战工作，部署2017年工作。

25日，区委书记王文才前往常太镇调研项目建设情况和“转作风、提效率，美丽莆田我先行”主题教育实践活动开展情况。

同日，区四套领导班子成员、公检法领导、区直有关部门主要领导在常太镇松峰村的东圳库区退果还林实施点（赤矛山）开展2017年义务植树活动。

27日，市委书记林宝金带领市直有关部门负责人到莆田一中调研教育工作。

28日，区教育局组织筱塘小学等学校学生到龙脊山烈士陵园参加莆田市2017年清明祭奠英烈主题活动启动仪式。

29日，在区委六楼二号会

议室，市委常委、市委组织部部长卓晓銮主持召开推进全面从严治党主体责任落实情况集体约谈会。

同日，区委副书记、区长吴文恩带队调研下磨市场周边市容市貌管理情况。

同日，省委宣传部考评组到东海镇考评2016年度全省农村宣传思想文化工作示范乡镇。

29日至30日，团省委书记宿利南一行到城厢调研基层团建工作。

31日，区委书记王文才前往灵川镇的温氏家禽和东海镇的协顺鞋业等项目调研，并分别召开项目建设及“转作风、提效率，美丽莆田我先行”主题实践活动汇报会。

4月

1日，区委书记王文才前往霞林街道的坂头东收储地、八二一、延寿路南伸工程和龙桥街道的洋西六、八期、君领绶溪等项目调研，并分别召开项目建设及“转作风、提效率，美丽莆田我先行”主题实践活动汇报会。到华亭镇、凤凰山街道开展项目建设和“转作风、提效率，美丽莆田我先行”主题实践活动调研。

6日，市委副书记、市长李建辉带领市直有关部门负责人到城厢区溢通环保科技有限公司调研高成长型企业，并在区委六楼二号会议室召开座谈会。

7日，在区机关三楼会议室召开城厢区法学会暨第一次会员代表大会，选举产生区委常委、区委政法委书记陈庆王为第一届理事会会长，卓国华、俞学军、蔡爱国、陈志平、林文兴、沈威、赖曙光、林伟、陈洄等为副会长。

同日，在区委六楼二号会议室，区委书记王文才主持召开党政领导生态环境保护联席会议，传达全省生态环境保护自查整改推进视频会议精神，通报生态环境保护存在的问题、整改落实情况以及下一步工作计划。会上，区委书记王文才作强调讲话，并向各镇（街道）下达《城厢区生态环境保护专项整治工作责任书》。市环保督查组组长陈清泉带领督查组成员到会指导。

11日，由考评组组长、莆田军分区政治部主任余金辉，副组长、市双拥办常务副主任姚淑蓉带领考评组一行，对城厢区创建省级双拥模范城进行考评，并召开汇报会、座谈会、实地考察和反馈会。

同日，市政协副主席蒋志雄到城厢区调研鞋业产业。

同日，区委组织部向各级各部门和党员干部传达省委《关于追授廖俊波同志“全省优秀共产党员”称号并开展向廖俊波同志学习活动的决定》和《关于认真贯彻习近平总书记重要指示，深入开展向廖俊波同志学习活动的通知》的文件精神，广泛开展学习廖俊波同志先进事迹活动。

13日，共青团福建省委书记宿利南一行到城厢区调研基层团建工作。

14日，省委常委、常务副省长张志南到城厢区考察东圳水库一级保护区居民搬迁工程和延寿溪综合整治工程进展情况。

同日，城厢区第29个爱国卫生月环境卫生专项整治现场活动在凤凰山街道八十亩小区开展。

19日，省工商局局长黄培惠率省局调研组一行人到区工商局进行调研。

同日，区委书记王文才带领区委政法委、区委办、区城管执法局、区综治办、区公安分局等单位负责人调研网格化管理工作。

21日，市委书记林宝金深入霞林社区网格化管理服务站、凤凰山街道网格化社会治理服务中心、区网格化社会治理服务中心专题调研城乡综合执法和服务治理网格化工作。

同日，“喜迎十九大·美丽莆田百村行”宣讲、理论进基层“四个百”、社科界“四联三比”“六进基层促发展”活动启动仪式在城厢区华亭镇涧口村举行。

24日，在区机关三楼会议室召开城厢区迎接中央第五环境保护督查组督查工作动员会。

25日，省卫计委委托省中医药大学副教授张胜利带队对城厢区专业公共卫生机构开展综合改革调研，实地调研走访区疾病预防控制中心、区妇幼保健所

28日上午，国家档案局经科司巡视员李晓明、省档案局副局长黄建峰等一行，到华亭镇实地调研“村档镇管”、美丽乡村档案工作。

26—28日，由莆田市台办牵头主办、城厢区台办、莆田市妈祖书画院、莆田市尚善堂文化传媒有限公司共同承办的“大爱妈祖”莆台书画精品大联展，在台湾金门举办。

28日，工信部工业文化发展中心与城厢区签约产业融合创新研究院项目，并召开“行业联盟与创新人才”座谈会。

同日，中共城厢区教育系统委员会召开第一次党员代表大会，选举产生区教育系统第一届党委委员。

同日，区人民检察院与华侨大学法学院举行检校共建合作签约仪式暨华侨大学法学院教学科研实践基地揭牌仪式。

5月

2日，区委书记王文才深入区医院、凤凰山街道社区卫生服务中心、龙桥街道社区卫生服务中心、华亭镇隆兴村卫生所、华亭镇卫生院开展卫生工作调研，并召开汇报会。

同日，区教育局、区语言文字工作委员会联合举行城厢区首届小学生规范汉字听写大赛，逸夫实验小学、沟头小学获得团体一等奖，其他代表队分获团体二、三等奖，杨名奕等40名选手分获个人一、二、三等奖。

4日，区委书记王文才到东海镇亚太林业公司桉树种植地块、灵川镇下尾村石材厂等地调研生态环境环境保护工作。

5日，在区机关三楼会议室召开城厢区创建全国文明城市动员大会。

12日，由城厢区安福电商城管委会主办，福建省夏末电子商务有限公司承办的京东快车投放实践培训会在莆田双洋环球广场培训中心举行。

同日，由安福电商城管委会主办，诺亚创梦电子商务有限公司承办的2017跨境电商eBay新生态·莆田首届推介会在三迪·希尔顿逸林酒店举行。

同日，城厢区15个以个人名字命名的基层一线省第十次党代会和市第七次党代会党代表工作室成立暨揭牌。

13日，区委副书记、区长吴文恩一行检查龙桥街道市委党校周边城市管理工作开展情况。

15日，在区委六楼二号会议室召开区委中心组学习（扩大）会议，区委书记王文才主持会议，传达省委尤权书记在省委、省政府工作检查总结会上的讲话主要精神和市委林宝金书记在市委常委（扩大）会议上的讲话主要精神，并作强调讲话；区长吴文恩传达省政府于伟国省长在省委、省政府工作检查总结会上的讲话主要精神和市政府李建辉市长在市委常委（扩大）会议上的讲话主要精神；区委常委、区纪委书记余丽红传达学习省纪委《关于六起省管干部违反中央八项规定精神问题的通报》的文件精神；区委常委、区委组织部部长陆建琪传达学习全市“两学一做”学习教育常态化制度化工作座谈会精神和市委常委、市委组织部部长卓晓銮讲话精神。区四套班子领导、镇（街道）党委（党工委）书记、区直九大系统党委书记、区直有关单位主要领导参加会议。

同日，非公企业和社会组织党建工作指导员现场对接会暨业务培训会议召开。区委非公企业和社会组织党工委专职副书记胡宏主持会议。会议共有市区党建指导员、非公企业党务工作者等40多人参加。

18日，市人大视察组察看龙桥社区及龙桥溪，调研龙桥街道污水收集工作开展情况。

同日，安福电商城又一电商服务平台——小蜜蜂电商服务小站成立。

19日，出台《城厢区七中山

人才公寓管理暂行办法》，推动74套人才公寓投入使用，帮助城厢区范围内企事业单位解决部分引进人才的住房问题。

19—20日，由福建省农林大学继续教育学院主办，城厢区安福电子商务城管理委员会、莆田市壕鲜生生态农业科技有限公司承办的福建省扶贫开发重点工作县科技人员培训班暨福建省农林大学继续教育学院与壕鲜生惠农电商校外实训基地授牌仪式在双洋环球广场4楼培训中心举行。

22日，省政协副主席杨根生带领省政协检查组一行到华亭镇涧口村进行工作检查。

同日，“闽中三年游击战”历史主题油画创作研讨会在莆田国际油画城举行，区委常委、区委宣传部部长吴建銮与党史专家、油画家等20多名专家参加研讨。

25日—27日，一年一度的城厢区两岸中华五帝文化节在城厢区举行，参加文化节活动的台北基隆、苗栗、新竹等台湾五帝信众达600多人。

28日，由市文联、区委宣传部、区文联主办的“美丽莆田踏歌行”文艺演出在恒大御景举办。

5月，新华社中国经济信息是记者采写的《莆田城厢挖掘闽中游击区史料打造红色景区弘扬红色文化》一文，得到省委宣传部部长高翔的肯定并作出批示。

5月起，城厢区远程医疗会诊系统正式开通。

6月

1日，市委书记林宝金到市第二实验小学、市儿童活动中心幼儿园开展“六一”慰问活动。

3日，由市旅游局、市农业局、城厢区人民政府主办，区旅游局、华亭镇人民政府、莆田假日旅行社、绿丰园艺有限公司承办的2017年城厢区“花果华亭四季采摘”系列活动——首季杨梅采摘节暨乡村旅游特色产品展销会开幕式在城厢花卉世界（华亭镇埔柳村）揭幕。

6日，省民政厅副厅长、省双拥办常务副主任辛志华带领省双拥考评组一行，到城厢区考评验收省级双拥模范城“四连冠”创建工作，并在阳光大酒店五楼德勤厅召开汇报会，区委书记王文才汇报创建“省级双拥模范城”工作情况汇报，区长吴文恩主持汇报会。

7日，市委书记林宝金、市长李建辉到莆田一中巡视高考工作。

9日，区委书记王文才深入荔景小区、莆田西高速出口、南门农贸市场、文献步行街广场、荔溪小区、南湖公园等地方督查创城工作。

同日，区国税局通过数字证书认证系统成功向福建爱信诺航天信息科技有限公司莆田分公司发行总局CA UKEY，并且首次尝试注销后重新申请发行给该企业，成功实现总局CA UKEY回收重复利用。

12日，受2017年2号台风“苗柏”的影响，常太境内普降大雨。

13日，城厢区总工会举办“匠心风采·传承千年”为主题的针车劳动技能大赛，全区共60名技术能手参加竞赛。

13—25日，第九届海峡论坛城厢区两岸书画精品展在莆田国际油画城举行，展览共展出两岸书画名家作品130幅，100多位台湾青年、1300多位市民及书画爱好者参观展览。

14日，区委书记王文才到华源纺织城项目现场协调解决建设过程中的问题和困难。

15日，城厢区组织召开践行社会主义核心价值观基层“最美人物”先进事迹观摩暨表彰会议，集中表彰2016年度10名基层“最美人物”获得者。

16日，市委书记林宝金到城厢区调研城乡建设专项行动工作，先后察看广化寺文化名胜区改造情况、延寿路南伸工程建设情况和绶溪公园建设情况，听取钟潭溪桥项目、广化寺文化名胜区规划策划、征迁及项目情况汇报。

同日，受国家防总委派，太湖水文局局长戴甦深入常太镇松峰村检查虎岐底地灾点和避灾点情况，指导防御暴雨工作。

19日下午5：30，城厢区国税局为路桥（莆田）文化传媒有限公司（913503000797565632）开具全市首张增值税普通发票（卷票）发票代码035001700107，发票号码02400005，金额100元。

20日，市委书记林宝金到华源纺织城调研检查项目建设情况。

22日，市委书记林宝金到霞林社区社会治理网格站和区公安分局调研网格化管理和社戒社康工作；到常太镇岭下村调研美丽乡村建设、精准扶贫工作，并先后察看东圳移民精神展示馆、美丽乡村公园等。

同日，“温暖工程1+1助跑圆梦行动”助学金颁发暨“城厢区第三期职教励志大讲堂”在莆田科技职业技术学校举办。

23日，莆田市卫计委、莆田市计生协会、中国人寿莆田分公司联合城厢区政府、城厢区卫计局、凤凰山街道在凤凰山公园携手举办福建省“新市民健康城市行”——莆田暨城厢在行动活动启动仪式，此次活动主题为“关注流动人口健康·人人参与共建共享”。

24日，区委副书记、区长吴文恩带队前往洋西片区六期、八期项目现场查看征迁情况并在洋西六期、八期项目指挥部听取现场汇报。

25日，常太镇人民政府举办、市自行车协会承办“绿色常太·美丽圳湖”自行车环库骑行活动，起点在莆田市电商城，终点在九龙谷景区，全程30千米，全市有1200多名爱好者参加骑行活动。

28日，市委书记林宝金慰问龙桥街道太平社区困难党员郭万珍和洋西村因公致残党员林文贵。

29日，市委常委、区纪委书记吴立新慰问凤凰山街道龙德井社区困难党员林邦安，霞林街道棠坡社区困难党员施玉辉和坂头村困难党员林秀英，东海镇坪洋村困难党员陈清华、蔡志兴，灵川镇径里村困难党员、林鸿金，并到东海镇坪洋村察看扶贫项目建设情况，到灵川镇径里村察看基层党组织建设、美丽乡村项目建设情况。

同日，区委书记王文才深入常太镇松峰村调研指导工作。

同日，城厢区召开车改工作会议。

30日，市委书记林宝金深入城厢区人民检察院、华亭镇埔柳村，调研“两学一做”学习教育常态化制度化工作，亲切看望慰问基层党员干部，代表市委向全市广大共产党员致以节日的问候。

同日，市纪委书记吴立新到东海镇坪洋村指导扶贫工作。

同日，城厢区举行庆祝中国共产党成立96周年暨表彰先进典型大会。区委书记王文才讲话，区委副书记、区长吴文恩主持会议。

6月，区人民法院党组成员、政治处主任陈静被授予“全国巾帼建功标兵”，为中国女法官协会推报并受到表彰的全国仅有3名女法官之一，是唯一由福建省人民法院系统产生的人选获此殊荣者。

7月

2日，莆田市打击“仿冒鞋”和“假海淘”专项行动动员大会在安福电商城召开。

3日，区国税局为莆田市裕鑫贸易有限责任公司、莆田市盛纬纺织有限公司和莆田市飞创贸易有限公司三户外贸企业办理了出口退税，合计退税额434454.4元。这是市局在该局下放外贸企业出口货物劳务退税审批权后办理的第一批退税，标志着外贸企业退税审批权下放在该局取得成功。

4日，市委书记林宝金察看霞林社区社会治理网格站和区公安分局社会治理网格化中心调研城乡综合执法和服务治理网格化工作，召开网格化工作推进会。

5日，市委书记林宝金到东海镇才子集团指导检查工作。

同日，由区委宣传部组织党史、革命史和文化工作者整理编纂的《红色马院》一书发行暨闽中革命教育进社区启动仪式在群众艺术馆举行。

5日，区公安分局和区国税局、地税局联合举行“城厢区公安分局派驻税务联络机制办公室”揭牌仪式，正式开启“公安+税务”深度合作模式。

7日，区委书记王文才前往常太镇岭下村，华亭镇隆兴村、五云村、前柳村调研美丽乡村建设、精准扶贫工作，并慰问常太镇贫困户黄金展、陈亚尾、林元泉、陈丽英以及挂钩贫困户华亭镇林国良等人。

9日，市委书记林宝金到华亭镇324国道三紫路交叉口、城港大道木兰溪大桥察看木兰大道一期项目进展情况以及木兰大道一、二期连接点规划情况。

12日，区委组织部举办全区党组织和党员基本信息采集、党费工作等业务培训班。全区负责党费管理、党组织和党员信息采集业务具体经办人员共160余人参加会议。

13日，2017旅游宣传年第三季“荔枝红了”活动在绶溪公园举办。该活动以“荔林水乡”为背景，突出展示莆田的荔枝文化、水乡文化，民俗文化。活动内容包括荔枝采摘、荔枝品尝、荔枝知识讲解、诗词朗诵及以荔枝为题材的戏曲表演。中央电视台《乡土》栏目组、莆田电视台、福建省旅游局官方微信、莆田市旅游局官方微信对活动进行现场直播。

14日，常务副区长肖志雄一行调研龙桥街道电商未来城项目建设情况。

15日，区委副书记、区长吴文恩到龙桥街道察看龙桥社区及太平社区的社区管理及周边环境，督查创城工作的推进情况。

20日，市委书记林宝金先后调研察看洋西六、八期地块征迁进展情况，龙德井片区棚户区改造情况，八二一街南伸、延寿路南伸征迁工作进展情况以及学园路南伸、胜利路南伸等项目的建设情况。

23日，“萌生长、爆市场、标未来”2017年莆田市跨境电商高峰论坛在城厢区举行。

27日，区领导王文才、吴文恩到相关部队和莆田军分区等地开展2017年“八一”走访慰问部门活动。

29日，市委书记林宝金深入城厢区东圳水库实地察看东圳水库堤坝、水闸、泄洪道等重点部位，检查水库防御台风应急预案落实情况，随后前往常太镇松峰村地质灾害隐患点，走村入户了解村民转移安置情况。

30日，市委书记林宝金带队到城厢区察看第9号台风“纳沙”登陆后受影响情况，并检查指导防御第10号台风“海棠”工作。

7月底，全区高考综合评价居莆田市七个县区第一名，高考本一上线31.6%，本二上线68.8%。全区中考总平均分、优秀率、及格率位居全市所有县区第一。

7月底，城厢区获“省级双拥模范城”称号；南门社区获“爱国拥军模范单位”称号。

8月

2日，市委书记林宝金到城厢区调研城市快速化道路建设工作。

4日，举行2017年中小学幼儿园新任教师选岗、签约仪式，有19个学科129位入围人员参加。

同日，城厢区召开电子证照启动会。

7日，市委书记林宝金一行深入筱塘小学调研，实地察看调研学校建设、师资队伍、人才培养以及辐射帮扶等情况。

8日，市委副书记、市长李建辉到复茂调研。

同日，市检查组到城厢区召开2016年度省委、市委全面从严治党主体责任检查反馈问题整改情况汇报会。会上，区委书记王文才代表城厢区汇报全面从严治党主体责任检查问题整改情况。

同日，区委副书记、区长吴文恩到赛博思钢结构项目、凯达卫生用品项目、三威鞋业、亚明食品、腾晖工艺调研。

10日，在区委六楼二号会议室，市政协秘书长陈剑华带领市检查组等相关人员到城厢召开2016年度市委全面从严治党主体责任检查“回头看”汇报会。会上，区委书记王文才汇报全面从严治党主体责任检查问题整改情况。

11日，区委书记王文才实地调研基层党建工作。先后到涧口中心村党委、亚明食品党支部详细了解农村、非公企业领域党建工作情况。

12日，市委常委、市委组织部部长卓晓銮到华亭镇涧口村调研基层党建工作。

14日，在霞林街道沟头社区举行“共建同心图书室·共创书香新社区”图书捐赠暨挂牌仪式。

16日，市委书记林宝金带队到华亭镇涧口村调研中心村党委建设情况。

17日，在区委六楼二号会议室，区委书记王文才以普通党员的身份参加区委办公室党支部主题党日活动，集体观看微电影《廖俊波》。

18日，区委书记王文才到筱塘社区“6+3”超市、区交警大队指挥中心、莆田西安置房、华林园区昌德食品、龙升加油站等地，就超市经营安全、道路交通安全、建筑施工安全、企业生产安全、危化品及特种设备安全，以及液化气安全等一一进行检查，并对检查中发现的问题责令立即整改。

28日，市委常委、市委组织部部长卓晓銮深入常太镇调研《福建省关心关爱基层干部二十条措施》贯彻落实工作情况。

21日晚，市委副书记、市长李建辉带队到城厢区暗访环保问题整改情况。

23日，市委书记林宝金到区交警大队视频监控中心督导安全生产工作。

同日，区委副书记、区长吴文恩先后到新路体育、顶兴科技、众诚纸业、山牌安置房调研，以及研究华林鞋艺小镇客厅及水岸选址问题。

26日，在区机关三层大会议室，召开中共城厢区委九届五次全会。会议审议通过《中共莆田市城厢区委关于加快社会事业发展补齐民生短板争创全面建成小康社会示范区的决定》和《中国共产党莆田市城厢区第九届委员会第五次全体会议决议》，讨论教育、医疗卫生、养老、城乡民生基础设施等相关配套文件。

29日，市委书记林宝金察看下磨溪上游水源水排放情况、文献路政协桥改造及下磨溪整治情况以及文献广场周边道路整治改造工程进展情况。

31日，区委副书记、区长吴文恩与三利谱董事长张建军到开发区考察新基地选址情况。

8月，城厢区开展送清凉、送安全、送关爱活动，筹集资金和实物9.997万元给企业和工地17家，惠及职工1538人次，其中农民工1261人次。

9月

1日，市委书记林宝金到下黄小区察看下黄河整治工程，听取区委王书记汇报进展情况。

5日，市人大常委会组织视察调研组，就广化寺佛教文化名胜区建设进展情况进行视察调研并召开座谈会。

6日，区委副书记、区长吴文恩到东海调研笏枫公路拓宽工程建设情况。

8日，城厢区委、区政府举行第33个教师节表彰大会，区领导王文才、吴文恩等领导出席会议，表彰80名先进教育工作者、优秀教师、优秀班主任和校际交流先进个人。

9日，城厢区“花果华亭·四季采摘”第三季龙眼文化采摘节正式开幕。

11日，在共青团莆田市委的指导下，由城厢区安福电商城管委会主办，壕鲜生农业科技承办的莆阳市集活动暨“莆田市创农商品牌·助电商减贫”推广会在莆田市万达广场开展。

12日，市委书记林宝金带领市直有关部门到龙桥街道调研绿心保护。

同日，区委书记王文才先后到华源、天喔、三利谱、新旺隆和鞋艺小镇调研。

13日，区委书记王文才到霞林街道调研，先后到滨江北路、木兰大道霞林段、滨溪北路等项目现场，详细了解项目前期规划、建设施工等情况，并现场协调解决项目建设过程中遇到的困难和问题。

14日，市委政法委书记李飞亭深入常太镇岭下村调研社会治理“善治”工程。

同日，区委书记王文才到灵川镇调研，并先后察看福厦客运专线开工点及苏山取土点。随后到常太镇调研，并先后察看东圳水库一级水源保护区房屋拆除现场（松峰村）及东圳水库库滨带生态治理工程（长基村樟龙溪）。

16日，市委书记林宝金到城厢区调研创城工作，先后察看市博物馆及周边环境卫生、察看太平社区综合服务中心并入户宣传。

26日，莆田市举行莆台合作项目签约仪式，城厢区共有5个合同项目参加签约，总投资7400万美元，分别是世全·时尚国际电商城项目、台兴食品增资扩产项目、台湾兰花引种栽培项目、向阳坊高热烤炉技术项目、两岸牛樟芝中医药健康旅游产业项目。

26—27日，由福建省卫计委牵头，城厢区卫计局携手莆田市卫计委协办的福建省乡镇卫生院院长培训班在莆田希尔顿逸林酒店举办，参加培训人数达214人。

27日，市委书记林宝金深入常太镇调研，实地察看东圳水库水环境综合治理库区搬迁、东圳水库库滨带生态治理工程、东青村幸福家园建设。

30日，区四套班子成员在闽中革命烈士陵园纪念广场参加全市烈士纪念活动。

同日，福建省亚明食品有限公司被省经信委确定为2017年省级工业企业品牌培育试点企业。

9月，袁敏团队获莆田市引进高层次创业创新团队，吴其明等8名优秀人才被评为“壶兰英才”。

9月，由中国关工委、司法部和中央综治办联合组织开展的第三届“关爱明天、普法先行”——青少年普法教育活动评选揭晓，区人民法院获得“全国青少年普法教育先进单位”，少年审判庭庭长徐荅荣获“全国青少年普法教育先进个人”、另两名干警被表彰为“优秀辅导员”。

10月

1日，区委书记王文才到东圳库区移民安置房、君领绶溪等项目施工现场，实地调研项目建设，看望慰问国庆节期间坚守岗位的一线建设者。

3日，才子服饰、溢通环保两家企业被认定为省级质量标杆企业，全省仅10家，全市两家均在城厢区。

8日，市委书记林宝金深入一线实地调研木兰大道一期工程、木兰溪防洪工程建设，推进百日攻坚。

13日，2017年省综治平安县区考评及维稳安保督导组到城厢区进行督导。

18日，市委常委、市委组织部部长卓晓銮到祥和水岸小区经济适用房、霞林街道坂头小区人才公寓、莆田学院医学院人行天桥附近地块调研人才房建设。

同日，由安福电商城管委会主办，京东鞋靴箱包部承办的“2017年京东商城鞋靴箱包部在莆招商会”于城厢跨境电商中心举行。

23日，市委常委、市委组织部部长卓晓銮带领市直有关部门负责人，到城厢区调研人才房建设，先后调研华林工业园区祥和水岸小区经济适用房、霞林街道坂头小区人才公寓、荔能小区人才房、莆田学院北区二期地块等。

24日，区委书记王文才到华亭镇后塘村慰问百岁老人许正厝和困难老人林春满。

27日，在区机关三楼大会议室，区委书记王文才主持召开区委常委（扩大）会议，传达学习党的十九大、十九届一中全会及省委、市委常委（扩大）会议精神，研究部署全区学习宣传贯彻落实党的十九大精神工作。

28日，市长李建辉深入城厢区华亭镇园头村，看望慰问百岁老人和困难老人，向老人们送上慰问金和慰问品，并致以节日的祝福。

30日，常太镇东青村“乡村记忆档案”示范项目以99.5分的高分通过省级考评验收。

11月

1日，城厢区安福电商联合会法律援助站揭牌成立。

同日，才子服饰股份有限公司获得省级企业技术中心称号。

2日，省委常委、省委组织部部长胡昌升深入城厢区华亭镇涧口村，向干部群众面对面宣讲党的十九大精神，宣讲会上，沈国林、陈阿桂、詹国强、林玉满、卓玉应、詹桂华、杨莉莉、周淑娟等8位基层党员、群众代表也结合各自工作实际作了发言。

同日，市委常委、市纪委书记吴立新深入常太镇岭下村，走访贫困户洪英平、黄金展，随即在岭下村村部主持召开座谈会，宣讲党的十九大精神，并与基层党员面对面交流学习体会。

同日，由城厢区残联和安福管委会联合主办的残疾人电商创业培训在百盛跨境电商中心举行。

同日，莆田市乡镇敬老院“公建民营”现场会在常太镇召开。

6日，区委书记王文才到灵川镇下尾村，向干部群众面对面宣讲党的十九大精神，宣讲会上，林根、陈慧扬、何跃彪、林文森、林杰、林玉金等6位镇村党员干部、群众代表，也结合各自实际作了发言。

7日，莆田市2017年社会科学普及宣传周活动启动仪式在广化寺广场举行。

8日，区委副书记、区长吴文恩到华亭镇樟塘村，宣讲党的十九大精神，并与镇村党员干部、群众代表共同交流学习体会。

同日，在莆田五中报告厅，党的十九大代表、城厢区委常委、区人民武装部部长颜启昌正为该区党员干部作党的十九大精神宣讲报告会。

14日，在区机关三层大会议室，举行学习贯彻党的十九大精神市委宣讲团报告会。市委宣讲团成员、市委组织部副部长、市委党校常务副校长董励华作宣讲报告。

17日，杰讯光电、溢通环保两家企业获评福建省“专精特新”中小企业。

20日，在区委六楼二号会议室，区委书记王文才主持召开区委中心组学习（扩大）会。会上，区委常委、区组织部部长陆建琪传达学习中组部部长陈希署名文章《培养选拔干部必须突出政治标准》；区委书记王文才传达学习省委、市委常委会关于学习《中共中央政治局关于加强和维护党中央集中统一领导的若干规定》《中共中央政治局贯彻落实中央八项固定的实施细则》会议精神以及省委十届四次全会精神。

23日，区委、区政府制定出台《城厢区城市管理行政执法队伍体制改革实施方案》，各街道执法中队正式挂牌成立。

26日，“花果华亭、四季采摘”活动第四季拉开帷幕，活动的主题是走马亭村橄榄节采摘。

27日，在区机关三层大会议室，召开区委九届六次全会。区委书记王文才在会上作报告，全会审议通过《中国共产党莆田市城厢区第九届委员会第六次全体会议决议》。

12月

2－3日，城厢区第十七届中小学生田径运动会在莆田五中举行。

4日，依照《旅游景区质量等级的划分与评定》国家标准与《旅游景区质量等级评定管理办法》，经莆田市旅游景区质量等级评定委员会组织评定，城厢区内的绶溪公园、花果华亭、岭下美丽乡村、马院人家等4家景区达到国家AAA级旅游景区标准，同意批准为国家AAA级旅游景区。

5日，《新华通讯社》《光

明日报》等中央、省级主流媒体一行，到城厢区进行“探索莆田文化改革发展成功经验”集中采访，先后采访莆田市油画艺术协会、欧雅艺术、腾晖木雕。

6日，省老区办主任陈晨光带队视察常太镇马院村闽中工农游击队革命遗迹建设情况。

7日，全省库区移民环境综合整治长效管理现场会在常太镇岭下村召开。

同日，市委书记林宝金到城厢区实地调研环保工作，察看龙桥溪黑臭水体整治情况，听取区委书记王文才汇报污水源普查情况、莆田学院汇报莆田学院中区雨污分流改造情况。

8日，市委书记林宝金到城厢区调研工作，在南湖公园广场听取区委书记王文才、市国土局陈景新汇报南湖公园片区土地收回工作情况，之后察看广化寺片区启动项目建设情况，听取区委书记王文才汇报油画城征迁及安置工作进展情况。

10—16日，区委副书记郑松青率14人闽台乡镇村里交流团，赴台进行为期7天的考察交流活动，与台中市大安区12位村里长进行友好座谈交流。

15日，华亭镇后角村民黄祎明完成造血干细胞采集，成为莆田市第11例造血干细胞捐献志愿者，城厢区共有5位志愿者成功捐献造血干细胞。

19日，按照《福建省乡村旅游经营单位服务质量等级划分与评定》标准，城厢区有醋有味餐饮被莆田市旅游局评定为“2017年度福建省三星级乡村旅游经营单位”。

24日，由常太镇人民政府举办、福建莆田合众体育发展有限公司、莆田178单车骑行联盟承办的2017年莆田市全民健身运动会自行车比赛在常太镇东圳水库畔开赛，起点在洋西路口，终点在岭下村“美丽乡村”景区，全程28千米，吸引省内骑友500多名参加比赛。

25日，在阳光大酒店五层德勤厅，召开区政协八届二次会议开幕式，区四套领导班子出席会议。之后，在东方国际大酒店2号会议室召开区九届人大第二次会议预备会议，听取城厢区第九届人民代表大会第二次会议筹备工作情况的报告；通过大会议程；通过大会主席团和秘书长名单。

同日，城厢区残疾人联合会第六次代表大会召开，市残联党组书记、理事长谢国林，区领导王文才、黄志强、陈庆王、王乌妹、李文杰等出席会议。

26日，在东方国际大酒店附属楼会议室，召开区人大二次会议第一次会议（开幕式）。听取区政府工作报告，书面听取关于区2017年国民经济和社会发展计划执行情况及2018年国民经济和社会发展计划草案的报告；书面听取关于区2017年预算执行情况及2018年预算草案的报告；通过了大会选举办法。

27日，在东方国际大酒店附属楼会议室，召开区九届人大二次会议第二次全体会议。在阳光大酒店五层德勤厅召开区政协八届二次会议闭幕式。

同日，福建东南艺术纸品股份有限公司、福建省莆田市荔城纸业有限公司、蛤老大（福建）食品有限公司、莆田萨拉曼户外用品有限公司获得市级企业技术中心。

28日，在东方国际大酒店附属楼会议室，召开区九届人大二次会议第三次全体会议及闭幕式。

同日，区人民法院在城厢区台办设立台胞权益保障法官工作室。

同日，市政协主席林庆生，市委常委、市纪委书记吴立新，副市长胡国防等人在区委书记王文才、区长吴文恩陪同下调研木兰大道一期工程、灵华线、天龟线。

29日，城厢区监察委员会正式挂牌，监委委员们举行宣誓仪式。

12月，城厢区获得新一批国家知识产权强县工程试点。

截至12月31日，城厢区一般公共预算总收入完成317358万元，比上年同期增收33783万元，增长11.9%，增幅在全市五个县区中位居第二位。

区情概览

自然环境

【区域位置】 城厢区地处福建省“黄金海岸”莆田市中部，台湾海峡西岸，位于北纬25°15′34″～25°35′14″，东经118°49′13″～119°02′48″。西与仙游县、泉港区相邻，北接涵江区，东连荔城区，南为秀屿区。北距省会福州市108公里，南距厦门经济特区190公里，与台湾隔海相望，距台中港仅72海里，是全市承北接南，推进与“南北两州”（福州和泉州）、“南北两角”（“珠三角”和“长三角”）、“东西两岸”（台湾和内陆地区）对接工作的重要阵地。全区东西宽约20公里，南北长36公里，全区土地总面积509平方公里，其中市区面积13.5平方公里，域内山、海兼备。

【海域】 城厢区海域面积约33平方千米，大陆海岸线长度24千米。北侧以境内所辖沿海镇街海岸线为界；东侧、南侧以秀屿区和城厢区海域行政界线为界；西侧以城厢区和仙游县海域行政界线为界。

【地质地貌】 城厢区地处福建沿海中部低山丘陵区，由低山、丘陵和平原组成。境内山脉纵横，丘陵起伏，河谷错综其间，地形较复杂，山脉属闽中戴云山脉向东延伸的支脉。境内地势西北高东南低，区内为树枝状水系，主要河流为木兰溪。木兰溪从西向东贯穿中部，延寿溪从西北向南流经东部、北部，全市最大的东圳水库坐落境内。最南端的灵川、东海2个镇临界于“世界少有、中国不多”的优良港湾湄洲湾，滩涂和浅海面积较大，适宜发展滩涂和浅海养殖，是本区主要的海产品养殖基地。沿海岸有成片围海农田、水产养殖区及盐场，其中胜利围垦的耕地面积1006.67公顷，为境内最大的围垦耕地。境内地层分布广，出露地面约430平方公里，占全区面积88.8%。有上侏罗长林组（J3c）、南园组（J3n）和第四系（Q）。南园组占绝对优势，呈大面积分布。第四系仅分布在木兰溪两岸、沿海地区山间盆地，长林组仅见于常太镇至候山一带，面积4平方公里。南园组分为第一段（J3n1）、第二段（J3n2）、第三段（J3n3）、第四段（J3n4）4个岩性段。其中以第二、第三段为主，第四段次之，第一段仅在东海镇上炉一带，面积3.5平方公里。第四系根据成因类型分为更新洪冲积层（Q3pal）、全新统洪冲积层（Q4pal）和海积层（Q4m）。

【土地资源】 境内拥有部分市区、山区、低山丘陵区（由低山、丘陵、草地和平原组成），以及浅海面积较大的滩涂。土地类型较齐全，自然资源丰富，全区土地总面积50506.25公顷，其中，农用地面积34966.64公顷，占土地总面积的69.23%；建设用地面积6699.85公顷，占土地总面积的13.27%；其他土地面积8839.76公顷，占土地总面积的17.50%。全区耕地面积5396.6公顷，占土地总面积的10.69%。主要分布于沿海低丘台地、中部平原和北部山区。其中灵川、常太、华亭3个镇耕地面积都超过1333.33公顷。三个镇耕地面积总和4239.44公顷，占耕地总面积的78.56%。全区园地面积8394.96公顷，占土地总面积的16.62%。有果园8358.22公顷，茶园34.78公顷，其他园地1.96公顷。园地主要分布在平原与山区过渡地带的丘陵缓坡上，果树大多属热带和亚热带树种，主要有龙眼、枇杷、荔枝、橄榄等果树，园地颁布在华亭（3210.24公顷）、常太（3653.98公顷）两镇，分别占全区果园面积的38.24%、43.53%，其次为龙桥街道，占4.64%；沿海灵川、东海两镇果园较少。林地面积19857.7公顷，占土地总面积的39.32%。是全区面积最大的用地类型，以有林地为主，主要分布在北部的低山丘陵区。有林地16139.23公顷，灌木林26.93公顷；其他林地3691.54公顷，其中华亭镇（4661.16公顷）和常太镇（9310.22公顷）面积较大，该区域林地面积为13971.38公顷，占全区林地总面积的70.36%；其他区域林地总面积为5886.32公顷，占全区林地总面积的29.64%。其他农用地面积4853.57公顷，占土地总面积的9.61%。主要为田坎、农田水利用地和农村道路。

【矿产资源】 截至2017年，全区发现矿产20种，其中金属矿产有铁、铬、铜、铅、铅锌、多金属、镍、金等8种；非金属矿产有滑石、蛇纹石、高岭土、叶蜡石、水晶、黄铁矿、饰面石材、建筑石料、建筑用砂、砖瓦黏土等10种，能源矿产有泥煤、地热水等2种。其中，铁矿点3处，分别分布于常太镇的新厝山、邱斗山和莒溪；铬矿化点1处，在常太长基；铜矿化点1处，在常太长基；铅矿化点1处，在灵川何寨；铅锌矿点1处，在常太长基；多金属矿点1处，在常太白硎；镍中型矿床1处，在常太长基，矿床资源量为D级，镍矿石量3144.2吨，金属量61638吨（ZS22），外D级镍矿石量490.3万吨，金属量8576吨（ZS22），金矿点1处，在东海坪洋金矿化点。从总体上看，城厢区矿产矿种少，且以非金属矿建筑用石料和石材为主。建坪筑用石料资源非常丰富，除满足城厢区乃至莆田市各项建设外，还大量外销，饰面用石材储量也较为丰富，主要品种有“华亭青”（石英闪长岩）等。金属矿产少，仅镍矿有一定的储量规模，能源矿产仅有地下热水，储量较丰富，开发利用前景良好。探明资源储量居全省第一位的常太长基镍矿、滑石、蛇纹石中型矿床，因位于东圳水库边，属禁采区，而无法开发利用。

（方　琳）

气候特征

【气候概况】 2017年气候总体平稳，城厢区气象灾害偏轻，属较好年景。年平均气温为21.8℃，比常年偏高1.1℃，极端最高气温38.0℃，年内出现1次，出现在7月21日，平历史同期纪录。极端最低气温6.9℃，出现在2月10日、2月24日。10月出现“23型”秋寒；年降水量1690.9毫米，较常年偏多214.1

毫米，即偏多14%，属偏多；年日照时数1994.6小时，较常年偏多143.3小时，属正常。

年内主要出现5次强冷空气、5个台风、7次强对流、7场暴雨过程。天气气候主要特点：年平均气温异常偏高，季节分布呈现冬、夏异常偏高和秋季偏高，早春季正常、雨季偏高的特点。夏季高温过程多、范围广、时间长、极值高。降水量月季分布不均，呈现前半年偏多、后半年偏少的特点。早春季降水显著偏多，对春播造成不利影响。气象旱情持续不断，出现了干旱。8～12月全区平均总降水量显著偏少，频繁的高温过程和持续少雨导致城厢区干旱发展。截至12月31日，全区出现气象干旱等级最高为中旱。影响台风个数偏多但整体影响偏弱。第9号台风“纳沙”和第10号台风“海棠”，分别于7月30日6时和31日2时50分登陆福清，创有记载以来21小时内双台风先后登陆同一县记录。“纳沙”和“海棠”给城厢区造成严重灾害，随后虽有3次影响台风但强度明显偏弱。

（卢小飞）

建置与行政区划

【建置】 1984年，析莆田县的城厢镇和城郊公社设立城厢区，为县级建置，直属莆田市；5月25日，成立中共城厢区委员会，组建城厢区人民政府，6月1日，正式对外办公。10月，城郊公社改为城郊乡，城厢镇改为荔城街道办事处。2002年2月1日，莆田市区划调整；5月，常太镇、华亭镇、灵川镇、东海镇划归城厢区。至2017年12月，城厢区下辖龙桥、凤凰山、霞林3个街道办事处和常太、华亭、灵川、东海4个镇。

【行政区划】 置区之前，城厢是莆田县境域的组成部分，其行政区划隶属沿革随莆田县。

南朝陈光大二年（568），析南安郡东北部地置莆田县，县治在延陵里，隶属丰州（州治在今福州）南安郡；不久县废，地还属南安郡。隋开皇九年（589），改丰州为泉州（州治在今福州），析南安县地再置莆田县属之；大业三年（607）撤销莆田县建置，其地归建安郡（郡治在今福州）南安县。唐武德五年（622），析南安县置丰州（州治在今泉州），复置莆田县属丰州。圣历二年（699），置武荣州，析莆田西部地置清源县（后改名仙游县），莆田、清源两县同属之。景云二年（711），武荣州改名泉州，莆田县属之。天宝元年（742），升泉州为清源郡，莆田县属之。后汉乾祐二年（949），升泉州为清源军，莆田县属之。乾德三年（965），改清源军为平海军，莆田县属之。太平兴国四年（979），析莆田、仙游、福清、永福（今永泰）山区接合部之地置兴化县，县治设在今仙游游洋，同时建太平军领之；不久，改太平军为兴化军。太平兴国五年（980），莆田县改隶兴化军。太平兴国八年（983），兴化军治所从游洋迁莆田县公廨里，并筑军城，隶属不变。景炎二年（1277），升兴化军为兴安州，莆田县属之。同年十月，元军占领莆田，改兴安州为兴化路，莆田县属之。至正二十年（1360），置兴化路分省，莆田县属之。明洪武元年（1368），改兴化路为兴化府，莆田县属之。正统十三年（1448），撤销兴化县，以武化、长乐二乡的六个里并为广业里，划归莆田县。清沿明制，废兴化、平海二卫。直至清宣统三年（1911），莆田县均隶属兴化府。

民国2年（1913），撤销府建置，福建设省、道、县三级地方政权。全省划分为东路、西路、南路、北路四道，莆田县属南路道。民国3年（1914），南路道改称厦门道，莆田县属厦门道。民国15年（1926），道废，莆田县直属福建省政府管辖。民国22年（1933）11月，国民革命军第十九路军在福建成立中华共和国人民革命政府，莆田县隶属兴泉省。次年1月，“闽变”失败，国民党南京政府恢复统治，莆田县隶属第四行政督察区。

1949年8月21日莆田县解放。1949年10月1日中华人民共和国成立，福建省划分为8个专区及福州、厦门2市。莆田县成立人民政府，隶属福建省第五行政督察专员公署（驻泉州）。1950年4月起，第五行政督察专员公署先后更名为“晋江行政督察专员公署”和“晋江地区专员公署”（简称晋江专署），莆田县隶属不变。1955年12月，莆田县人民政府改称莆田县人民委员会，仍隶属晋江专署。1967年7月，成立莆田县军事管制委员会（简称军管会），隶属于晋江专区军事管制委员会。1968年9月，撤销“军管会”，成立莆田县革命委员会，隶属晋江专区革命委员会。1970年2月17日，经国务院批准，莆田县由晋江专区划属闽侯专区；专区革委会机关由闽侯螺洲迁至莆田县城厢镇。1971年4月13日，改闽侯专区为莆田专区；同年5月，改莆田专区为莆田地区，莆田县隶属莆田地区。1979年1月，莆田地区革命委员会改称莆田地区行政公署；1980年12月，莆田县革命委员会改称莆田县人民政府，隶属不变。1983年5月，撤销莆田地区，成立莆田市筹备组；9月9日，经国务院批准，建立莆田市，为省辖地级市，下辖莆田、仙游两个县和涵江、城厢两个区。5月25日，中国共产党莆田市城厢区委员会成立；6月1日，莆田市城厢区人民政府正式挂牌办公。

民族与宗教信仰

【民族】 本辖区是少数民族散杂居地区，居住分散，民族成分构成多样。截至2017年11月30日，全区共有畲、回、满、苗、壮等24个少数民族，少数民族总人口2050人；其中畲族、回族人口较多，主要分布在常太镇和霞林街道。

【宗教信仰】 辖区内有佛教、道教、基督教、天主教等四大宗教，共有寺庵、宫观、教堂等各类宗教活动场所208座，信教群众4万多人，其中佛教寺庵142座，较大的寺院有广化寺、梅峰寺、龟山寺、石室岩寺、石梯寺等；道教宫观44座，基督教堂21座，天主教堂1座；民间信仰活动场所464座（其中“三一教”159座，妈祖等其他民间信仰305座）；有区佛教协会、区道教协会、莆田市基督教“两会”城厢办事处等区级宗教团体3个。莆田民间信奉玉皇大帝较普遍，每年正月初九是民俗玉皇大帝诞辰日，正月初八夜莆田市区群众有上石室岩寺凌云别殿进“头炷香”的习俗，每年上山香客达数万人。

（叶建平）

经济社会发展

【经济发展】 2017年，城厢区生产总值完成358.21亿元，增长8.4%。农林牧渔业总产值完成19.60亿元，降低7.7%。规模以上工业产值完成334.27亿元，增长11.7%。固定资产投资完成250.56亿元，增长18.7%。财政总收入完成31.74亿元，增长11.9%。其中地方级财政收入完成21.27亿元，增长8.0%。社会消费品零售总额完成214.56亿元，增长13%。外贸出口总额完成51.59亿元，增长0.5%。全体居民人均可支配收入完成32453元，增长8.0%。综合实力持续增强，三次产业比例由上年的3.7∶42.9∶53.4调整为2.8∶43.2∶54.0。

第三产业　三产增加值连续10年占GDP比重过半。“三转一市”（即个体工商户转企业、规模以下企业转规模以上企业、有限责任公司转股份有限公司、企业上市）成效显著，年内累计实现“个转企”18家、“小升规”88家，易汇融（福建）网络服务有限公司在前海股权交易中心挂牌，富力进出口公司列入省重点上市后备企业。电商产业不断集聚，全区现有电商企业1000多家，其中龙头电商企业达到145家，年销售额突破142亿元。高起点规划建设电商小镇，委托商务部电子研究院专家编制小镇规划，跨境电商生态园列入市试点单位，逐步形成以安福电商城为基础，以跨境电商生态园、联发电商城和双洋电商产业园为载体的电商集聚发展商贸圈。出台专项政策，大力扶持电商自主品牌，莆田莫蕾蔻蕾贸易有限公司、范特华特（福建）贸易有限公司等6家企业获得省著名商标认定，赶淘、鑫富来等17个自主品牌获得市知名商标称号。开展打击“仿冒鞋”“假海淘”专项行动，通过扶持正牌和打击仿牌，双管齐下打造“城厢好鞋”品牌。电商平台日益丰富，腾讯企点（福建）源产地社交商务平台落地筹建，赶淘、七易蔬果等多个本地平台上线运营。新兴产业取得突破，福建纳云川新能源有限公司和电桩网运营总部项目落地，显卫动漫本土特色手游产品“妈祖手游”在台湾公测。楼宇经济蓬勃发展，新增百盛跨境、众望众创2家省级众创空间，浦发银行、厦门国际银行等入驻名邦豪苑金融总部楼宇，42家企业入驻华友实业医疗总部楼，喜盈门SOHO楼、万达SOHO楼招商入驻率均达80%以上。传统商贸持续提升，南门农贸市场升级改造，万达金街被评为“省级美食一条街”，沃尔玛大型超市入驻并开业运营。全域旅游示范区创建扎实推进，天龟线旅游公路通车，天马山、广化寺、龟山寺等十多处景点串点成线，打造莆田最美旅游公路。新增花果华亭、绶溪公园等4个国家AAA级景区，形成华亭镇省级旅游休闲集镇和兴沙荷花、埔柳花卉世界、马院红色旅游、岭下东圳移民精神展示馆及径里环库生态游等一批乡村特色旅游景观。全年游客接待量694万人次，实现旅游收入72亿元，分别比上年增22.6%、20%。

工业 新增8家规模以上企业，总数达167家。转型升级步伐加快，高标准规划建设华林鞋艺小镇，打造鞋艺交易平台；华源纺织城一期、赛博思钢结构竣工投产；福建东南艺术纸品股份有限公司、锐马（福建）电气制造有限公司等8家企业列入省重点上市后备企业；福建省亚明食品有限公司、莆田市城厢区诚味食品有限公司、福建东南艺术纸品股份有限公司等3家企业通过工信部两化融合贯标体系认证；福建省台兴实业有限公司被国家质检总局、国家认监委认定为同线同标同质企业；才子服饰股份有限公司、溢通环保科技（莆田）有限公司被认定为省级质量标杆企业。创新驱动日渐彰显，新增莆田市嘉辉光电有限公司、莆田市力奴鞋业有限公司等11家科技型企业，莆田市金日兴生物科技开发有限公司、中科华宇（福建）科技发展有限公司等7家省科技小巨人领军企业，杰讯光电（福建）有限公司、溢通环保科技（莆田）有限公司2家省级“专精特新”企业，蛤老大（福建）食品有限公司、莆田萨拉曼户外用品有限公司等5家市级知识产权试点企业。年内出台“五换三名”（即腾笼换鸟、机器换工、空间换地、电商换市、引智换脑，培育名牌、名企、名家）等一系列工业稳增长政策措施，激励银行业金融机构加大对实体企业信贷投放，引进邮储银行拓展“助保贷”业务，创新开展园区资产按揭贷款，累计兑现各级惠企政策资金3900多万元，利用政府性担保公司为44家次困难企业转贷11.9亿元，有效缓解部分企业融资压力。金融风险应对有力，多措并举化解不良贷款18亿元，有效处置重点信贷风险企业，年内不良率控制在2%以下，坚决守住不发生系统性、区域性金融风险的底线。

现代农业　大力实施一批重点设施农业、休闲农业项目，华亭花卉世界二期、利农蔬菜种植示范基地等25个重点农业设施项目加快建设，逐步形成农业生产与创意农业、旅游融合发展新业态。推广名、特、优、新水果品种，新增晚熟龙眼基地100亩。加快农业与电商产业融合发展，创新农产品直销模式，引导壕鲜生、鲜果达等30家农业电商企业共同打造“莆阳农夫市集”农产品直销特供模式，吸引100多家企业参与，帮助农户拓宽销售渠道。完成104个村权属调查，102个村公示审核，101个村签订合同，开展重点生态区位商品林购买工作试点。

【城乡建设】

重点项目　全年安排重点项目438个，完成投资220亿元，其中17个省重点项目、48个市重点项目分别完成投资77.8亿元、68.5亿元，分别超序时16.1、6.4个百分点。切实抓好“五个一批”项目建设，全年新增总投资5000万元以上项目436个，其中谋划项目76个，签约项目130个，开工项目130个，投产项目79个，增资项目21个，总投资1154亿元。贯彻落实建设美丽莆田行动纲要，100个被列入市级九大专项行动项目完成投资80亿元，11个列入市重点攻坚项目基本完成年度计划任务。征迁扫尾全力突破。大力实施“三改一拆”（即改造旧片区、旧村庄、旧厂房，拆除“两违”）工程，全年征地6470亩，拆除房屋46万平方米，成功出让华亭三紫、坂头东地块七等4宗242亩土地。组织精干征迁队伍，深入做细群众工作，仅用3个月就完成洋西六期、八期项目205亩征地、10万平方米拆迁任务并形成净地；成功破解4条“断头路”涉及十多年历史遗留征迁难题，实现胜利路南伸竣工通车，学园路、延寿路及八二一大街南伸实质性动工；有效化解顶墩—下黄片区征迁遗留问题，整村拆迁有力推进。广化寺文化名胜区征迁顺利推进，完成新塘南景、西塔寺、崇福寺及周边项目征迁，收回方龙等4宗周边地块。重拳管控“两违”建筑，坚持“出土就打、露头就拆”，全年拆除“两违”建筑1478宗65.7万平方米，腾出土地面积约53.5万平方米。招商引资成效明显。出台实体制造业、总部经济和专业楼宇招商优惠政策，加强点对点招商，提升招商品质，年内共签约落地项目18个，总投资122.6亿元。其中，融创兰溪大观、正荣木兰紫阙等城建项目3个，总投资32.7亿元；两岸牛樟芝中医药健康旅游产业园和台湾兰花引种栽培等现代农业项目2个，总投资1.8亿元；赛博思钢结构、三利谱偏光片等工业项目7个，总投资20.6亿元；大工美跨界融合营销平台、中电海西（莆田）互联网经济产业园等三产项目6个，总投资67.5亿元。一批意向项目的签约落地、签约项目的开工建设，进一步增强全区发展后劲。

基础设施　大力实施畅通城市三年行动计划，开工建设洋西、莆田西、泗华滨溪等3个新区周边配套道路和滨溪北路、南站路等多条城市主次干道。推进停车场建设，新建南门迎和、北渠绿道停车场，新增停车位260个，施划临时停车泊位4000余个，缓解城区停车难问题。建成北渠绿道二期、金海湾游园等一批群众休闲娱乐设施，丰富市民业余生活。交通路网更加完善，福厦客运专线、灵华线动工，联十一线、木兰大道、笏枫公路改扩建加快建设，“三纵六横”路网初步形成。

城乡管理　积极创建全国文明城市和省级文明城区，搭建“数字城管”平台，推进城管执法中队下放街道，有效整合城市管理力量，提升城市管理水平。扎实开展城市管理专项整治，改造提升西山、育华等5个老旧小区，拉网式整治148个开放式小区，电动车、摩托车靠右行、斑马线前车辆礼让行人等文明交通行为蔚然成风，城市环境更加文明舒适。共建美丽乡村卓有成效，围绕“四美”（布局美、环境美、建筑美、生活美）标准，重点实施105个村“三边六化”（即道路边、河道边、民房边；道路硬化、村貌洁化、污水净化、村域绿化、墙面美化、杆线优化）环境综合整治，全域开展乡村人居环境治理和“厕所革命”，动工建设常太、龙桥两座垃圾转运站，清理生活垃圾3.4万吨，推平旱厕5910座，新建公厕132座，垃圾无害化处理率达98%以上。严格落实生态环境保护目标责任书，建立环保联席会议制度，全市首家实行生态环境损害赔偿试点。全力打好水、大气、土壤污染防治战役，拆除关闭畜禽养殖场367家和石材加工厂、黏土机砖厂156家，拆除面积12.5万平方米，淘汰黄标车850辆，改造提升燃煤锅炉71台，进一步夯实生态环保基础。全面推进“河长制”，全区72条中小河流有了“河长”，设立河道警长及督查长并向社会公示，落实“四个有”（有专人负责、有监测设施、有考核办法、有长效机制），依托“三张网”（掌上河务APP网、河道电子监控网、河道水质监测网）、“两支队伍”（专管员队伍、志愿者队伍），全方位加强河岸管护。东圳库区水环境综合治理三年行动基本完成既定目标任务，为建设美丽莆田提供水安全保障。深入开展“六水共治”（即治污水、清河水、防洪水、排涝水、保供水、抓节水等六项治水工程），采用PPP（即政府和社会资本合作，是公共基础设施中的一种项目运作模式，鼓励私营企业、民营资本参与公共基础设施的建设）模式创新治理农村污水，一期已铺设主干支管网33公里，安装三格式化粪池4050户；强化污水源头治理，完成龙桥、下磨溪等6大片区污水源普查，新建城乡截污管网55公里；开展清淤疏浚专项整治，基本完成全区33条约60公里河道清淤；建设木兰溪、篁山溪等一批重点防洪工程15公里；完成钟潭溪、天妃、南门、沟头等4处城区易涝点整治；开展龙桥溪、北渠等5条城区黑臭水体整治，河道水质及沿岸环境进一步改善。继续创建国家森林城市，抓好城区绿地、主干道、人行道绿化补植及屋顶绿化工作，累计造林绿化8630亩，全区森林覆盖率达71.89%，居全市第一。

【社会事业】 全年区本级财政用于社会事业、民生保障等方面支出达16.1亿元，占地方公共财政预算支出的65.5%。投入12.6亿元，切实办好15件年度为民办实事项目，解决一批群众关注的民生问题。全面推进脱贫攻坚，全区建档立卡贫困户778户2338人的人均收入提前超过脱贫标准，五云、岭下等7个贫困村成功摘帽。扎实推进22个安置房建设，鲤鱼山二期、洋西二期等6个安置房实现回迁，泗华滨溪二期、霞林片区等4个安置房进入扫尾。消除地灾隐患点48个，全区现有地灾隐患点基本消除。养老服务体系初步建立，建成4个乡镇养老院、24个农村幸福院和18个社区居家养老服务站，常太养老院在全市率先完成公建民营改革。提高城乡低保人均补助水平，发放低保补助、医疗救助、临时救助等各类社会救助资金2.29万人次，共1949.01万元。实施积极的就业政策，城镇新增就业人员2603人，“十三五”期末城镇登记失业率控制在2%以内。实施教育强区工程，太平小学二期、逸夫实验小学、东沙中学等一批改扩建项目竣工投入使用，建成24个运动场，中小学标准化、信息化程度不断提高。教育集团建设和名校联姻结对工作有效推进，优质教育资源总量递增，校际差距逐步缩小。出台系列教师激励政策，师资力量明显增强，教学质量不断提升，义务教育教学质量通过国家监测，中、高考平均分、优秀率等综合评价居全市第一。精神文明创建深入开展，涌现出佘晓冬、林智永等一批传承中华美德、体现时代精神的道德模范，常太镇马院村被评为第五届全国文明村。双拥工作再创佳绩，连续四届荣获“全省双拥模范城”称号。文体惠民扎实开展，市博物馆建成开馆，成为展示莆田文化的新地标，新建一批全民健身点、农家书屋、多功能运动场所等文体设施。非遗保护取得新成效，建成郑春辉民间非遗综合性展示馆，新建刘志高“留青竹刻”、林庆森“闽台送王船”2个非遗项目传习所，新增9处区级文物保护单位，公布第一批97处区级非物质文化遗产项目保护名录。竞技体育有新突破，市第四届运动会现场金牌总数居全市第一。群众性体育运动蓬勃开展，举办第二届东圳环库公路自行车公益骑行活动，打造全市全民运动新品牌。医药卫生体制改革不断深化，建立医管委工作机制，推进家庭医生签约服务，启动区医院与3个街道社区卫生服务中心组建城区医联体建设试点。完成43个村卫生所一体化建设，并纳入医保定点单位，同步落实药品、耗材零差率销售和一般诊疗费政策。在全省率先实现18个村卫生所与区级医院远程视频诊疗服务，实现老百姓在家门口享受城市医疗服务。

【政府效能】 扎实推进“两学一做”学习教育常态化制度化建设，严格落实意识形态工作责任制，着力加快政府职能和作风转变，政府自身建设得到进一步加强。严格执行中央“八项规定”和国务院“约法三章”“三公”经费支出下降5%。认真执行区人大及其常委会各项决议，主动向区政协通报情况，59件人大代表建议和74件政协提案均及时办复，办理满意率均达97%以上。加快法治政府建设进程，落实重大决策合法性审查机制，实现区、镇（街道）、村（社区）三级法律顾问全覆盖，有效提升政府行政决策科学化、法治化水平。持续推进政务公开和政府信息公开，推动行政权力公开透明运行，被推荐入选“全国法治区”创建活动先进单位。绩效考评连续2年位居县区第一。深入开展“转作风、提效率、美丽莆田我先行”主题实践活动，作风建设不断增强。加大“简政放权、放管结合、优化服务”改革力度，调整或取消行政许可、行政权力、公共服务、中介服务和前置审批事项265项。推进“双随机一公开”监管创新，23家执法部门建立“一单两库一细则”（“一单”指随机抽查事项清单，“两库”指市场主体名录库、执法检查人员名录库，“一细则”指规范“双随机”抽查工作细则）。大力践行“马上就办、真抓实干”，梳理公布区级部门“一趟不用跑”和“最多跑一趟”办事清单669项。深化“多证合一”、电子营业执照增发等商事制度改革，实现涉企证照“43证合一”到营业执照上，营造服务发展良好环境，全区企业数增幅达28%。

中共莆田市城厢区委员会

【工作概况】 2017年，中共莆田市城厢区委员会（以下简称中共城厢区委）领导班子学习贯彻习近平新时代中国特色社会主义思想和党的十九大精神，全面落实“五位一体”总体布局和“四个全面”战略布局，围绕市第七次党代会和区第九次党代会确定的奋斗目标和主要任务，团结带领全区广大党员干部群众，全面贯彻落实中央和省委、市委的各项决策部署，推动经济、政治、文化、社会、生态文明建设和党的建设取得新进展。全区先后获“全国法治县（市、区）创建活动先进单位”“国家知识产权强县工程试点县（区）”“全国青少年普法教育示范区”“中国妇女、儿童发展纲要国家示范县（市、区）（2016－2020年）”“省级双拥模范城区（四连冠）”“全省第三轮第三批平安县（市、区）”“首批2016－2020年度福建省科普示范县（市、区）”等称号。

【理论学习】 2017年，中共城厢区委领导班子坚持把政治建设摆在首位，牢固树立“四个意识”，坚定“四个自信”，自觉在思想上政治上行动上同以习近平为核心的党中央保持高度一致。把学习宣传贯彻习近平新时代中国特色社会主义思想和党的十九大精神作为首要政治任务，组织区委中心组集中学习26次，举办专题培训班7期，进一步坚定理想信念，增强“四个自信”。同时，通过分发《习近平在中国共产党第十九次全国代表大会上的报告》《中国共产党章程》理论读本、带头赴基层宣讲和组建区委宣讲团开展宣讲等方式，带动广大干部群众自觉用习近平新时代中国特色社会主义思想武装头脑、指导实践、推动工作。中央电视台、福建电视台新闻频道相继对城厢区的学习宣传情况作报道。

【严格制度执行】 2017年，区委贯彻执行民主集中制，严格按程序决策、按规矩办事，对涉及“三重一大”等事项，都由常委会集体研究；对事关全区经济与社会发展的重大问题，由区委全体会议集体研究，充分听取区委委员、候补委员的意见建议，并邀请人大、政协主官列席会议，确保依法决策、民主决策、科学决策。严格执行《准则》《条例》，自觉落实“三会一课”、主题党日、组织生活会、党员民主评议、谈心谈话等制度，认真贯彻中央“八项规定”和实施细则精神，树好标杆、当好表率。

【严守纪律规矩】 2017年，中共城厢区委领导班子严守党的政治纪律和政治规矩，牢固树立

“四个意识”，坚决维护习近平总书记在党中央和全党的核心地位，坚决维护以习近平为核心的党中央权威和集中统一领导，始终在政治立场、政治方向、政治原则、政治道路上同以习近平为核心的党中央保持高度一致。认真学习、严格遵守、全面贯彻和坚决维护党章，作决策、办事情都坚持以党性原则为标尺。坚决贯彻和执行党的路线方针政策，认真贯彻落实党的十八届六中、七中全会、十九大精神以及省市党代会和各次全会精神，确保政令畅通。

【落实改革开放各项任务】 2017年，中共城厢区委领导班子贯彻中央和省委、市委关于全面深化改革的会议精神，从制约城厢区经济社会发展的深层次、关键性问题着眼，通过深化改革，理顺关系、解决难题、释放活力。加大“简政放权、放管结合、优化服务”改革力度，调整或取消行政许可、行政权力、公共服务、中介服务和前置审批事项265项，深化“多证合一”、电子营业执照增发等商事制度改革，营造服务发展的良好环境，全区企业数增幅达28%。探索推进社会治理体系改革，“立体化”治安防控体系为全省、全国树立典型，视频技战法经验获得公安部改革创新大赛优秀奖；“多元化解”和“网上大调解”2个典型案例入选全国创新社会治理典型优秀案例；综合执法和服务治理“网格化”工作为全市提供“样本”。深入推进共建美丽乡村工作，探索出“户分类、村收集、镇中转、县（区）处理”常态卫生保洁、“政府主导、社会参与、群众合理负担”资金多元投入、“三随机、三查”督查考评等长效机制，涌现出埔柳、马院、径里等一批示范村，2017年城厢区共建美丽乡村综合成绩全市排名第一。在对外交流上，深化对台合作，创建莆田市妈祖书画院采风基地，两岸文化艺术交流、中华五帝文化节、妈祖书画精品大巡展等列入国台办重点对台交流项目；主动对接“5·18”“6·18”“9·8”等投洽会，并组织油画企业赴葡萄牙里斯本参加礼品展，成功对接项目成果155项，汇总引进、洽谈外资项目8个。

【宣传思想文化工作】 2017年，中共城厢区委领导班子落实党委意识形态工作主体责任，紧扣迎接宣传贯彻党的十九大工作主线，围绕全区改革发展稳定大局，牢牢把握政治方向，坚持正确导向，推动宣传思想文化工作再上新台阶。深化中国特色社会主义和“中国梦”宣传教育，组织开展“理论进基层”“社科普及周”等活动，推动习近平新时代中国特色社会主义思想深入人心。围绕习近平总书记系列重要讲话精神、党中央治国理政新理念新思想新战略、迎接宣传贯彻党的十九大等重大主题，组织采写新闻稿件1000余篇（幅），刊发在中央、省级和市级主流媒体，形成良好舆论声势。落实意识形态工作主体责任制，做大做强《今日城厢》新媒体宣传平台，为全区经济社会发展营造良好的舆论氛围。围绕迎接全国文明城市和全省文明城区总评，组织开展系列创建活动，推动公民文明素质和城乡文明程度进一步提升。以培育和践行社会主义核心价值观为根本，大力加强公民道德建设，培育推选“福建好人”2名、省级“最美家庭”1户、市级“最美家庭”12户、市道德模范1名，推动形成见贤思齐、崇德向善的良好氛围。广泛开展文明单位、文明学校、文明村镇、文明社区、文明家庭等群众性精神文明创建活动，常太镇马院村被评为第五届全国文明村镇。

全面推进基本公共文化服务标准化均等化，新建全民健身点、农家书屋、多功能运动场所等文体设施45个。举办群众性文体活动近20场，市第四届运动会现场比赛金牌数位居全市第一。加大优秀传统文化保护弘扬力度，新建非遗项目传习所2个，新增区级文物保护单位9处，组织创作《红色马院》《家园记忆》、闽中三年游击战历史主题油画等一批优秀文艺作品。重点扶持欧雅艺术、腾晖木雕等一批核心竞争力强的大型文化企业，提升全区文化产业整体发展水平。

【生态文明建设】 2017年，中共城厢区委领导班子牢固树立绿水青山就是金山银山的意识，持续深化生态文明建设，完善体制机制，解决突出问题，努力让城厢的天更蓝、地更绿、水更清、空气更清新。完善生态文明体制机制，开展生态环境损害赔偿工作、重点生态区位商品林赎买工作试点，落实木兰溪、延寿溪等重点流域生态保护补偿办法，进一步完善城厢区生态文明建设制度体系，促进经济社会发展与生态环境保护双赢。落实产业投入产出机制，明确全区重点产业投入与产出控制指标，形成以技术创新、税收贡献、生态环保为导向的产业促进机制。强化环保突出问题整治，以中央环保督察为契机，全面开展环境整治，拆除关闭畜禽养殖场275家、石材加工厂和黏土机砖厂156家，拆除面积12万平方米，淘汰黄标车836辆、改造提升20蒸吨以下燃煤锅炉36台，环保责任制年度考评全市排名第二。继续创建国家森林城市，抓好城区绿地、主干道、人行道绿化补植及屋顶绿化工作，累计造林绿化575.33公顷，全区森林覆盖率达71.89%，居全市第一，生态环境持续优化。以整改中央、省环保督察交办的26件环境问题为契机，进一步补齐农业、工业和生活污染治理短板，切实解决一批群众反映强烈的环境污染问题，办结率100%。抓好环境污染防治，全面推进“河长制”，全区72条中小河流有“河长”，设置河道警长以及河道督查长并向社会公示，全方位加强河岸管护。深入开展“六水共治”，完成全区33条共60千米河道清淤，推进木兰溪、南北渠连通等15公里重点防洪工程和延寿溪支流综合治理等一批“小流域综合整治”项目，整治龙桥溪、北渠等5条城区黑臭水体，创新PPP模式治理农村污水，河道水质及沿岸环境有效改善。实施大气污染防治、轻微污染天气应对和“测管联动”计划，稳步推进土壤污染防治，环境质量有效改善。

【民主政治建设】 2017年，中共城厢区委领导班子始终坚持中国特色社会主义政治发展道路，稳妥推进社会主义民主政治制度化、规范化、程序化，汇聚民心民智民力共促城厢建设。着力完善党委领导人大工作机制，经常听取人大关于重要活动和重大事项的汇报，支持区人大及其常委会依法履职；高度重视人大代表的建议，及时督促检查建议办理情况，代表建议办复率100%。加强协商民主制度建设，全力支持和保障人民政协履行职能，鼓励区政协就全区中心工作积极建言献策；加大对政协常委会建议案、委员提案的办理力度，推动科学决策、民主决策。加强和改进统战工作，密切与工商联、各人民团体及各界人士的联系和协作，加强党外知识分子工作，特别是新社会阶层人士的统战工作，密切联系和团结台港澳侨城厢籍乡亲，有力构建区委统一领导的大统战工作格局。创新群众工作体制机制和方式方法，推动工会、共青团、妇联等群团组织增强政治性、先进性、群众性，发挥联系群众的桥梁纽带作用。全面落实司法责任制，健全司法权力运行机制，构建“大服务”法律服务格局，依法治区工作深入推进。

【全面从严治党】 2017年，中共城厢区委领导班子始终坚持党要管党、全面从严治党，全面推进党的政治、思想、组织、作风、纪律建设，把制度建设贯穿其中，切实把党的政治优势和组织优势转化为加快实现赶超的强大力量。扎实推进“两学一做”常态化制度化，坚持以上率下，区委主要领导带头上党课、带头开展学习讨论、带头到基层指导推动工作，带动每个支部、每名党员都学起来。细化推进“两学一做”学习教育常态化制度化的实施方案及重点工作任务分解，组织开展各类现场推进会、观摩会、座谈会，推动习近平新时代中国特色社会主义思想入脑入心。结合建党96周年，组织开展全省“六好”、全市“十佳”和全区先进典型推荐评选表彰活动，充分发挥典型引领和激励作用，让广大党员学有榜样、赶有目标。落实“主题党日”制度，推动党支部主题党日常态长效。加强领导班子和干部队伍建设，结合实施梯队成才、一线保障、关心关爱等“三大工程”，切实加强换届后的领导班子和干部队伍建设。选派50多名科级干部参加社会治理、城乡建设、全域旅游等专题培训班，提高干部专业化水平。出台《关于选派干部参加项目征迁工作日常管理暂行规定》和《干部一线考察办法》，抽调82名区直机关干部参与项目一线攻坚，继续选派区直机关、事业单位征迁经验较丰富的干部作为一线工作队，进一步充实镇（街道）征迁力量，全力加快重点项目攻坚。上年共有10多名在基层一线表现突出的干部得到提拔重用。严格落实省关心关爱基层干部二十条措施及市贯彻落实关心关爱基层干部十二条意见，探索建立正向激励、容错纠错机制，营造想干事、干成事的良好氛围。有效提升基层党建整体水平，在全市率先成立一线党代表工作室，不断深化党代表联系服务群众作用，持续推动党代表联系服务群众常态长效。探索城市“家党建”工作，创新社区服务管理方式，优化城市基层党组织设置。健全中心村党委运行机制，推行中心村党委“四带工程”，进一步强化中心村党委在脱贫攻坚、壮大集体经济、美丽乡村建设等重点工作中的引领作用。提升“一刻钟”党建网格化管理机制，联合开展主题党日、惠企政策宣讲、人才孵化等区域合作活动，推动基层党建整体提升。深入推进党风廉政建设和反腐败斗争，严格落实省委“五抓五看”要求，全力抓好2016年度省委、市委主体责任落实情况检查和“回头看”反馈问题整改，深化“两个责任”落实。深入开展“一县区一专项”整治，从严查纠“四风”问题，完善落实中央八项规定精神“1+X”专项督查机制，查处违反中央“八项规定”精神问题31起。探索推进“微巡察”试点，建立“三线并查”扶贫领域督查机制，着力发现和解决发生在群众身边的突出问题，查处损害群众利益案件64件。支持纪委推进纪律检查体制改革，实现派驻监督全覆盖。深入推进廉洁文化建设，打造“东圳移民精神展示馆”等“一园一馆”廉洁文化品牌，促进移风易俗工作制度化、常态化，营造风清气正的政治生态。坚持把纪律和规矩挺在前面，有效运用“四种形态”。坚持无禁区、全覆盖、零容忍，保持惩治腐败高压态势，全区纪检监察机关立案156件，其中科级干部16件。

中共莆田市城厢区委办公室

【工作概况】 2017年，区委办围绕区委中心工作，坚持超前谋划、主动跟进、担当尽责，不断提升“三服务”水平，始终把政治建设作为根本性建设，摆在党办工作的首位来抓，用习近平新时代中国特色社会主义思想武装头脑，把加强党性锻炼贯穿于学习教育全过程，着力打造党性坚强、政治过硬的模范部门。结合“两学一做”学习教育常态化制度化，自觉用习近平新时代中国特色社会主义思想武装头脑，将学习十九大报告与学习习近平总书记治国理政新理念新思想新战略结合起来，努力践行“五个坚持”，增强“四个意识”，坚定不移地维护区委权威，坚决贯彻落实党的路线、方针、政策和区委的决策部署，在思想上、政治上、行动上自觉与党委保持高度一致。学习省、市重要文件精神以及产业转型升级、精准扶贫等方面的政策、法规和业务知识，引导干部职工学习科学技术、市场经济、法律等现代知识和《秘书工作》《党办通讯》等相关业务知识，不断拓宽知识面，打造业务“多面手”，切实提高整体水平。融入城厢大局，思考如何将办公室工作与推动城厢经济社会发展更好地结合起来，坚定不移地围绕区委提出的“打造人文宜居新城厢，建设美丽莆田先行区”发展战略，抓好工作落实，有力保障区委各项工作的平稳高效运行。

【综合文字工作】 2017年，区委办准确领会把握区委、区政府的重大决策和工作部署，立足区情，紧贴领导思路，建立完善“学习领会、讨论起草、逐级审核”的综合文字工作制度，严格文稿要求，确保文稿质量。全年共组织起草传达贯彻党的十九大精神、省市全会讨论发言、上级领导调研、座谈，以及区委九届五次、六次全会、市区经济分析会、建设美丽莆田推进会、“两学一做”常态化制度化、精神文明、环保督察、综治平安等各类专题会议的汇报、总结、部署等材料300多篇、100多万字材料，保证上级和区委、区政府的各项工作及时准确地安排部署，发挥以文辅政作用。

【行文办会规范】 2017年，区委办在公文处理上，严格贯彻落实《党政机关公文条例》的要求，建立完善“起草、审核、把关”公文处理工作制度，坚持高标准，确保公文高速流转，使处理的各类文件、资料，没有出现歧义和差错，确保公文高效流转。在会务和调研保障上，牢固树立“细而又细”意识，坚持提前谋划安排，周密考虑细节，承办各类会议、安排领导调研、接待上级领导检查等工作，均做到了忙而不乱、细致周到、万无一失。

【督促检查】 2017年，区委办按照“一事一办、专人负责、严格把关”的原则和“快、实、准”的要求，组织修订完善督促检查工作制度，紧紧围绕区委区政府中心工作、阶段性工作、领导和大众关注的热点难点问题，对重大决策、重要工作部署、重点项目和领导批示，采取全程督办、跟踪督办、专项督办等办法，增强督查实效。一年来，共办理上级督查件106件、区委领导指示件31件，下发督查督办单55份，编辑专题呈阅件5期、督查报告58份。

【信息报送】 2017年，区委办围绕区委中心工作，坚持“豆腐块”构建“大信息”格局，在求真、求实、求准、求深上下功夫，持续提升信息收集、综合和反馈水平，有效发挥了“领导耳目”作用，并及时向省市报送反映城厢社会经济发展中的新成果、新情况、新问题。指导督促镇（街道）、区直部门建立信息员制度，设立信息工作微信群，推行信息员跟班培训模式，健全完善《城厢区党委信息工作制度》及《城厢区党委系统信息工作评分标准》，继续采用业务通报形式表彰激励基层信息点，有效提升信息员队伍活力。是年，共编辑《城厢信息》46期，增刊7期，业务通报4期。累计上报省、市信息2250多条，其中“城厢区积极探索党建新品牌”“城厢区践行‘马上就办·真抓实干’精神加快木兰大道征迁工作”等80多条被市委办采用，“城厢区‘四抓’推动电商提速”“城厢区‘三个瞄准’精准招商获实效”等25条信息被省委办采用，“媒体盘点中国PPP发展八大‘拦路石’”被中办采纳，信息上报数、采用量均位居全市前茅。

【后勤保障】 2017年，区委办严格贯彻落实《党政机关公文条例》的要求，建立完善“起草、审核、把关”公文处理工作制度，坚持高标准，确保公文高效流转。加强公务用车使用管理，做到规范、安全、节约、高效。严格执行领导干部带班和24小时值班制度，做好重大节日、重要节点值班工作，切实履行好上情下达、下情上报、协调左右的职能，确保区委工作正常运转。坚持厉行节约、反对铺张浪费，进一步严肃财经纪律，严格控制“三公”经费支出，不断加强办公室财务管理。

【机要保密、党史工作】 2017年，区委办建立健全机要工作的各项规章制度，组织对密码通信机房进行地毯式消防安全隐患排查，确保通信畅通，做到来往电报、材料即收即办，实现了“优质、高效、保密、无事故”的目标。深入贯彻落实《中华人民共和国保密法》，突出加强对机关干部的保密宣传，组织印发《保密工作致党政领导干部的函》150多份，深化宣传教育，规范保密管理，着力提升各单位保密管理和机关干部的保密防范能力。编制印发《中共城厢区委党史研究室2016－2020年工作规划》，做好《中共城厢区历史大事记》《中共城厢区党史人物》及地方党史三卷的编写谋划工作，编辑出版《红色马院》，组织创作一批闽中红色文化油画作品，协助做好马院村闽中游击区革命纪念馆的建设布展工作，全面提升党史工作的影响力。

【党建工作】 2017年，区委办抓好党员干部的学习教育，扎实推进“两学一做”学习教育常态化、制度化，落实意识形态工作责任制，不断增强干部职工自身素质、党性修养及政治意识，做到在重大原则问题、重大考验面前旗帜鲜明、立场坚定。坚持落实好“三会一课”“主题党日”等制度，以党建工作推动业务工作、以业务工作的成果检验党建工作的效果。由党群系统专职副书记为组长的洋西整村改造六、八期项目第三征迁小组，百分百完成各项指标任务。同时，利用党建联系点建设平台，通过整合各级资源，倾斜帮扶，以点带面，推进基层服务型党组织建设。配合市委党建办为全区7个贫困村下拨补助资金50万元，党建扶贫作用得到发挥。落实从严治党主体责任，严格按照党要管党、从严治党的要求，恪守党员干部廉洁自律和党风廉政建设责任制的有关规定，学习并严格执行《中央八项规定实施细则》等党内法规，踏实做事为人，模范遵守纪律规矩。支持驻区委办纪检组监督联系单位党风廉政建设相关工作，通过组织召开区委办领导干部述责述廉工作会议、观看警示教育片、严格实行廉政约谈“两表格一记录”等多种形式，引导全办干部职工坚守纪律底线，强化规矩意识，在本职岗位上履职尽责。按照“集体领导、民主集中、个别酝酿、会议决定”的原则，坚持民主集中制，凡涉及人员岗位调整、设备采购、后备干部推荐等重大问题和重要情况的决策，均经室务会集体讨论决定。

（陈　超）

纪检监察

【工作概况】 2017年，城厢区纪检监察机关贯彻落实党的十九大精神和各级纪委全会精神，强化管党治党责任，聚焦监督执纪问责，全区党风廉政建设和反腐败工作取得新成效。全年全区纪检监察机关立案154件，其中自办案件133件，科级案件16件，给予党政纪处分148人，移送司法机关处理7人。全年办理检控类初信初访件148件，其中按期应办结148件，办结148件，办结率100%；转立案33件，成案率23%。

【落实“两个责任”】 2017年，区纪委监委完善点面结合“二向机制”，点上实行主体责任“三级约谈”即科级领导干部正职、“一把手”和正科级领导干部的信访问题，由纪委书记或分管信访工作的副书记约谈；涉及副科级领导干部的信访问题，一般由分管信访工作的常委约谈，个别情况需由分管信访工作的副书记约谈；涉及其他（科级以下）人员的信访问题需进行约谈的，由信访室负责人安排人员约谈，面上实行“双述双问双评”〔“双述双问双评”中，“双述”即个人述责述廉，“双问”即镇（街）党（工）委负责人及其他参加评议对象现场质询，“双评”即由镇（街）党（工）委主要负责人点评，并由参加评议对象结合述责述廉情况和平时掌握情况对述责述廉对象进行民主评议〕，共开展“三级约谈”312人次，发出电子函告（抄报）卡216张，抽查核实全面从严治党主体责任落实记录、台账500多条，集体约谈17次，发现问题88个。出台《城厢区党员领导干部问责工作流程（试行）》《城厢区纪委监察局机关问责工作操作规程（试行）》，加大追责问责力度，对26名落实全面从严治党主体责任不力的干部进行问责，涉及科级干部10人，给予党纪处分6人，诫勉（诫勉谈话）12人，通报8人，实名通报曝光3期4起典型案例。

【抓早抓小严明党纪】 2017年，区纪委监委坚持纪严于法、抓严抓准，不断巩固发展反腐败压倒性态势，建立健全强化主体责任经常谈、落实监督责任精准谈、明确实施程序规范谈的“三谈”（廉政责任谈话、任前廉政谈话、信访监督谈话）工作机制。有效运用批评教育、诫勉谈话、组织处理、纪律处分等手段，全面加强纪律建设，实现由“惩治极少数”向“管住大多数”拓展。全区谈话函询265件，面对面初核了结7件，轻处分126件，运用第一、二种形态占监督执纪总数的94.67%；重处分及重大职务调整22人，移送司法机关处理7人。

【廉政文化建设】 2017年，区纪委监委打造“一园一馆”廉洁文化品牌，以龙桥街道万辉社区为示范平台，推进廉洁文化进社区。创建“东圳移民精神展示馆”，展现常太库区移民的“崇厚德、顾大局、甘奉献、勇自强”可贵品质，深化拓展“东圳精神”内涵，促进形成崇廉尚洁的良好风气。组织18名新任科级干部参加任前廉政法规知识测试，加强反腐倡廉宣传报道工作，2017年反腐倡廉宣传报道排名全市第一、省纪委监察厅网络宣传考评排名全市第一。

【党风政风监督】 2017年，区纪委监委聚焦突出问题，严肃查处顶风违纪问题，查处违反中央“八项规定”精神问题30起52人，涉及科级干部8人，其中给予党政纪处分48人，采取诫勉谈话、通报批评等方式处理4人，实名通报曝光7期17起典型问题。扎实开展“1+X”专项督查，共开展10个专项检查，发现问题线索90条，核实57条，予以廉政谈话提醒6人次，立案2件。开展涉农资金“最后一公里”专项整治，重点整治民生资金、教育、医疗服务、基层干部不作为乱作为等8个领域突出问题，查处群众身边腐败问题54起91人，涉及科级干部8人，其中给予党政纪处分88人，诫勉谈话1人，通报批评2人，实名通报曝光典型案件6期14起。从严查处各类扶贫领域违规违纪问题，查处专项资金滞留、专项资金管理不够规范、专项资金补助对象审核不够严格、扶贫项目管理不规范等4个类型9个问题，给予党政纪处分11人，廉政谈话提醒9人，诫勉谈话1人。

【从严执纪】 2017年，全区纪检监察机关立案154件，其中自办案件133件，科级案件16件，给予党政纪处分148人，移送司法机关处理7人。创新信访件办理“双向承诺”机制，完善全员办信制度，充实办信人才库，变“坐等”上访为主动“下访”，班子成员定点接访、重点约访、带案下访，多渠道、多层级摸排收集问题线索，探索建立“一线督办+提速办理+媒体曝光”工作机制，解决久拖未决的信访积案，通过下访收集问题线索19条。是年，办理检控类初信初访件148件，其中按期应办结148件，办结148件，办结率100%；转立案33件，成案率23%。

【深化体制改革】 2017年，城厢区全面贯彻党的十九大关于深化国家监察体制改革试点的决策部署，在区委统一领导下，扎实有序推进国家监察体制改革试点工作，12月25日，区人民检察院12名干部正式转隶至区监委工作；12月29日，完成区监委组建并挂牌成立。完成派驻监督全覆盖改革，设立5个综合派驻纪检组，研究出台城厢区纪委派驻纪检组《工作运行办法（试行）》《信访件办理、纪检审查、案件审理办法（试行）》《日常管理若干规定（试行）》等三项制度，新增事业编制5名，保障区一级党政机关派驻监督全覆盖。

【巡察工作】 2017年，区纪委监委贯彻《中国共产党巡视工作条例》、省委实施办法和市委有关精神，及时成立巡察工作领导小组，组建区委巡察办，设立3个常设区委巡察组，建立139人的巡察人才库，出台区委巡察工作制度，建立问题分类办理机制，组建4轮12个巡察组，开展对11个单位党组织的常规和交叉巡察，完成四轮巡察。探索实行“一承诺三通报五把关”巡察问题整改机制。全年巡察共发现问题282个，梳理问题线索51条，追责问责干部132人，党政纪立案29人，追回经济损失194.3万元，在东海镇推行机动式“微巡察”试点工作，着力发现和解决群众利益身边不正之风和腐败问题。

【自身建设】 2017年，区纪委监委围绕忠诚干净担当，扎实推进“两学一做”常态化制度化，开展“转作风、提效率，美丽莆田我先行”主题教育实践活动，开办委局机关“知行学堂”，组织参加全省干部在线学习教育、公务员应急管理培训等，推动学思践悟，加强干部轮岗、交流和培训力度，继续实行镇街纪检专干、区直单位兼职纪检干部定期到委局机关及派驻纪检组跟班锻炼。加强机关党支部建设，9月底选举产生新一届机关党支部，1名预备党员按时转正。组织党员干部参与交通劝导、卫生整治等志愿服务活动，扎实做好委局机关创建第十三届省级文明单位迎评工作，对全区各级各单位文明创建履职情况进行督查，助推第五届全国文明城市、省级文明城区创建工作。贯彻执行《监督执纪工作规则》和市纪委制定的《实施细则（试行）》，强化内部监督，防范廉政风险。

（阮　武）

组织工作

【工作概况】 2017年，全区组织工作以迎接党的十九大胜利召开和学习贯彻十九大精神为主线，以推进“两学一做”学习教育常态化制度化为抓手，按照“典型引领、品牌培育、项目带动”的工作思路，聚焦主业主责，强化担当作为，推进各项工作任务稳步开展、取得实效。一些创新工作，如：中心村党委建设，鞋服产业“一刻钟”网格化党建管理机制，省市基层一线党代表工作室等得到中组部和省委，市委领导的肯定，并在《八闽快讯》《福建日报》《组工信息》《湄洲日报》等报刊媒体刊登报道。

【学习教育活动】 2017年，区委组织部按照上级组织部门和区委的部署和要求，组织学习贯彻落实党的十九大精神、教育引导全区组织系统党员干部以实际行动践行党的十九大精神。持续推进“两学一做”学习教育，做到“学做一体，比促相融”，真正实现深学实做，常态长效。制定出台《关于进一步严格党内组织生活的十二条措施》，创新打造华亭镇埔柳党委、常太镇马院村党支部、龙桥街道万辉社区党支部、亚明食品党支部等20个主题党日活动基地。同时，坚持每月组织开展“我最喜爱的主题党日”活动微评选，实现主题党日活动常态化。结合建党96周年，在全区组织开展先进基层党组织、优秀村（社区）党组织书记、优秀一线干部、优秀共产党员、优秀人才、党建之友等先进典型推荐评选表彰活动。深入开展“转作风、提效率，美丽莆田我先行”“在职党员进社区暨‘美丽莆田我先行、志愿服务做奉献’”等主题实践活动载体，引导党员干部在落实美丽莆田行动纲要各项工作中走前头、做表率。

【干部队伍建设】 2017年，区委组织部重点围绕城厢工作大局，聚焦美丽城厢建设，切实加强换届后的领导班子和干部队伍建设。注重“三个一线”培养选拔干部，加强干部一线实践锻炼。选派一批区直单位干部参与项目攻坚工作；选派一批年轻干部到区扶贫办、美丽办、招商办等岗位实践锻炼；选派一批党务干部到村居、“两新”组织蹲点挂职，促进干部在一线成长成才。完善干部一线管理制度。出台《关于选派干部参加项目征迁工作日常管理暂行规定》和《城厢区干部一线考察办法》，加强服务一线干部跟踪管理，推动干部在一线建功立业、服务发展。树立干部一线用人导向。优先从项目征迁、信访维稳、抗台救灾等一线提拔使用干部，是年，共有10名在基层一线工作表现突出的干部得到提拔重用。创新“四讲三联”教育培训机制，以科级干部“夜间学堂”为平台，建立“四讲三联”干部全员培训机制，有效解决师资力量不足、培训覆盖面不广和培训实效不强的问题。共举办了学习贯彻党的十九大精神、项目建设、产业转型升级、全域旅游等7场不同干部群体专题培训班。建立“严管厚爱”监督管理模式，出台《科级干部工作报告制度暂行规定》。用好提醒、函询、诫勉等办法，共对4名信访工作落实不力、违反政治规矩的干部进行提醒或函询。完善干部谈心谈话制度，注重对干部的心理疏导，共对科级干部开展谈心谈话120多人次，及时了解掌握基层干部工作生活情况，帮助困难干部解决实际问题。严格落实《福建省关心关爱基层干部二十条措施》和《莆田市关于贯彻落实〈福建省关心关爱基层干部二十条措施〉的若干意见》，统筹年度考核优秀名额及评先评优指标，向镇街、项目一线干部倾斜，进一步提振基层一线干部精气神。

【基层组织建设】 2017年，区委组织部坚持政治属性和服务功能，以项目化推进、品牌化运转的方式，推动基层党建整体提升，持续进步。巩固提升党建示范品牌，健全中心村党委运行机制，落实好中心村党委“四带工程”，进一步强化中心村党委在脱贫攻坚、壮大集体经济、美丽乡村和幸福家园建设等重点工作中的引领作用。巩固健全“一刻钟”党建网格化管理机制，发挥党建网格内的五大阵地作用，联合开展主题党日、惠企政策宣讲、人才孵化等区域合作活动，推动同行业企业抱团发展。深化提升党代表工作室，5月在全市率先成立15个以个人名字命名的省、市基层一线党代表工作室，完善运行机制，不断深化党代表联系服务群众作用，持续推动党代表联系服务群众常态长效。在学校建立6个党员名师工作室，开展师徒结对子活动，引领青年骨干教师发展。探索提升城市“家党建”，建立龙桥街道、太平社区、万辉社区等9个党群服务中心。建立社区共驻共建“九个一”工作机制，组建10类党员志愿服务团队，不断深化在职党员进社区志愿服务。

【招才引智】 2017年，区委组织部立足城厢产业实际，重点把握“政策扶持、育才引才、服务保障”三个核心环节，吸引更多创新人才和智力资源汇聚美丽城厢建设。宣传、落实好《关于实施人才“壶兰计划”的意见》等人才政策，组织企业开展人才项目申报工作，嘉辉光电、亚明食品等7家企业先后被评为省级科技小巨人；溢通环保袁敏团队成功入选市高层次创业创新团队，8名科技创业领军人才等入选市壶兰英才，推动各类人才政策和补助资金落地见效。立足城厢区工艺美术、食品、电商等优势产业需要，搭建复茂国家级烘焙基地、春辉艺术馆、百盛跨境电商等培训平台，培育本土特色人才。扩宽企业家走出去学习交流渠道，定期选派企业高级经营管理人才赴北京、深圳参加创新创业人才及企业家研修班。加强多地合作，实行订单式、定向式引才，先后组织中科华宇、振兴旅游、锐马电气、衡力传感器等企业与省内外中科院、武汉大学、福州大学等高校进行项目和技术人才对接，引进先进科研团队。着力打造更具吸引力的人才安居环境，出台《城厢区七中山人才公寓管理暂行办法》，打造精品人才公寓，共完成74套人才公寓升级改造，实现拎包入住，提升人才获得感和归属感，让越来越多的人才在城厢既安业又安家。

（李　玲）

宣传工作

【工作概况】 2017年，城厢区宣传思想文化工作在区委的正确领导和市委宣传部的精心指导下，围绕中心、服务大局，唱响主旋律，打好主动仗，为打造人文宜居新城厢、建设美丽莆田先行区提供有力的思想文化条件。

【理论武装】 2017年，中共莆田市城厢区委宣传部（以下简称区委宣传部）抓好党委中心组理论学习，深入学习贯彻党的十九大精神，结合“两学一做”学习教育常态化制度化建设，创新学习形式，采取主题报告、集中研讨、专题讲座、观看视频等形式，截至年底组织26次区委中心组集中学习。1月初，区委宣讲团分赴各镇（街道）开展7场党的十八届六中全会、省第十次党代会精神宣讲报告会。抓好机关党员干部的思想政治建设，以“夜间学堂”科级干部培训活动为载体，邀请省、市有关部门专家、学者举办4期专题辅导讲座，帮助广大党员干部解放思想，提高素质。多形式开展理论宣传教育活动，配合市委宣传部、市委讲师团在华亭涧口“喜迎十九大·美丽莆田百村行”宣讲、理论进基层“四个百”、社科界“四联三比”“六进基层促发展”活动启动仪式；配合市社科联在南山广化寺举办“2017年莆田市社会科学普及宣传活动周启动仪式”；成立区委业余讲师团，深入镇街、农村、社区、学校开展党的十九大宣讲等；向区委中心组成员、镇街两委分发《习近平在中国共产党第十九次全国代表大会上的报告》《中国共产党章程》《党的十九大报告辅导读本》《胡锦涛文选》《全面从严治党》等理论书籍，引导广大干部群众增强中国特色社会主义道路自信、理论自信、制度自信、文化自信。

【舆论宣传】 2017年，区委宣传部组织党中央治国理政新理念新思想新战略、迎接十九大宣传暨“砥砺奋进的五年”、学习宣传贯彻十九大精神等重大主题宣传。在中央媒体刊登稿件66篇，省级媒体144篇（幅），《湄洲日报》893篇（幅），其中头题187条（幅），《城厢观察》46期，为全区经济社会发展营造良好的舆论氛围。1月，新华社《每日电讯》以组照的形式，报道华亭镇涧口村新建区，展示福建莆田美丽乡村造福百姓的图景。2月初，新华社记者再次以图片新闻报道华亭、东海等镇的元宵习俗，并被《人民日报》海外版、《印尼国际日报》《澳门日报》等媒体转载。5月，新华社中国经济信息室记者采写《莆田城厢挖掘闽中游击区史料打造红色景区弘扬红色文化》一文，得到省委常委、省委宣传部部长高翔的肯定并作出批示。6月17日《福建日报》头版头条刊发《莆田城厢马院村：老区村今朝变景区》。进一步推进传统媒体和新兴媒体的融合发展，做大做强《今日城厢》新媒体平台（含APP手机客户端和微信公众号），及时报道全区各项重点工作的新进展、新成效、新经验，突出反映各级各部门、各条战线的实践成果和精神面貌。先后推出《发现·纪录》等特色栏目，展现乡村自然风光、民俗风情和历史文化，留住乡愁记忆，彰显乡村文化魅力。其中，《红色马院》系列报道，广泛宣传闽中游击区（马院）革命史迹；开辟《小眼看城厢》系列报道，助力创城行动。举办2017年度基层最美人物评选投票活动，扩大新媒体平台的影响力，社会反响良好。截至年底，APP手机客户端下载量8万多人次，微信公众号粉丝量超10万人次。

【文明创建】 2017年，区委宣传部围绕市委市政府、区委区政府的部署安排，扎实开展全国文明城市、全省文明城区创建总评迎接工作，对照创城测评体系标准要求，抓重点、攻难点，不断巩固和提升城厢区创建水平，以最好的状态迎接创城总评，11月，莆田市获全国文明城市称号。加强公民思想道德建设，培育推选“福建好人”2名、省级“最美家庭”1户、市级“最美家庭”12户、市级道德模范1名，深入全区镇街、村居、学校、机关等单位开展道德模范宣讲、故事汇巡演活动，宣扬道德模范先进事迹，评选城厢区第二届“道德模范”，在全社会形成学道德、讲道德、守道德的良好风尚。开展群众性精神文明创建活动，常太镇马院村被评为第五届全国文明村镇。开展社会主义核心价值观宣传教育，结合全国文明城市创建，分别在常太镇东青村、学园中街、龙桥街道万辉社区规划建设社会主义核心价值观主题公园、主题街道、主题社区，推进社会主义核心价值体系进教材、进课堂、进学生头脑工作，推荐省、市级基层“最美人物”，启动城厢区2017年度践行社会主义核心价值观基层“最美人物”评选活动。利用重要节庆日、纪念日，组织开展清明祭奠英烈、学习和争做美德少年、童心向党歌咏比赛等活动，深化中国梦学习教育。联合区委组织部、区直机关党工委举办“放歌新城厢·喜迎十九大”歌咏比赛等系列活动。推动志愿服务制度化常态化，立足实际，持续开展培育和践行社会主义核心价值观暨“十百千”志愿服务活动，推动学雷锋志愿服务活动常态化、制度化。是年，登记注册志愿者近10000人，积极组织开展“爱在城厢”“美在城厢”“建生态家园·筑宜居城厢”“传承传统文化·提升市民素养”“关爱河流·志愿先行”以及防诈骗反传销等主题系列志愿服务活动300多场次，发动社会各界参与各类志愿服务活动15000多人次。开展“践行‘八不’行为规范”“迎厦门金砖会晤·做文明有礼福建人”、交通文明劝导志愿服务等活动。

【文化建设】 2017年，区委宣传部贯彻落实国家《关于加快构建现代公共文化服务体系的意见》，加快构建覆盖城乡的公共文化服务体系。新建市级“村（社区）综合文化服务中心示范点”3个，社区多功能场所2个，笼式足球场1个、室内健身房3处、室外健身点20处、激情广场10个，改造提升“农家书屋”12个。组队参加莆田市第四届运动会，获现场比赛金牌数全市第一。坚持文化惠民，开展群众性文化文艺活动，1月，举办全区文化、科技、卫生“三下乡”活动；2月，在华亭镇前黄村、龙桥街道万辉社区、华亭镇长岭村等地举办“我们的节日·元宵”主题“村晚”；4月，在东海镇上亭村举办“同创文明乡村、共建美好家园”文艺会演；5月，在龙桥街道万辉社区开展以“赏中华诗词·寻文化基因·传华夏文明”为主题的端午节系列活动，在三清殿举办“母亲节”书法斗方精品展；6月，在莆田国际油画城举行“妈祖缘·同胞情·城厢美”两岸书画精品大联展活动；10月，开展“迎接十九大”美术作品展。推动文艺作品生产创作，挖掘整理闽中三年游击战革命史迹，编辑出版红色书籍《红色马院》，在莆田市群众艺术馆、莆田国际油画城南山艺术中心举办闽中游击区（马院）革命史主题油画展巡展活动，弘扬红色文化，传承红色基因。深入常太镇、华亭镇、灵川镇开展乡村文化文艺采风活动，收集整理记录家风家训、民俗工艺、名人传说、古厝民居等系列资料，挖掘和建设城厢传统文化资源，并在《今日城厢》微信平台发表，截至年底，《家园记忆（常太篇）》已结集成册，《家园记忆（华亭篇）》收集文章100篇，编辑成册。

【阵地管理】 2017年，区委宣传部落实党委（党组）意识形态工作主体责任，加强对各类宣传思想文化阵地的监管。把互联网阵地监管作为重中之重，与全区各部门、各单位签订《网络舆情目标管理责任书》，推动形成网络舆情齐抓共管新局面。开展网上舆论斗争，编发《舆情专报》17期，收集处置倾向性、敏感性信息80余条，组织专项网评100余次，最大限度挤压负面信息传播空间。抓好文化市场管理，组织开展“护苗”“清源”“净网”“固边”“秋风”“打黄扫非”等专项行动，出动文化执法人员889人次，查处盗版音像制品、图书2245余张（册），取缔非法经营摊点10家，立案查处6件，全区文化市场始终保持健康向上的良性发展态势。

【文化产业】 2017年，区委宣传部推动骨干文化企业做大做强，扶持春晖木雕艺术馆（民间博物馆）建设，推荐闽中游击区革命史展示馆（闽中工农游击队旧址群）、莆田市欧雅艺术制品有限公司、莆田市庄严苑工艺品有限公司申请2017年度省文化产业发展专项资金。引进福建显卫科技落户联创国际，主营妈祖游戏开发及手游网络建设，增加城厢区妈祖文化宣传范畴。组织莆台书画家开展“丹青颂妈祖两岸一家亲”书画交流活动，共同弘扬妈祖文化。推进油画产业与互联网融合发展，积极引导油画企业组团参加英国、美国、澳大利亚等国际工艺礼品展，整合油画企业集体入驻国内主流电商平台，开拓销售新渠道，推动油画产业转型升级。挖掘文化旅游资源，发展壮大前沿业态产业，挖掘发挥广化寺佛教文化、木兰陂水利文化、南湖三先生教育文化、马院红色文化等地域文化的潜力和优势，催生文化旅游新业态。其中，城厢区挖掘马院红色文化，发展红色旅游的做法得到省委宣传部主要领导的批示肯定。

【对外宣传】 2017年，区委宣传部坚持文化“走出去”发展思路，组织文化企业参加“6·18”深圳文博会，组织油画企业赴海外国家参加礼品展，展示城厢文化底蕴，提升城厢区对外影响力。“请进来”扩大对外宣传，1月，邀请新华社记者到华亭采访美丽乡村建设工作，2月，邀请新华社记者到东海、华亭等地报道元宵传统民俗，4月，在油画城举行第十二届中国（莆田）海峡工艺品博览会分会场——2017装饰油画样板间展览会，6月，邀请福建日报社到常太马院进行红色文化报道，邀请中央、省市媒体到华亭报道“花果华亭·四季采摘”系列活动。

【队伍建设】 2017年，区委宣传部履行全面从严治党责任，推进党风廉政和反腐败工作，扎实推进“两学一做”学习教育常态化制度化，深化“转作风、提效率，美丽莆田我先行”主题实践活动，为“打造人文宜居新城厢、建设美丽莆田先行区”作出应有的贡献。重视城乡基层宣传思想文化队伍建设，配齐配强镇街党委宣传委员、宣传文化干事和基层宣传文化设施专职管理人员，加强和完善村级文化协管员队伍建设，充实基层宣传思想文化工作力量，全区专职宣传委员7名，宣传文化干事15人，村（社区）宣传文化工作人员120人。加强新闻通讯员、网络评论员队伍建设，参加新闻写作等专题讲座2场，进一步提高干部队伍的业务能力和工作水平。

（黄玉榕）

精神文明建设

【工作概况】 2017年，中共城厢区委精神文明建设办公室（以下简称区文明办）以提升公民文明素质，加强未成年人思想道德教育，创建志愿服务品牌，开展群众性精神文明创建活动，争创全省文明城区、全国文明城市，推动全区精神文明建设上新台阶，促进经济、政治、文化、社会和生态文明建设协调发展。

【迎接全国文明城市、省级文明城区总评】 2017年是创建第五届全国文明城市、省级文明城区的总评年。城厢区多次召开全区创建全国文明城市和省级文明城区迎评动员会、部署会、推进会及农村精神文明建设工作会议。按照《城厢区创建全国文明城市督查工作方案》要求，定期和不定期开展专项督查，组织每周一督查，跟踪并督促相关责任部门，对照不足，查找存在问题，有效落实整改。组织区直单位结对社区开展小区楼道整治活动。组织开展“迎国检、讲文明、树新风”环境卫生整治周活动。11月，莆田市获全国文明城市称号。

【群众性精神文明创建活动】 2017年，区文明办推荐参评省级文明家庭，协助市委文明办、市妇联对推荐参评福建省第一届文明家庭的陈建飞、杨国腾、徐晋雄等3户家庭进行家访。组织17家申报第十三届省级文明单位召开创建工作推进迎评交流会，响应《创城走前头文明作表率》的倡议，具体指导迎评工作。配合市委文明办对“2015－2017年度省级文明村镇、文明单位（社区）、文明校园”进行测评，参评省级文明单位17个，文明学校7个，文明村镇8个，文明社区4个。

【公民思想道德实践活动】 2017年，区文明办组织开展“我推荐，我评议身边好人”活动。6月，推选佘晓冬为中国好人榜候选人，教师叶碧琴、民警曾霖杰分别为福建好人榜“助人为乐”和“孝老爱亲”类别候选人；推荐林智永（敬业奉献类）、林萍（孝老爱亲类）、郑俊峰（见义勇为类）、郭景国（助人为乐类）等4人为第六届全国、第五届福建省道德模范候选人；推荐曾霖杰为中国好人榜“孝老爱亲”类候选人等，最终佘晓冬、曾霖杰2人当选福建好人，林智永当选市级道德模范。莆田市道德模范故事汇基层巡演首场演出在华亭镇前黄村举行，郭景国、林海波、林萍等13位道德模范的感人事迹被搬上舞台。霞林街道莆糖社区举办2017年莆田市首场道德模范基层宣讲活动。3月17日，“传家训·立家规·扬家风”主题晚会在华亭镇埔柳村花卉世界主展馆演出。3月21日，道德模范故事汇基层巡演走进华亭镇夜校，区人民检察院干警徐金模为华亭镇干部职工作道德模范事迹讲座。

【未成年人思想道德建设】 2017年，区文明办持续开展“我的中国梦”主题思想道德教育，推进社会主义核心价值体系进教材、进课堂、进学生头脑工作。在闽中革命史纪念史馆举行“莆田市2017年清明祭英烈”主题活动启动仪式暨城厢区现场观摩交流会；在筱塘小学举办大型校园德育教育演讲活动，邀请全国自强自励模范“无臂天使”李智华女士为全校近5000名师生及家长们做“生命力量——给未来一个新起点”主题演讲。举行“孝敬友善节俭诚信”中华经典诵读比赛，在全区中小学校倡导读书学习、文明礼仪、勤俭节约的传统美德。不断完善万辉、霞林等社区未成年人活动中心和家长学校，设置科普活动室、绿色网室、阅览室、文体活动室等；在太平社区设立省级青少年科普示范基地和家长学校示范点，全区社区未成年人阵地达80%以上。

【志愿服务活动】 2017年，区文明办持续开展培育和践行社会主义核心价值观暨“十百千”志愿服务活动，推动学雷锋志愿服务活动常态化、制度化。全年登记注册志愿者近10000人，组织开展“爱在城厢”“美在城厢”“传承传统文化·提升市民素养”及防诈骗反传销等主题系列志愿服务活动300多场次，发动社会各界参与各类志愿服务活动15000多人次。开展“学雷锋·争做美德少年”系列活动9场，环境卫生整治100多场；开展“爱在城厢”系列义卖助学活动7场，资助该区24名贫困学生10多万元；组织参与“践行‘八不’行为规范”“迎厦门金砖会晤·做文明有礼福建人”等树文明新风系列活动10余场；持续开展防诈骗反传销宣传志愿活动12场次；发动全区文明单位志愿者开展文明交通劝导活动70多场次。

【“我们的节日”主题活动】 2017年，区文明办在春节、元宵、清明、端午、中秋、重阳等重要传统节日期间，组织开展民俗展演、慰问帮扶、文体健身等惠民利民活动。春节、元宵节期间，华亭镇前黄、濑溪、岭下、涧口等村集体自筹举办晚会；端午节期间，华亭涧口村等多地举办主题晚会暨“好婆婆、好媳妇、好妯娌”评选表彰大会。进一步推进移风易俗工作，11月中旬，区委办、区政府办联合下发《关于印发〈城厢区进一步深化移风易俗工作实施方案〉的通知》，全面动员部署移风易俗工作。

（李立群）

统战工作

【工作概况】 2017年，全区统一战线学习贯彻党的十九大和习近平新时代中国特色社会主义思想，围绕区委的工作大局，切实履行自身职责，在服务全面深化改革、加快推进转型发展、凝聚社会共识、维护和谐稳定、拓展对外联谊等方面努力拼搏、不断创新，进一步彰显统一战线的独特优势和作用，为城厢经济社会发展做出贡献。

【统战工作会议】 3月24日，召开城厢区组织、宣传、统战和民族宗教工作会议，区委常委、区委统战部部长陈洪武总结通报2016年全区统战、民族宗教工作情况，部署2017年工作任务，区委书记王文才作强调讲话。

【理论学习】 2017年，中共城厢区委统战部（以下简称区委统战部）协助民主党派开展“不忘多党合作初心，继续携手前进”主题教育，先后组织党的十八届六中全会、习近平总书记“7·26”重要讲话、党的十九大精神等专题学习活动，引导民主党派结合实际履行好参政党职能，进一步增强“四个意识”，更加坚定地维护以习近平为核心的党中央的权威；在非公经济人士中开展理想信念教育，以“守法诚信、坚定信心”为重点，倡议广大非公经济人士积极响应党和政府号召，增强“四个意识”、坚定“四个自信”，在移风易俗、崇尚文明健康的生活方式上率先垂范，推进构建“亲”“清”新型政商关系。

【“温暖工程1家1助跑圆梦”行动暨第三期“职教励志大讲堂”】 6月22日，区中华职业教育社在莆田科技职业技术学校举办“温暖工程1家1助跑圆梦行动”助学金颁发仪式暨第三期“职教励志大讲堂”，区佛教协会、城厢区上海商会、区职教社、市职教社共筹资4万元，为莆田科技职业技术学校20名贫困学生提供每人2000元的助学金。

【非公经济代表人士综合评价】 2017年，区委统战部落实“逢进必评”原则，牵头对拟作政治安排的非公企业家进行综合评价，共组织市工商联换届、“五一”劳动模范表彰推荐、市人大代表政协委员增补推荐、区政协委员增补提名等综合评价5批次31人次，有6人因失信、酒驾、超计划生育等原因被否决。

【创建“同心”书屋】 8月14日，在在霞林街道沟头社区举行“共建同心图书室·共创书香新社区”图书捐赠暨挂牌仪式，区委统战部、民革城厢区支部、农工党城厢区支部与沟头社区挂钩共建“同心社区”，捐赠图书1000册，价值两万元，包括学习类、语言类、历史类等书籍，区政协副主席何剑锋出席图书捐赠暨挂牌仪式。

【“关爱河流·志愿先行”活动】 5月19日，区民建开展“关爱河流·志愿先行”志愿服务活动，组织民建会员和干部群众到霞林木兰陂开展志愿服务活动，在木兰陂观景台两侧捡拾垃圾并开展宣传活动，倡导绿色文明意识，传播水生态文明保护，共有200多名志愿者参加活动。

【两岸书画精品展】 6月10—18日，区委台办、市妈祖书画院在莆田国际油画城南山艺术中心举办“妈祖缘·同胞情·城厢美”两岸书画精品大联展，以弘扬妈祖文化为主旨，突出“中华妈祖情，两岸一家亲”的主题，共展出两岸书画家书画精品100多幅。

【联谊活动】 2017年，区委统战部共组织闽台乡镇村里对接、大爱妈祖两岸书画精品展等对台交流3批40多人次，接待五帝文化节、“海峡论坛”妈祖文化周、南美洲发展中国家等台侨人士9批120多人次。

【“5·12”义诊服务活动】 5月12日，城厢区医院、农工党城厢区支部在龙德井居委会开展义诊服务活动，共有内分泌科、外科、口腔科、眼科等多个专业科室的30位医护人员为现场群众提供义诊和健康咨询，为社区群众讲解糖尿病、高血压等慢性疾病的保健、预防、康复等知识，普及低血糖、心肺复苏、高热中暑等疾病的急救方法和技巧，共分发宣传材料300多份，义诊200多人。

【精准扶贫企村对接】 2017年，区委统战部发动三棵树、才子服饰、复茂食品、郭氏鞋业等8家企业与凤办白洋、华亭五云、常太岭下、灵川径里等7个贫困村结对，协调开展调查研究20多次，协助制订帮扶计划，对接帮扶项目11个，其中实施基础设施建设项目4个，落实产业扶贫项目2个，落实村集体经济发展项目2个，累计到位帮扶资金500多万元；亚明食品、庄严苑、欧亚艺术、力奴鞋业等70多家企业也参与精准扶贫挂钩帮扶，捐资110万元用于走访慰问，华亭镇五云村实现脱贫。

【民主协商建设】 2017年，区委统战部协助区委制订政党协商计划，协调召开通报会、征求意见3场，及时就经济社会运行情况、区委领导班子民主生活会整改情况、区政府工作报告向党外人士通报；制订出台区委领导与党外人士联谊交友方案、新的社会阶层人士重点联系名单，拓宽党外人士参政议政渠道。

【参政议政】 2017年，区委统战部组织开展统战课题调研，支持民主党派紧紧围绕“一区、一中心、五品牌、九行动”等《行动纲要》重点内容开展调查研究，建言献策，为区委、区政府决策提供参考，“两会”期间党外人大代表、政协委员共提交议案、提案40多件，《关于共建美丽乡村可持续推进的探索思考》《调动民间资本、金融资本等参与美丽乡村建设的对策与建议》被评为重点提案。

【莆田市金森慈善基金成立】 2月2日，上午举行莆田市金森慈善基金捐赠仪式，由莆田市工商联主席、三棵树董事长洪杰向莆田市金森慈善基金会捐赠1000万元，用于白洋村以及城厢区其他地区开展扶贫济困、资助人才培养、教育项目等公益事业，帮助困难群众发展生产、改善生活及完善基础设施建设等，区领导王文才、吴文恩、王国太、黄志强、林荣斌、李文杰等区领导出席捐赠仪式，王文才在捐赠仪式上致辞。

【宗教民族工作】 2017年，区委统战部切实抓好世界论坛、金砖会晤、十九大等敏感时期稳定工作，协调召开宗教领导小组会议，专题讨论莆田梅峰基督教堂教派内部矛盾，研究落实稳控措施。抓好少数民族优惠政策落实，为少数民族村和少数民族群众争取资金补助11万元，审核办理少数民族群众民族身份更改手续13人，认定把关少数民族高考学生民族身份9人次。

（陈继扬）

区直机关党的工作

【工作概况】 2017年是党的十九大召开之年，也是全面落实省、市、区党代会精神的开局之年。区直机关学习贯彻党的十八大、十八届三中、四中、五中、六中全会和习近平总书记系列重要讲话精神，贯彻落实省、市、区党代会工作部署，坚持目标导向，问题导向和需求导向；服务中心、建设队伍、全面推进，着力补短板、破解机关党组织建设、党员队伍建设中存在的短板问题；强化党建责任落实，推动各项工作落地生根。树立新标杆，确立新追求，推动全面从严治党向纵深发展，以优异的成绩迎接党的十九大召开。

【迎接党的十九大系列活动】 2017年，以“迎接十九大，机关作先锋”为主题，中共城厢区直机关党务工作委员会（以下简称区直机关党工委）以机关支部为基本单位开展系列活动。展示党的十八大以来各项事业取得的成就和经验，教育引导各级党组织和党员干部坚决维护以习近平为核心的党中央权威，更好地激发机关党组织的战斗堡垒作用和党员先锋模范作用，为党的十九大胜利召开营造良好的理论氛围、舆论氛围和社会氛围。

【组织学习贯彻党的十八届六中全会和习近平总书记系列重要讲话精神】 2017年，区直机关党工委不断推动学习型党组织建设，全面系统学习马克思主义中国化最新成果，重点深入学习贯彻习近平总书记系列重要讲话。广泛采取理论宣讲、辅导报告、党员领导干部上党课、专题研讨等方式，应用新媒体平台，抓好基层党组织和党员干部的政治理论学习。注重加强党内政治文化建设，不断增强“四种意识”“四个自信”的定力，使党员干部更加紧密地团结在以习近平为核心的党中央周围，更加坚定地维护以习近平为核心的党中央权威，更加自觉地在思想上、政治上、行动上同以习近平为核心的党中央保持高度一致。

【“两学一做”学习教育】 2017年，区直机关党工委要坚持全覆盖、常态化、重创新、求实效，以“两学一做”为基本内容，以“三会一课”为基本制度，以党支部为基本单位，以基层为重点推进“两学一做”学习教育常态化制度化，努力做到深学、实做、真改。用好机关党建工作微信群平台，建立机关发布机关党建工作动态，打造机关党建信息化平台。不定时开展机关党建工作检查调研活动。

【培养党建工作“风向标”】 2017年，区直机关党工委注重典型引路，注重党建工作示范点建设，促进机关党建工作制度化、规范化，总结和发现在学习型、服务型、创新型机关党组织建设和机关党建工作规范化建设中的工作亮点、工作特色、实际成果，继续发挥好13个党建示范点的引领带动作用。在基层一线，广泛开展“一单位一品牌、一支部一特色”机关党建特色品牌创建活动，把党建工作融入中心工作。

【全国文明城市“助推器”】 2017年是全国文明城市考评第三年，全力完成涉及区直机关的工作任务，加大对区直机关级文明单位创建的指导力度。扎实推进服务型机关党组织建设，努力实现党建工作与业务工作的相融互动，为创建全国文明城市增添“软实力”。在基层党组织中，广泛开展形式多样的党员学雷锋志愿服务活动，通过在窗口服务行业集中开展“党员示范岗”“党员示范科室”“服务型示范党组织”等评选活动，利用“七一”等重大活动时间节点，挖掘宣传一批党员先进典型。

【严肃党内政治生活】 2017年，区直机关党工委推行支部主题党日、党员活动日、承诺践诺评诺、党员积分制管理等做法，让党员参加组织生活成为习惯，落实领导干部过双重组织生活、民主评议党员、党员党性分析等制度，增强“三会一课”活力；全面推行“开放式”的民主生活会，邀请本单位党外人员、部分服务对象或与业务工作有联系的相关人员列席旁听民主生活会，不断提高生活会的质量。实行定期、不定期督查等方式，推动党的组织生活制度、基层党组织按期换届、抓基层党建述职评议、党建工作保障等制度落实。

【党的十九大代表候选人的推选】 2017年，区直机关党工委按照中央、省委、市委及区委要求，发扬党内民主，严肃选举纪律，采取自下而上、上下结合、反复酝酿、逐级遴选的办法，组织区直机关广大党员推选福建省出席十九大代表候选人初步人选，确保推荐人选素质优良、结构合理、分布广泛、党员拥护。

【党内监督】 2017年，区直机关党工委抓好《中国共产党党内监督条例》的学习，贯彻党委对涉及机关的有关重要问题作出决定时，应当根据需要征求机关党组织和党员的意见，重要事项及时通报，推进党务公开，通过公示栏，机关内网等多种方式，重点公开党组织决议决定及执行情况，党的思想建设和组织管理情况，党风廉政建设情况等。

【完善机关党建工作责任制】 2017年，区直机关党工委研究制定落实机关党建工作责任制的措施方法，推行机关党建工作项目化、责任化、清单化。健全完善机关系统党委书记抓党支部党建促发展“双述双评”制度，持续把述职述评延伸到机关科局各支部。通过建立党建工作考评和问责机制，强化结果运用，确保基层党建工作责任落到实处。立足工作职责，制定机关党建工作任务清单、问题清单、责任清单，以“清单化”明确目标任务，树立问题导向，通过科学定学、动态管学、从严考学，使机关党组织书记切实增强责任意识，发挥好“第一责任人”的示范带动作用，将机关党建工作的“软任务”变成“硬约束”。

【群团活动】 2017年，区直机关党工委注重发挥文艺、体育活动陶冶情操、净化心灵、凝心聚力的作用，突出时代特色，结合机关特点，创新方法载体，不断提升机关文化的感召力和影响力。结合十九大召开以及重要时间节点，广泛开展群众性文体活动，如“七一”篮球赛等，以良好的精神面貌展现时代风采。进一步完善群团困难救助机制，开展好“一日助”“春蕾女童”等活动。

（吴国晖）

机构编制工作

【工作概况】 2017年，城厢区共召开2次区委编委会，研究区委巡察办公室机构设置及人员编制方案、区法学会机构设立、事业单位清理整合、机构更名、加挂牌子及编制调整等问题。梳理和完善行政许可、公共服务事项清单，目前保留区级行政许可事项159项，公共服务事项209项。推进权责清单编制，梳理区级38家单位权力清单2607项；编制41个部门职责384项，具体责任事项4162项，多部门共同监管的事项有20项；梳理公布镇（街道）权责事项949项。清理行政审批中介服务和前置审批事项，保留区级行政审批中介服务84项，调整或取消30项；保留区级前置审批157项，调整14项。2017年，城厢区委机构编制委员会办公室（以下简称区委编办）办理市人大建议1件，市政协提案1件。配合区公务员局、教育局等单位，做好2017年度事业单位人员公开招聘和教育系统招考幼儿教师等工作。做好机关文明创建、综合治理、档案管理、机要保密、财务资产管理、计划生育、信访、服务保障各项工作。同时建立健全相关规章制度，根据机关干部的能力和专业能力，重新调整干部分工，制订相应的机关效能制度、收发文制度、档案管理制度。

【重点领域机构编制保障】 2017年，区委编办配合完成纪检派驻监督体制调整及巡察机构建设；落实法院、检察院机构编制省级统一管理体制调整工作；整合医保职责和机构，理顺职责关系，将区医保中心、区城镇居民医保中心、区新农合中心等3个事业单位连人带编整体划转到市医保局；将区金融办原隶属于区财政局管理调整为区政府办公室管理，将华亭、常太、灵川、东海四个镇林业站原隶属于镇人民政府管理体制调整为区林业局主管。为深化纪律检查体制改革，实现区一级党政机关派驻机构全覆盖，增加区委巡察信息中心编制5名；为及时解决问题，增加区劳动人事争议仲裁院编制1名；为统筹推进非公企业和社会组织党的建设工作，增加区委非公有制企业和社会组织工作委员会办公室编制1名。

【事业单位登记管理】 2017年，开展机关、群团统一社会信用代码赋码工作，区内机关共44个，赋码42个；群团机关14个，赋码13个；事业单位共385个，根据工作需要，申请换发新版事业单位法人证书266个。全面实施双随机联合抽查监管，与市、荔城区事业单位登记管理局实行“同城”联合检查。将党政机关、事业单位域名注册费用纳入财政统一支付，实现中文域名注册全覆盖。同时开展政府网站挂标督导工作，完成区内党政机关、事业单位网站确认工作，对未挂标的网站进行督导，实现政务、公益标志加挂全覆盖。

【行政审批制度改革】 2017年，区委编办梳理和完善行政许可、公共服务事项清单，保留区级行政许可事项159项，公共服务事项209项。推进权责清单编制，梳理区级38家单位权力清单2607项；编制41个部门职责384项；具体责任事项4162项；多部门共同监管的事项有20项；梳理公布镇（街道）权责事项949项。清理行政审批中介服务和前置审批事项，保留区级行政审批中介服务84项，调整或取消30项；保留区级前置审批157项，调整14项。推进区级部门权力清单和责任清单两单融合，厘清与行政权力相对应的责任事项。加强清单动态调整管理，及时对接省、市部门纵向清单，动态调整区级部门权力事项，同时将具有审批职能34家单位全部调整进驻中心，其中审批科室进驻17家，综合窗口进驻13家，公安、运管、消防、婚姻登记4个部门利用其现有较完备的办公场所设立分中心，辖区内设立7个镇（街道）便民服务中心，实现部门审批服务的职能、事项、人员相对集中，审批权与监管权相对分离，审批事项进驻中心到位、授权到位。推进“双随机一公开”监管改革，强化信用智能监管，区直23个部门不断探索双随机执法模式，统筹使用执法资源，编制含“两单两库一细则”的工作方案，建立随机抽查事项170项，多部门监管事项34项，建立检查人员（名录库）558人，建立检查对象（名录库）11441个。实行“一个窗口”受理，打通服务群众“最后一公里”，所有事项办理时限均控制在法定时限50%以内，对不需要现场勘查、公示等环节的事项一律转为即办件，梳理公布第一批“最多跑一趟”办事清单共232项，其中区直部门计190项、镇（街）计42项，即办事项占比达25.7%。7月，公布第二批“最多跑一趟”和“一趟不用跑”办事清单284项，其中区直部门计223项、镇（街）计61项。推行办事“一号申请”管理制度。依托网上办事大厅、微信公众号、自助申报终端等3种网上政务渠道，加大软硬件设施投入，将导办咨询台调整为自助服务区和统一取号区，并将取号叫号系统改造为窗口办事智能化引导系统。

【机关党建】 2017年，区委编办严格落实党建工作规范化建设，制定并落实“三会一课”制度，做到会前有计划，会后有检查，确保学习有实效。全年共召开党员大会8次、支委会13次，上党课3次。做好定点挂钩扶贫华亭镇油潭村工作，逐个入户核查建档，了解贫困户家庭具体情况、致贫原因，按照“一户一策”具体帮扶措施，帮助对接造福工程和就业、教育、医疗等扶贫政策，并送去慰问金和慰问物品共计6740元，2017年年底实现5户18人脱贫。结合全国文明城市创建活动，深入龙桥社区和莆糖社区入户宣传，做好挂钩联系社区的环境卫生清洁工作。认领志愿者服务岗位，进行交通劝导、政策宣讲等活动。有2名干部参与重点项目征迁。

（梁　爽）

党校工作

【工作概况】 2017年，中共莆田市城厢区委党校（以下简称区委党校）坚持“党校姓党”的办学方针，围绕区委、区政府的中心工作，发挥好干部培训主渠道和决策咨政思想库作用，为城厢区经济社会发展提供人才保证和智力支持。

【干部教育培训】 2017年，区委党校坚持抓好主业，开展宣讲及教育培训工作。把学习宣传贯彻党的十九大精神当作当前和今后一段时期最重要的政治任务，组织骨干教师深入镇、街、村居、机关单位开展党的十九大精神巡回宣讲26场次。从3月起，分期分批组织全区近2000名干部参加福建干部网络学院培训学习，完成全年培训任务。继续组织教师到镇街、工业园区、村居、企业家协会等基层单位开展“送教上门”活动，受教育党员干部达700余人次。继续配合区委组织部办好科级干部“夜间课堂”，全年举办各类专题讲座7期。

【科研调研】 2017年，区委党校坚持课题带动，扎实推进教学科研工作。年初要求教师根据自身专业特长和研究方向，结合城厢区社会热点、难点问题，认真调研，搜集材料，深入研究，最终形成一系列教学专题。所有授课教师，所有教学专题，必须经过先试讲再评议，合格后才能进课堂，确保每一位授课教师都能以过硬的素质和高质量的授课水平呈现给学员。选派12人次到国家行政学院、省委党校和市委党校进行培训学习，进一步提升教师的理论和业务水平。鼓励教师参加各级各类论文征集活动和全区性的课题调研。全年有1人参加全国纪检监察系统征文活动；3人参加莆田市“贯彻六中全会精神·加快建设美丽莆田”征文活动；1人参加城厢区“弘扬妈祖精神·争当诚信市民”研讨会征文活动，并获得一等奖。

【挂钩扶贫】 2017年，区委党校总结以往开展“三走进”“四下基层”活动工作经验和做法，扎实做好挂钩扶贫各项工作。每月组织干部教师深入华亭镇走马亭村开展精准扶贫工作，引导挂钩贫困户脱贫致富、自食其力。至2017年年底，区委党校挂钩帮扶的5户贫困户均已享受小额无息贷款、发展特色农业补助、低保金、养老金等扶持政策，同时还发动全校教职工捐赠慰问金5000元、慰问品774元，让这些贫困户感受到党和政府的关怀和温暖。

（林志勇）

党史研究工作

【工作概况】 2017年，城厢区党史工作坚持“党史姓党”大原则大方针，坚持围绕中心、服务大局，坚持“一突出、两跟进”基本要求，坚持政治建室、研究立室、依规治室，不断加强自身建设，开拓创新，务实工作，较好地完成年初制定的各项工作。

【党史征编】 2017年，中共莆田市城厢区委党史研究室（以下简称区委党史室）开展《党史人物》征编工作，4月，由区委办发出通知，向全区征集1984—2016年间在城厢区担任过副科级（实职）以上的领导干部传略，至年底完成收编对象传略的征集工作，将进一步征集完整，进行校对后，拟正式由出版社编印发行。做好《中共城厢区历史大事记》编纂前期工作，派专人到区档案局查阅自建区以来的区委、区政府相关文件材料，收集发生在城厢区的相关事项的资料档案，做好前期准备工作。做好地方党史三卷的编写谋划工作，向区四套班子办公室及有关单位收集相关资料，逐步推进党史资料征编工作，为地方党史三卷编写做好前期准备工作。

【“即时存史”收集党史资料】 2017年，区委党史室遵循党史工作基本规律和方法，树立“即时存史”的理念，及时做好历次全委会和重大会议的材料即时收集和整理，全年共收集区委九届五次、六次、七次全会相关材料，以及事关城厢发展的重大决策部署资料、区委大事记等，有意识把城厢新时代中国特色社会主义建设进程中的资料收集整理好，为深入研究提供线索，打好基础。

【建立党史网站扩大宣传方式】 2017年，区委党史室在省党史研究室的网站——红色海西网开辟城厢党史专栏，按照市室的统一部署，指定专人负责这项工作，全面收集各方资料，不断充实栏目内容，确保网站有序运转。

【挖掘闽中三年游击战争精神宣传红色文化】 2017年，城厢区以采风活动为契机，采取各种形式传播红色故事，推出一批革命历史题材文学原创作品，出版发行《红色马院》一书，以祭奠烈士英魂，弘扬红色文化。同时，为进一步追忆闽中游击历史，弘扬闽中红色文化，区委宣传部、区文联、市油画艺术原创油画家和区委党史室，用油画的艺术表现形式，生动再现南方三年游击战争期间，闽中游击区部分重大历史战役和重要历史事件，讴歌闽中人民为民族独立和人民的解放作出的巨大牺牲和重大贡献。并在市群众艺术馆、南山文化展厅等地开展巡回展。

【党史教育基地保护利用】 2017年，为推进城厢区革命遗址保护和推动红色旅游发展，区委党史室争取财政支持，设立党史教育基地的维护补助经费6万元，每年按省、市、区级党史教育基地分别给予的维护经费补助1万元、0.5万元。

（郑星星）

信访工作

【工作概况】 2017年，城厢区信访工作以依法治访、坚决维护信访秩序为目标，以维护全国、省、市“两会”、厦门金砖会晤、党的十九大等重要时期的安定稳定为重点，开展领导接访工作，畅通信访渠道，着力打造阳光信访、责任信访、法治信访，切实解决群众合理诉求，全区信访态势持续平稳。是年，全区共接待群众141批302人次，同比批次上升7.6%，人数下降19.3%；到市101批874人次，同比批数和人数分别上升57.8%和14.8%；到省55批112人次，同比批数和人数分别下降1.8%和14.5%；进京37批58人次，同比批数上升48%、人数下降14.7%。进京非访8批9人次，同比批数不变下降20%，人数下降10%。全区共受理来信（来邮）225件，办结186件，息访息诉134件。

【排查摸底】 2017年，中共莆田市城厢区委区人民政府信访局（以下简称区信访局）立足抓早、抓小、抓苗头，坚持动态排查、滚动排查，坚持日常排查和敏感时段排查相结合，全区排查309名重点信访人员：中央交办6人、省交办166人、市交办75人、自行排查61人、个人极端1人，6批可能引发集体访的信访突出问题，切实将辖区内各类信访问题纳入工作视野。建立信访突出问题排查摸底工作机制，要求各镇（街道）村（居）每周排查一次信访问题，镇（街道）和区直部门每半个月一排查一反馈，区里每月一排查一通报，不断健全完善区、镇、村三级信息沟通机制，层层明确责任，不留死角、不留盲点，做到底数清、情况明。对排查出的信访突出问题逐一建立台账，进行梳理分析，掌控动向，及时预警。

【化解积案】 2017年，区信访局化解上级交办的信访积案，省、市、区共交办17件重点信访积案，其中省交办2件、市交办5件、区交办10件，每件信访积案落实“五个一”（即一次接访、一名领导、一套班子、一个方案、一抓到底）的工作要求。省市区三级交办的17件信访积案化解17件，息访息诉率为100%，其中省交办2件积案，化解2件；市交办5件积案，化解5件；区交办10件积案，化解10件。

【做好“三无”创建】 2017年，城厢区按照省、市部署要求，进一步健全信访工作机制，坚持规范信访秩序，树立依法信访导向，加强信访基层基础工作，推进“三无”创建活动，为全区经济发展、民生改善营造和谐稳定的社会环境。全区7个乡镇（街道）评选达标镇（街道）1个（凤凰山街道），占全区7个乡镇（街道）的14.29%；达标村（居）100个，占全区119个村（居）的84.03%。在全国“两会”、党的十九大等敏感时期，各镇（街道）能主动按照“属地管理”“守土有责”的原则，围绕习近平总书记提出信访工作“三到位一处理”的要求，抓好信访维稳工作，做好初信初访和信访积案办理化解工作。全区信访工作没有出现因信访问题处置不当引发个人极端事件和舆论负面炒作，信访秩序总体平稳有序。

【推进非访整治】 2017年，区信访局成立“四个专班”（信访事项化解专班、劝离接返专班、教育疏导专班、依法处置专班），强化驻京接访劝返工作力度，完善信访维稳应急处置机制，切实把信访人吸附在当地、劝返在途中。公安机关成立依法处置工作小组，对扰乱秩序和进京非访人员固定证据、依法处置。是年，共依法处置非访人员6人次，其中行政拘留5人次，警告1人次。同时，对因信访工作不力被列为滚动管理的、重点整治的、通报或问责的单位和个人，在整治期间给予一票否决。

【落实责任】 2017年，城厢区信访联席会议换届后，专门就整治进京非正常上访的问责问题提出明确要求。要求各镇（街道）、各有关部门牢固树立责任意识，要把信访事项的排查摸底、疏导化解稳控和接访协访应急处置的责任落实到相关人员身上，主动作为，齐抓共管，有效减少全区群众集体越级上访和进京非正常上访问题的发生。是年，共倒查问责2人次，均为效能告诫2人次。

（陈蜜云）

老干部工作

【工作概况】 2017年，中共城厢区委老干部局（以下简称区老干局）工作以党的十八大、十八届三中、四中、五中、六中全会和习近平总书记系列讲话精神为指导，学习贯彻党的十九大精神，把离退休老干部的思想政治工作和管理工作作为一项重要工作来抓面落实老干部工作的各项政策措施，使离退休老干部真正做到“老有所养、老有所乐、老有所教、老有所学”。

【落实老干部政治待遇】 2017年，区老干局在全区离退休老干部中组织开展“助力新城厢·喜迎十九大”离退休干部正能量主题系列活动，活动贯穿全年。年初，组织全体老干部座谈，主题围绕党的建设，反腐倡廉等当前包括老干部在内的群众关心的热点问题，老干部们畅所欲言，大家对以习近平为核心的党中央采取的富民强国政策大加称颂，对即将到来的党的十九大充满期待，对区委老干部局重视老干部的政治待遇表示满意。4月，组织全体老干部参观工农业生产，体会全区经济社会建设成就，老干部们参观华亭埔柳新农村建设情况，老干部们对城厢区建设成就感到满意，许多老干部还提出宝贵意见。省、市老干部工作部门领导、区委区政府领导亲切慰问部分老干部，同时安排协调区四套班子主要领导走访看望挂钩离退休老干部，他们带去党和政府的关心，不仅是对老干部以往功绩的肯定，也是对历史的尊重。是年，成立城厢区委离退休干部党工委，推动离退休干部党组织建设，确保党组织建设有人抓、有人管。

【保障老干部生活待遇】 2月，区老干局先后赴深圳、福州等地慰问看望迁居外地老干部；5月，开展“夏送清凉”活动，为离退休老干部送去绿豆等降温食品，为5位时值90寿辰、1位80寿辰的离休老干部送去祝寿图；6月，组织开展“庆七一”象棋、扑克、麻将比赛，丰富老干部业余生活；9月，组织离退休老干部到市第一医院进行健康体检；开展“秋送祝福”活动，为离退休老干部送去慰问品；10月，举办重阳节游园活动，设置猜谜、夹珠子、钓鱼、撞球等项目，丰富离退休老干部业余生活。是年，到医院探望慰问患病住院老干部16人次。执行出台的各项老干部政策，全区老干部的离退休费及时足额发放到位，医药费按规定实报实销；将困难离休干部和遗属帮扶补助专项资金列入财政预算，设立“特殊困难离休干部帮扶基金”，专项列支用以解决离休干部及遗属的特殊困难；为全区8位离休干部无工作遗属发放每月1450元定期定额生活补助费。联合区卫计局和财政局共同下发《城厢区关于进一步加强离退休干部帮扶服务工作的通知》，文件规定困难帮扶、护工补助、支出渠道、就医就诊等内容，明确帮扶对象、帮扶条件、帮扶标准等具体事项。

【丰富老干部精神文化生活】 2017年，区老年大学依法治校，切实践行社会主义核心价值观，引导老同志发挥政治、时空、经验和威望优势，围绕中心，服务大局，为城厢发展鼓与呼。区老年大学创新办学方式，通过社会办学、开放办学和合力办学，扩大老年教育覆盖面，与时俱进创新老年教育方式、手段和活动载体，组织引导老同志开展为党和人民事业增添正能量活动。区各级党委、政府关心重视区老年教育，加大老年大学经费投入、增添了办学设备，努力改善办学条件，为老年教育发展提供必要保障。区老年大学上学期开设时事政治、养生保健、太极拳、太极剑、交谊舞、音乐、书法、秧歌、十音八乐、木兰拳、木兰单扇舞、木兰双扇舞、民族舞等12门课程；书法学会、国画学会、拳剑扇学会和校艺术团运转良好，还组建卡拉OK、合唱队、街舞队、民俗乐队等10多支兴趣小组，丰富课外活动，活跃校园生活；与社区、乡村、学校、企业结对子，给学员发展自己的兴趣爱好，创造才能，施展才华，服务社会，老有所为搭建展示老干部精神风采的平台。另外，由退休干部和老年学员组成的100人的创城巡查团，通过集中与分散、明察与暗访、定期与不定期等形式上街巡查，对巡查中发现的违反创城行为、现象，及时反馈、督促有关单位进行整改，支持了莆田市创建全国文明城市建设。

（郑　宓）

保密工作

【工作概况】 2017年，莆田市城厢区国家保密局（以下简称区保密局）工作坚持以安全保密防范为着力点，强化组织领导，深化宣传教育，规范保密管理，落实保密管理制度，加强保密督促检查，有力地推进全区保密工作的开展。

【组织领导】 2017年，区委中心组学习（扩大）会议传达学习中央关于加强保密工作的意见和省委、市委贯彻实施意见的精神，要求全区各单位一定要进一步强化组织领导，采取各种有效的措施，保障各项工作任务的落实，为保密工作顺利开展营造良好的环境和条件。切实履行政治责任，把保密工作纳入重要议事日程和工作规划，定期听取工作汇报。加强统筹协调，深入排查泄密风险隐患，及时研究解决保密工作中存在的突出问题，在保密机构队伍建设、监管设施建设、装备配备、经费投入等方面提供有力保障。

【宣传教育】 2017年6月27日，在全区保密工作会议召开之后，紧接着举办保密工作业务培训，邀请市国家保密局法制科科长讲授，会上分发致各单位领导的《提醒函》，进一步提升各镇（街道）、区各单位领导、保密干部的“两识”（保密知识跟保密意识）。扎实做好《保密工作》《保密科学技术》等刊物的订、学、用工作，全年订刊数180份，达到新高。发挥新兴媒体的宣传教育作用，在各单位机关干部中推广关注“保密观”，不断扩大保密宣传教育的覆盖面。

【规范保密管理】 2017年，区保密局履行保密属地管理职责，会同区公安分局在高（中）考前联合对试（答）卷保密室进行检查、验收，督促考试主管单位严格按要求整改到位，切实堵塞泄密漏洞，加强对考试工作人员的保密教育，树立试卷安全保密责任重于泰山的意识，强调要严格执行好各项保密管理制度，按章操作，依程序办事，严防出现差错和意外。在试卷保密室使用期间，区保密局与区公安分局还联合组织人员每半天巡查一次，监督试卷安全保密管理情况。加强涉密人员管理，建立涉密人员管理数据库，重点抓好核心和重要涉密人员备案管理；规范涉密人员保密审查程序，严格涉密人员政治和从业条件审查，推行分类管理，按照干部（人事）管理权限，强化上岗、在岗、离岗和脱密期全过程管理；完善保密承诺制度，严格涉密人员重大事项报告、执行保密纪律情况考核、出国（境）审批制度。

【落实保密管理制度】 2017年，区保密局着眼于厦门金砖国家领导人会议和党的十九大的保密安全工作，严格落实各项保密管理制度。推进各单位抓好计算机保密检查、核查取证等技术装备以及涉密计算机“三合一”防控系统配备，逐步构建保密技术装备全过程管理。推动机关、单位互联网集中接入，强化安全审计和保密监测措施，落实信息公开保密审查制度，加强对非涉密办公内网、电子政务外网和互联网、无线局域网以及智能手机等非涉密信息系统保密管理，进一步提升网络管理水平。

【保密监督检查】 2017年，区保密局推进全区各单位保密自查自评工作规范化、常态化，实现对全区各单位保密自查自评的全覆盖督查，并将督查结果与平安建设考评相挂钩，切实压实保密工作主体责任，使保密自查自评工作取得实实在在的效果。

（陈航飞）

对台工作

【工作概况】 2017年，全区对台工作按照“一国两制、和平统一”的方针，围绕推动两岸关系和平发展这个主题，在加强联谊、促进交流上做文章，在培育特色、打造亮点上见成效，进一步活跃两岸人员往来，推动城厢与台湾的交流与合作。

【对台宣传】 2017年，中共莆田市城厢区委台湾事务办公室（以下简称区委台办）运用“城厢对台之窗”等宣传平台，编办专刊2期，宣传党的对台方针政策及两岸关系大势，经常在《台北莆仙会刊》发表文章，宣传城厢区投资环境、优惠政策和建设成就。在《台湾导报》《福建日报》显要位置刊文专题报道介绍灵川东汾祖庙历史沿革以及两岸五帝信众交流盛况，进一步促进闽台祖地文化交流及两岸中华五帝文化交流。

【两岸文化交流】 2017年，区委台办继续以加大两岸文化交流为切入点，发挥区两岸经济文化交流中心和莆田市妈祖书画院的平台作用，进一步推动两岸人民思想融通、文化融合和民族认同感。4月26－28日，赴金门举办“妈祖缘·同胞情·城厢美”两岸书画精品大巡展及两岸书画笔会，与金门县11个文化艺术机构进行交流、切磋技艺。6月13－25日，组织第九届海峡论坛城厢区两岸妈祖书画精品大联展。展览期间，邀请台北妈祖书画协会、台湾台闽经济文化交流协会、苗栗书法家协会、台湾悠游画会、花莲书法学会等台湾6个专业书画机构共160多人书画家参加。借两岸中华五帝文化交流被国台办列入对台重点交流项目之契机，开展两岸中华五帝文化交流联谊活动，在端午节前后举办一年一度城厢区中华五帝文化节，参加文化节活动的台北基隆、苗栗、新竹等台湾五帝信众达450多人。苗栗五帝庙邀请5位大学博士及专家学者考察中华五帝文化，为推动两岸五帝文化交流提供智力支持。

【服务台企】 2017年，区委台办推进台兴食品厂房建设，帮助协调解决建设、环保等手续报批问题，力促二期早日投产。协助抓好台富食品厂房办证问题，及时清理周边农民在厂区种植的菜地，取缔一个围墙内的养鸭场。协调解决重点台资项目台兴食品解决建设中的一系列问题，保证施工安全，加快厂房和综合楼建设进度，促进一期Q粉、肉松、香肠如期投产，协调教育部门解决台籍子女就学问题，兑现台籍子女入学的优惠政策。

【接待台胞】 2017年，区委台办接待参加第九届海峡论坛的110位台胞到城厢区洞口、油画城、广化寺参观指导。同时，接待乌日区总里长卢奖陆一行11人的参访团，陪同考察九龙谷景区及岭下美丽乡村，组织岭下、马院、埔柳、洞口等村书记与他们进行座谈，交流美丽乡村建设经验，并就岭下森林公园、马院人家生态旅游度假区、美食一条街、九层塔香草引种、台湾名优水果培植及台湾农副产品销售等项目合作达成初步意向。

【两岸基层交流】 6月15－21日，由副区长施清芳率团赴台中市乌日区考察交流，拜会螺塘里、五光里、前竹社区等6个村里，并与13位村里长座谈联谊，并就名优水果试种、龟山茶叶深加工、龟山景区合作开发等项目达成意向。12月10－16日，城厢区委副书记郑松青率团赴台中市大安区考察交流，与台中市大安区12位村里长进行友好座谈交流。同时，与彰化县青年创业协会进行亲切磋商，共同探讨推进两岸青年就业创业工作，增进两岸青年情谊和二、三代台胞对大陆的认同感。

【对台招商】 2017年，城厢对接的项目6个，总其中有5个项目参加全市莆台投资合作项目签约，总投资4.9亿元；协议项目6个，总投资5.63亿元。

世全·时尚国际电商城项目 总投资1.7亿元，占地0.82公顷，总建筑面积5.28万平方米，规划建设电商综合服务中心，为电商企业提供金融、物流、信用、人才和数据等综合服务。拟引进台湾五分埔服饰商圈，打造综合电商示范区。2幢高层已完成地面3层主体建设。

台兴食品增资项目 总投资5.56亿元，占地7.53公顷，完成投资2.1亿元。截至年底，厂房建设基本完成，产品主要销往国内、欧美及东南亚。

台湾兰花引种栽培项目 总投资0.5亿元，占地66.67公顷，规划建成一个集兰花种植、交易流通、科技示范、休闲观赏等于一体的综合性现代农业园区。

向阳坊高热烤炉技术项目 总投资0.2亿元，通过两次发酵工艺高热连续烤炉技术，生产蛋糕、面包、伴手礼及旅游产品。

两岸牛樟芝中医药健康旅游产业园项目 总投资1.3亿元，在华亭云峰、后角等地租用山地近万亩，以牛樟树种植、牛樟芝段木培育、牛樟系列产品开发加工一条龙的产业链，并套种金针花、牛樟咖啡，打造中国最大的牛樟芝产业园。

常太牛樟芝名贵树木种植项目 成果鞋业有限公司投资160万元，计划租用常太外东坪村山地13.33公顷，用于种植牛樟芝。截至2017年年底租用山地2.67公顷，完成基础设施建设，开始试种植。

【扶贫帮困】 2017年，区委台办抓好屿上挂钩村的扶贫帮困，抓好后枫村精准扶贫工作，组织访贫问苦，落实小额担保贷款、人员贫工作，组织访贫问苦，落实小额担保贷款、人员就业、幸福工程建设，增强造血功能。开展困难台籍学生助学活动，对人均年收入5000元以下且就读高中（中专）或高等院校的8名困难台胞子女进行救助。同时，做好困难台胞、台属访贫问苦、雪中送炭等工作，选送参加岗位技能培训，增强他们的造血能力。

（吴碧清）

莆田市城厢区人民代表大会

【工作概况】 2017年，莆田市城厢区人民代表大会常务委员会（以下简称区人大常委会）全面贯彻党的十八大、十九大精神、深入贯彻落实中央、省委、市委和区委的重大决策部署，围绕中心，服务大局，履行宪法和法律赋予的各项职责，各项工作在原有的基础上取得新的成效，为促进全区经济社会发展和民主法治建设作出贡献。是年，先后召开8次人大常委会，听取和审议“一府两院”工作报告14项，作出决议、决定11项，组织代表开展执法检查、视察调查、专题调研12次，共依法任免国家机关工作人员45人次，其中任免区级领导4人次，完成区九届人大一次会议确定的各项任务。

区人大常委会会议

【区九届人大常委会第一次会议】 2月28日下午举行，会期半天。会议审议通过区九届人大常委会代表资格审查委员会成员名单、审议通过莆田市城厢区人民代表大会常务委员会任免国家机关工作人员规定（修订案）、审议人事任免等事项。区人大常委会主任王国太，副主任王乌妹、林少敏、林晋居及委员共24人出席会议。会议由王国太主任主持。

【区九届人大常委会第二次会议】 4月26日下午举行，会期半天。会议听取和审议区人大常委会执法检查组关于城厢区贯彻实施《中华人民共和国归侨侨眷权益保护法》及福建省实施办法情况的执法检查报告；决定免去陈志挺城厢区人民政府副区长、郑黎明区人民检察院检察员的职务，任命郭国辉、马晋为城厢人民区政府副区长、黄建山为区人大常委会教科文卫委主任、林雪琳为城厢区监察局局长、翁福铭为城厢区民族与宗教事务局局长。区人大常委会主任王国太，副主任黄光明、林少敏、林晋居及委员共23人出席会议，会议由黄光明副主任主持。

【区九届人大常委会第三次会议】 6月27日下午举行，会期半天。会议听取和审议区人大常委会执法检查组关于城厢区贯彻实施《中华人民共和国农业技术推广法》及福建省实施办法情况的执法检查报告；听取并审议批准区人民政府关于提请审议批准2017年城厢区政府债务限额及调整新增债券资金支出预算的议案；决定人事任免事项。区人大常委会主任王国太，副主任王乌妹、黄光明、林少敏、林晋居及委员共23名出席，会议由王乌妹副主任主持。

【区九届人大常委会第四次会议】 8月25日举行，会期一天。会议听取和审议区政府关于城厢区2017年上半年国民经济和社会发展计划执行情况及重点项目建设情况的报告、区政府关于城厢区2017年上半年预算执行情况的报告、区政府关于2016年本级财政决算的报告、2016年本级预算执行和其他财政收支的审计工作报告、区政府关于城厢区安置房建设情况的报告、区法院关于执行工作情况的报告；决定人事任免事项。区人大常委会主任王国太，副主任王乌妹、黄光明、林少敏、林晋居及委员共22人出席会议。会议分别由林晋居（上午）、林少敏（下午）副主任主持。

【区九届人大常委会第五次会议】 10月27日举行，会期一天。会议听取和审议关于区九届人大一次会议代表建议办理情况的报告、区人大常委会执法检查组关于贯彻实施教师法及省实施办法情况的执法检查报告、区政府关于2017年区本级预算调整的议案及区政府关于2016年度环境状况和环境目标完成情况的报告；作出召开区九届人大二次会议的决定及补选区九届人大代表选举日的决定；决定任命周敏为城厢区人民政府副区长。区人大常委会主任王国太，副主任王乌妹、黄光明、林少敏、林晋居及委员共21人出席会议。会议由林晋居副主任主持。

【区九届人大常委会第六次会议】 12月12日上午举行，会期半天。会议对区政府精准扶贫工作情况进行专题询问及满意度测评；审议通过关于表彰区九届人大一次会议代表建议办理工作先进单位的决定；书面听取区政府关于2017年度为民办实事项目落实情况的报告；作出关于接受林国清、刘都峰、蔡辉彬等辞去区九届人大代表请求的决定；决定人事任免事项。区人大常委会主任王国太，副主任王乌妹、黄光明、林少敏、林晋居及委员共22人出席会议。会议由林少敏副主任主持。

【区九届人大常委会第七次会议】 12月19日下午，会期半天。会议审议区九届人大会常委会代表资格审查委员会关于补选代表的代表资格审查报告、区九届人大会常委会公告、区九届人大二次会议有关事项，初审区九届人大常委会工作报告，决定人事任免事项。区人大常委会主任王国太，副主任王乌妹、黄光明、林少敏、林晋居及委员共21人出席会议。会议由黄光明副主任主持。

【区九届人大常委会第八次会议】 12月28日下午举行，会期半天。会议任命林雪琳、吴智杰任区监察委员会副主任，张飞虎、沈文忠、林清华、陈宜宓为区监察委员会委员。区人大常委会主任王国太，副主任王乌妹、黄光明、林少敏、林晋居及委员共25人出席会议。会议由林晋居主任主持。

监督工作

【工作概况】 2017年，区人大常委会开展3项执法检查，4项视察调查，5项专题调研，听取和审议“一府两院”专项工作报告14项，作出决定、决议11项，形成审议意见9项，促进“一府两院”依法行政，公正司法。

【《中华人民共和国归侨侨眷权益保护法》和省实施办法执法检查】 4月1日，区人大常委会组织对城厢区贯彻实施《中华人民共和国归侨侨眷权益保护法》及福建省实施办法情况开展执法检查。针对宣传范围不够广、护侨力度不够大、侨务资源挖掘不够深、侨务力量配置不够强等问题，提出加大宣传，提升护侨意识；多措并举，维护侨胞权益；内拓外联，涵养侨资侨力；加强保障，充实侨务队伍意见建议，促进政府及其有关职能部门落实责任、改进工作。

【组织对区人民检察院刑事执行工作情况进行专题调研】 5月3日，区人大常委会组织对区人民检察院刑事执行工作情况进行专题调研，针对调研中发现的问题，提出意见建议，进一步加强对刑罚执行，刑事强制措施和刑事监管活动的监督，推动检察机关依法文明执法、规范执法。

【《中华人民共和国农业技术推广法》和省实施办法执法检查】 5月25日，区人大常委会组织对城厢区贯彻实施《中华人民共和国农业技术推广法》及福建省实施办法情况开展执法检查。针对《中华人民共和国农业技术推广法》的重要性认识还不够、镇一级农技推广部门管理体制有待改进、农业技术推广队伍建设滞后、农业科技成果转化成效不够明显等问题，提出进一步加大农技推广法及福建省实施办法的宣传力度、理顺管理体制，发挥基层农业技术推广机构的作用、依法加大投入，注重农业科技成果转化、加快建立和完善农业科技创新体系、提高农业技术推广服务水平、加强农业综合执法，规范农业生产经营等意见建议，促进区政府及其职能部门相关工作。

【组织对区人民法院执行工作情况进行专题调研】 7月4日，区人大常委会组织对区人民法院执行工作情况进行专题调研。指出区人民法院执行工作还面临一些困难和问题，提出要多措并举，加大执行工作力度；加大宣传力度，形成诚信守法的社会氛围；加强立案、审判与执行工作的协调配合；加强队伍建设，提高执行水平；完善司法救助措施，做好执行信访工作等意见建议，促进城厢区法院执行工作。

【2017年上半年计划、预算执行情况及重点项目建设情况进行视察调查】 7月14日，区人大常委会组织对城厢区2017年上半年重点项目建设、计划及预算执行情况进行视察调查。指出城厢区经济发展仍然存在一些不可忽视的困难和问题，建议区政府要进一步加强经济运行调度，强化责任意识，研究应对措施，全力推动落实，确保全年计划目标的完成。

【组织对城厢区安置房建设情况进行视察调查】 7月27日，区人大常委会组织对城厢区安置房建设情况进行视察调查。指出城厢区安置房建设还面临一些困难和问题，建议区政府要明确责任，加快推进项目建设、靠前服务，完善项目前期手续办理工作、主动作为，做好安置房回迁和不动产产权证登记工作、严格管理，确保运行规范有序，促进相关工作开展。

【组织对公安分局规范化执法情况进行专题调研】 7月12日，区人大常委会组织城厢区公安分局规范化执法情况进行专题调研，针对调研中发现的问题，提出意见建议。

【《中华人民共和国教师法》和省实施办法执法检查】 9月14日，区人大常委会组织对城厢区贯彻《中华人民共和国教师法》及福建省实施办法进行执法检查。针对教育经费尚未满足发展需求、编制瓶颈问题日益突出、城乡师资配置依然失衡等问题，提出完善机制，加大教育经费投入、统筹协调，优化教师队伍结构、多措并举，加强师德师风建设等意见建议。

【组织对区九届人大一次会议代表建议办理情况进行视察调查】 9月28日，区人大常委会组织对区九届人大一次会议代表建议办理情况进行视察调查。针对存在的问题，提出进一步提高认识、创新方法、加强督办等建议。

【组织对城厢区精准扶贫工作开展情况进行专题调研】 10月11日，区人大常委会组织对城厢区精准扶贫工作开展情况进行专题调研。指出精准扶贫工作责任落实不够到位、部分扶贫对象脱贫内生动力不足、项目扶贫和产业帮扶效果不够理想、扶贫开发统筹协调机制需进一步完善等问题；建议区政府及相关职能部门要加大宣传力度，增强责任意识、强化跟踪力度，发挥资源优势、规范退出程序，巩固扶贫成效、整合部门资源，统筹协调推进。

【组织对城厢区2016年度环境状况和环境目标完成情况进行专题调研】 10月17日，区人大常委会组织城厢区2016年度环境状况和环境目标完成情况进行专题调研。实地察看城厢区“六水共治”工程实施情况，督促区政府持续改善生态环境质量。

【组织对区人民法院民事审判工作进行专题调研】 11月10日，区人大常委会组织对区法院民事审判工作开展专题调研。针对调研过程中发现的问题，提出意见建议，推动法院发挥民事审判职能，维护司法权威。

【组织对区政府精准扶贫工作情况进行专题询问及满意度测评】 12月12日，区人大常委会召开区九届人大常委会第六次会议，会议对区农业局、民政局、住建局、教育局、卫计局、人社局就精准扶贫工作开展情况进行专题询问，常委会认为受专题询问各单位在脱贫攻坚方面做大量的工作，对给出的回答是满意的。询问结束后，常委会对各有关单位精准扶贫工作开展情况进行满意度测评。按照测评结果，常委会组成人员对区农业局、民政局、住建局、教育局、卫计局、人社局、财政局、发改局，龙桥街道、霞林街道、华亭镇、常太镇、东海镇开展精准扶贫工作情况的满意度为满意；对区工商联、凤凰山街道、灵川镇开展精准扶贫工作情况的满意度为基本满意。

【代表工作】 2017年，坚持常委会组成人员联系走访代表制度，听取代表的意见和建议，帮助解决代表履职过程中遇到的困难和问题。扩大代表对常委会工作的参与，在闭会期间邀请代表列席常委会会议、参加执法检查、视察调查和专题调研等活动，组织代表参与信访接待和调解衔接工作，协调解决社会矛盾纠纷，为构建和谐城厢尽责服务。充实代表队伍，自区九届人大一次会议闭幕以来，4名代表因工作变动、2名代表因调离本行政区域，1名代表因病去世而辞去或终止代表职务，根据工作需要于12月16日依法补选4名区人大代表，截至2017年12月31日，莆田市城厢区第九届人民代表大会实有代表191名。12月25日，举办区九届人大代表履职培训。

【代表建议办理】 2017年，区九届人大一次会议共收到代表建议59件，其中涉及规划建设方面19件，社会管理方面9件，教育卫生方面8件，交通管理方面5件，公路建设方面4件，环境保护方面3件，财经方面3件，农业水利方面2件，拆迁安置方面2件，其他方面4件。这些建议反映社情民意，对促进城厢区经济社会全面发展具有重要意义。59件人大代表建议均答复代表，其中办结或基本办结33件，占总数的55.93%；在办理11件，占总数的18.64%；向代表解释说明15件，占总数的25.42%。从总体上看，代表对建议办理工作比较满意。

【人事任免】 2017年，区人大常委会依法任免国家工作人员45人次，其中任免区级领导4人次，区人大常委会内设机构人员1人次、常委会派出工作委员会工作人员1人次，区监察机构工作人员1人次、监察委员会成员6人次，区政府组成单位工作人员22人次，法院、检察院工作人员10人次。

（杨耀崴）

莆田市城厢区人民政府

【政府机构】 2017年，城厢区人民政府设工作部门20个：办公室、发展和改革局、教育局、科学技术局、经济和信息化局、民政局、司法局、财政局、人力资源和社会保障局、环境保护局、住房和城乡建设局、交通运输局、农业局、水务局、文体广电出版局、卫生和计划生育局、审计局、统计局、安全生产监督管理局、商务局。区监察局与区纪律检查委员会机关合署办公，列入区人民政府工作部门序列，不计入政府机构数；区民族与宗教事务局与区委统战部合署办公，列入区人民政府工作部门序列，不计入政府机构数；区人民政府办公室加挂区人民政府法制办公室、区外事侨务办公室、区食品安全委员会办公室牌子；区发展和改革局加挂区物价局牌子；区科学技术局加挂区知识产权局牌子；区经济和信息化局加挂区国防动员委员会支前办公室牌子；区民政局加挂区革命老根据地建设办公室牌子；区人力资源和社会保障局加挂区公务员局牌子；区住房和城乡建设局与区人民防空办公室实行一个机构、两块牌子；区交通运输局加挂区交通战备办公室牌子；区农业局与区委农村干部工作领导小组办公室实行一个机构、两块牌子，加挂区林业局、区海洋与渔业局牌子；区安全生产监督管理局加挂区安全生产委员会办公室牌子。

【工作概况】 2017年，城厢区政府围绕“打造人文宜居新城厢，建设美丽莆田先行区”，稳增长、调结构、抓改革、惠民生，经济社会保持平稳健康发展，较好完成了区九届人大一次会议确定的各项目标任务。全区生产总值完成358.2亿元，增长8.4%。农林牧渔业总产值完成19.6亿元。规模以上工业产值完成334.27亿元，增长11.7%。固定资产投资完成250.56亿元，增长18.7%。财政总收入完成31.74亿元，增长11.9%；其中地方级财政收入完成21.27亿元，增长8%。社会消费品零售总额完成214.56亿元，增长13%。外贸出口总额完成51.59亿元，增长0.5%。全体居民人均可支配收入完成32453元，增长8%。

（林育帆）

莆田市城厢区人民政府办公室

【工作概况】 2017年，城厢区人民政府办公室（以下简称区府办）贯彻落实区委、区政府的战略决策和工作部署，牢固树立服从服务大局理念，发挥参谋、协调、督办、服务职能，扎实有效地开展工作，推动政府机关高效运作。报送的信息被国务院办公厅采用1条（《城厢区反映科技人员创新创业方面面临的制度障碍》），并获得国务院领导批示，信息工作获省政府信息先进单位称号；连续7年被区人大评为建议办理先进单位，2017年度被区政协评为提案办理先进单位；法制、政务公开工作持续位居全市前列。

【文电秘书工作】 2017年，区府办围绕全区中心工作，公文运转规范、及时、准确、安全、保密。按照分块负责的原则，在领导决策前的参谋、领导决策后的落实上，加大同有关部门的协调，形成统一意见，保证各项决策部署的出台和落实。做好区政府全体会议、常务会议、区长办公会议、党组会议、经济分析会等重要会议的承办工作，圆满完成市、区领导调研车辆及会务安排工作，办文办会办事实现零差错。是年，制发莆城政文件255份，莆城政办128份，莆城政函109份，区长办公会议纪要32份，区政府常务会议纪要12份，党组会议纪要19份，土管委3份，专题会议纪要79份，莆城政办网传51份，备忘录12份，内部明电23份，莆城政环督26份。收到并处理省市文件约3000份。

【综合文字工作】 2017年，区府办以服务中心、服务决策、服务基层，突出重点，讲究质量为原则，围绕区委、区政府工作部署，从推动城厢区经济稳步发展的大局着眼，立足实际，广纳意见，推陈出新，为区委、区政府领导提供参考资源和决策依据。深入实际、深入一线开展一系列专题调研活动，从全区重点工作、中心工作和社会关注、群众关心的热难点等方面开展调查研究。立足区情实际，撰写综合材料紧密贴近领导思路，做到实效和创新并重，切实提升综合材料质量，先后完成各类区政府重要会议领导讲话、省市发言材料、专题材料汇报、政府工作报告等综合材料180余篇，市政府常务会议、市长办公会议题材料20余期。

【电子政务服务】 2017年，区府办共保障全国、省、市及区级视频会议64场次，设备由标清升级到高清，完成与中央、省、市以及到各镇（街道）五级视频会议平稳运行。区政府门户网站建设加快推进。网站信息公开48179条，收受审批事项68897件，收到各类群众来信4125条，全部按程序收受各种审批事项批进行落实处理及回复。对12件政府决策向公众征集意见，开展领导在线访谈12件。网站信息平均日更新量50条左右，日均访问量2000人次以上。

【督查工作】 2017年，区府办坚持把区委、区政府的重大决策、重要工作部署作为督查工作的重点，不断强化督查力度，努力改进督查方法，编发《督查与反馈》23期。抓住群众关心的“热点”“难点”问题的解决不放松。抓好15件惠民实事的专项督查。自4月起，实行每月一督查一通报制度，通报8次。抓好人大代表建议和政协委员提案的办理工作。市人大代表建议44件、政协提案17件均按时答复。对区人大代表59件建议、政协74件提案办理情况进行4次通报，并对所有人大代表政协委员及提案人进行逐一回访。切实促进办理工作“三率”提高，办理市领导、区委领导批示（办）件84件，办复率100%，跟踪督查区长批示件142件。

【信息采编】 2017年，区府办不断拓宽信息渠道，深化信息内容，改进服务方式，着力提高信息质量和信息服务水平，刊发城厢要讯正刊70期，增刊22期。全年报送省、市信息1000余条，其中国务院办公厅采用1条，并获得国务院领导批示，省政府办公厅采用27条，市政府办公室采用85条，为上级领导决策提供第一手材料。全年主动公开信息140条，受理15件依申请公开，均在规定时间内给予答复。

【法制建设】 2017年，区府办研究出台《城厢区2017年法治政府建设重点工作安排》，把法治政府建设与经济建设、党风廉政建设同部署。依法公正办理行政复议案，全年收到行政复议申请6件，依法受理5件，不予受理1件，均审结。健全规范性文件审查机制。全年审查备案规范性文件32份。组织对2017年前（不含2017年）发布的区政府及区政府办公室涉及“放管服”改革、生态文明建设和环境保护的现行有效的规范性文件进行清理。加强“两法衔接”工作力度，督促各执法部门将涉嫌犯罪的行政执法案件，通过信息共享平台移送司法机关。截至年底，有15家单位录入案件信息，总录入行政执法案件数为2788件，全区移送司法机关行政处罚案件49件。

【后勤保障】 2017年，区府办结合区纪委关于开展“1+X”专项督查，开展办公用房、公务用车、外侨等工作月（周）督查，排查问题线索，督促反馈整改。严格相关公务用车的配备使用管理，严格车辆的集中停放管理，实行节假日统一停放制度。为改善干部职工生活后勤保障条件，根据实际需要，机关大院食堂于7月，开始运营，并进行食堂内部人员管理制度探索。以创建省级示范单位为契机，狠抓节能减排，扎实开展公共机构节能工作，在机关事务管理处指导下，2017年华亭十二中评为省级机构节能减排示范单位。

【侨务工作】 2017年，区府办服务归侨侨眷，做好侨政工作，办理出国（境）5批5人次，涉及经贸洽谈，培训学习。为80多名归侨、侨眷开展送医送药、健康咨询、免费体检等活动，为贫困归侨侨眷26人送去补助款2.16万元。做好侨务信访工作。接待来信来访3批6人次。做好海外接待联络工作。蒙古国福建省商会总会长连东升，阿根廷布宜诺斯艾利斯市议会第一副议长卡门·波谢朵，美国《侨报》总裁游江、澳大利亚南海文化传媒集团李冰，马来西亚青年团，马来西亚华裔青少年“中国寻根之旅”冬令营到城厢区参观考察。做好华侨到闽定居办理工作，办理6名华侨到闽定居，出具不予受理通知书33份。

【效能建设】 2017年，区府办围绕中心工作，强化效能督查。深入开展“转作风、提效率，美丽莆田我先行”主题实践活动，结合季度效能督查、“放管服”专项督查和作风督查等，重点督查庸懒散拖、推诿扯皮、敷衍塞责、态度生硬等作风问题，综合运用督查通报、效能问责等方式，加大责任追究力度。全年开展各类效能督查35次，发出通报9期，予以效能问责127人次，其中诫勉教育25人次、通报批评97人次、效能告诫5人次。全年受理市“12345”政务服务平台转办的诉求件14040件，办理完毕14026件，及时回复率99.9%。累计下发整改通知单72次，有5名干部因诉求件办理不到位、弄虚作假等问题受到效能问责。

（林育帆）

招商引资

【工作概况】 2017年，城厢区招商局（以下简称区招商局）结合《城厢区贯彻落实〈建设美丽莆田行动纲要〉实施方案》，立足抓早抓实，全力项目攻坚，全年招商工作稳步推进。是年，共签约落地招商项目18个，总投资122.6亿元。融创城南、正荣·御府、世全时尚国际电商城等城建项目3个，总投资32.7亿元；两岸牛樟芝中医药健康旅游产业园、台湾兰花引种栽培项目等现代农业项目2个，总投资1.8亿元；赛博思钢结构、三利谱TFT－LCD偏光片等工业项目7个，总投资20.6亿元；纳云川新能源和电桩网总部、中电海西（莆田）互联网经济产业园等三产项目6个，总投资67.5亿元。同时，按照《2017年莆田市民营企业产业项目对接行动计划》文件要求，2017年民企对接任务投资额为30亿元。是年，城厢区民企对接总投资额88.2亿元，完成年任务294%，其中制造业11.4亿元，完成年任务114%，在投资项目数、投资总额、投资任务完成比例均位居全市前列。

【对接洽谈】 1月12日，区招商局与广东佳仕美福建总部项目完成对接。1月24日至2月3日，拜访北京、上海等五地回乡商会会长。2月21日，区招商局与福建省玛榭俪钟表有限公司对接高端珠宝钟表项目。3月20日，区招商局与中乡（福建）电子商务有限公司对接中乡科技有限公司电商运营总部项目。4月初，区招商局赴北京洽谈卫星小镇项目，并于4月底对接服务北京星空年代到城厢考察“卫星特色小镇”项目各项事宜，争取项目落地城厢。4月中旬，区招商局赴浙江参加城厢区浙江商会两周年庆典暨招商推介项目签约仪式。4月底，赴上海、深圳开展小分队招商，考察同捷新能源汽车上海总部、龟山旅游项目。5月10日，跟踪对接莆田市超维新材工贸有限公司落户城厢相关事宜。6月18日，区招商局参加福建省民企对接洽谈会，并与广东佳仕美福建总部项目及融创城南城市市场项目等12个项目完成签约。6月23－25日，招商小分队赴深圳对接三利谱偏光片项目。6月25－29日，招商小分队赴北京洽谈中电海西（莆田）互联网信息产业园项目。6月27－28日，城厢区小分队赴保定市高碑店考察石墨烯产业。7月，区招商局对接新宁物流、天乙太阳能真空集热管生产、卫星系统运营与产业基地、石墨烯研发中心、独立影像中心、牛樟芝产业园等项目。8月17－19日，筹备并参与2017年城厢区小分队赴北京洽谈石墨烯项目。8月26－30日，筹备并参与2017年城厢区小分队赴北京、河北考察石墨烯产业。9月1日，对接完成星华电子模具公司置换地块协议出让规划条件并通知业主委托总平设计。9月8日，区招商局参加9.8厦门投洽会项目对接，制作《城厢区投资指南》。9月28－29日，参加北京专项项目签约会，与深圳市三利谱光电科技股份有限公司对三利谱偏光片项目进行签约。10月25－26日，城厢区小分队赴江西抚州考察抚州市创世纪科技有限公司。11月9－11日，城厢区小分队赴北京洽谈中国森田企业集团洽谈新能源汽车项目。12月，区招商局对接福建佳仕美新能源有限公司纳云川充电科技项目和纳云川能源科技项目，争取项目落地。12月22日，赴福州参加全省民营企业产业项目对接会。

【招商政策】 2017年，区招商局牵头制定出台《城厢区实体制造业招商入驻优惠政策》《城厢区总部企业招商入驻优惠政策》和《城厢区专业楼宇招商入驻优惠政策》三份招商政策，并配套《关于做好专业楼宇培育与认定的通知》和《关于做好总部企业培育与认定的通知》两份认定办法，给予新引进企业房租补贴、税收奖励、投资补助、人才奖励等优惠。三份政策统筹考虑区域发展和行业需求，在扶持政策上寻求新突破。《城厢区实体制造业招商入驻优惠政策》打破原有招商政策“一企一策”或不同行业同一政策的模式，针对用地紧张的现状，通过政策引导，鼓励企业通过租赁或改造现有厂房落户城厢。《城厢区总部企业招商入驻优惠政策》从实际出发考虑新引进企业需求，创新地建立总部企业培育机制，解决企业在城厢落地生根前期所需的时间问题。《城厢区专业楼宇招商入驻优惠政策》建立专业楼宇培育机制，通过政策引导鼓励发展专业特色楼宇，推动产业集聚。兑现政策承诺，受理审查专业楼宇认定3件，为6个招商项目牵线租赁办公场所、厂房。

【保障服务】 2017年，区主要领导率队赴北京、深圳等地考察、洽谈招商项目18次。落实项目整体及各阶段主体责任，建立项目联动服务机制，由区招商局（办）牵头，协调区各职能部门配合，提供项目全程保姆式手续代办服务，具体包括公司注册、资质办理等方面，指导、协助业主办理“中乡（福建）电子商务有限公司”“莆田市超维工贸有限公司”“莆田市超维二维科技发展有限公司”“莆田市石油化工市场有限公司”“福建省京甫牛樟芝生物科技有限公司”等公司登记注册手续。在项目推进过程中，对全区重点攻坚项目进行定期督查通报，并下达年度招商任务，把招商引资（税）纳入绩效考评体系。

【莆商回归】 2017年，区招商局发挥北京、上海、广东、浙江、江苏、新疆、重庆7个城厢异地商会的招商窗口作用，辐射华北、华东、华南、西北、西南等区域，利用商会换届、年节假日等契机，对接走访，举办3场专题招商推介会，与北京、上海、浙江商会签订委托招商战略合作协议，构筑起城厢与异地莆商之间沟通的桥梁。针对城厢区在外莆商具体情况，策划5个莆商回归项目：光通信上下游产业链项目、高端钟表生产项目、新能源和电桩网总部项目、同仁堂福建营销总部项目和装配式建筑产业园项目。各项目均有明显推进，其中高端钟表生产项目已落地投产；同仁堂福建营销总部、纳云川新能源和电桩网总部已正式签约落户城厢区；赛博思钢结构项目在建设，部分厂房逐步投产；宝宏人防工程设备项目签约，并委托赛博思对建设装配式项目进行招商。

（陈　学）

电子商务

【工作概况】 截至2017年12月底，全区共有限上电商企业145家，共实现限额以上电商销售额142.43亿元，增长21.2%。全区经形成安福电商城、百盛跨境电商大楼、双洋商务楼等多个电商集聚区。业态覆盖网络零售、跨境电商、农村电商、移动电商、第三方平台和第三方服务商等。电商运营分销、摄影美工、交易结算、产业孵化等园区服务功能不断增强。

【重点项目建设】 2017年，城厢区筹建莆田电商小镇。项目中心区域位于城厢区龙桥街道，主要范围以安福电商城为中心，囊括周边世全·中央城市广场、世全·时尚电商城、双洋网商创业园、荔城区电商大楼及旷远周边写字楼等主体项目，南辐射至百盛跨境直购中心，北辐射至联发莆田电商城，东至荔城区电商大楼、西庚小区，规划面积约3平方千米，核心区建设用地面积约0.7平方千米。小镇以提升电商楼宇为基础，扩展物流仓储用地，推动跨境电商、移动电商、传统电商与新技术、新系统、新模式、新机制相结合，延伸产业链，拓展供应链，提升价值链，规划打造“电商生态圈、金融服务圈、品质生活圈”的三生融合的特色小镇，形成“一体两翼三核四所五园六平台、一坛一院一地标”的格局。其中，一体：莆田电商智慧大楼（联发莆田电商城）；两翼：莆田电商运营城（安福电商城）和莆田电商服务城（联发莆田电商城）；三核：数字展贸中心（世全·中央城市广场）、智能仓储物流中心（一期改造小镇周边旧厂房或地下停车库，二期华林工业园区或太湖工业园区）、智慧体验中心（绶溪公园内）；四所：宜居所、宜购所、宜谈所、宜智所（智能图书馆）；五园：创业园（双洋网商创业园及华友大厦）、创想园（世全·时尚国际电商城）、创意园（莆田莆商中心）、创新园（百盛跨境电商中心）、创造园（福建闽中互联网产业园）；六平台：金融服务平台、人才服务平台、数据云服务平台、资源信息平台、共享服务平台、信用体系平台；一坛：中国（莆田）国际电商高峰论坛；一院：中国（莆田）电商产业培训研究院；一地标：莆田电商小镇形象地标。

【传统电商】 传统型电商以鞋服为主，2017年，为加快产业转型升级，增强产业发展信心，城厢区区多举并措推进产业发展。出台一系列产业扶持政策，包括《加快商贸服务业发展的实施意见（试行）》《推进商贸服务业企业三转一市工作方案》《打造安福020综合市场实施意见（试行）》《莆田市城厢区人民政府关于加快鞋业转型升级若干措施的通知》等，从新增限上奖励、销售突破奖励、个转企、本土触网销售等14个方面对各类电子商务企业进行扶持，通过政策引导，强化扶持措施，加快产业转型升级步伐。组织和指导企业申报福建省著名商标和莆田市知名商标，鼓励企业发展自主品牌，树立品牌意识，维护品牌权益。对自主品牌加大扶持服务力度，通过加强走访了解，宣传市区电商扶持政策，鼓励优质的和有实力的企业争取纳入限上统计中，壮大新增企业规模，打造城厢经济新增长点。举办各类电商高峰论坛，打造一个共享发展经验、引领产业走向、促进交流与合作的平台，把区域性自主品牌销往世界各地，促进传统电商转型升级。截至年底，全区共有74家规上鞋业企业，实现产值达115.72亿元，增长13.9%，占全部规上产值的34.62%。鞋业有“沃特”“祥冠”和“萨拉曼”等3个自主品牌。

【跨境电商】 2017年，随着跨境电商的快速发展，城厢区也涌现出一些发展潜力大、示范意义广的跨境企业，如百盛跨境、诺亚创梦、米必通等，专注国外第三方支付平台，帮助本土中小卖家打通全球电子商务销售链条。福建诺亚创梦电子商务有限公司2017年，销售额达4500万元。公司主要业务是将中国制造的优质产品通过电子商务平台销售到海外市场，电商平台有亚马逊、Wish、速卖通等，市场覆盖美国、加拿大、意大利等30余个国家。公司与莆田学院外国语学院建立战略合作，在莆田学院开设跨境电商“冠名班”，并共同成立莆田学院跨境电商教学实习基地、莆田学院大学生校外创新创业基地及莆田学院大学生校外实习基地。百盛跨境电商中心由福建省百盛大同投资有限公司是莆田首个跨境资源整合平台。9月，获得省级众创空间，发展成为一家以服务跨境电商为主营业务，专注国外第三方电商平台，产品开发、采购、销售、收款、仓储、物流、客户服务、系统研发、人才孵化为一体、出口与进口业务同步发展的多元化企业。该公司与莆田学院签署合作协议，是福建省内第一批经教育部批准的跨境电子商务专业院校实践课程培训基地，在实操办班、学分管理、讲师队伍方面开展深入合作。截至年底，中心入驻跨境企业28家，批发零售类企业23家，服务配套企业5家；其中纳入限上企业23家，共实现销售额达18亿元。

【农村电商】 打造“莆田市惠农电商中心” 2017年，引导莆田特色农产品、农商企业、农商平台、乡村旅游等农业相关行业和特色食品相关企业入驻。截至年底，展出超过12家企业和合作社40余种产品，孵化10个农产品品牌，形成020线上线下互动的农村电商运营模式。

建立“农家淘”便民服务网点 2017年，选择城厢区具有农产品特色的常太村为试点，发挥当地的枇杷、蜂蜜资源优势，摸索网络销售方式及渠道。为50多家农户提供代购、代卖等服务，其中蜂蜜季节性收入达近万元，有效提升当地农户蜂蜜销量和农业收入。

创新农产品直销特供模式 2017年，引导壕鲜生、鲜果达等近30家农业电商企业共同打造莆田市首个农产品直销特供新模式——“莆阳农夫市集”，开展农产品主题推介会，通过集市“020+F2C”模式，帮助农户拓宽销售渠道。截至年底，举办4期，有100多家企业参与，实现线上线下销售额近百万元。

【服务类电商】 2017年，城厢区形成安福电商城、百盛跨境电商大楼、双洋商务楼、联发莆田电商城等多个电商集聚区，电商运营分销、摄影美工、交易结算、产业孵化等园区服务功能不断增强。培育形成多形态众创空间。包括以2030创业社区为代表的创业类众创空间、以百盛跨境为代表的跨境类众创空间、以智慧城市为代表的大数据类众创空间以及以联发莆田电商城为代表的公共服务类众创空间。其中，2030创业社区入驻企业54家；百盛跨境电商孵化基地入驻企业36家；联发莆田电商城一期开园，部分签约企业进场装修，签约木林森、花花公子等优质电商品牌企业共20余家。

（俞俊敏）

行政服务管理工作

【工作概况】 2017年，区行政服务中心以“两学一做”教育实践活动为契机，紧扣效率与服务这两个工作重点，践行“马上就办、真抓实干”精神，深化“放管服”改革，坚持以服务为主线、以规范为重点、以满意为标准，提升规范化管理服务水平，推进中心各项工作顺利开展。截至12月份，进驻中心各窗口共受理业务65790件，办结65650件，办结率为99.79%，其中当日办结60502件，当日办结率达92.16%。

【进驻窗口管理】 2017年，城厢区加强进驻窗口管理。经过进一步调整，全区具有审批职能的部门和单位中，入驻的有31个，其中以审批科形式进驻的有区工商局、区住建局（含区人防办）、区人社局（含区公务员局、机关社保）、区卫计局、区农业局（含区林业局、区海渔办）、区环保局、区交通局、区民政局、区发改局、区商务局、食药监局城厢分局、区经信局、区水务局、区国土资源分局等14个单位，以综合窗口形式进驻的有区教育局、区安监局、区外侨办、区民宗局、区司法局、区城管执法局、区科技局、区档案局、区移民局、区旅游局、区财政局、区文广局、区残联等13个单位，及区公安分局、婚姻登记处、区运管所、区消防大队4个分中心。进一步加强政务服务标准化管理，推行窗口“三定”管理机制。推行进驻窗口定员、定岗、定责的“三定”管理，要求进驻单位严格落实“三集中三到位”，重新向窗口下达《窗口授权书》和《窗口负责人委任函》，实现“一个领导分管、一个科室审批、一个窗口对外、一个审批专用章办结”的窗口运行模式。

【行政审批】 截至2017年年底，全区进驻网上办事大厅的事项总数为965项，其中，行政许可事项360项，公共服务事项402项。共有671项办理量大、申报材料简单规范的事项推行4星级以上服务标准办理（实现“最多跑一趟”的目标）。配合区审改办开展行政权力清单、责任清单、公共服务清单等“三张清单”梳理工作，全部按要求纳入省网上办事大厅规范管理，对外提供办事公开、在线申报、网上预审、网上受理、网上办结等服务功能。通过清理规范，所有进驻事项办理承诺时限都在法定时限的50%以内，审批事项审批环节都控制在三个环节（特殊环节除外），除涉密事项外，其他事项全部开通网上申办功能。中心网上办事大厅平台紧跟市行政服务中心建设步伐，节约建设资金，实现应有数据的交换和共享，达到花少钱办大事的目标。配合市中心，依托网上办事大厅、自助申报终端等2种网上政务渠道，加大软硬件设施投入，将导办咨询台调整为自助服务区和统一取号区，并将取号叫号系统改造为窗口办事智能化引导系统。办事人可通过网上取号、预约或到现场取号排队，办结后进行满意度离台评价，评价结果实时显示在大厅LED滚动屏，倒逼窗口提升服务水平和办事效率。按照“一窗受理、无偿代办、全程服务、高效合法”原则，配合市中心调整优化部分窗口布局，将6个涉及投资项目审批相关的进驻单位，全部调整集中至二层市中心统一设立的投资项目审批服务区域，按照选址立项、用地报批、技术审查、施工许可、竣工验收等五个审批阶段，建立“1+5+N”审批新机制。即1个代办窗口统一收发件、5个审批阶段会商联审、7个审批部门并联审批，推进投资项目“一窗受理”全覆盖和审批全过程监管。截至年底，审批代办窗口共收件代办投资项目448件，其中国土局的47件，发改局的110件，环保局的84件，交通局的24件，水务局的5件，住建局（含人防）的178件。

【电子证照应用】 2017年，区行政服务中心根据市效能办、市统计局《关于加强2017年度省对市绩效考核指标落实工作的通知》（莆效办〔2017〕15号），为完成电子证照系统建设及升级工作，建立健全个人、法人电子证照库。联合区数字办于8月4日召开电子证照启动会，完成全区各区直单位数字证书（电子印章）申报材料的收集并上报，部分单位的电子证书申请到位。9月5日，由市数字办牵头，在行政服务中心三楼多功能厅进行电子证照系统的培训，接下来将对接莆田市行政审批系统平台、政务服务管理平台（社区综合受理平台），整合各部门相关审批证照、批文、证件、执牌照等，加快网上办事证照材料电子化应用。实现身份证、莆田市内出具的工商营业执照等证件电子证照的应用和共享。

【政务服务管理平台应用】 2017年，城厢区加强政务服务管理平台的应用，扩展服务覆盖面。为进一步推动便民政务服务事项向基层延伸，完善政务服务事项在基层的受理、申请、审批、反馈、监督等服务能力，创新基层服务管理，提高服务质量和效率，实现政务服务事项“一号申请、一窗受理、一网通办”的目标，结合实际，7个街道（镇）全部纳入试点范围，让政务服务管理平台得以全面推广和应用。中心联合市数字办对基层政务服务综合窗口建设和平台应用推广进行统筹协调和具体指导。

【微信公众号开通】 2017年，城厢区开通微信公众号，打造“微服务”。利用新型网络媒体，在全市率先开通城厢区行政服务中心官方微信公众号平台，前来办事的企业和群众只需关注区行政服务中心官方微信平台，进入该微信平台可查询到全区所有行政许可和公共服务事项的承诺期限、办理流程、所需材料和窗口咨询电话等内容。同时，中心与龙桥便民服务中心联合打造“龙桥马上就办”微信便民服务平台，提供线上便民服务、咨询预约、上门服务、服务投诉、通知公告五大功能，为群众提供更加便捷全面的服务体验。中心将逐渐增加和完善更多的服务功能，充分利用微信线上线下的互动模式，打造一个面向服务对象的信息“百事通”，通过“微服务”做足“大文章”。

【“营业厅”式基层便民服务中心建设】 2017年，城厢区打破全区镇（街道）基层便民服务中心大而全、全而虚，群众办事难、难办事的窘迫局面，对全区7个镇（街道）便民服务中心的窗口设置、工作格局、办事机制等各方面重新规划调整，推行“营业厅”式服务。即：根据各镇（街道）辖区办件体量，统一设立2－3个“综合窗口”，做到“统一受理、内部分流”，镇（街道）便民服务中心机构、人员高度精简，实行定岗、定人、定责管理机制，破解基层用人荒和群众办事难的格局。同时，结合市中心“三证两卡”下放业务要求，10月13日，中心召集各镇（街道）便民服务中心分管领导，中心经办人和窗口人员在市中心开展“三证两卡”业务培训会，针对下放承接工作进行分工指导。截至年底，各镇（街道）开展“营业厅”式服务，全部实现窗口直接出证，方便基层群众，真正做到“家门口”办事。

【推行周末轮班办事制度】 2017年，区行政服务中心为进一步优化服务方式，解决办事群众“上班时间没空办、休息时间没处办”问题，根据《福建省机关效能建设领导小组关于全面提升行政服务效能不断增强群众获得感的意见》（闽效综〔2017〕5号）等相关文件精神，协调区级婚姻登记、公安户籍（含派出所、边防所）自12月1日起正式实行周末轮班办事，每周六开放办事窗口，受理辖区群众办事事项，破解群众“办事难”的问题，切实提升群众“获得感”。

【公共资源交易】 2017年，区公共资源交易平台依托莆田市公共资源交易平台，市、县区（管委会）使用同一交易平台，涉及限额以上或必须进场交易的建设工程、政府采购、土地和矿产权交易、产权交易等四大交易项目，全部进入区公共资源交易平台统一对外发布公共资源交易信息。建设工程项目、政府采购项目均已实现全流程电子化业务系统。自5月10日起，中心同步现场直播专家评标过程。在三楼专辟“公共资源交易开评标直播区”，对开标室、评标室实行实时全程现场直播，并将开评标场地安排和项目中标情况实时公示在该区，确保交易活动公开、公平、公正。并于5月底在开标室启用“人证合一核验系统”（根据招标人的需要启用），规范交易。区公共资源配置交易平台2017年度共受理工程交易85笔，成交金额7591万元，节约金额1271万元，节约率14.34%，政府采购287笔，成交金额8615万元，节约金额549万元，节约率5.99%，产权交易6笔，成交金额245万元，增加金额81万元。即累计交易378笔，成交金额16451万元，节约金额1820万元，增加金额81万元。中心在每月初将上月交易数据情况上传至“福建省公共资源交易电子公共服务平台”，实时同步数据信息。

【精准扶贫】 2017年，区行政服务中心为切实做好扶贫挂钩帮扶工作，成立帮扶工作领导小组，组织干部职工与帮扶村6户贫困户结成帮扶对子，深入了解贫困户的家庭实际情况，一户一策制定帮扶措施，帮助其寻找脱贫门路。是年，中心共开展8次扶贫慰问，为贫困户送去慰问金及慰问品累计达16187.40元，帮扶对象实现5户脱。

（林赛平）

民族与宗教事务

【工作概况】 2017年，城厢区民族与宗教事务局（以下简称区民宗局）宣传贯彻落实党的十九大精神和全国、全省宗教工作会议精神，深刻领会新时代中国特色社会主义思想，把握宗教和谐稳定这一主题，坚持用社会主义核心价值观引领，用中华文化浸润各种宗教，切实维护宗教领域和谐稳定。

【民族工作】 2017年，区民宗局把握“共同团结奋斗，共同繁荣发展”的民族工作主题，不断加大扶持力度，促进民族经济大力发展。多方筹集资金帮助少数民族群众解决实际困难，申报常太镇少数民族村道路建设、公厕建设等项目民族补助资金，切实改善少数民族群众的生产生活环境。全年共争取民族补助资金7.5万元，其中市、区民族补助资金共7万元，中央少数民族发展资金0.5万元。岁末年初走访慰问少数民族困难群众，为常太镇东青村钟元霞送钱物2000多元，确保其过好年。

【宗教活动场所安全管理】 2017年，区民宗局树立“安全责任重于泰山”的意识，做到“三不放过”，即开会不放过布置安全工作，下乡调研不放过检查安全工作，找宗教界人士谈话不放过强调安全工作。要求宗教和民间信仰活动场所做到“三不活动”，即没有制定安全应急预案的、安全隐患没有排除的、相关部门没有支持的都不得举行大型宗教活动。做好大型宗教活动安全保卫工作，特别是正月初八晚石室岩寺头炷香祈福活动，确保活动安全有序。年初，分别与各宗教团体、各宗教活动场所负责人签订安全责任书，落实安全责任。制定下发《城厢宗教和民间信仰活动场所安全管理指导方案》《城厢区宗教和民间信仰活动场所安全工作三字经》，要求各场所加强消防、食品、卫生、危房、大型活动、建筑施工、森林防火等方面的安全制度建设。着重选择梅峰寺、何寨基督教堂等3个规模较大、管理较为规范、设施条件较好的场所作为示范点，开展消防实战演练和人员疏散演练，并组织其他宗教活动场所前来观摩学习取经，推动全区宗教和民间信仰场所安全管理工作水平的全面提高。每季度都组织开展一次安全检查，每逢重大宗教节日和国庆、春节、元宵节期间对景区内宗教活动场所进行安全重点检查，排查安全隐患，发放整改通知书13份，限期整改，更新和配备安全器材，使安全措施落到实处。

（翁福铭）

地方志工作

【工作概况】 2017年，城厢区地方志编纂委员会（以下简称区方志委）贯彻落实第五次全国地方志工作会议和全省第八次地方志会议精神，以习近平新时代中国特色社会主义精神、十九大精神统领地方志工作，以编修精品志鉴为目标，努力拓宽地方志工作思路，坚持存史、资政、育人的宗旨，求真务实，开拓进取，扎实有效地开展志鉴编修工作。

【打造精品年鉴】 1月15日，发出《关于做好2017年度城厢年鉴编写工作的通知》莆城政办网传〔2018〕4号文，启动《城厢年鉴》（2018）的编纂工作。分发《城厢年鉴》（2018）编写纲目，按照年鉴篇目、内容的要求，将年鉴的资料分解到各承编单位，年鉴编纂责任到人。区方志委加强与各单位联系，加强指导，积极催稿，并对年鉴资料撰稿人给予适时指导。质量是年鉴的生命和价值所在，为确保年鉴上精品，区方志委在加强指导的同时，进行认真编审，反复修改，力求年鉴资料真实可靠，确保年鉴按时保质完成。至当年4月，基本收集好各单位年鉴初稿；5－7月，完成《城厢年鉴（2017）》总纂工作；8月，联系出版社、印刷厂，进行版面设计，精心校对稿件；11月初，交付印刷厂出版印刷。至年底，完成《城厢年鉴（2017）》发行工作。

【学习宣传工作】 2017年，根据省市方志委的要求和部署，深入学习、宣传、贯彻《地方志工作条例》和《福建省实施〈地方志工作条例〉办法》《福建省人民政府关于进一步加强地方志工作的若干意见》《福建省地方志事业发展规划纲要（2016—2020年）》，持续推动依法修志，根据省方志委的统一部署，积极开展地方志法规宣传活动。区方志委精心组织，多措并举，通过悬挂横幅等形式向全社会广泛宣传，营造有利于地方志工作开展的社会氛围，在全区掀起学习、宣传、贯彻地方志法规，推动依法修志的高潮。

【完成区委区政府及省市方志委交给的各项工作任务】 2017年，区方志委在努力完成年鉴编修工作的同时，深入学习贯彻中央、省和市（区）会议精神，切实加强党风廉政建设、精神文明建设，深入贯彻落实中央“八项规定”。及时传达，把中央“八项规定”和习近平总书记重要批示精神及时传达到每个干部，立足现在，抓好关键，从严从快抓出成效。严格执行和遵守中央、省、市、区关于领导干部廉洁自律和党风廉政建设责任制的各项规定，建立健全长效机制，抓好各项规章制度的落实，进一步转变工作作风，提高工作质量和效率，树立政府机关良好形象，坚持文明办公，秉公办事，实行干部职工挂牌上岗，责任到人。同时，按照区委、区政府的统一部署安排，积极开展和完成深入挂钩村、精准扶贫、文明城市创建、综治、档案、人事、保密等各项工作任务。及时给区发改局、区交通局、区旅游局等部门提供辖区地情方面资料，主动服务经济建设大局。

【加强修志队伍建设】 建立一支高素质的修志队伍是修志工作的重要保证。在具体工作中，坚持工作与学习两手抓，定期或不定期地组织全体编辑人员，加强政治理论和编纂业务知识的学习，努力提高政治素质和业务素质，确保志鉴正确的政治原则和政治方向，着力提高志鉴质量。学习党的十九大精神，以及省、市、区党代会精神；学习党的路线方针政策、宪法和法律法规、党章等；学习省、市和区委、区政府的重要文件，积极参加区委、区政府组织的各种学习活动，努力提高自身的理论素质，保持清醒的政治头脑。积极参加省、市志办举办的业务培训和学习；要求编辑人员边工作边自学，有计划地组织编辑人员集中学习有关编纂知识，有针对性地开展学习讨论，相互学习，提高编纂业务水平。

政协莆田市城厢区委员会

区政协主要会议

【八届常委会第一次会议】
4月6日，政协城厢区委员会（以下简称区政协）召开八届常委会第一次会议。区政协主席黄志强，副主席郑尚庆、黄斌华、何剑锋及25名常委出席。会议传达学习全国、省“两会”精神，通报区政协领导分工和2017年度工作要点；审议通过区政协各政协各专门委员会组成人员名单；审议通过《区政协常委会工作规则（草案）》《关于区政协委员履行职责服务管理办法（试行）》。

【八届常委会第二次会议】
8月4日，区政协召开八届常委会第二次会议。区政协主席黄志强，副主席郑尚庆、林素香、黄斌华、何剑锋及24名常委出席。会议听取区政府关于2017年上半年全区经济运行和社会发展情况通报；审议通过有关人事事项；开展“推进农村污水垃圾整治，共建美丽城厢”专题协商。

【八届常委会第三次会议】
10月18日，区政协召开第八届常委会第三次会议。区政协主席黄志强，副主席郑尚庆、林素香、黄斌华、何剑锋及25名常委出席。会议听取区政府关于2017年城厢区重点项目实施和为民办实事项目落实情况通报；开展“整合旅游资源，创建省区全域旅游示范区”专题协商。

【八届常委会第四次会议】
12月18日，区政协召开第八届常委会第四次会议。区政协主席黄志强，副主席郑尚庆、林素香、黄斌华及23名常委出席。会议传达学习中共十九大报告；就《区政府工作报告》征求意见；听取区政府关于区政协八届一次会议以来提案办理情况通报；听取区人民法院、人民检察院2017年工作通报；民主评议2017年重点提案办理单位；审议通过有关人事事项；审议通过区政协八届二次会议议程、日程等有关文件。

【八届常委会第五次会议】
12月26日，区政协召开第八届常委会第五次会议。区政协主席黄志强，副主席郑尚庆、林素香、黄斌华及26名常委出席。会议听取各组讨论、酝酿、协商有关事项情况的汇报；审议决定提交大会表决通过的区政协八届二次会议决议（草案）；听取提案委员会关于八届二次会议提案审查情况的汇报。

区政协常委会主要工作

【工作概况】 2017年，区政协以习近平新时代中国特色社会主义思想为指导，学习贯彻落实党的十八大、十八届三中、四中、五中、六中全会和十九大精神，围绕建设“打造人文宜居新城厢，建设美丽莆田先行区”战略目标，把促进科学发展作为第一要务，把服务改善民生作为核心内容，把构建和谐社会作为中心环节，积极履行政治协商、民主监督、参政议政职能，为促进城厢经济社会科学发展跨越发展作出贡献。全年召开全委会议1次，常委会议6次。

【理论学习】 2017年，区政协常委会增强学习的主动性，使学习贯彻的过程转化为提高思想认识、全面推进工作的过程。先后召开党组会议、常委会议和机关全体干部职工会议，集中学习党的十九大、习近平新时代中国特色社会主义思想，深刻领会精神实质，牢固树立“四个意识”，坚定“四个自信”。把学习贯彻与政协的工作实际结合起来，增强科学发展、跨越发展的感召力和凝聚力，进一步明确人民政协围绕中心、服务大局的着力点和落脚点，增强委员履行职能、发挥作用的责任感和使命感，使政协工作在推动经济社会发展中的思路更加清晰，方向更加明确。

【落实全面从严治党主体责任】 2017年，区政协常委会落实全面从严治党主体责任，深化党风廉政建设，加强党员领导干部的廉政教育，严格遵守中央“八项规定”，学习贯彻《中国共产党章程》《中国共产党廉洁自律准则》《中国共产党纪律处分条例》等党内规章，建立健全党组书记负总责、其他党组成员按照职责分工各负其责工作机制，完善“一岗双责”制度，严守政治纪律和政治规矩。把开展“两学一做”学习教育常态化制度化贯穿政协工作的全过程，着力在打牢思想根基、提高党性修养上下功夫。突出作风建设，深入走访基层委员，广泛查摆问题，深刻剖析根源。组织专题民主生活会，严肃地开展批评与自我批评。坚持边学边改，制定整改落实清单，建立作风建设长效机制。做到机关干部思想觉悟进一步提升、工作作风进一步转变、群众观念进一步增强、各项工作进一步规范、工作效率进一步提高。

【政治协商】 2017年，区政协常委会紧扣区委、区政府中心工作，把握履行职能与服务大局的最佳结合点，利用全体会议、常委会议、主席会议、专题协商会议和参加党政重要会议等渠道，开展多层次的政治协商。先后就全区经济社会发展的重大问题和人民群众关注的热点问题、为民办实事、重点项目建设及“两院”工作等专题开展协商，组织实施区政协2017年度协商计划，对“推进农村污水垃圾整治，共建美丽城厢”“整合旅游资源，创建省级全域旅游示范区”“强化食品安全监管，提升食品安全保障水平”等3个专题开展调研、外出学习等活动，在此基础上开展3次专题协商，形成3份调研报告，为促进城厢高质量发展建言献策。

【民主监督】 2017年，区政协常委会密切与区政协参加单位及各民主党派、无党派人士、人民团体的联络，发挥群团组织和社会新阶层的作用，帮助他们搭建参政议政平台，营造协商民主氛围，拓宽意见反馈渠道。与纪委监察、法院、检察院等单位配合，规范委派政协委员担任职能部门特邀监督员制度，特邀监督员由区政协和聘任单位共同管理，确保委员在推动行政机关和司法机关依法行政、公正司法、促进机关作风转变等方面，发挥应有的民主监督作用。

【参与项目建设】 2017年，区政协常委会协助区委、区政府抓好工作落实，为促进全区经济社会科学发展鼓实劲、出实力、干实事。区政协班子成员挂钩腾辉工艺产业园、莆田市新元塑胶有限公司、福厦铁路客运专线、电商未来城、海峡广场等重点项目，做到深入基层，做好群众思想工作，及时就项目建设遇到的困难和问题进行协调解决。同时，深入委员企业，与业主交心谈心，了解企业经营的情况和困难，力所能及地帮助企业解决一些难题。

【开展“三深入、三服务”活动】 2017年，区政协常委会为进一步发挥政协联系面广的独特优势，把开展“深入企业服务经济发展、深入社区服务社会和谐、深入群众服务民生改善”活动贯穿于政协履行职能的全过程，并将活动开展情况纳入镇、街道委员联络组年度考核评比，将委员参与活动的实绩纳入委员履职考核管理。

【调研视察】 2017年，区政协常委会围绕区委、区政府中心工作，精心选题，采取“专题听、实地看、当面问、亲身察、重点议”的方法，把事前监督和事后监督有机结合起来，进一步加强和改进调研视察工作。开展“创建全国文明城市”“重点项目实施和为民办实事项目落实情况”“校园周边环境综合治理”等视察活动3次。

【提案办理】 2017年，区政协常委会继续采取主席督办重点提案、跟踪督办、现场办案、民主评议等有效办法，不断推动提案从高办复率向高办成率转变，努力提高提案工作水平。是年，共收到提案92件，经审查立案74件，对其中10件重点提案进行督办。截至12月底，全部办复，满意率和基本满意率达97.3%。此外，对提案办理工作进行民主评议，通过评价考核、评优表彰，进一步调动委员书写提案的积极性，激励承办单位对提案办理工作的重视。

【反映社情民意】 2017年，区政协常委会重视反映社情民意信息工作，完善《关于加强反映社情民意信息工作的意见》等工作制度，注重发挥委员的优势和特长，进一步提高反映社情民意信息工作的质量。在反映社情民意信息中，紧扣社会热点，反映民声民愿，汇聚民意民智，对加强城市管理、实现高质量发展等提出意见建议。是年，被省、市刊物采用信息稿件80多篇，宣传信息工作名列全市县区政协第一名。同时，及时与有关部门就社情民意信息的办理情况进行沟通落实，切实发挥政协社情民意信息的“直通车”作用，及时把群众的呼声传递给有关部门。

【团结合作】 2017年，区政协常委会发挥政协代表性和包容性强的优势，加强广泛联系、注重更大包容、坚持真诚合作、致力共同事业，努力构建和谐民族关系、宗教关系、阶层关系和海内外关系。关注新阶层及各类群体的合理诉求，搭建合作平台，做好大团结大联合工作。组织民主党派、人民团体及社会知名人士召开议政座谈会、“三八”妇女节、教师节座谈会等，畅叙友情，共谋发展，为加快推进城厢建设鼓与呼。

【对外联谊】 2017年，区政协常委会坚持“走出去、请进来”，利用省、市政协领导及兄弟政协到城厢考察和北京城厢商会换届等有利时机，广泛对外联谊，在加强横向协作交流、助推城厢和谐发展方面发挥作用。

【精准扶贫】 2017年，区政协常委会切实把精准扶贫工作作为政协服务民生的出发点和落脚点。发挥政协参加单位、政协委员专业优势和资源优势，深入了解困难群众需求，加大“造血”式帮扶力度，带动贫困户共同发展，为城厢全面建成小康社会贡献力量。区政协主席会议成员分别挂钩1户贫困户，区政协机关挂钩灵川镇太湖村16户贫困户（贫困人口34名），做到经常走访慰问贫困户，了解扶贫政策和帮困措施的落实情况，尽力帮助他们早日脱贫。截至2017年12月底，按照“一超过、两不愁、四保障”的贫困户退出标准，所有挂钩联系的贫困户年底前全部实现脱贫。同时，还开展科技服务、医疗卫生、文化教育等主题的帮扶活动。

【推进文化传承】 2017年，区政协常委会发挥文史资料“存史、资政、团结、育人”的独特作用，挖掘、保护地方文化资料，编撰完成一册有38.7万字的《现代城厢商人》文史资料。参加市政协组织的“纪念香港回归20周年书画展”，展示委员履职风采，扩大政协在社会上的影响。

【制度建设】 2017年，区政协常委会进一步完善《区政协常委会工作规则（草案）》《关于区政协委员履行职责服务管理办法（试行）》等制度，实行参加政协会议、活动考勤通报制度，激发委员主动参政议政热情。区政协办公室积极创建市级文明单位、市级平安先行单位，提高政协机关工作效能。扎实有序推进委员联络组工作，在抓好规范化建设的同时，引导镇街委员联络组发挥基层应有的作用，为当地发展献计出力，于11月组织对各镇街委员联络组开展检查考评，形成“比学敢超”的良好氛围。

（陈德胜）

法治　军事

政法工作

【工作概况】 2017年，城厢区贯彻落实中央、省、市政法综治及信访维稳工作会议精神，以落实综治领导责任制为龙头，以安保维稳为主线，坚持围绕中心、服务大局，以破难题、补短板、防风险为重点，全面巩固基层基础、抓好整体防控、排查化解问题、创新社会治理，守住“五个坚决防止”的底线，有效维护全区社会安定稳定，全区没有发生影响全局稳定的重大案事件。

【督察问责】 2017年，区委政法委成立区督导检查组，定期督导检查安保维稳、网格化、综治“三率”、严重精神障碍患者管控、进村入户等重点工作，层层传导落实综治责任，共对工作落后的9个单位实施综治通报、约谈，对2个单位实施“综治警示”，对5个单位实施“挂牌督办”。特别是进一步落实厦门金砖会晤、党的十九大等敏感期信访维稳工作责任，对因信访矛盾纠纷化解不到位，引发不良后果的，启动倒查问责机制。对信访矛盾纠纷化解稳控得力，取得明显成效的，予以正向激励。是年，全区共开展督导10次，发出提醒函16份，督办单5份，共嘉奖信访维稳工作先进集体1个和先进个人6名，倒查问责4人，其中效能告诫2人、诫勉2人。

【安全监管】 2017年，区委政法委开展安全生产大排查大整治和大检查工作，突出道路交通、消防、危险化学品、烟花爆竹、建筑施工地等21项重点整治。是年，共排查生产经营单位4509家次，发现隐患约5541处，整改到位5392处，整改率97.3%。组织实战模拟演练，累计举办各类演练活动186场次，参演人数达1万多人次，重点举办处置危险化学品事故和厂房重大火灾事故2场大型综合演练。加强基础设施建设，建成微型消防站170个，购置微型消防车18辆，进一步构建社区消防管理新模式，有效提升各项突发事件应急反应速度和保障建设的能力，没有发生较大事故和重特大生产安全事故，全区安全生产形势平稳向好。

【“雪亮工程”建设】 2017年，全区共布建视频探头11721个，建设“电子警察小区”723个，布建高清治安卡口53个，高铁沿线视频监控探头189个，远超省、市工作任务要求，基本实现辖区公共安全视频“全域覆盖、全网共享、全时可用、全程可控”。创新打造高空全景监控系统，在全市率先选择28处高层建筑作为示范点，实现对道路交通的巡查研判、交通路线的警卫安保、交通违法的巡查发现、突发现场的应急监控、路面执勤的督导检查五大应用，进一步构筑“远近结合”的“探头站岗”新模式，有效提升治安防控立体化、智能化水平。针对广场、医院、商场等人流聚集的各类公共场所，探索建设人像识别卡口，建设5个点位并联入市局指挥情报中心建设的人像系统。提炼的10种视频技战法获“2017年公安部改革创新大赛优秀奖”。

【群防队伍建设】 2017年，区综治办动员各方面力量参与社会面巡逻防控，全区每天至少有230名警力（网格巡逻员140人、派出所民警70人、巡特警20人）在路面巡逻。着力推进群防群治队伍建设，全区共有网格员队伍954人、综治协管员102人、平安中心户长713人、维稳三支队伍（维稳信息员170人、网络舆情引导员20名、社会群防力量539人）、治安巡防队189人、平安志愿者1.7万名、平安协会会员10万余名，以及通过“平安城厢”“城厢e警”“城厢网格化中心”“城厢交警”等微信公众平台吸收粉丝超过10万人，实现社会治安群防“社会化”。

【大调解中心建设】 2017年，区委政法委建立莆田市大调解中心和城厢区大调解中心，在原有“网上大调解”、商会调解、劳动关系1+N调处中心、律师代理申诉案件等实践基础上，通过整合场所、职能和各类资源，建立“一站式”大调解平台，推进“1536”大调解工作体系建设，形成全市一张新的大调解名片，经验做法在全市全省乃至全国学习推广。

【“网格+网调”联动融合】 2017年，区委政法委树立“互联网+”思维，将“网上大调解中心”引入网格化治理服务平台，依托全区网格站，在区、镇（街）、村（居）三级网格平台建立29个网络调解站点，实现平台互联互通，做到“网调进网格，网格有网调”，最大限度将矛盾纠纷排查化解在萌芽状态。是年，大调解中心共受理线上各渠道流转案件1023起，在线调解成功971起，调解成功率95.1%，涵盖工商“12345”投诉、食品药品、劳资纠纷、医患纠纷、道路交通事故等各类纠纷案件；共受理各类民生服务项目600多起，法律咨询398起；共受理外来务工人员的各类矛盾纠纷206起，调处成功196起，有效防止群体性事件12起，为农民工和企业挽回经济损失共计3000多万元。

【矛盾纠纷排查化解】 2017年，区委政法委严格执行每半月矛盾纠纷排查化解制度，对排查出来的矛盾纠纷进行全面登记、系统梳理和分类调处，强化初信初访调处力度。建立区、镇（街道）、村（社区）三级“网调”平台，实现三级联动、横纵向全覆盖。配齐镇（街道）专职调解人员、村（居）专兼职调解人员，健全矛盾纠纷“零出村”和“一案一补”机制，扎实开展“法律六进”活动，全区120个村（居）实现“一村一法律顾问”，发挥基层调解力量作用，做到关口前移，把矛盾化解在村镇，把问题解决在基层。是年，共排查矛盾纠纷9352件，调解成功6222件，调解成功率66.5%；其中，人民调解666件，调解成功666件，成功率100%；行政调解3568件，调解成功3401件，成功率95.3%；司法调解5118件，调解成功2155件，调撤率42.1%。共发放救助基金55.8万元，救助20人次，化解16起道路交通事故、困难救助和涉法涉诉信访案件。

【网格化服务治理】 2017年，区综治办通过强化组织领导，区、镇（街）、村（居）三级全面成立“一把手”为组长的领导小组，将7个镇（街）、120个村（居）310名干部充实到网格当中，同时统筹整合644人的公安协警、流口协管员、城管协管员工作力量，择优整合形成一支954人的网格化大队伍。整合建设网格化社会治理大平台，探索“网格10+”模式（即“网格+城市管理+视频破案+综合执法+交通管理+信访维稳+重口管控+环境保护+信息采集+民生服务+平安宣传”）。进一步抓好服务内涵延伸，突出网格基本服务，承接“双代”服务，推行精细服务，最大限度地惠及辖区群众。探索“综治中心”和“网格中心”两心合一、合署办公，依托网格化服务中心，联合基层派出所、信访办、司法所等部门集中办公，科学设置“群众接待厅、矛盾纠纷调处室、监控研判室、心理咨询室”，区、镇（街道）、村（社区）三级综治中心建成率达100%。网格化治理服务工作取得初步成效，7月，在城厢区召开全市网格化服务治理工作现场会，参观霞林社区网格站、区网格化中心，学习推广经验做法。

【基层善治工程】 2017年，区委政法委推进法治、德治、自治、共治“四治一体”的基层善治工程建设，结合实际，建立起“龙桥太平善治模式、万辉社区模式、凤凰山街道‘南门大妈’模式、霞林社区‘三化四治’模式、霞林街道坂头社区、华亭涧口善治模式、华亭浦柳乡愁记忆馆模式、灵川镇东进村、东海镇上亭村党员‘夕阳红’模式、常太岭下村弘扬‘东圳精神’模式”等10个具有城厢特色的基层“善治”典型。在全市率先开展“未成年人零犯罪村（社区）”创建工作，在7个镇（街道）7个试点村居打造全方位预防犯罪体系。打造“10+7+7+3+1”法治文化阵地网络体系（10个品牌特色法治文化阵地，7个法治书屋，7个法治亭或者长廊，3个法治绘画墙面，1个青少年法治教育实践基地），形成具有规模的法治辐射圈，有效夯实完善基层法治建设。建立霞林社区心理咨询室和大调解中心心理咨询室，加强心理引导和心理健康教育，推进社会心理服务体系建设。

【平安系列创建】 2017年，区委政法委以创建“六无六好”平安和谐村（居）为载体，全区88个村居达到“六无六好”平安和谐村（居）创建标准，占比73.3%，超过市里60%的创建任务要求。下发《2017年城厢区区直系统综治（平安建设）领导责任书》，持续推进平安单位、平安行业和平安镇（街道）创建活动，确保平安创建工作覆盖到全区的每个行业、每个角落。是年，全区先后有平安单位73家、平安学校109家、平安企业30家、平安家庭84293户（占96%）达到行业平安创建标准，形成齐抓共创的平安创建氛围。

【“平安三率”水平提升】 区委、区政府把2017年作为全面提升“平安三率”年，举全区治理，围绕群众反映强烈的问题，综合施策，主要通过进一步健全社会治安打防管控机制，做到打“盗抢”、破“小案”、管“流口”、控“发案”；进一步健全矛盾纠纷化解工作机制，强化信访调解对接和信访倒查问责；进一步健全常态化平安宣传机制，强化“两微一端”新媒体宣传，搭建以“平安城厢”为主平台的新媒体宣传矩阵，做好《平安月刊》、“平安便民联系卡”、手机短信群发等各类线下宣传；进一步健全“平安三率”模拟测评机制，测评结果每月通报并督促整改。上半年，全省公众安全感测评，城厢区“三率”水平实现脱帽进位，“群众安全感率”达93.54%，位列全省第67名，全市第4名。

（陈 坚）

公 安

【工作概况】 2017年，莆田市公安局城厢分局（以下简称城厢公安分局）工作以习近平总书记新时代中国特色社会主义思想和党的十九大精神为指引，按照上级公安机关部署要求，围绕“敏锐维稳、主动治安、能动服务、活力队伍”工作思路，牢牢把握厦门会晤安保、十九大安保、世界妈祖论坛这条主线，统筹全面深化公安改革、建设美丽莆田两大主题，扎实开展各项公安工作，确保实现“三个不发生”目标及社会大局安定稳定，为经济社会发展、人民安居乐业作出应有贡献。年内，圆满完成“两会”、厦门会晤、党的十九大、“一带一路”国际合作高峰论坛、中欧论坛、海峡论坛、世界妈祖文化论坛以及国际羽毛球挑战赛等重大安保任务42场次。是年，全区立刑事案件2709起，同比下降25.5%，破案1385起，破案率51.13%，同比上升11.55%；提起公诉1043人，同比上升6.5%，抓获逃犯186人，追逃工作名列全市第一，5起现行命案全部破获，连续10年实现现行命案全破，破获部督案件4起、省督案件8起。

【严打各类侵财犯罪】 2017年，区公安分局开展打击“盗抢骗”犯罪专项行动，“盗抢骗”立案同比下降46.05%，破案率同比上升15.35%，抓获违法犯罪嫌疑人170人。破获当年“10·19”特大盗窃案，追回被盗现金195万元。严厉打击电信诈骗犯罪活动，立案429起，同比下降26.3%，破案40起，冻结返还资金323.23万元，初步实现“电信诈骗案件、群众损失明显下降，破案数、抓人数明显上升”的“两降两升”目标，成功破获省督案件，抓获以欧敏为首的出售公民个人信息团伙犯罪嫌疑人10名，涉案金额100余万元。

【严打黑恶枪爆犯罪】 2017年，区公安分局开展“打黑恶·缉枪爆”专项行动，破获黑恶案件105起，刑拘134人，法院判决185人，核查涉枪线索37条，破案49起，刑拘40人，缴获枪支82把，捣毁制造枪支窝点2个，邮递窝点1个，破获公安部督办的刘某龙、肖某明等人网络贩卖枪支弹药案，获得公安部党委委员、反恐专员刘跃进批示肯定。

【严打毒品犯罪】 2017年，区公安分局开展飓风肃毒2017会战、“4·14”联合打击涉麻制毒犯罪和“5·14”堵源截流专项行动，坚决遏制毒情蔓延。年内共抓获毒品犯罪嫌疑人109人，查获吸毒人员356人，缴获各类毒品3.07克，破获2017—92、95、124等3起省督贩卖毒品案件，“飓风肃毒2017会战”考评排名全市第一。

【严打经济犯罪活动】 2017年，区公安分局开展“云端2017”“春雷”系列专项行动、安福电商城制售假冒品牌运动鞋整治行动。加大打假、信用卡诈骗、合同诈骗等犯罪活动打击整治力度，共立各类经济案件96起，破案82起，抓获犯罪嫌疑人74人，缴获假冒注册商标帽子152525顶、鞋子28464双，假烟1900条，冻结涉案资金900多万元，发起涉及全国集群战役“云端”线索7起，成功破获公安部督办郑某毅等人非法经营案。

【严打严治治安突出问题】 2017年，区公安分局开展“打四黑除四害”专项整治行动，办理“四黑四害”案件45起，其中公安部挂牌督办卷烟案件2起、省督案件2起，专项行动考评排名全市第一。开展“黄赌”专项整治工作，共办理涉黄刑事案件20起、涉赌治安案件296起、涉赌刑事51起、其中省公安厅挂牌督办4起，专项工作考评排名全市第一。

【“雪亮工程”建设】 2017年，区公安分局将565个标清探头改造升级为高清探头，新建“电子小区”高清探头1100个，城区视频覆盖率达100%，将10472个视频探头联入视频专网，并向省公安厅共享应用平台推送。新建高铁沿线视频189个，并联入视频专网，增强高铁沿线治安防控、铁路护路能力，全省铁路沿线视频建设经验做法现场会在城厢区召开。推动人像识别系统、云幅数据采集系统建设，全面服务公安实战。在高层安装高空远程视频监控探头46个，服务警卫安保、交通指挥、应急处突等工作。

【网格化治理】 2017年，区公安分局推进社会治理网格化建设，探索构建“网格+”工作模式，打造“城厢样本”。市委书记林宝金3次带队到区调研指导，各地16批次到区参观学习，中央、省、市新闻媒体多次采访报道，全市城乡综合执法和服务治理网格化工作现场会在城厢区召开。推行巡特警、派出所、网格站“三级”巡逻防控机制，提升路面见警率，全年可防性案件同比下降28.3%。推行“职能部门依法执法+网格队伍执法协勤”模式，参与抢险救灾、群体性事件处置、各类活动安保等156起，把城市管理工作纳入基层网格，发动网格员大力开展道路交通、环境卫生、“两违”查纠等城市管理工作，日均执法事项200多件。首创“一图一表”，发动网格员开展社会化信息大采集，采集单位场所、出租房屋、流口、维稳、计生、食药、工商等信息10万多条，实现数据互通共享，将网格站打造成“小型行政服务中心”，主动对接“放管服”工作。是年，共开展“双代”服务680多次，办理“一卡通”5000多张，提供上门服务13000多次。

【社会治安管控】 2017年，区公安分局加强旅馆业、娱乐场所、桑拿按摩洗浴场所等行业场所管理，持续开展行业场所整治。加强内保监督指导、保安监管等工作力度，探索物流寄递企业、易制爆危险化学品企业、散装汽油以及射钉器等安全监管办法，破解监管难题，加强民用爆炸物品信息管理系统平台应用，实现对民爆物品的闭环动态管控。全年共取缔无证旅馆19家，查处旅馆业不如实登记47起，查处按摩场所非法留宿30起、不如实登记3起，查处寄递物流案件67起、易制爆危险化学品违法案件244起、非法寄运案件13起。

【道路交通管理】 2017年，区公安分局推进道路交通安全综合整治“三年提升工程”，加强道路隐患排查整治，3处事故多发路段安全隐患整改到位。完善交通基础设施建设，建立农村交通安全劝导站83个。开展创城百日攻坚战，加强交通秩序维护，严厉查处酒后驾驶、涉牌涉证、超载超员等影响安全秩序的违法行为和渣土车、客货运车辆、危化车、摩托车、校车等重点车辆交通违法行为，共查处各类交通违法13万多起，其中重点交通违法行为4万多起。推动快处中心建设，全年共接警7756起，处理7451起，调解率96%。

【消防安全管理】 2017年，区公安分局以“三合一”场所、易燃易爆危险品场所、高层建筑、城市大型综合体以及劳动密集型企业为重点，开展火灾隐患排查整治，全区火灾事故“四项指数”全面下降。年内共检查单位2780家，发现并督促整改火灾隐患或违法行为3016处，下发责令改正通知书1362份，实施行政处罚决定书90起，责令“三停”23家，临时查封22家，罚款34余万元，拘留4人，督办重大火灾隐患4家。

【户政管理】 2017年，区公安分局建立健全首问负责、一次性告知、限时办结等制度，积极推行一站式办理、上门办理、预约办理、绿色通道等服务，打通服务群众“最后一公里”，共办理身份证32189张，办理临时身份证3642张、出生申报10305人、死亡注销3640人、户口省外迁入1168人，市外迁入869人、户口迁出省外748人。实施居住证申领工作，受理、制证符合申领条件的居住证5655张、办理省内异地受理身份证4395人次、跨省异地身份证470人次、审核户籍地跨省异地受理997人次、全国身份证挂失申报9543人次。

【出入境管理】 2017年，区公安分局加强出入境窗口建设，强化出入境管理职能，在华亭派出所新设受理点，加强境外人员管控工作，加大打击“三非”力度，查处9起131人。年内共受理、审核、审批公民因私出国（境）申请人16269人次，其中，居民申请办理出国护照2619人次，赴港澳11657人次，赴台湾1993人次，出入境制证信息传输质量准确率达100%。

【机动车及驾驶人管理】 2017年，区公安分局进一步加强机动车及驾驶人管理，提高车驾管工作整体水平，推进车驾管各项便民利民措施，落实“最多跑一趟”办事清单，全年共办理机动车业务38733笔，驾驶人业务4986笔。

【标准地址二维码管理】 2017年，区公安分局成立工作专班，推进地址清理、访查录入、门牌换发等工作，确保工作实效。全区共核实清理门牌139732个，安装二维码门牌286892个，标注地址286892，访查房屋267604户。

【执法队伍能力建设】 2017

年，区公安分局坚持实战实效，开展形式多样的执法培训，组织执法资格考试、法制员认证考试和法制业务竞赛活动，提升办案主体素质，共举办各类培训班12期，受训人员200余人次，组织民警旁听庭审13次231人，确立执法帮扶10对，开展案例点评9起，购买相关书籍200多册。

【执法管理体系建设】　2017年，区公安分局不断完善“两统一”工作机制，修订完善执法办案积分、执法奖惩、执法考评工作方案，开展执法办案场所建设管理使用、规范同步录音录像工作、警情信息录入全流程管控等“三个专项”检查工作，完善涉案财物管理制度，在华亭工业园区建立大宗涉案物品保管场所，在分局机关设立涉案财物管理中心，在办案所队设立物证室。

【执法监督体系建设】　2017年，区公安分局依托网上执法监督平台，实行执法办案全流程监督管理，落实派驻法制员和AB岗法制员责任，强化执法问题整改，提升执法办案质量。全年共开展网上执法考评案件6921起，发现应整改问题40636个，整改40543个。

【执法安全体系建设】　2017年，区公安分局在执法办案各环节设置隔离墙，通上高压线，确保执法安全。全年升级改造执法办案场所5个，新增监控探头46个、同步录音录像设备36套，新增执法记录仪258个，开展音频管理检查活动2次，检查同步录音录像64件、警情410起。

【党风廉政建设】　2017年，区公安分局把党风廉政建设和反腐败工作纳入年度公安工作总体部署，落实全面从严治党主体责任，扎实推进“两学一做”学习教育常态化制度化工作，开展“迎接十九大、忠诚保平安”主题教育活动，落实可量化思想政治工作，进一步提升民警思想政治素质。推动廉洁清风教育常态化，建立1个廉政教育馆和7个廉政文化长廊，组织播放警示教育片《贪欲者戒》《警钟》等。强化督察，组织开展各类督察57场次，下发各类督察通报48份，加大查处问责力度，共立案查处民警违法违纪案件4起4人次，政纪处分4起4人次，运用“四种形态”问责126人次。

【暖警优警建设】　2017年，区公安分局推进暖警工程建设，常太派出所被省厅评为“全省公安机关‘暖警’工程建设成绩突出集体”。解决外地新警周转房难题，协调区住建局在霞林街道人才公寓争取3套住房，帮助11名外地新警解决住房难题。帮助16位民警子女解决入园、入学问题。组织全局民警、职工、文职和退休人员共518人进行健康体检，建立健康档案。

（黄淑芬）

消　防

【工作概况】　2017年，莆田市公安消防支队城厢区大队（以下简称区消防大队）以十九大、十八届六中全会精神、全军和公安现役部队政治工作会议精神为指导，凝心聚力，锐意进取，真抓实干，班子队伍建设焕发朝气、增强活力，以时不我待、只争朝夕和负重前行的精神状态，完成以防火灭火和抢险救援为中心的各项工作任务，实现社会火情相对稳定和队伍管理高度稳定，为驻地经济社会发展创造了良好的消防安全环境。是年，大队在支队半年比武中获现役组第二名，混编组第一、第三名，在支队2017年“迎新春”拔河比赛中获得第一名，在总队举办的队列视频会操中获得第三名。大队获评全区综治平安单位和安全生产先进单位，在区政府绩效考核中获得良好等级。是年，区消防大队共接警出动492起，出动消防车721辆次、消防官兵4185人次，抢救被困人员32人，疏散被困人员47人，保护财产价值155万元。其中火灾110起，因火灾引起的直接财产损失116.882万元，死亡0人，受伤0人。火灾四项指数一平三降，受伤人数与上年同期持平，死亡人数同比下降100%，直接财产损失下降69.74%。大队完成重大活动、十九大、世界妈祖文化论坛、世界华文传媒论坛莆田主题论坛等重大安保任务。

【“三合一”场所专项整治】 2017年，区消防大队针对辖区实际分别部署开展“三合一”整治和沿街店铺专项整治工作。从区安监、公安、工商、住建、执法等部门抽调5名业务骨干集中办公、集中管理，挂钩联系镇街，分片督导。每周组织召开整治工作协调会，听取督查汇报，研究解决“三合一”整治工作中存在的困难和问题，部署当周督查任务，要求每名整治办成员每周至少抽查现场不少于4家，对发现的问题下发督办单，制作督查通报，跟踪督促隐患整改。是年，共发出督办单18份，督办单位25家，排查出“三合一”场所200家，整改140家，取缔、查封20家，正在整改中40家。

【排查社会面火灾隐患】 2017年，区消防大队将重大活动消防安保工作、夏季消防检查、电气火灾综合治理和高层建筑消防安全综合治理工作有效结合，落实各项消防安全措施。健全完善重点单位“户籍化”管理档案和三项报告备案工作；部署指导重点单位落实“四个能力”和“六加一”措施，实行重点单位“点对点”精细化管理，建立重点单位动态执法台账。对全区众聚集场所、易燃易爆场所、高层建筑等重点场所实行高频排查整治，签订消防安全责任状356份。大队以人员密集场所、易燃易爆危险品场所、高层建筑等场所为排查整治重点，严格落实“每日一查”制度，对排查出的火灾隐患，落实“五个一律”要求，依法做出处理，保持高压整治火灾隐患的态势。是年，大队共检查单位2780家次，发现并督促整改火灾隐患或违法行为3016处，下发责令改正通知书1362份，下发行政处罚决定书90份，临时查封22家，责令“三停”23家，罚款34.3873万元，拘留4人，督办重大火灾隐患4家。率先在全市投入133万元购置19部消防摩托车充实社区微型消防站。推动全区148家消防安全重点单位、3个街道和19个社区全部建成微型消防站，同时，开展微型站业务培训指导110余次，开展联合演练70余次，实现微型消防站“三知四会一联通”。据统计，消防摩托车投入使用以来，各社区微型消防站共参与处置灭火13起。在全区沿街店铺、“三合一”场所、家庭旅馆安装点型感烟1000余个，强化技防措施。缩减消防审批时限，消防行政审批实行一站式受理、一条龙服务，尽可能缩短审批时限，全部审批事项办理时限平均缩短至法定时限的50%以下。

【消防宣传教育】 2017年，区消防大队联合公安、安监、民政、教育、工商等部门开展“防灾减灾日”“安全生产月”“消防安全伴我成长”“消防进军训”“119消防宣传月”等系列主题宣传活动31场次。组织党政机关及企事业单位开展消防安全培训及演练85场次。发动消防官兵、公安片警、社区网格员、消防志愿者、社区宣传大使等开展入户宣传活动126场次。大队印制《全民消防我代言》《电动车宣传海报》《居家消防安全提示》等宣传海报，发动村（居）民委员会、物业服务企业在村（社区）、住宅小区的科普宣传栏或其他醒目位置广泛张贴。利用辖区主要道路、街口的楼宇视频、沿街店铺LED显示屏和大型公共聚集场所、电梯间、公共走廊等人流量高的部位滚动播放和张贴消防公益广告。是年，全区共发送消防公益短信10万余条，播放消防公益广告和消防安全字幕提示2万余条，印制消防宣传品3万余件，微信关注人数达1.6万人，开放消防站接待群众1750人。同时，向中央、省、市级媒体发稿，报道消防工作动态，开展典型火灾警示教育，跟踪曝光重大火灾隐患和消防违法行为，提升消防“热度”。是年，大队在中央级媒体上稿5条，省、市级媒体上稿21条，在省、市级媒体曝光3家场所火灾隐患。

（黄淑芬）

检　察

【工作概况】 2017年，莆田市城厢区人民检察院（以下简称区检察院）贯彻落实党的十八大、十八届四中、五中、六中全会和十九大精神，围绕区委决策部署和人大各项决议，坚持以人民为中心的发展思想为统领，以提升检察公信亲和为抓手，忠诚履行宪法法律赋予的职责，全面加强和改进各项检察工作，为打造人文宜居新城厢、建设美丽莆田先行区贡献检察智慧和力量。

【助力经济建设】 2017年，区检察院服务经济实体精准务实，将关口延伸到政策落地、项目建设、园区发展和企业生产等一线，稳妥处理各类侵犯经济实体及经济人士人身、财产权益案件10件14人，提供协助建章立制等定制化司法服务46次。依法惩治非法吸收公众存款、集资诈骗等涉众型经济犯罪30件42人，涉案金额1.2亿元；加强知识产权司法保护，依法打击假冒注册商标、制售伪劣产品犯罪25件29人。优化发展环境主动作为，参与防范和化解金融风险工作，妥善处理民间融资引发的案件6件62人，涉及金额1200余万元。发挥行贿档案查询市场准入把控作用，为项目投标、政府采购等环节提供查询服务2235次。

【维护平安稳定】 2017年，区检察院依法严厉打击刑事犯罪，共批准逮捕各类犯罪485件624人、提起公诉870件1087人，其中批准逮捕严重暴力、“黄赌毒盗抢骗”等危害人民群众安全感的犯罪331件437人、提起公诉342件480人。连续第四年开展“两个专项”立案监督活动，规范运行“两法衔接”机制，监督移送“有毒绿茶”等危害食品药品安全犯罪5件5人，依法办理重金属超标排放等环保生态领域犯罪5件6人。贯彻宽严相济刑事司法政策，促成轻微刑事案件和解5件7人，依法对过失犯、初偶犯适用无逮捕必要不批准逮捕35人，作出情节轻微不起诉决定30人。落实重大敏感案件依法处理、舆论引导和社会面管控“三同步”机制，圆满完成党的十九大和厦门金砖会晤安保维稳任务。

【保障民生福祉】 2017年，区检察院坚决贯彻中央决策部署，保持惩治腐败高压态势，做到有案必办、有腐必惩。共立案侦查涉嫌职务犯罪案件13件13人，涉案金额121万元。其中，贪污贿赂案件11件11人、渎职侵权案件2件2人，涉及科级干部2人、大要案2件。回应民生关切，找准检察工作与服务补齐民生短板的结合点，查处教育、医疗和基础设施等领域的职务犯罪案件6件6人。注重源头预防治理，实施“预防职务犯罪邮路”活动，开展专项专题专场预防教育16场，发放宣传材料近千份。强化政治担当，坚决拥护自觉支持全力配合国家监察体制改革，自11月起稳妥推进职能划转、人员转隶等各项准备工作。

【刑事立案和侦查活动监督】 2017年，区人民检察院突出重点增实效，聚焦人民群众反映强烈的有案不立、有罪不究以及违反诉讼程序等问题，监督立案16件，纠正漏捕漏诉64人、漏罪17起，监督变更强制措施46人。关口前移促规范，建立对公安基层派出所刑事侦查活动监督机制，实行“驻点+巡查”工作模式，通过提前介入引导侦查、捕前听取意见、案件质量例会通报等机制，及时纠正程序瑕疵、取证缺陷等侦查失范行为21次。完善机制聚合力，通过公检法联席会议、类案取证索引、新型案件法律适用研判等联动机制，促进提高侦查效能和办案质量，形成打击犯罪源头合力，普通刑事案件不捕、不诉、退回补充侦查数量明显下降。

【刑事审判和执行活动监督】 2017年，区人民检察院严把审前过滤关，适应以审判为中心的诉讼制度改革，坚守防范冤假错案底线，对3起案件启动非法证据排除程序，依法对22人作出事实不清、证据不足不起诉决定。严把庭审实质关，常态运行庭前会议、量刑建议、鉴定文证审查等工作机制，落实和完善证人、鉴定人和侦查人员出庭作证制度，量刑建议采纳率91%，纠正审理违法情形6件，提出抗诉3件3人。严把执行监督关，对2013年以来判处财产刑的2800余件案件逐件监督执行情况，对辖区245名社区矫正对象建档跟踪，纠正4起不当监管行为。

【民事诉讼和行政领域监督】 2017年，区人民检察院民事检察突出公民诉讼权保护，依法受理民事诉讼监督案件29件，对认为确有错误的生效裁判和调解书，运用检察建议、提请抗诉等法律手段监督24件，对5件不服正确司法裁判的案件做好息诉服法工作，向侦查机关移送虚假诉讼、拒不执行判决裁定案件线索8条。行政检察突出国有资产保护，坚持发现一件、监督一件，围绕防空地下室易地建设费收缴等重点领域，督促行政主管机关履行法定职责13件，催缴入库14.5万元。公益诉讼突出诉前程序应用，深入研究公益受损案件成因规律，向生态资源和环境保护等领域发出检察建议3份，督促负有管理职责的行政机关依法履职，切实履行检察官作为公共利益代表的职责。

【人文未检点滴诠释】 2017年，区人民检察院注重维权护航，落实未成年人刑事案件分案办理、犯罪记录封存、合适成年人参与等司法保护措施，对涉案未成年人适用无逮捕必要不批准逮捕5人，作出情节轻微不起诉决定5人，封存犯罪记录28人。强化帮教导航，多元运用基地观护、异地帮教、心理矫治等举措，对17名涉案未成年人逐一制定套餐式帮教方案，对39名附条件不起诉未成年人进行跟踪回访，重新犯罪率为零。着力源头领航，开展防治校园欺凌和关爱女童成长等专项普法工作，未成年人零犯罪村居创建工作纳入全区综治考评体系，被确定为全省检察机关未检工作创新实践项目，万辉社区被省委政法委确定为全省创建示范点。

【文明窗口优质示范】 2017年，区人民检察院窗口建设便民快捷，“一站式”检务大厅实现“信、访、网、电、视频”五位一体全面融合，畅通群众诉求表达渠道，快速妥善办理控告申诉案件133件。柔性关怀利民平和，引导信访进入法治轨道，以依法终结促息访息诉，终结疑难复杂信访11件，推动司法救助和社会救助有效衔接，向刑事被害人发放救助金8万元。机制创新为民亲和，推行律师代理和参与化解涉法涉诉信访案件机制，全市检察机关首家建成专门律师库，“检律调”三方互动机制纳入区大调解中心联动体系，律师定期驻院全程参与接访32场次、调解12场次，接受群众预约代理申诉6件、代为申请司法救助4件。文明创建多措并举、扎实有效，连续第三届获评全国检察机关文明接待室。

【智慧检务建设】 2017年，区检察院案件信息公开主动及时，建立集“两微一端”、热线电话、窗口服务以及案管系统于一体的立体化平台，应用信息化手段助推阳光检务，公开起诉书、抗诉书等终结性法律文书1013份，提供强制措施变更、退回补充侦查等程序性信息查询1476次。涉检诉讼服务简化高效，有机整合网络预约与电子卷宗平台，建立在线诉讼服务系统，针对不同诉讼主体提供多元诉讼服务，实现“一次登记预约、全程跟进服务”，办理律师阅卷193人次、提供电子卷宗197件次、推送案件流程信息2231条，优质高效保障当事各方诉讼权利。涉案财物管理严格规范，建立专门平台，设置涉案财物条形码电子标签，完善“一案一档一码”管理机制，实现动态查询与同步监督全程管控。

【人员管理】 2017年，区人民检察院人员管理科学分类，将检察人员明确划分为员额检察官、检察辅助人员和司法行政人员三类，各类人员各归其位、各司其职、各负其责。员额改革提速增效，择优遴选产生29名员额检察官，促使检察官回归办案本位，83%的检力资源配置到司法办案一线，办案力量同比改革前增幅22%，有力缓解“案多人少”矛盾。办案组织精简高效，统筹推进机构精简与职能优化，稳步开展内设业务机构整合，全面推行“独任检察官+检察官办案组”的办案组织模式，成立未成年人、金融和生态等办案团队，实现司法办案的精细化与专业化。合理授权明主体，制定出台检察官权力清单，赋予员额检察官在职权范围内独立对案件作出决定的权力，改革后，检察官直接决定的案件占比93.7%。简放流程提高效率，新型办案机制减少层级审批，简化文书签发流程，实现办案的扁平化管理，办案周期同比改革前缩短约30%。带头履职作示范，入额领导干部带头办理疑难复杂和新型案件，直接亲历办案155件。流程监控全覆盖，推行网上办案，运用大数据技术，实现对检察官办案的全程监督，全年案件和事项法定期限内办结率100%。全市首推检察委员会委员听庭评议制度和案件质量跨院交叉评查机制，全年评查不捕、不诉、改变定性等案件126件，整改问题11项，倒逼司法行为规范。绩效考核多维度，建立与办案数量、质量直接挂钩的绩效量化考核机制，客观评价检察官履职业绩，有效激发办案主体能动性，全年所办案件有罪判决率100%。

【文化建设】 2017年，区人民检察院多措并举培育人文素养，开展“规范司法行为，提升检察公信”主题文化建设活动，整合“致远”读书沙龙、《城厢检苑》等特色文化载体，城检官微被评为全市政法系统优秀微信公众号，更多检察好故事融入百姓“朋友圈”。学思互动提升理论素养，打造“骨干引领、全员参与”的检察理论调研大格局，区人民检察院被中国法学会授予第十二届青年法学论坛优秀组织奖，“两岸网络电信诈骗犯罪问题研究”课题获最高人民检察院批准立项，是近年莆田市检察机关首个立项的国家级重点课题，全年发表调研文章126篇，获国家级表彰21篇、省市级表彰24篇，调研成果连续4年位居全省基层院前列。训赛结合锤炼业务素养，与华侨大学建立检校共建机制，通过选派进修、实务研讨以及岗位练兵等举措，激发队伍创新创优活力，1名干警入选全国检察机关侦查监督业务人才库，4名干警在上级院组织的业务练赛中成绩佳优。

（叶林林）

法　院

【工作概况】 2017年，莆田市城厢区人民法院（以下简称区法院）贯彻党的十八大和十八届三中、四中、五中、六中、七中全会精神，深入学习宣传贯彻党的十九大精神，学习习近平总书记系列重要讲话精神和治国理政新理念新思想新战略，围绕“努力让人民群众在每一个司法案件中感受到公平正义”的目标，履行宪法和法律赋予的职责，深化司法体制改革，加强审判执行工作。是年，共受理各类案件11061件，较2016年受理11052件，同比增长0.08%；结案10123件，结案率91.52%，较2016年结案9864件，同比增长2.62%，结案率上升2.27%。

【刑事案件审判】 2017年，区法院审结各类刑事案件审结842件1019人，与2016年审结784件960人，同比增长7.39%。依法惩戒各类刑事犯罪，判处严重危害人民群众生命财产安全犯罪案件165件195人，增强群众安全感；打击非访案件2件2人，维护正常信访秩序；审结“黄、赌、毒”犯罪案件101件137人，净化社会环境；审结假冒注册商标等侵犯知识产权案件9件9人，维护正常市场经济秩序；审结贪污贿赂、渎职侵权等职务犯罪案件18件18人，促进反腐败斗争的深入开展。落实人权刑事司法保障，坚持以审判为中心，贯彻非法证据排除和疑罪从无原则；落实宽严相济政策，对324名轻微刑事犯罪分子依法判处非监禁刑或免予刑事处罚；推进量刑规范化改革，确保量刑公正透明。

【民商事案件审判】 2017年，区法院审结各类民商事案件5709件，与2016年审结5192件，同比增长9.95%。审慎判决力保稳定，审结婚姻家庭及继承案件494件，构建和谐文明的家庭关系；以“无讼村居”创建为抓手，与基层司法所、矛盾纠纷调处站等配合，形成“多维化解”

模式；深化多元化纠纷解决机制，与区大调解中心紧密配合，妥善处理涉众型纠纷15起。定分止争力促发展，审结民间借贷案件1916件，诉讼标的总额人民币88584.407万元，维护正常经济秩序；审结金融借款合同案件337件，其中诉讼标的超过人民币500万元的金融借款合同案件181件，有效防控金融风险；审结商品房销售合同案件570件，较2016年的540件，同比增长5.55%，促进房地产市场健康发展；审结涉生态环境资源案件29件，推进生态文明建设；贯彻谦抑、善意理念，对正常生产经营但暂时有困难的企业审慎采取保全措施，依法帮助企业渡过难关；加大对虚假诉讼行为的防范打击力度，严格审查因赌博、六合彩等违法犯罪行为产生的违法债务，构建诚信社会体系。

【府院互动】 2017年，区法院推动依法行政，审结行政诉讼案件204件；行政非诉审查案件95件，与2016年同比增长79.24%；非诉执行案件51件，其中审结并执行涉及征地拆迁案件10件，为重大项目的落地保驾护航。优化依法行政环境，坚持“保护与监督”并重的司法理念，既保护行政相对人合法权益，也监督支持行政机关依法行使职权；推动行政首长出庭应诉制度落实，共32名行政机关负责人出庭应诉，行政机关工作人员出庭应诉率达98.2%；发出司法建议书10份，促进行政机关依法行政。深化联席互动机制，探索府院联席互动新模式，推进府院联席互动的常态化多元化制度化；邀请人大代表、政协委员及区法制办工作人员观摩行政案件庭审，虚心听取意见建议，增强行政审判工作透明度。

【案件执行】 2017年，区法院执结执行案件3233件，执行到位标的额人民币20305.56万元，是2016年的1.79倍。创新执行工作机制，建立执行大数据智能研判中心，推进执行信息化建设；创新集约化执行，与多家银行达成定点集中扣划协议，与区医院开辟拘留被执行人体检绿色通道，提高执行效率；推进司法网拍，加大变现力度，累计网拍次数同比增长100%以上，成交金额1.25亿，平均溢价率28%，创下历史新高；开展涉金融案件专项清理活动，共清理546件，执行到位标的8368.9万元，为党委、政府中心大局服务。加大失信惩戒力度，出台多部门联合惩戒失信被执行人机制，公布失信被执行人名单2373人，并通过定制失信被执行人彩铃、利用大屏幕滚动播出失信被执行人头像、借助微信平台发布信息等途径，让“老赖”无处藏身；加大打击拒执力度，移送涉嫌拒执罪4件4人；加大司法拘留力度，拘留66人，促成23件履行或和解。

【司法服务】 2017年，区法院坚持“以人民为中心”的新时代司法理念，以优质的司法服务满足人民群众在新时代对法治的更高需求，把“人民”摆在最高位置，践行司法为民宗旨，彰显便民利民情怀。着力升级诉讼服务，落实便民措施二十条，提供“一站式”诉讼服务；推行上门、网上及“跨域”立案，有效减轻群众诉累；成立旅游巡回法庭，快速处理旅游纠纷。着力加大司法救助力度，加强司法救助与法律援助、社会救助联动，依法减、缓、免交诉讼费用38万余元；为8名符合条件的困难群众发放司法救助金21万余元。着力推进阳光司法，持续加强裁判文书、执行信息、审判流程三大公开平台建设，提升信息化运用水平，公布生效裁判文书5151份；开展网上庭审直播102场，实现以公开促公正；注重“两微一网”新媒体建设，提高公众对法院工作认知度。

【司法改革】 2017年，区法院落实司法改革任务，全面发力、多点突破，推进严格公正司法。精炼队伍强根基，整合审判资源，42名员额法官获省遴选委员会一致通过，任命19名法官助理，录用21名聘用制书记员；要求院、庭长示范办案，强化亲历指导作用；组建11支新型审判团队，开启全新审判运行模式。繁简分流提质效，创新“文书瘦身”，在全市率先使用表格式、令状式、要素式判决书，推进简案快审；建立刑事、民商事、行政、执行专业法官会议制度，出台工作规则，制作全国首份案件检索报告，以促进繁案精审。多元保障固根本，开展入额法官单独职务序列等级确定和晋升工作，提升职业尊荣感；设立法官权益保障委员会，为广大法官履职“撑腰鼓劲”；成立法官考评委员会，完善法官培训、考核、评议工作。

【再创反家暴及家事审判新精品】 2017年，区法院持续推进“1+2+N”司法品牌建设，提升品牌生命力，增创品牌亮点，扩大品牌效应。作为最高人民法院反家庭暴力及家事审判试点单位，多项审判成果被全国人大反家暴立法吸纳，成为基层样本。区法院法官受中国法官协会、安徽省妇联、福建总工会及北京大学、莆田学院邀请开展反家暴法讲座，新华社予以专题报道，反家暴司法品牌影响力全面铺开。反家暴审判入选《福建法院司法改革案例选编》，并推报最高院，优质审判成果凸显。同时创新性提出家事审判“三制度一证书”，更好展现柔性司法，维护家庭及社会和谐。

【建立律师代理信访、申诉制度】 2017年，区法院探索有机对接、深度融合、紧密结合的经验做法，取得试点示范成效。拓展律师代理链条，引进9家律师事务所律师驻院值班，将律师代理申诉延伸至审判、执行及息诉息访等相关环节，建立绿色通道，促使诉访交织问题一揽子化解。会同区司法局，将49件信访件纳入律师参与化解涉诉信访案件范围，成功化解28件。

【“一站式”三调联动多元化解交通事故纠纷】 2017年，区法院联合交警大队、司法局、教育局、保险行业协会等多家机构，建立“三调联动”一站式多元调处中心。起草《城厢区道路交通事故损害赔偿纠纷多元化解工作机制的实施办法》，并由区综治委出台，优化道路交通事故处理流程，打造“进一个门，办全部事”的服务新格局。全年，共审结机动车交通事故责任纠纷案件601件，其中调解撤诉521件，调撤率达86.68%，自动履行率达98%，呈现“两低三高”良好成效，即判决率低、上诉率低、调撤率高、自动履行率高、当事人满意度高。

【少年审判】 2017年，区法院坚持“教育、感化、挽救”失足青少年的方针，开辟保护未成年人合法权益新途径。利用节假日，为学生指导模拟法庭、上法制课并发放普法书籍，以案释法，促学法守法氛围的养成；参与社会综合治理管理工作，与辖区内多家中小学共建法制教育基地，将普法宣传工作常态化；开展无讼校园、零犯罪社区活动，打造反赌毒、反邪教等法治载体。全年审结涉少刑事案件13件，同比减少31%，呈现逐年下降良好态势。

【意见建议办理】 2017年，区法院自觉在服从领导接受监督中谋科学发展之策。始终坚持党对法院工作的绝对领导，坚决贯彻落实党的路线方针政策，严明政治纪律和政治规矩，在思想上、政治上、行动上同以习近平为核心的党中央保持高度一致；坚持法院重大工作和重要事项向党委报告制度，自觉接受人大及其常委会的监督，确保法院工作正确政治方向。在互动中重视监督。制定人大代表联络工作机制，成立17个工作组，和区人大代表开展定向联络，全年共走访人大代表、政协委员58人次，收集意见建议36条，对提出的建议第一时间研究并反馈。在行动中落实监督。坚持大会报告和专项报告制度，落实人大决议和常委会审议意见；加强人大督办件的办理力度，做到事事有回音、件件有落实。在履职中接受监督。每月寄送工作月报，方便人大常委、政协常委及时了解法院工作；邀请人大代表、政协委员观摩庭审、视察法院工作60多人次。

（林文琴）

司法行政

【工作概况】 2017年，区司法局以创建“美丽莆田”活动为平台，发挥司法行政职能，着力做好服务经济发展、保障和改善民生、维护社会和谐稳定工作。是年，村（社区）法律顾问达到100%全覆盖；办理法律援助案件94件，为受援人挽回经济损失或取得经济利益9.9万余元，实现应援尽援。办结公证案件144件，提供城厢区重大项目建设公证法律服务16次，实现“零投诉”。开展法律宣传活动14场，切实加强重点对象的法治宣传教育。排查、调处人民调解矛盾纠纷665件，矛盾纠纷调解率100%，调解成功率100%，实现无民间纠纷转化为刑事案件、非正常死亡、群体性械斗案件、群体性上访事件的目标。累计接收社区矫正人员1414名，累计解除社区矫正人员1163名，没有出现脱管、漏管的现象。共接收刑释解教人员数241人，帮教率100%，安置率100%，没有重新犯罪。

【普法依法治理】 2017年，区司法局拓展普法渠道，利用“互联网+”新媒体优势，开通“城厢法治”微信工作号平台，启用网络直播宣传活动手段，扩大法治宣传效果。以贯彻落实“七五”普法规划为抓手，制定《关于完善国家工作人员学法用法制度的实施意见》等文件，铺开“法律六进”，开展新任教师岗前法治教育课、华林学校“立法于心·践之于行”法治专题游园会、“反欺凌、反霸凌”系列法治讲座进校园活动、凤凰山法治公园“12·4”主题法治游园会、华林工业园区“贯彻十九大精神·法律宣传进企业”法律知识培训、南门学校“宪法伴我成长”主题演讲比赛等宣传活动14场。拓展社区“一个法治宣传橱窗、一个法律图书角、一支法治宣传队伍、一套居民学法制度、一次义务法治宣传活动”五个一建设，打造具有城厢特色的“10+7+7+3+1”法治文化阵地网络体系（10个品牌特色法治文化阵地，7个法治书屋，7个法治亭或者长廊，3个法治绘画墙面，1个青少年法治教育实践基地），形成具有规模的法律辐射圈。

【法律服务】 2017年，区司法局建设“12348”法律服务热线平台，形成实体站点、电话热线和虚拟网络互为补充的公共法律服务体系。优化公证服务手段，建立新形势下的“互联网+公证”服务新模式，接入公证云在线公证平台，开通“福建省莆田市木兰公证处”微信公众号，通过发挥互联网平台便捷沟通的优势，实现当事人办证网上咨询、材料网上预审和案件预受理。公示办案流程等，提高公证办案透明度，严格执行“首问负责制”和“一次性告知”，简化办证环节，将出证时间由法定15天减至7天以内。与莆田市城厢区木兰大道指挥部、城厢区东海镇政府等建立联动机制，扎实提供公证服务，推动区政府有关重大经济项目的有序推进。适应困难群众民生需求，及时调整法律援助补充事项范围，将就业、就学、就医、社会保障等与民生紧密相关的事项逐步纳入法律援助范围。进一步放宽经济困难标准，将法律援助覆盖人群从低保群体逐步拓展至低收入群体。

【律师事务所法律服务职能】 2017年，区司法局深化“一村（社区）一法律顾问”，完成城厢区7个镇街法律顾问的签约，村（社区）法律顾问达到100%全覆盖。完成12个法律顾问村示范点建设，为7个镇街12个村（社区）的法律顾问室制作配备法律顾问联系牌、法律顾问工作制度牌、法律顾问工作职责牌、法律顾问室门牌和法律顾问桌牌，为群众打造“家门口”的法律服务新平台。丰富法律顾问工作内容，组织律师开展“美丽莆田我先行，村（社区）法律顾问在行动”“喜迎党的十九大，法律顾问进村（社区）”等法律服务系列活动，开展法律体检，参与矛盾纠纷化解，开展普法教育。城厢区“一村一法律顾问”工作成绩突出，常太司法所作为全市唯一一家单位被推荐到省司法厅作“一村（社区）一法律顾问”工作经验交流。

【人民调解】 2017年，区司法局部署开展“防风险保稳定护航金砖会晤·喜迎党的十九大”矛盾纠纷排除化解专项行动，在矛盾纠纷萌芽阶段，尽早介入调解。完善以人民调解为基础的多元化纠纷解决机制，在灵川法庭设立诉调对接调解室，推开“诉调对接”工作。落实初信初访人民调解工作月例会制度和初信初访登记制度，推进“调访对接”。建立侯毅个人调解室、城厢区律师专业调委会、东海价格争议调解工作室。整合各方各部门资源，建立治安纠纷与民间纠纷联调联动机制和法律援助与人民调解衔接机制，多方面调解矛盾纠纷。创新“微调解”模式，在矛盾纠纷处于微时，集聚村调委会调解员、村干部、村居法律顾问等微力量，化解纠纷时精细入微，城厢区司法局东海司法所开启“微调解”成功调解一起赔偿纠纷案件报道被省政府法制信息网推送并入选司法局典型案例库。

【安置帮教】　2017年，7个镇（街道）安置帮教工作实行党委、政府统一领导，司法所负责组织实施，相关部门协调配合，社会力量参与的工作机制，同时吸纳村（社区）治保主任、网络员兼职本村（社区）安置帮教工作，形成区、镇、村三级安置帮教组织网络。围绕安保维稳工作重点，对近5年来的监所刑满释放人员和近3年的1127名刑满释放人员重新进行一次梳理，按照对象原来的犯罪动机、情节、悔过等因素进行再次分类和评估，列出重点帮教对象共计12人，对于排查出的重点人员，实行个性化帮教方案，经常开展谈话教育、心理健康疏导，化解其不良情绪。落实相关帮扶措施，主动联系人社、民政等部门，开展刑满释放人员心理矫治、技能培训和就业指导，提高刑满释放人员就业安置率，落实社会保障措施。开展安置帮教对象慰问活动，对在安置帮教期内的刑满释放人员中确有实际困难的14人入户走访慰问，做好符合条件的5人刑满释放人员的最低生活保障、临时救助等工作，有效降低因无业可就或者生活困难导致的重新违法犯罪。

【社区矫正】　2017年，区司法局开展社区矫正人员大走访大排查活动，通过区、基层两级定位手机排查、基层司法所开展走访排查活动和开展档案材料和平台信息录入排查，强化对重点人员、重点时段、重点环节的排查管控，针对发现的安全隐患和薄弱环节进行分类梳理，分析原因，列出问题清单，逐项建立工作台账，全面掌控社区服刑人员情况，排查面达到100%。采取“四步工作法”对在册社区服刑人员进行集中点验活动，针对不同社区服刑人员的实际情况，尤其是排查发现的重点人员，一对一进行个别训诫教育，进一步加强对社区服刑人员的监管教育，防止脱管、漏管、虚管情况发生。探索社区矫正“网格化”管理新模式，将网格化建设纳入创新管理的试点项目加以推进，帮助司法所掌握社区服刑人员的日常活动信息，对社区服刑人员的改造成效以及思想行为动态作出研判，所有社区矫正人员名单列入“网格化”管理。组建包含32人的社区矫正志愿者骨干队伍，启动社区矫正志愿者骨干法治巡回系列讲座活动。

（彭　洁）

军　事

【工作概况】　2017年，莆田城厢区人民武装部（以下简称区人武部）围绕“铸魂、聚力、改革、正风”，贯彻习主席强军改革重要指示精神，按照职能使命，着眼立根固本、应急应战、军民融合、安全稳定、综合保障，狠抓各项工作有效，人武部全面建设呈稳步发展、整体推进的良好势头。全年共完成基干民兵整组任务，民兵军事训练和新兵征集任务，大学生入伍比例达73%。区政府征兵办公室被福建省征兵办评为“征兵先进单位”；区人武部被省军区评为“安全管理工作先进单位”。

【议军会】　2017年，区人武部协调地方党委政府落实党管武装各项制度，1月和7月分别召开区委议军会，抓住2017年是军队改革实质启动之年，是作风建设常态推进关键之年，是迎接党的十九大召开的关键之年的特点。会议主要解决3个问题：讨论解决后备力量建设经费问题。协调解决提供全额拨款事业单位职位招考驻莆部队家属、学龄前儿童入学、在全区公共服务站点设立“双拥窗口”“军人优先”窗口等3个问题。协调解决5名随军家属调动安置问题。

【民兵整组】 2017年，区人武部依据《我军后备力量建设“十三五”规划》，按照军分区明确的组建任务，依据平时战时应急应战需求，依据城厢区兵员潜力分布情况，将普通民兵规模由压缩，队伍种类由应急、支援、储备调整为应急、专业、特殊队伍三类。

【战备值班】 2017年，区人武部围绕能力形成这一任务，及时调整国防动员机构人员、展开国防潜力调查、修订完成防卫作战和国防动员2个主案17个配套方案。全年落实24小时干部战备值班和职工值副班制度，较好地完成重大节日、重要敏感时期战备组织工作，确保战备工作秩序正规，辖区安全稳定，无错情、漏情、误情。通过信息平台，及时掌握处理民兵信息员情况报知信息11067条，其中12条被省军区评为重要短信（民房火灾、重大交通事故、重大案件和涉日游行等重要情报），多次受到省军区的通报表彰。全年组织自然灾害抢险救灾工作，先后2次参加防抗台风活动，出动民兵约300多人。

【整组正规化现场观摩会】 5月16日，按照整组工作安排，区人武部在常太镇洋边村民兵营和常太镇武装部召开基层武装部和民兵营（连）部规范化建设现场观摩会。各镇（街）要严格按照基层武装机构建设要求，配齐配全不少于40人的应急分队器材装备按照军分区库室建设“一班一箱、一排一柜”标准要求摆放到位，并落实镇（街）武装部和村（居）民兵营标志牌悬挂。取得良好效果，受到各级领导的一致好评。

【国防动员潜力调查】 2017年，区人武部根据市国动委指示，为准备掌握辖区国防动员潜力情况，为动员支前打下良好的基础，第四季度区国动委综合办组织辖区7个乡镇和9个国职能办开展国防动员潜力调查工作，专门召开国防动员潜力调查任务部署会。调查人员“采取横向到边、纵向到底”的方法，走访城厢区各乡镇、村居、分管职能部门、大中型企业、工业园区，收集相关资料数据，全面了解掌握辖区人力、经济、交通设施、人防设施、医疗卫生、物资储备、车辆装备维修、船舶、军民通用装备等情况，并将数据进行栅格化处理，录入国防动员潜力调查数据管理系统。

【“国防教育进校园”活动】 2017年，区国防教育办公室牵头，利用6天时间在辖区内1所大学、5所中学、2所小学展开国防教育，帮助学校训练升旗手，较好展示军人素养，提高学生的国防意识。

【军事日活动暨城厢号舰艇命名仪式】 2017年7月15日，城厢区组织“四套班子”成员共51人，到莆田市秀屿区海警二大队过军事日，进行“城厢舰”命名仪式、参观装备、体验生活等活动，增强党政机关领导国防意识。

【全面停止有偿服务】 2017年，区人武部党委分别召开办公会、业务对口会、党委会等进行再强调再部署，并与地方党委协调成立城厢区全面停止有偿服务工作领导小组。截至到2017年12月31日，关停项目有天天见宾馆，临街大楼（除意尔康、红蜻蜓鞋业专卖），有效的落实上级的有关精神指示，剩余项目在协调关闭中。

【支前保障】 2017年11月，接军分区通知，某集团军某旅一个营约XX人演习返回途经辖区，要求做好过境保障工作。接到通知后部首长比较重视立即指示保障科跟踪做好保障，保障科协调地方支前办准备好热食，协调过境部队停车休息场所，并购买水及一些慰问品。

（温智建）

民主党派　社会团体

民　革

【工作概况】　2017年，中国国民党革命委员会莆田市城厢区支部委员会（以下简称民革城厢支部）发挥中国特色社会主义参政党的作用，履行参政议政、民主监督、参加中国共产党领导的政治协商职能，围绕区委、区政府中心任务，组织调研，撰写报告，同时关注群众反映的热点、难点问题，反映社情民意。组织开展“坚持和发展中国特色社会主义学习实践活动”，部署开展“不忘合作初心，继续携手前进”专题教育活动，引导、号召党员学习老一辈优良传统，投身社会服务，同时坚持一个中国原则，秉持“两岸一家亲”的理念，反对任何形式的“台独”分裂图谋，团结台湾同胞共同弘扬中华文化，为全面建成小康社会、为全面推进深化改革、为依法治区、为努力打造人文宜居新城厢、建设美丽莆田先行区、为祖国的统一大业、为实现中华民族伟大复兴的中国梦作出贡献。

【参政议政】　2017年，民革城厢支部关注民生，围绕老百姓关心的热点、难点问题，调查研究，就老百姓反映强烈的完善中小学、幼儿园布局及群众关心的农村剩余劳动力转移、创建城区便民服务信息张贴栏等问题，向民革莆田市委会上报“关于加强创建莆田城区便民服务信息张贴栏的建议”及向区政协上报“关于完善中小学、幼儿园布局推进义务教育优质均衡发展的建议”“关于促进城厢区农村剩余劳动力转移的建议”2份集体提案。同时，组织党派骨干党员，依托专业优势，通过实地调研、现场踏勘，结合城厢实际，围绕古村、古民居保护现状为课题调研任务，提出一系列较有价值的建议，形成“利用文化遗产·打造城市空间·密切五缘联系·讲好城厢故事”调研报告，选为城厢区政协八届二次会议大会发言材料。

【理论学习】　2017年3月，民革城厢支部组织党员关注全国两会的召开，并收集、报送关于2017年度全国两会政府工作报告的党外代表人士反映及相关意见、建议。4月，在金海湾会议室开展“不忘合作初心，继续携手前进”的主题征文、演讲暨学习廖俊波先进事迹活动。在活动中，推选2名优秀演讲者和一篇优秀征文参加市委会5月份组织的演讲比赛和征文比赛。6月，组织支部骨干党员参加学习民革中央领导在福建省委会所作的“不忘合作初心、继续携手前进”——民革优良传统巡回讲座。组织支部党员关注民革福建省第十四次代表大会的召开，学习领会民革福建省委会今后五年的工作重点。8月，组织骨干党员参加由民革市委会组织，在仙游举行的莆田民革暑期读书班，通过暑期学习及集中听讲专题讲座。12月，组织支部党员关注民革第十三次全国代表大会的召开，并学习领会民革今后五年的工作重点。

【赠书活动】 8月，民革城厢支部、农工党城厢支部与霞林街道沟头社区联合开展“共建同心图书室·共创书香新社区”共建、赠书活动。共捐赠价值8000多元的图书300多册，书籍内容涵盖法律、国学、文学、生活等各个方面。“同心图书室”每天将定期开放，供社区居民、青少年、留守儿童等阅读。此外，社区还将安排专人做好图书管理工作。

【实地参观考察活动】 10月，民革城厢支部郭妙桑主委带领党员前往灵川镇、太湖园区，实地参观调研灵川镇径里美丽乡村建设、太湖园区农业产业省级龙头企业诚味食品有限公司、省重点项目福建华源纺织城。党员们了解径里村美丽乡村建设情况。

【学习中共十九大精神活动】 10月，主委郭妙桑组织支部集中学习中共十九大会议精神，同时传达民革市委会于10月25日召开的参政议政会议精神，要求各位党员要把学习贯彻十九大精神作为当前和今后一段时间内的一项重要政治任务抓紧抓好，学习领会十九大提出的重大理论观点、重大战略思想、重大工作部署，把思想和行动统一到中共十九大精神上来。

【慰问帮扶活动】 12月，组织慰问离退休老党员及困难党员活动，号召党员积极为贫困户捐款献爱心。同时，帮扶灵川镇张边村文明创建、平安创建、困难帮扶及其他公益事业建设。

（郭妙桑）

民盟

【工作概况】 2017年，中国民主同盟城厢支部（以下简称民盟城厢支部）学习贯彻中共十八大、十九大及历次全会精神，贯彻学习习近平新时代中国特色社会主义思想，落实民盟十一届历次全会及十二大精神，理解“四个全面”的重要意义，开展“不忘合作初心，继续携手前进”专题教育活动，进一步凝聚政治共识，强化履职能力，提高社会服务水平，扎实推进新时期自身建设，为助推城厢区的经济发展，促进社会和谐作出新的贡献。是年，在省盟纪念福建民盟组织成立70周年大会上，支部获“先进集体”，林少斌、吴懿娴获“先进个人”表彰；在“纪念莆田民盟组织成立60周年”活动中，支部获“先进集体”，郭建辉、方碧娴、陈松敏、林静获先进个人；支部在八届一次会议上提出的“关于加强提升学前教育发展质量的建议”被评为2017年度优秀提案。

【理论学习】 2017年，民盟城厢支部加强理论学习，采取集中学习和个人自学相结合的方法，结合各项工作开展多种形式的学习活动。采取“请进来”的授课方式，邀请中共福建省第十次党代会代表陈静为盟员宣讲十九大精神。组织盟员相互交流学习心得，进一步提升学习实效。

【支部建设】 2017年，民盟城厢支部做好组织发展工作，有针对性地吸纳人才，不断充实新生力量，保证拥有一支政治素质较高、综合素质较强的队伍。今年吸收3名优秀青年入盟。重视后备队伍建设，坚持备培结合，重在培养的原则，规范后备干部的发现、选拔、培养、推荐等程序。通过开展活动增强组织的凝聚力、归属感，走访慰问退休盟员代表，组织女盟员开展纪念国际妇女节座谈会，组织教师盟员开展纪念教师节教师座谈会等。全年组织全体盟员集中学习3次，座谈会2次，考察调研2次。组织盟员参加市盟蒜溪摄影采风活动、湄洲岛妈祖文化调研活动、重阳节“家庭急救”健康知识讲座、省盟“我与民盟”征文比赛。选送2位盟员参加市盟“莆田民盟组织成立60周年演讲比赛”（吴懿娴、林琳三等奖）、10位盟员参加市盟骨干盟员读书班、1位盟员参加省盟骨干盟员培训班。

【参政议政】 2017年，民盟城厢支部参加中共城厢区委、区政府召开的座谈会、协商会和通报会，围绕区政治、经济、社会发展中的重大问题，提出了具体意见建议，得到中共城厢区委、区政府的重视和采纳。反映社情民意信息76条，调研文章3篇；向市盟报送提案2017年两会23条、2018年两会15条，建议分别被省政协、省盟、市政协、市委统战部、市盟采用，采用率较高，信息采用得分列全市民盟基层组织第二名，1篇得到市领导批示。由宋茜茜执笔的“刍议行政诉讼不停止执行原则”课题调研获市盟2017年课题调研第二等次。3月，与九三学社城厢支社联合往坪盘开展“美丽乡村”调研，信息被盟中央网站和人民政协网采用。12月，区政协八届二次会议上，支部提出团体提案5条，委员个人提案4条，并作题为“关于进一步扩大中心城区普惠性学前教育资源的建议”的大会发言。参与民主监督，有市机关效能建设监督员1名、市换届风气监督联络员1名、区党风廉政监督员3名、区人民法院廉政监督员1名、区人民法院人民陪审员1名。

【服务社会】 2017年，民盟城厢支部按照“发挥优势、突出重点、量力而行、讲求实效、持之以恒”的指导方针，利用人才优势，整合资源，除开展传统的送学送医活动外，还开展送法、送温暖、送文化等新的社会服务内容，更好地为经济建设服务，为科技、教育、文化等事业发展服务。与莆田学院支部在城厢区第二实验幼儿园联合开展婴幼儿健康护理讲座进校园活动；进沟头幼儿园开展“关爱明天”送法进校园活动；赴下黄幼儿园开展“奉献爱心、传递温情”赠书活动（价值5000元），国家宪法日进沟头幼儿园开展法制进校园活动。参与扶贫攻坚活动（帮助8户贫困户实现脱贫，给予边远沿海乡村东海村10000元帮扶经费）。吴懿娴参与“市盟送培下乡活动”，给民办幼儿园园长授课。

（林少斌）

民　建

【工作概况】 2017年，中国民主建国会莆田市城厢区支部委员会（以下简称民建城厢支部）贯彻落实中共十九大系列精神及习近平总书记的一系列重要讲话精神，组织学习《中国共产党统一战线工作条例（试行）》精神和民建省委、市委会议精神、全区统战工作会议精神等会议精神，推荐骨干会员、新会员参加省社会主义学院、民建市委会举办的各类培训班、学习，通过召开会员大会、各类座谈会、学习交流会、培训提高会等多种形式组织会员学习。从物色对象、联系考察、上报审批等相关程序都不断健全，严把入会关，注重政治素质，发展新会员2名，发展与巩固相结合，吸收政府部门和从事经济工作、专业性强的层次较高的人士入会，非公经济代表人士入会，拓展专业领域。

【主要活动】 2017年，民建城厢支部先后举办2期民建城厢区企业家联谊会，开展“不忘合作初心，重温革命历史”主题活动，组织新会员和骨干会员参观闽中司令部纪念园，缅怀先烈，寻红色记忆，组织会员企业家在江西举办2017年中国（江西）非公有制经济发展论坛。发展会员壮大队伍。注重社会工作和开展现场活动为载体。由支部志愿者组成的“爱心志愿者服务队”参与民建市委挂钩联系漳州市政和县“三下乡”扶贫帮困，走访会员企业活动。

【参政议政】 2017年，民建城厢支部会员运用调研成果在“两会”上建言献策，《关于城厢区全面推进“河长制”实施情况的调研报告》在区政协八届一次大会发言，受到区委、区政府主要领导高度重视。同时，提交《关于提升城区排水防涝能力建设的建议》《关于加快推进城厢区龙德井片区危旧房改造项目的提案》等提案。引导会员们参与文明创城活动，参与莆田市文明办举办“关爱河流，志愿先行”暨城厢区全面推行河长制志愿主题文明志愿者活动，推进会员在城厢区创建全国文明城市发挥应有的作用。

（吴洪云）

农工党

【工作概况】 2017年，中国农工民主党莆田市城厢区支部委员会（以下简称农工党城厢支部）深入学习、贯彻中共十八届三中、四中、五中、六中全会、中共十九大和习近平总书记的一系列重要讲话精神；引导全体党员深刻领会党的十八大以来的路线、方针、政策，促使党员在思想上、行动上和党中央保持高度一致，自觉地坚持以邓小平理论和“三个代表”重要思想作为指导，贯彻落实科学发展观，执行党的十八大以来的各项路线、方针、政策，献身于社会主义经济建设中去，为城厢区经济持续健康发展做出应有的贡献。是年，叶丽珊、林芳被市委会评为先进党员，潘仁东被市委会评为参政议政先进个人。农工党城厢支部政协委员在区政协八届二次会议上提交反映社情民意的提案建议8件。

【民主监督】 2017年，农工党城厢支部通过参加区人大、政协会议，专题调研和视察，以及通报会、协商会等活动，发挥本党党员的区人大代表、政协委员、安全生产协会评审员、特约审计员、人民陪审员、教育系统“三风”督查员作用，多渠道多形式参与党外民主监督活动，履行各自的职责，提出的意见建议，得到采纳。

【服务社会】 2017年，农工党城厢区支部医护人员在龙德井居委会开展“‘健康中国·科普助力’护士节暖心义诊活动”，以义诊的方式庆祝“白衣天使”的节日。联合区医院、常太卫生院深入常太镇常太村村委会开展“庆七一”送医送药爱心义诊活动。与区医院、区工商局在凤凰山广场联合开展关爱志愿者、关爱交通协管员、关爱环卫工人“三关爱”的送医、送药、送凉茶活动，联合区医院前往亚明食品厂开展健康义诊活动。同时，通过现场心肺复苏演练，传授家庭急救、自救方法。联合区政协、区医院组织医护人员在灵川镇太湖村为当地群众开展主题为“服务百姓·健康行动”送医送药大型义诊活动。为弘扬中华民族敬老、爱老、助老的传统美德，“闽善行·爱在城厢”“寒冬送暖意”关爱老年人志愿服务活动在莆田市如家养老院举行。联合区教育局分别向城厢区中特小学、延寿小学的师生送去400多册的各类图书，并开展送教和国学诵读活动。创新民主党派基层组织服务社区模式，农工党城厢区支部、民革城厢区支部在霞林街道沟头社区联合开展“共建同心图书室、共创书香新社区”授牌、赠书活动。同时，支部组织部分党员利用一些节假日的时间，到各级慈善机构当义工，宋益清等还经常到梅峰寺国学班给孩子们义务讲学。

（潘仁东）

致公党

【工作概况】 2017年，中国致公党城厢支部（以下简称致公党城厢支部）领导参加区委、区政府召开的协商会、情况通报会、征求意见会等，围绕区委、区政府中心工作建言献策。支部在“两会”前及时召开参政议政专题部署会，组织党员们开展调查研究，撰写高质量的议案、提案、建议，支部党员或领衔或附议向市区“两会”提交议案、提案、建议11件，区政协大会发言1篇。党员们履行民主监督参政议政职能，反映社情民意，参与单位或支部组织的各种调研、视察、检查活动，撰写调研课题2篇。

【理论学习】　2017年，致公党城厢支部组织党员全年集中学习4次，深入学习中共党的十九大精神，并开展专题学习座谈，畅谈心得体会，统一全体党员的思想认识，增强政治共识。开展“不忘合作初心，继续携手前进”专题教育活动，坚定“四个自信”、筑牢“四个意识”，夯实多党合作共同思想政治基础。通过踊跃参加省、市、区举办的读书班、学习研讨会、一周课堂等多种形式的培训，增强支部的凝聚力，提升党员新时期统战理论水平，更好地履行参政党职能，助推经济社会事业发展。

【服务社会】　2017年，致公党城厢支部以“社区致公学校”“致公林”和志愿者服务工作等社会服务品牌为平台，组织党员调研乡村旅游业发展暨了解城厢区华亭镇杨梅采摘节情况；响应致公党省委会、市委会号召，组织开展“致力为公，侨海报国”讲好致公故事比赛等。先后调研小流域水质污染整治情况，了解生态现状，帮助解决实际困难。组织党员到华亭镇涧口村开展“致公林”养护情况调研活动，助力美丽莆田先行区发展。

（谢晓涵）

九三学社

【工作概况】　2017年，九三学社城厢区支社委员会（简称九三学社城厢区支社）学习中共十八届四中、五中、六中全会和十九大会议以及习近平总书记系列重要讲话精神，发动全体社员围绕中共城厢区委、区政府的中心工作，开展社会服务活动，履行民主监督职能，参政议政，立足本职履行民主党派职责。

【调研活动】　3月25日，九三学社城厢区支社支社部分社员与区民盟部分盟员一起到涵江区白沙镇坪盘村、荔城区西天尾镇林山村调研“美丽乡村”建设，活动信息被人民政协网采用刊载。7月9日，组织支社与市直二支社赴城厢区灵川镇径里村、东海镇上亭村实地开展“美丽乡村建设可持续发展”调研活动。活动邀请九三学社市委主委王玉芳、原主委陈立人、副主委蔡国萍到场全程指导。通过实地考察灵川镇径里村与东海镇上亭村美丽乡村建设项目点、走访现场群众、与镇村干部座谈等方式，就美丽乡村的项目建设、环境整治、文化传承、乡村旅游等方面进行了解和调研材料收集。两个课题组分别撰写《关于共建美丽乡村可持续推进的探索思考》《调动民间资本、金融资本等参与美丽乡村建设的对策与建议》两篇调研文章，就美丽乡村建设面临的主要困难和问题，提出有针对性的建议意见。其中《调动民间资本、金融资本等参与美丽乡村建设的对策与建议》被九三学社市委评为优秀调研文章。

【参政议政】　2017年，九三学社城厢区支社注重建言献策质量，坚持把履行参政议政职能的作为第一要务来抓。社内各位政协委员、其他社员围绕各自本职工作及社会关注的热点问题，找准切入点、抓住突破点，建言献策。《关于落实乡村发展战略让绿水青山转化为金山银山的几点建议》在12月27日城厢区政协八届二次会议上作大会发言交流。该发言得还到城厢区政府主要领导批示相关部门主动对接，提出具体切实可行有创新模式的试点方案。

【服务社会】　5月17日，邀请莆田市第一医院心血管内科杨威、潘国焰、翁春发医生、城厢区医院林智辉、陈瑞达医生等五名社内外心血管疾病方面的专家联合组成义诊服务队，赴城厢区东海镇利角村开展“5·17世界高血压日”义诊活动，共为一百多位村民进行免费检查、咨询和诊疗，现场分发宣传材料200多份，发放价值近1500元的高血压医疗药品。5月28日，支社部分社员走进莆田SOS儿童村开展公益活动，了解访问儿童村收留抚养的孤儿和困境儿童的学习生活情况，并为孩子们带去课外读物、勾线笔、彩色铅笔等价值2000多元的绘画文具。莆田SOS儿童村曾素琼村主任向社员们详细介绍儿童村运作管理、儿童生活教育情况，探讨从国际上引入中国的家庭养育孤儿模式，介绍儿童村“妈妈”们在养育孤儿方面所做的工作、付出的心血，同时希望九三学社城厢区支社能够帮助宣传儿童村收养政策，帮助基层更多的孤儿和困境儿童。6月23日，组织支社部分社员联合城厢区科协、东海镇党委、政府在东海镇蔡亭中心小学开展暑期安全主题科普宣传活动。针对暑期高温阶段学生喜欢游泳戏水的特点，支社特地编制安全游泳“防溺水”宣传材料，并邀请专业人士向同学们讲解预防溺水的几大措施。科普活动期间，还结合当前莆田市委、市政府“共建美丽乡村，创建全国文明城市”这一中心工作，倡导学生带动家长践行低碳健康的生活方式，小手拉大手一起宣扬文明行为，反动歪风邪气，共建和谐平安社会。

（吴清松）

总工会

【工作概况】 2017年，城厢区总工会（以下简称区总工会）各级工会全面贯彻党的十八大、十九大精神和习近平总书记系列重要讲话精神，围绕“打造人文宜居新城厢、建设美丽莆田先行区”的中心任务，凝心聚力，锐意进取，着力夯实基层基础，着力组织引导职工，着力强化维权维稳，着力服务保障，力争当好职工“娘家人”。坚持“党建带工建”，努力扩大工会组建的覆盖率，注重发挥典型的示范引领作用，培育、推广先进典型，促进基层工会工作逐步走上规范化轨道。截至年底，全区基层工会组织1452家，全年新组建基层工会42家，发展会员2870人。创建“党建带工建”示范单位1家（亚明），培育全国级工会示范单位1家（力奴），培育省级工会示范单位3家（郭氏、复茂、祥冠），省级示范性劳模工作室1家（腾辉工艺）。

【主题教育宣传活动】 2017年，区总工会开展“中国梦·劳动美”主题宣传教育活动，通过劳模风采展、网络宣传等方式对城厢区劳模事迹进行宣传报道，弘扬劳模精神，激发广大职工建功立业的积极性。开展喜迎十九大系列活动，联合教育系统工会开展“讲奉献·铸师魂”演讲比赛和“喜响十九大·唱响劳动美”歌唱比赛，宣传社会主义核心价值观，弘扬劳模精神、劳动精神和工匠精神。

【职工素质工程】 2017年，区总工会实施以弘扬工匠精神为核心的职工素质建设工程，组织发动各级工会组织加强职工职业技能培训，组织多工种、实用型、订单式的职工职业技能培训，开展“名师带高徒”活动，加快打造一支有理想守信念、懂技术会创新、敢担当讲奉献的职工队伍。是年，全区“名师带高徒”共结对师徒151对；举办工会业务培训班1期，培训基层干部和职工共计800人次。引导广大职工群众积极参与创城工作，参与环境卫生整治、文明交通劝导、倡导绿色生活主题彩绘活动等志愿服务活动，用实际行动为文明城市创建增光添彩。

【群众性立业活动】 2017年，区总工会开展“践行新理念·建功十三五”为主题的劳动竞赛。6月13日，在祥冠鞋业开展“匠心风采·传承千年”针车技能竞赛，共有60多名职工参赛。以创建“工人先锋号”为引领，组织各级工会组织广泛开展多种形式的职工技能培训、岗位练兵，通过练技能、比贡献，涌现出一批先进典型：市劳模11名，省“五一劳动奖章”1名，省级“工人先锋号”2家。开展群众性“五小”（小发明、小创造、小革新、小设计、小建议）创新活动，上报“五小”创新项目10项。

【精准帮扶困难职工】 2017年，区总工会继续推进送温暖工程、金秋助学、女职工关爱、医疗互助等工会品牌工作。继续在“七一”期间开展“一日助”活动，全区筹集“一日助”送温暖资金17多万元。全年慰问困难职工65名，送去慰问金17.36万元。3月，开展“粉红丝带”乳腺癌防治健康讲座，吸引全区200多女职工参加。5月，第七期医疗互助活动启动，共3199名干部职工参加，缴纳职工医疗互助金18.48万元，累计享受互助金54人，发放补助金12.57万元。

【服务外来工、农民工】 2017年，区总工会聘用专业律师为城厢区总工会法律顾问，为外来工、农民工提供免费专业的法律咨询服务。1月12日，开展“关爱外来工·情满返乡路”“关爱外来工·筑梦在华林”等活动，现场慰问困难职工、移风易俗写赠春联、赠送电影票、送文艺演出和趣味文体比赛等。“六一”期间，开展关爱外来工、农民工（留守儿童）系列活动，为294名外来工、农民子女（留学儿童），送去书籍、书包等用品价值4.82万元。

【维权和维稳】 2017年，区总工会以“安康杯”竞赛活动为载体，推进安全生产和职业病防治工作，依法维护职工安全健康权益；加强工会法律援助队伍建设，实施工会系统“七五”普法规划，开展法律宣传、法律咨询、法律援助、讲座培训等“法律进企业”活动。参加“安康杯”竞赛活动企业483家，推荐复茂、腾辉、莆田市园景市政绿化工程等3家单位为省安康杯知识竞赛先进单位；举办1期职业病防治宣传培训活动，参加人数达200多人。推进工资集体协商，重点抓好华林园区制鞋行业工资集体协商的开展，指导规范签订集体合同、工资集体协议等，有效维护劳动关系的和谐稳定；健全协商劳动关系三方机制，调解处置好辖区内的劳资纠纷及外来务工人员的其他各类民事矛盾纠纷争议。加强与有关部门的工作联合，加大风险排查预警、源头预防和应急处置力度，每半月对维稳风险隐患问题清单进行收集上报，做到问题发现早、情况明，为维护职工队伍稳定工作打下坚实的基础。

【挂钩村精准扶贫】 2017年，区总工会重视精准扶贫工作，3个科级领导干部挂钩华亭镇兴沙村9户贫困户，多方筹集帮扶资金2.96万元，因人施策，推动贫困群众精准脱贫。实现8户贫困户脱困，每月区总工会领导还亲自带队深入，为贫困户送去米粮油、牛奶、干货、棉被等生活物品。

（吴佩仙）

共青团

【工作概况】 2017年，共青团城厢区委员会（以下简称团区委）贯彻党的群团工作会议精神，围绕“服从大局，服务社会、服务青年”工作方针，以推进共青团改革为契机，以加强团的思想建设和组织建设为重点，围绕党政中心工作，扎实有效地开展团的各项工作。“五四”期间开展以“不忘初心跟党走·青春奉献新城厢”入团仪式集中示范活动在莆田第三中学隆重举行。先进集体和个人的表彰；先进典型青年代表分享青春故事；“一学一做”分享交流、教育实践图片展等展示城厢优秀青年的风采，引导全区青少年以更积极的态度投入到工作学习中。

【新媒体宣传】 2017年，团区委依托“城厢共青团”官方微信公众号、微博等，及时发布活动信息，传播正能量。选树一批勤于学习、善于创造、甘于奉献的城厢区青年劳动者典型。在“五四”前夕，推出《新城厢·新青年》微视频，以喜闻乐见、新颖新鲜的形式弘扬主旋律，传递正能量。

【举办各类活动】 2017年，团区委利用学雷锋月、青年节、建党、建军90周年等重要时间节点，举办“喜迎十九大·童画新城厢”儿童绘画比赛、“不忘初心跟党走·青春奉献新城厢”纪念建团95周年暨团员重温入团仪式、“我的青春我的梦”中学生征文比赛、“我和队旗合个影”“我与团旗合个影”“喜迎十九大——我向习爷爷说句心里话”庆“六一”主题活动、“喜迎十九大，我是光荣的少先队员”等系列活动，用中国特色社会主义和中国梦教育青年，用社会主义核心价值观培育青年引导少年儿童在潜移默化中提高的思想道德文化素养，树立正确的世界观、人生观、价值观。

【关爱弱势青少年群体】 7月4日，团区委联合华林学校举办城厢区第二届“传递爱心·扶志助学”关爱外来务工子女公益夏令营。利用青年大学生群体的优势充实团委力量，7月14日，举行城厢区大学生青春行动联盟成立仪式。以联盟为主体开展各类志愿活动。8月，正式启动城厢区2017年“情暖童心”关爱留守儿童圆梦微心愿示范行动，共为100名留守儿童实现微心愿。

【预防青少年违法犯罪】 4月底，召开2017年城厢区综治委预防青少年违法犯罪暨未成年人零犯罪村（社区）创建工作会议，进一步调动全社会的力量，做好预防和减少未成年人违法犯罪工作，着力构建预防和减少未成年人违法犯罪工作体系，加强社会治安综合治理，营造未成年人健康成长的良好社会氛围。截至年底，龙桥街道万辉社区被中央综治委预防青少年违法犯罪专项组办公室列为第一期创建“青少年零犯罪零受害社区试点单位”。

【青少年事务社工服务】 2017年，团区委按照“团干部+社工+志愿者”的模式，采取岗位购买的形式，有力推进重点青少年事务社会工作服务，成为预防青少年违法犯罪的有效手段。先后建立个案10个，开展小组活动15场次，社区活动5场次。如：2月11日在龙桥街道万辉社区开展“浓情元宵·欢乐社区”青少年庆元宵活动；5月31日开展“心手相牵·欢乐成长”青少年事务社工进乡村关爱系列活动；8月3日在莆糖社区开展“青春自护、平安暑期”关爱进社区活动等等。同时，根据华林学校外来务工人员子女较多的实际，建立驻校社工站。

【服务文明城市创建】 2017年，团区委依托莆田湄洲妈祖文化优势，要求各团队组织发掘妈祖文化，传承妈祖大爱文化，吸收妈祖文化的精神实质，为培育社会主义核心价值观提供丰富强大的文化滋养。3月4日，组织20余名志愿者在绶溪开展“与雷锋同行·建美丽莆田”青春环保志愿行动；6月9日，组织辖区内60余名青少年在湄洲祖庙莆田会馆开展“弘扬妈祖精神·争当创城使者”青少年助力文明城市创建倡议活动；7月19日，在龙桥街道石兴路开展助力创城大地美容彩绘宣传系列活动；7月初，团区委与福建船政交通职业学院暑期志愿实践队对接，依托绶溪开展“河小禹”保护母亲河专项行动。

【从严治团】 3月24日，组织动员全区共青团集中开展“学习总书记讲话做合格共青团员”教育实践。相应成立教育实践领导小组和工作机构。由两名团干部、青少年事务社工挂钩联系基层团支部。通过微信公众号“城厢共青团”将宣传贯穿教育实践活动全过程，做到启动有声势、活动有高潮、日常有声音，使开展“一学一做”教育实践活动人人知晓。于4月27日开展“我为共青团改革献一策”团干部座谈交流会、“一学一做”主题团课观摩交流等活动。培育成立福建亚明食品有限公司团支部等。11月17日，团区委联合东海镇团委成立十九大精神青年宣讲团，进一步将党的十九大精神在青年中传播。持续推动实施“4+1”联系服务青年、“1+100”直接联系青年、团干部直接联系团支部制度，做到“线上”和“线下”相结合，形成密切联系青年的长效机制，推动青年从服务对象变成共青团的“铁杆粉丝”。团区委、镇街团委、中学团委的专兼职团干部经常性联系100名团员青年，按照团干部“五个一”工作机制开展系列活动，并将挂钩联系指导一个基层团组织“一学一做”教育实践作为2017年“1+100”工作的首要任务，全程参与教育实践活动，拉近与青年的距离，凝聚团员青年。

【团区委机关机构改革】 2017年，团区委起草《团区委改革方案》，改革前机关无内设部（室），改革后机关内设综合办公室、组织宣传部、学少权益部等3个部（室）。改革后要求领导班子及内设部（室）均增设挂职、兼职干部，占50%。即：团区委增设1名挂职副书记、1名兼职副书记；2—3名挂职、兼职工作部（室）工作人员。

【建立“团干部+社工+志愿者”模式】 2017年，团区委推进培育团属青少年事务社工机构，通过政府购买服务、项目承接等方式，建立一支由团区委统筹的青少年事务社工队伍，专门从事重点青少年群体服务管理。团区委每年购买青少年事务社工岗位不少于3名。推动各镇（街道）采取政府购买服务的方式，配备1名青少年事务社工。

（韩超凡）

妇　联

【工作概况】 2017年，城厢区妇女联合会（以下简称区妇联）以习近平新时代中国特色社会主义思想为根本遵循，以服务大局与服务妇女相统一为主线，以深化妇联改革为动力，以联系和服务广大妇女群众为根本，全力推进妇联组织和妇联工作改革创新，围绕区委、区政府“打造人文宜居新城厢、建设美丽莆田先行区”的中心目标发挥妇女半边天作用和妇联组织独特优势。是年，有1个单位获评省“三八红旗集体”、1人获评省“三八红旗手”；1个单位获评市“三八红旗集体”、1人获评市“三八红旗手”标兵、8人获评市“三八红旗手”；3个单位、6人获市实施妇女儿童发展纲要通报表扬。

【互联网拓展运用】 2017年，区妇联强化互联网思维，在线上发力，打造网络妇女组织，增加联系妇女群众的工作半径。建立区妇联官方微信，通过微信及时发布各项方针政策、交流工作动态、听取声音建议，旗帜鲜明做好网上宣传教育引导工作，在“三八”节利用微信平台开展“凝聚巾帼力量，共建美丽新城厢”送流量活动，吸引广大妇女关注公众号，了解妇联工作动态，通过平台广泛宣传学习习近平总书记系列重要讲话精神，和治国新理念新思想新战略，引领广大妇女听党话、跟党走。在网上寻找“最美家庭”，评选“五好文明家庭”“平安家庭”，社会化推荐三八红旗集体（手），招募巾帼志愿者等，将“三八”节表彰大会通过东南网络现场直播，开展东南网莆田小记者探访“三八红旗手”“五好文明家庭”背后感人的故事，讲述“最美女性”故事，弘扬社会主义核心价值观。创新婚姻家庭纠纷调解模式，依托区社会治理服务网格化平台，推行“互联网+调解”，让当事人在网上接受调解，网上婚姻家庭调解业务开展以来，成功调解1起婚姻纠纷案件。在镇（街道）、村（社区）妇联组织和教师队伍、机关女干部、巾帼志愿者队伍、女企业家联谊会等女性社会团体、自组织、微组织中建立微信群、爱心帮扶群等女性群，主动发声、积极点赞，引导全区妇女群众相互学习、共同发展，比如：在女企业家微信群中广泛宣传妇联基层组织改革的目的意义，鼓励广大女企业家主动申请、主动建“家”。建立“城厢区妇联爱心帮扶群”，倡导群友每人每日捐一元钱，所有红包用于救助“两癌”贫困母亲，有群友342人，募集爱心红包万余元。实现“三级妇联互联互通”“一呼百万”的微信工作法，构建起联系网、工作网、服务网整体合一的“互联网＋妇联”工作新格局。

【创业创新巾帼行动】 2017年，区妇联在安福电商城成立“巾帼创业创新电商培训基地”。举办“新经济、新模式、轻资产”互联网创业论坛，通过基地举办18期“互联网+”的技能培训班，培训女创业260名，引导广大女性踊跃参与到大众创业、万众创新中。

【巾帼脱贫攻坚行动】 2017年，区妇联联合区卫计局为全区35－64岁农村妇女及城市低保妇女免费“两癌”检查各2000例。为省“母亲健康1+1”募捐，通过微信“爱心帮扶群”发送红包和在华亭镇涧口村举办“母亲健康1+1”现场募捐活动，募捐善款1.3万余元。有1名“两癌”患病妇女得到全国妇联1万元的救助、7名得到省妇联各2000元的救助；持续开展精准扶贫建档立卡贫困妇女赠险工作，又有380名贫困妇女得到“国寿女性安康团体疾病保险”赠送的保单。携手爱心企业开展新春慰问活动，走访慰问37户精准扶贫户，48户贫困母亲、贫困外来女工、贫困春蕾女童，送去钱、油、面等共计12万元。区妇联挂钩5户精准扶贫户，每个月都深入到挂钩户家中看望慰问，为她们送去慰问金、大米、油、菊花茶等消暑食品，为她们介绍岗位，争取早日脱贫。实施家政培训项目，为广大农村妇女培训家政保洁员、护理员、月嫂等，帮助贫困妇女掌握一技之长。区“巾帼家政培训基地”承接承办全市精准扶贫家政服务培训工作，培训精准扶贫妇女200名。

【家庭文明建设行动】 2017年，寻找“最美家庭”已在城厢区常态化开展，有1户家庭获评福建省最美家庭；10户家庭获评莆田市最美家庭；12户基层妇女干部家庭获评莆田市妇联系统最美家庭；27户家庭获评区五好文明家庭称号。基层有17个村（社区）开展以“家庭文明工程”为主题的各类文艺晚会，评选最美家庭、平安家庭、好婆婆、好媳妇、好妯娌、好邻居等活动，每场“村”晚吸引上千名群众观看。在全区广大妇女和家庭中开展以“深化移风易俗共建文明家园”为主题的活动，通过微信平台向全区发出倡议书，引导广大妇女和家庭树立文明健康节俭的生活方式。霞林街道妇联在钱四娘纪念馆开展“传承好家风·培育好家训”诵读进社区活动。龙桥街道万辉社区开展“家风淳、社风正、街道美”亲子活动；开展“邻里颂家风·家训暖厅堂”主题活动，邀请全国“五好文明家庭”、省助人为乐道德模范郭景国深入万辉社区与社区老人共同分享如何为下一代树立好榜样、好家风的经验做法。举办端午节赛诗（词）会，以“诵读千古诗文·传承家风家训”为主题，培养孩子们爱国主义情操和对古诗词的兴趣。结合创建全国文明城市，着力加强儿童之家和社区家长学校建设，制定下发《关于规范和完善社区家长学校建设工作内页资料的通知》，逐一细化内页资料的归档顺序，并加强督查、指导，助力创城，培育6个市级示范性社区家长学校。举办10场“好家风好家训好家教”公益大讲堂巡回讲座。“端午节”“六一节”期间，区委书记王文才、区长吴文恩分别深入区第一实验幼儿园和霞林学校，慰问留守流动儿童，送去慰问金及书包、文具、图书等慰问品。深入华亭镇湖里小学开展“最美家庭故事进校园暨关爱留守儿童科普宣传活动”，科普大篷车向孩子们展现小机器人及各种智能开发器械的魅力。同时，还在湖里小学和南湖小学分别建立“爱心书屋”，丰富孩子们的课余生活。在华林学校举办第二届“传递爱心·扶志助学”公益夏令营活动，让留守儿童在体验、学习、实践中得到收获。

（苏剑玲）

工商联（商会）

【工作概况】　2017年，城厢区工商业联合会（以下简称区工商联）会员总数发展到312家，2个基层商会，7个异地商会，1个鞋服协会，涵盖房地产、鞋革、服装、食品、电子、餐饮服务、文化传媒等产业，会员中有中国驰名商标4件，中国名牌产品2个，出口免验产品1个，国家免检产品4个，福建省著名商标24件，福建省名牌产品27个。

【非公经济人士的思想政治工作】　5月27日，区工商联组织年轻企业家前往市政府收听收看全国年轻一代民营企业家理想信念报告电视电话会议。参会的年轻一代民营企业家们一致表示，要学习先进、崇尚先进、争当先进，进一步坚定理想信念，筑牢精神支柱，勇于创业创新迎接党的十九大胜利召开。11月8日，组织机关全体工作人员和部分企业家参加区统战系统学习贯彻党的十九大精神宣讲会。

【服务经济建设】　2017年，区工商联坚持走出去和请进来并重，组织企业家参加“9·8”及“6·18”一系列重大经贸活动。同时，发挥在上海、浙江、广东、北京、江苏、重庆、新疆异地商会的作用，广泛宣传区委、区政府关于招商引资工作的优惠政策，引导在外民营企业家为家乡的经济发展和社会各项事业多做贡献。4月，区委书记王文才带领相关部门负责人前往浙江商会考察，浙江商会与区政府签订框架协议，有1家企业有意向回乡投资。9月22日，组织企业家参加市工商联举办的“吉林市招商推介会”，为企业寻求发展机遇。

【参政议政】　2017年，区工商联针对非公有制经济代表人士参政议政的意愿和要求，抓好市、区人大、政协换届时机，做好非公有制经济代表人士政治安排的推荐和评价工作。会员中当选区人大代表6人、区政协委员14人，市人大代表8人、市政协委员人选4人。

【服务企业】　2017年，区工商联深入会员企业三威鞋业有限公司、郭氏鞋业有限公司、兴华食品有限公司、力奴鞋业有限公司等会员企业走访、调研，了解非公经济企业发展现状及存在的困难，传达区委领导对企业的亲切关怀和慰问，并鼓励企业家要迎难而上，不断创新，把企业做大做强，为城厢建设发展贡献力量。4月26日，区工商联联合区邮政支行、区华林经济开发区管委会、区经信局、召开政银企资金对接会。以“宣传惠企政策、推介信贷产品、促进银企合作”为主题，会议以“助保贷”项目为切入，市分行小企业部人员为到会企业（50家左右）重点讲解助保贷、抵押循环贷、信用贷和企业房产按揭贷，并进行现场问答互动。通过政府搭平台，银企之间面对面的沟通与交流，搭建银企沟通与合作的平台，建立融资双向选择机制，促进银企双方沟通信息、衔接资金，实现银政、银企、政企“三赢”，勾绘促进地方经济建设的共同繁荣发展的蓝图，会议现场与2家助保贷意向客户签约，4家企业现场表达融资意向。

【精准扶贫】　2017年，区工商联响应省委统战部、省工商联“百企帮百村”精准扶贫行动部署和莆田市委、市政府精准扶贫行动要求，引导非公企业结合实际情况参与到精准扶贫工作中来，为贫困村引进资金和致富信息，增强群众脱贫致富信心，帮助贫困户早日脱贫提供有力帮助。城厢区列入“精准扶贫一莆商在行动”贫困村7个，分别是华亭镇五云村、隆兴村、常太镇岭下村、外东坪村、东海镇坪洋村、灵川镇径里村及凤凰山街道白洋村。其中，华亭镇五云村、隆兴村、常太镇岭下村及灵川镇径里村等4个贫困村成功脱贫“摘帽”。

【获奖情况】 2017年，区工商联被评为“2017年度莆田市平安单位”；1月，被省工商联评为2016年度“五好”县级工商联；12月，被中华全国工商业联合会评为2017年度全国“五好”县级工商联。

（陈　晖）

残　联

【工作概况】 2017年，城厢区残疾人联合会（以下简称区残联）宣传和践行人道主义思想，热爱残疾人事业，维护残疾人权益，热忱服务残疾人，在广大残疾人中具有较高威信，推动残疾人事业发展；全面贯彻落实党的十九大、省、市残联有关会议精神，围绕区委、区政府的中心工作，履行“代表、服务、管理”职能，坚持“夯实基础、加大宣传、扩大影响、多办实事、不断创新”的工作思路，着力解决残疾人最关心、最直接、最现实的康复、教育、就业、扶贫、维权等问题。继续规范有序开展第二代残疾人证换发工作，全年办理第二代残疾人证991本；接待残疾人来信来访9例。

【省委、省政府为民办实事项目】 2017年，区残联实施省委、省政府为民办实事项目，扶持贫困残疾人创业就业，为33名残疾人补助，每人5000元；实施“助残工程”残疾儿童康复训练，对66名0～6岁残疾儿童进行康复训练，补助标准每人每年18000元。开展省委、省政府精神和重度肢体残疾人居家托养工作，为118名残疾人补助居家护理费用，每人2000元。落实“5+1”文件精神，其中共受理残疾人自主就业创业社保补助7人，每人每年2520元，共发放17640元；共受理超比例安置残疾人就业奖励2家4人，每家奖励1.35万元，共2.7万元。

【区委、区政府为民办实事项目】 2017年，城厢区把残疾人“扶残助残工程”列入区委、区政府为民办实事项目，由区残联牵头，认真制定实施方案，分解任务，抓好落实。为50名重度残疾人免费配备轮椅；为200名残疾人举办实用技术（职业技能）培训班或劳动就业招聘会；为150名精神、智力残疾或精准扶贫挂钩户的残疾人及其他类别重度残疾人补助居家护理费用，每人2000元。

【康复工作】 2017年，区残联实施“助残工程”残疾儿童康复训练项目，0～6岁儿童康复训练项目完成66名，补助标准每人每年18000元。实施市委、市政府残疾儿童康复训练项目，7～10岁儿童康复训练项目完成5名，补助标准每人每年8000元。

【就业工作】 2017年，区残联举办残疾人实用技术培训班，为101名残疾人进行实用技术和职业技能培训；举办残疾人残疾人微商、电商培训班，为110名残疾人进行微商、电商实操技能培训。依法征收残疾人就业保障金，全区共缴纳保障金3076309.44元。

【宣教工作】 2017年，区残联为困难残疾人（子女）学生共助学50人次，共补助9.75万元，其中，交通银行助学2人，补助标准每人2000元；彩票公益金助学6人，补助标准每人3000元；市区助学共42名。选送残疾人书画、艺术、运动等各种项目优秀人才参加省、市残联组织的特殊艺术人才比赛。

【基层组织建设】 2017年，区残联组织考核组对9名镇（街）残疾人工作联络员进行年度考核；举办镇（街）、村（居）残疾人工作联络员培训班，提高他们工作服务能力。

【社会保障】 2017年，区残联为1082户“一户多残”残疾人家庭进行生活困难补助，每人每月100元，共发放2483600元。为重度残疾人发放护理补贴，一级重度残疾人每人每月100元，二级重度残疾人每人每月50元，共发放2757900元。并且为残疾人发放生活困难补贴，每人每月50元，共发放2108000元。为9529名办证残疾人办理意外保险，每人每年投保8元。

（林丽清）

老龄工作

【工作概况】 2017年，城厢区老龄工作委员会办公室（以下简称区老龄办）按照市老龄办和区委、区政府的决策部署，发挥自身优势，努力在提升“六个老有”中展现新作为，为加快发展城厢老龄事业作贡献。是年，区老龄办被省老龄办、中国人寿福建分公司评为关爱老年人健康公益讲座工作先进单位；林国栋被评为“全国敬老爱老助老模范人物”。

【养老信息服务网络平台建设】 2017年，区老龄办继续依托禾康智慧养老服务中心等社会力量，搭建养老信息服务网络平台。全年共投入资金138.6万元，下拨彩票公益金16万元，依托莆田市禾康智慧居家养老服务中心，服务信息化服务对象3650名，实体援助服务对象850名。城厢区呼叫平台总呼出量为27770次，平台总呼入量为8961次，城厢区龙德井幸福驿站共为社区老人测量血压达4156人次，测血糖1359人次。利用健康小屋为老人体检1025人次，利用自动机器足部按摩6686人次，自动机器肩部、背部、腿部按摩共计6593人次，理疗981人次。开设代缴费平台，提供生活缴费便利。养老护理员在实体服务过程中，上门为老人测量血压共计9345人次，助洁、助浴达5253人次，助残385人次，助行336人次，更换手机891部。

【出台《城厢区老龄事业发展“十三五”规划》】 2017年，区老龄办多次召开座谈会，交流会，广泛征询领导专家意见，并向区财政局等28家相关单位征询有关意见，落实相关数字，几易其稿，还多次与分管领导讨论，使文件统计数字科学准确，富有前瞻性可操作性。7月4日，在区长办公会议上审核通过，并出台文件，明确“十三五”时期全区老龄事业发展的战略目标、重大任务、保障措施等。

【城镇社区居家养老服务中心（站）建设】 2017年，区老龄办建立检查监督制度，对居家养老服务中心（站）进行定期检查指导和督查。建立表彰激励机制，培养典型。按照《莆田市城厢区人民政府关于加快发展养老服务业的实施意见》，与区财政局、民政局对18家居家养老服务中心（站）进行检查指导和督查，检查通过听看查谈形式，即听汇报，查看相关材料、软硬件设施，召开座谈会，社区居家养老服务中心（站）考核后，进行通报。协调区政府给予每个社区居家养老服务中心（站）年运营补贴2万元，共计36万元。在社区基本建立居家养老服务中心（站）为纽带的为老服务体系，初步形成当地政府实行购买服务，专门机构提供优惠服务，志愿者队伍提供无偿志愿服务的工作格局。

【开展全区空巢老人调查摸底】 7月，区、镇（街道）老龄系统对全区空巢老人进行入户调查。

经过2个月的发动部署，走访调查，基本掌握区空巢老人基本情况，建立空巢老人数据库。据统计，全区60～69周岁空巢老人共365人，其中困难空巢老人共98人。80周岁以上空巢老人共109人，其中困难空巢老人共63人。

【组织“敬老月”活动】 2017年，区老龄办会同卫生部门开展老人免费上门体检和巡诊。为基层10个村居老协会发放10台42寸海信液晶彩电，丰富老年人的文化生活。对百岁老人及困难老人调研，为“重阳节”期间市、区领导慰问百岁老人及困难老人做好摸底工作。同时，安排好市区领导慰问的各项服务保障工作。陪同市长李建辉，区委书记王文才、区长吴文恩等领导慰问百岁老人，特困老人，安排16位区级领导走访慰问百岁老人、特困老人，共计发给百岁老人、特困老人慰问金约30多万元。

【推进优待政策】 2017年，区老龄办为九旬、百岁老人发放区级高龄补贴约150多万元，元旦期间为全区特困老人发放慰问金4万多元。南门、下磨等村（社区）也建立老年人固定生活补贴制度，有8654人享受固定生活补贴。办理老年人优待证约1000份。开展老年人优待证办理权下放的工作，下发《福建省老年人优待证办理权下放的通知》，与区行政服务中心联合召开优待证办理业务培训，邀请市老龄办专家对各镇、街道负责人进行业务培训。通过培训，使镇、街道老龄办负责人对老年人优待证的申请、办理，制作、审核程序有掌握，年底前交接工作顺利完成，方便基层广大老年群众的办证需要。

【老协会规范化建设】 2017年，区老龄办协调区政府继续每年给予全区120个老协会各1万元的补助，慰问基层老协会会长。为全区586位老协会会长、困难老人免费办理老人意外伤害保险。

【组建全区低龄老年人志愿者队】 2017年，低龄老年人志愿者队伍由社区低龄、健康、爱奉献的老年人组成。按照就近就便的原则，为老人提供包户、定期、接力式亲情服务。全区低龄老年人志愿者达到700人以上。组织志愿者开展系列活动，如为老年人提供居家养老服务。组织多批志愿者到空巢老人家中为老人提供打扫卫生、整理屋子、张贴春联、洗衣服、梳头、修剪指甲等生活服务，陪老人聊天交流，让老人享受儿女般的亲情，还为老人置办食用油、大米等，并细心询问老年人的生活情况，解决老人的生活实际困难，排解老人的寂寞孤独。为老年人提供健康体检服务，组织医疗服务志愿者定期上门为患病、失能的老人提供体检、送药等健康服务。同时，还为老人建立健康档案，让老人生病时能够得到及时医疗和照顾。

（张建峰）

城厢区文学艺术界联合会

【工作概况】 2017年，莆田市城厢区文学艺术界联合会（以下简称城厢区文联）发挥文联“联络、协调、服务”职能作用，团结带领各文艺家协会和广大文艺工作者，围绕中心，服务大局，创新工作思路和工作举措，从教育活动开展、文化志愿（指导）服务、创作培训、送戏下乡等方面开展文艺活动，为城厢区文艺事业的发展打下夯实的基础。

【文艺创作】 2017年，城厢区举办各类文艺演出、展览活动200余场次，丰富广大群众的精神文化生活，满足群众多层次多样化的精神文化需求。指导协助长篇小说《陷城》、影视剧本《漈川》和闽中游击区革命史（常太镇马院村）红色文化系列创作申报2018年度省文艺发展专项资金项目。坚持文化“走出去”发展思路，组织文化企业参加“6·18”深圳文博会，组织油画企业赴海外国家参加礼品展，展示城厢文化底蕴。4月在油画城举行第十二届中国（莆田）海峡工艺品博览会分会场——2017装饰油画样板间展览会。深入常太镇、华亭镇、灵川镇开展乡村文化文艺采风活动，进一步推进乡愁记忆工程，至年底，《家园记忆（常太篇）》结集成册，收集文章100篇。

【文艺设施建设】 2017年，区文联贯彻落实国家《关于加快构建现代公共文化服务体系的意见》，继续实施基础文化设施全面覆盖工程，加快构建覆盖城乡的公共文化服务体系，进一步完善区、镇（街）、村（社区）三级公共文化设施网络，形成“区有综合文化中心，乡镇有综合文化站，社区有文化活动中心，村有文化活动室、农家书屋”的文化阵地格局。新建市级“村（社区）综合文化服务中心示范点”3个，社区多功能场所2个，笼式足球场1个、室内健身房2处，室外健身点20处。

【文艺人才队伍建设】 2017年，区文联继续实施人才培养工程，发挥文艺创作孵化器的作用，协调、组织文艺领域拔尖人才和高层次经营管理人才、专门技术人才文，强化培训深度，加大培养力度，努力造就一批专业贡献突出、引领作用明显的文化名家和各领域领军人物。坚持人才挖掘、培养两手抓，发现和培养扎根乡土的文化能人、民间文化传承人和文化活动积极分子，为全区书画、摄影、文学创作等文艺事业提供强大的后备军力量，抓好区文化馆、乡镇文化站等文化场馆人才培养，打造富有乡镇特色的文化人才队伍，全面提升基层文化管理服务水平。截至年底，全区从事工艺美术专业技师3000多名，上百件工艺美术精品在国内外美展中获奖。

【文化惠民】 2017年，区文联组织实施广播电视村村通、农村电影“2131”等惠民工程，不断满足群众文化需求。以社区文化艺术节为载体，打造万辉国际城、中特城小区等新一批“激情文化广场”，着力开展丰富多彩的群众性文体活动。坚持文化惠民，依托文化阵地，开展群众性文化文艺活动，1月，举办全区文化、科技、卫生“三下乡”活动；2月，在华亭镇前黄村、龙桥街道万辉社区、华亭镇长岭村等地举办“我们的节日·元宵”主题“村晚”；4月，在东海镇上亭村举办“同创文明乡村·共建美好家园”文艺会演；5月，在龙桥街道万辉社区开展以“赏中华诗词·寻文化基因·传华夏文明”为主题的端午节系列活动，在三清殿举办“母亲节”书法斗方精品展；6月，在莆田国际油画城举行“妈祖缘·同胞情·城厢美”两岸书画精品大联展活动；10月，开展“迎接十九大”美术作品展，极大地丰富了市民群众的精神文化生活。

【红色文化建设】 2017年，区文联重抓红色文化传承，挖掘文化资源，打造红色品牌。组织修建修缮马院闽中革命游击队旧址群，搜集整理史实资料，建设革命展览馆，搭建红色文化学习阵地，弘扬常太红色文化。推动革命历史题材文学文艺作品生产创作，发掘“红色记忆”，挖掘整理闽中三年游击战革命史料，编辑出版红色书籍《红色马院》，10月，在莆田市群众艺术馆、莆田国际油画城南山艺术中心举办闽中游击区（马院）革命史主题油画展巡展活动，传承红色基因，弘扬革命精神。

【传统文化建设】 2017年，区文联加强非物质文化遗产的保护与传承，制定落实城厢区非遗项目抢救性投入的实施细则，建立健全非遗档案资料。对列入非物质文化遗产名录的代表性项目，如郑氏山水木雕圆浮雕技艺、留青竹刻（传统技艺类）、灵川镇东进村闽台送王船（民俗类）、东海镇东沙村油纸灯笼、东汾五帝庙皂隶舞（传统舞蹈类）等，确保优秀非物质文化遗产的传承；及时收集整理一些濒临失传项目的相关资料，予以出版或录制；对一些口头传唱、技艺项目（常太山歌——俚歌）、东海镇西厝村木偶戏“净、末”（传统戏剧类），通过师带徒的方式，培养传承人，避免非物质文化遗产流失。进一步加大华亭镇园头村古村落保护力度，维护好整体风貌和特定环境，重现留存的乡韵，延续城厢历史文脉。依托东海镇蔡襄纪念馆，深入挖掘蔡襄家训等廉政文化精髓，创作廉政小戏《法不容情》，培育新时期廉政文化。加快推进城厢区摩崖石刻挖掘与论证，积极弘扬华亭镇后角村“三一教”基地林龙江文化精神。组织专家对灵川东进笼口山、东海海头许山、东海利角青蛙山3大古窑址的挖掘与考证，加大对常太镇东青村商周时期古窑址的保护力度。组织区文化馆派出专业干部下乡到艺术学校和基层村级文艺队，为基层文艺队义务培训莆仙戏传统演艺、曲艺舞蹈和莆仙曲艺十音八乐，推动莆仙戏曲文化向更高水平发展。

（蔡丽红）

城厢区社会科学界联合会

【工作概况】 2017年，城厢区社会科学界联合会（以下简称区社科联）在区委、区政府的正确领导下，深入贯彻落实习近平新时代中国特色社会主义思想，团结和依靠全区社科工作者，发挥社科联的桥梁纽带、组织协调、咨询服务、宣传普及作用，积极开展各类社科工作，促进全区哲学社会科学事业繁荣发展，为打造人文宜居新城厢，建设美丽莆田先行区贡献力量。

【“两学一做”学习教育活动】 2017年，区社科联参加区委宣传部机关“两学一做”常态化制度化学习教育活动及主题党日等活动，以集中学习作为主要形式，充分利用集中研讨、观看视频、个人自学等方式，深入学习贯彻习近平新时代中国特色社会主义思想和党的十九大精神。

【社科普及宣传周活动】 制定并下发《中共城厢区委宣传部、城厢区社会科学界联合会关于印发〈城厢区2017年社会科学普及宣传周活动方案〉的通知》。于10月31日召开由区委宣传部、区社科联、龙桥街道、区综治办、区教育局、区科技局、区科协、区地震办、区卫计局、区司法局等单位参加的社会科学普及宣传周活动协调会，对活动进行具体安排部署。11月7日上午，在广化寺山门前广场举办开幕式，活动由市委宣传部、市社科联主办，市社科普及工作联席会议成员单位，区委宣传部、区社科联承办，共400多人参会。普及周活动向居民赠送科普书籍，开展“社会科学在你身边”、社科知识有奖竞答活动，制作60幅科普挂图、展板供群众参观，举行《福建历史文化名人丛书》《红色马院》等社科知识宣传材料发放以及社科知识、时事政策咨询等活动。区科技局组织小机器人进社区，区司法局开展现场法律咨询等活动。自社科普周活动启动之日至当年底，组织社科理论工作者，“进机关、进农村、进企业、进学校、进社区”开展专题讲座。同时通过举办相关学术论坛、城市文化墙宣传、“莆仙戏”文明小戏巡演、优秀电影放映、网上社会科学普及知识竞答等多种方式，将社科知识、社科理论与社会实践有机结合，进一步提高社科普及活动的覆盖面和影响力。

【召开联席会议】 2017年10月31日，举办区2017年度社会科学普及工作联席会议，学习党的十九大报告及习近平总书记在哲学社会科学工作座谈会上的重要讲话精神以及《福建省社会科学普及条例》，协调解决全区社科普及工作存在问题，并部署年度社科工作，进一步加强全区社会科学普及工作的组织、协调、指导。

【社科普及基地建设】 社科普

及基地作为推进社科普及工作社会化、大众化、常态化、制度化的重要平台，有利于学习好、宣传好、阐析好习近平新时代中国特色社会主义思想。2017年，“闽中游击区革命史展示馆”“华亭镇乡愁记忆馆”被评为市社科普及基地。通过结合主题党日、三会一课、青少年活动教育等活动，大力开展红色文化、乡愁文化等宣传教育。区文化馆、区青少年校外活动中心等人文社会科学类展馆也长期面向社会公众免费开放。

【开展新思想宣传】 积极融入党的十九大精神和习近平新时代中国特色社会主义思想大宣讲活动，推进新思想进基层。区委宣传部、区社科联、区文联等单位联合组织采风团，深入基层开展文艺采风活动，结合“深入生活、扎根人民”主题活动，深入基层开展“红色马院”“家园记忆”文艺创作采风等活动，创作推出一批歌颂十九大的好作品，讴歌新时代，弘扬主旋律。

【“美丽莆田百村行”启动仪式在涧口村举行】 4月21日，“喜迎十九大·美丽莆田百村行”宣讲、理论进基层“四个百”、社科界“四联三比”“六进基层促发展”活动启动仪式，在城厢区华亭镇涧口村举行。活动现场，涧口村党支部书记詹国强还作了题为《撸起袖子加油干　凝心聚力谋幸福》的首场宣讲。

【扶贫帮困】 2017年，根据区委宣传部统一安排，深入挂钩的常太镇东青村精准扶贫户家中走访慰问，了解生产生活问题，送上慰问物品，并结合实际研究制定有针对性的帮扶措施。

（郑荔涵）

城厢区科学技术协会

【工作概况】 2017年，城厢区科技协会（以下简称区科协）团结全区广大科技工作者，学习贯彻党的十八大、十九大精神，以习近平总书记系列重要讲话精神为指导，贯彻落实五大新发展理念，根据省、市科协2017年的工作部署，围绕“建设美丽莆田打造宜居港城”工作目标，深入贯彻实施《全民科学素质行动纲要》，开展科普宣传、科技培训及青少年科技创新大赛活动等工作。

【组织建设】 2017年，区科协开展“两学一做”学习教育活动，深入贯彻落实科学发展观，通过三会一课、主题党日活动等多种形式集中学习，坚定理想信念，保持思想纯洁，加强道德修养，推进扎实工作。组织学习“七一”讲话精神、十八大六中全会、十九大精神，学习廖俊波，并多次组织全体干部观看《将改革进行到底》及教育警示片《永远在路上》等。7月到9月之间多次安排党员干部到挂钩村参加防汛抗台风工作。

【帮扶慰问】 2017年，区科协干部职工走访华亭镇宫利村贫困户，并共同捐款，发放慰问金500元。协调城厢区星华电子模具厂魏剑锋为挂钩贫困户吴国霖和陈春霖各捐款5000元。在“送温暖”的同时，会更加注重“送精神食粮”，耐心与他们交谈，了解他们困难原因，宣传最近出台的与其切身利益关系较大的政策、法规，并为贫困户提供急切需要的致富信息和实用技术书籍，鼓励他们重新振作起来，在党和政府的支持和帮助下，尽快走上致富的道路。

【科普设施建设】 2017年，区科协根据莆市协〔2017〕20号文件决定给溢通环保科技（莆田）有限公司“院士专家工作站”进行授牌，根据闽科协发〔2017〕80号文件决定给溢通环保科技（莆田）有限公司“福建省院士专家工作站”进行授牌，进一步促进院士专家对企业进行技术指导。根据社区申请，区科协落实情况，建成兴安社区和下磨社区青少年科学工作室2个，分别投入资金各6万元。城厢区共申报命名17个科普中国E站，其中包括8个示范性科普中国E站，具体安装工作在协调处理。

【科技创新及机器人大赛活动】 2月26日，区科协在筱塘小学举办2017年城厢区青少年机器人竞赛指导老师培训，城区中小学10多名科技辅导老师参加培训。组织中小学生参加第32届福建省青少年科技创新大赛活动，获得省级一等奖2个，二等奖1个，三等奖4个，获得市级二等奖4个，三等奖6个，优秀奖2个。组织中小学生参加第十五届福建省青少年机器人小学组WER竞赛，获得三等奖2个。组织参加2017年莆田市青少年机器人竞赛，获得一等奖3个，二等奖10个，三等奖4个。组织参加第二十二届全国青少年信息奥林匹克联赛获得福建省赛区莆田分赛区二等奖8个，三等奖13个。组织参加“生态文明·绿色发展”第三届福建省青少年科学素养网络竞赛，获得知识竞答一等奖1个，二等奖2个，三等奖2个；科普绘画优秀奖1个。

【科技“三下乡”活动】 1月12日，区科协组织参加在常太镇东青村举办的2017年城厢区文化、科技、卫生“三下乡”暨共建美丽乡村宣传活动，现场开展科技咨询服务，向广大农民群众发放科普宣传材料2000多份，科普挂图1000多份，接待群众600多人次。

【科技活动周科普宣传】 2017年，按照《关于举办2017年莆田市科技活动周的通知》，科技活动周期间，区科协围绕“科技强国·创新圆梦”这一科技活动周主题，协同市科协5月12日在筱塘小学开展防震减灾科普宣传活动，5月24日，在大洋开展践行核心价值观科普宣传活动，5月31日，在华亭湖里小学开展关爱留守儿童科普宣传活动。受益群众4000多人次，分发科普宣传材料10000多份。

【科普大篷车进校园】 2017年，区科协围绕防震减灾、环境保护、食品安全等主题，结合科普大车进校园活动，科普大篷车到筱塘小学、霞林学校、文献中学、湖里小学等18所中小学开展科普宣传活动。参加活动学生达2万多人，分发科普材料2万多份。

【公益性科普活动】 5月19日，区科协邀请科普讲师团吴金前老师进万辉社区开展科普健康讲座，群众50多人参加听讲，分发宣传材料100多份。6月6日，在万辉社区广场举行“绿水青山就是金山银山”科普环保宣传活动，受益群众300多人次，分发科普材料500多份。7月7日，组织参加在万达广场举办的城厢区2017年食品安全宣传集中咨询活动，受益群众500多人次，分发科普宣传材料1000多份。11月7日，组织参加在广化寺举办的2017年社会科学普及宣传周活动，分发宣传资料1000多份。

（肖珍珠）

城厢区归国华侨联合会

【工作概况】 2017年，城厢区归国华侨联合会（以下简称区侨联）学习贯彻党的十九大精神和各级侨联工作会议精神，围绕区委、区政府工作中心、服务大局，履行侨联工作职能，服务科学发展，努力促进社会和谐，为实现城厢科学发展跨越发展提供最广泛的力量支撑。

【建立健全侨情信息数据库建设】 2017年，区侨联按照市侨联的工作要求，为全面掌握城厢区重点侨乡的侨情现状，进一步摸清全区侨情底数，建立健全侨情信息数据库建设。于10月31日在华亭镇召开侨情普查工作和举办涉侨法律法规培训班、侨法宣传的工作部署。并在华亭镇濑厝村、圆头村、云峰村、浦柳村、西许村等5个重点侨村有条不紊地开展侨情普查和进村入户工作。

【侨益保护】 2017年，区侨联对于海内外的来信来访来电等，落实和解决率达100%。与区人民法院对接，在全区归侨侨眷法律工作者和基层侨联工作者中聘请特邀调解员，建立涉侨民商事纠纷案件协调机制，畅通渠道维护侨益，做好归侨侨眷法律咨询和指导服务工作，为归侨侨眷提供法律咨询和指导服务工作，利用与区人民法院成立调解衔接联络点为平台，建立各项制度和工作流程，方便归侨侨眷保护自己的合法权益。

【侨企对接】 2017年，区侨联通过联系沟通和指导服务等方式发挥好侨联组织在密切企业与政府联系中的桥梁纽带功能，努力协调各方面力量，推动企业创新创业，增资扩产、优化结构、壮大规模；逐步建立健全所在辖区侨资企业信息数据库，并通过定期进行资料更新，及时摸清掌握联系点企业的发展情况，为开展有针对性的服务工作打下坚实的基础。做好侨商企业的依法维权，运用侨联系统的法律服务平台，会同有关部门，做到侨商投诉“查询有人答，求助有人帮，事事有回音，件件有着落”；帮助联系点企业用好用足国家与当地政府的扶持政策，实现城厢经济又好又快发展。

【慰问活动】 2017年春节期间，区侨联参与省、市侨联组成的慰问团深入华亭镇归侨侨眷家中，开展送温暖活动，看望慰问孤寡、病残、特困归侨，发放慰问品、慰问金共计6000元。同时，到侨联挂钩的棠坡村中慰问贫困村民，发放生活日用品及慰问金2000元。

【联谊交流】 2017年，区侨联保持海内外交流联谊。围绕中国、省、市侨联提出的新时期“国内、海外”“老侨、新侨”并重的工作主线，加强新侨工作及经济联络工作的力度，以联络问候并登门拜访回乡的海外知名人士，增进乡情乡谊，以加强基层组织工作为平台，开展对外联谊工作。利用元旦、春节两个节日，向海外邮送贺年卡80多份，以表达对国际友人和海外侨胞的良好祝愿。是年，接待了来自巴西、苏里南、意大利、新加坡、马来西亚、蒙古、沙特阿拉伯等8个国家和地区的侨商代表3批次31人次。特别是引荐区委领导拜访重点侨领苏里南福建商会会长谢达、蒙古福建商会会长连东升、日本福建莆田同乡会会长杨建飞。通过拜访，进一步增进了解和沟通，拓展发展领域。区侨联在与各位会长沟通和交流时，推介宣传城厢区近年来经济建设所取得的成绩和招商引资政策、项目等，为城厢区招商引资工作做出努力。

【基层组织建设】 2017年区侨联，把基层组织建设作为侨联工作的重点之一来抓好，按照《中国侨联组织章程》的要求，选择适当的2个村居作为新建侨联小组，增强基层侨联组织活力。为做好这项工作，区侨联深入7个镇、街，广泛征求归侨侨眷的意见，在广泛听取意见的基础上，力争将一批年富力强，有一定文化水平和经济知识、热心侨联工作的新人充实到基层侨联组织中来，使基层侨联干部队伍在年龄、知识结构上更为合理。

（陈玉萍）

城厢区红十字会

【工作概况】 2017年，城厢区红十字会（以下简称区红十字会）围绕红会职责使命，大力弘扬“人道、博爱、奉献”的精神，发挥红十字会的优势，开展应急救护培训“六进”活动、红十字博爱系列活动、体验式生命教育等活动，发挥政府人道工作领域的助手作用，持续提升红十字会工作的影响力和实效性、促进社会文明进步，为构建和谐城厢做出贡献。是年，共组织无偿献血活动10场次，共有干部、群众1000多人次踊跃参加，采集健康血液12多万毫升。

【舆论宣传】 2017年，区红十字会以“世界红十字日”“5·8博爱周”“世界急救日”等重大纪念活动为契机，围绕红十字会的宗旨，以公园、广场、社区为载体，开展红十字知识宣传、救护培训、义诊、咨询、社会志愿服务等形式多样的宣传活动，共组织宣传活动12场次，发放新修订的《中华人民共和国红十字会法》《应急救护手册》《常见意外伤害应急救护突发急症》、红十字掌上学堂折页、无偿献血以及造血干细胞等宣传材料2000余份。利用电视台、报纸、互联网等新闻媒体，加大对红十字会组织和活动的宣传力度，宣传红十字事业的有关知识。在莆田新闻网、今日城厢、《城厢信息》等各大媒体报道约10篇。

【应急救护培训“六进”活动】 2017年，区红十字会在全区开展应急救护进社区、进农村、进学校、进机关、进企业、进家庭的“六进”活动。8月6日，区红十字会、区卫计局在城厢区医院门口举行应急救护知识“六进”活动启动仪式。现场为群众传授常见外伤包扎、心肺功能复苏等基本应急救护知识和技能，并为过往群众提供义诊咨询。先后在奥暄体育、社会治理网格化中心、文献中学、亚明食品厂、灵川太湖村等地开展急救培训活动，活动采取理论知识讲解、示范操作、现场模拟演示等多种形式。培训内容包括救护新概念、心肺复苏、创伤救护四项技术（止血、包扎、骨折固定及搬运护送）、气道异物梗阻急救法、常见急症现场处理、突发事件和意外情况现场应对，进一步保障群众生命安全和身体健康，参与的总人数约达800人。

【造血干细胞捐献】 2017年，区红十字会深入乡镇、社区、各大企业，通过形式多样的宣传活动，宣传造血干细胞的相关政策，共募集造血干细胞捐献志愿者2人。12月15日，华亭镇黄祎明成功完成造血干细胞采集，成为莆田市第11例造血干细胞捐献志愿者。

【体验式生命教育的培训演练】 2017年，区红十字会举办应急救护培训班，为纪念第18个“世界急救日”，组织为文献中学学校师生进行救护知识授课。同时，利用家长会聘请救护师资在现场为学生及家长们讲授救护知识，并分发《应急救护手册》等学习资料。

（沈慧清）

城厢区关心下一代工作委员会

【工作概况】 2017年，城厢区关心下一代工作委员会（以下简称区关工委）落实市关工委和区委、区政府赋予的各项工作任务，围绕主题，继续开展教育实践活动，学习十九大精神和习总书记重要指示，开展“两史”“三爱”主题教育活动，帮助广大青少年在党的光辉历史和中华优秀传统文化的感染下，激发对党对祖国的热爱，听党话、跟党走。报告团成员先后到莆田五中、三中、十二中、十八中、文献中学、兴安社区、下黄村等学校、社区做十九大、“两史”“三爱”主题教育活动、中华魂等专题报告28场，制作“中国浪潮”为十九大献礼、十九大报告的“四新”引人注目等课件，引领青少年增强实现中国梦的使命感和责任感、立志报效祖国。

【党建带关建】 9月6日，区委常委会特地听取区关工委副主任林兆义的专题汇报，在区委常委会上，与会领导再次共同学习习近平总书记讲话指示精神，区委书记王文才在最后讲话时，要求关工委要总结和宣传，在工作上形成城厢区特色和亮点，夯实工作基础。整体联动抓配合，建立由区委分管副书记、区委组织部部长牵头，各级关工委和相关部门共同参与的工作协调机制。截至年底，全区7个镇街120个村居，12所中学、8所中小学全部建立关工委；华林工业园区组建关工委，园区内有6个民营企业设立关工委，基本实现关工委组织的全覆盖，解决“空白点”问题，大部分关工委都能做到有班子、有队伍、有制度、有牌子、有办公活动场所，发挥应有的作用。

【青少年普法教育活动】 2017年，由区关工委牵头，在全区开展创建活动，在人员少，经费少的情况下，通过各个部门的大力配合，保质保量地完成创建活动，区委、区政府获“全国青少年普法教育示范区”表彰，区关工委、政法委、教育局、法院、南门中学获“全国青少年普法教育先进单位”表彰，莆田五中等9所学校荣获“零犯罪学校”称号。如联合区政法系统作法制宣传讲课稿到学校宣传，发送法制宣传读物2000多册。与区委政法委一起到文献中学、逸夫小学等开展“城厢区公共安全教育基地”。霞林街道关工委与团工委联合开展法律知识讲座3次等，街道关工委还与司法所、派出所、妇联、学校联合建立帮教小组，一对一给失足青少年耐心教育，促进青少年遵纪守法。东海镇关工委联合镇司法、妇联、派出所、交警等，分别在镇中小学举办15场法制主题报告。华亭镇关工委与妇联对全镇小学留守儿童进行摸底，定期召开班主任会议了解情况，进而进行家访，开展家校互动。凤凰山街道关工委在开展网吧监督活动中，得到区文体局、工商分局、区公安分局的配合、支持。灵川镇关工委、团委与莆田市力奴有限公司进校为30名留守儿童捐赠。

【关爱青少年活动】 2017年7月，区关工委同区少工委一起继续在南门学校开展“喜迎十九大·红领巾动感假日”第二届少年军校夏令营活动，通过5天军事训练，引导青少年了解红军长征历史，增强爱国、爱党意识。8月，与区团委、区妇联、华林学校联合举办“传递爱心，扶志助学”关爱外来工子女公益夏令营活动，进一步加强对外来工人员子女的教育帮扶力度。太平小学暑假开展法制教育培训，下黄村的“两史”教育学生演出，洋西村的退休教师陈金荣假期组织书法（含家风、家训）培训，后角村的美国华侨林念生携女儿在家乡办学生假期英语培训，华林学校举办关爱外来工子女公益夏令营活动等，万辉国际城在4号楼设立青少年科学工作室，为辖区内未成年人和中小学生全天候免费开放等。关工委将引导组织这些热心“五老”人员扩大活动面，形成夏令营规模。区关工委计划将城厢区广泛开展夏令营活动作为区关工委创新工作品牌来抓。区关工委资助挂钩村霞林街道肖厝村特困学生2名，送去慰问金4000元；华亭镇关工委牵头一批村关工委，资助贫困学生90人，金额10万多元。东海镇关工委牵头为低保户学生2人各助学1000元，另社会各界共为儿童捐物112件，捐款3万元。区关工委还为兴安社区、下黄村、濑溪村等农家书屋送去图书3000多册。

（蔡朝晖）

城厢区计划生育协会

【工作概况】 2017年，城厢区计划生育协会（以下简称区计生协会）按照省、市计生协会工作部署，围绕全区卫生计生工作会议精神，坚持“以人为本”的科学发展观，发挥群团优势，立足区情，着重抓好计划生育村（居）民自治，深化拓展生育关怀，扎实开展服务质量活动，不断提升计生协会服务能力和水平，各项工作取得新的进展。截至2017年12月底，全区计生家庭意外伤害保险保费达130万元，参保户数为13000户。多次组织人员上门对全区35户失独家庭进行慰问，每户1000元，慰问金共3.5万元。

【宣传报道培训班】 6月14日，区计生协会联合区卫计局举办全区卫生计生新闻宣传人员培训班，邀请原市计生委宣传科科长游文贤等做专题讲座，区镇两级协会人员8人参加培训，同时，以学习贯彻落实中央党的群团工作会议和文件精神为契机，组织镇（街道）计生协会会长、常务副会长、秘书长举办计生协会业务工作培训班，提高把握形势、指导工作的能力。

【宣传教育及慰问活动】 5月12日，区计生协会、区书画家协会、区文化馆联合在莆田市群众文化中心隆重开展第二十二届母亲节书画展暨慰问困难母亲活动。现场为全区50位困难母亲送上慰问金，每人1000元，共计5万元。为广大群众免费发放计生宣传资料600余份，赠送书刊300余本，参观书画展人数300余人。5月29日，区计生协会、区卫计局联合市计生协会到各镇街慰问城厢区22位困难计生协会会员、8位工作出色的基层计生协会志愿者，每位各发放慰问金500元和获得由中国人寿保险公司莆田分公司赠送的价值为300多元的凉席一床。

【联创争优活动】 2017年，区计生协会加强“四联创”活动规划指导，组织人员到龙桥、霞林等2个街道和华亭镇进行重点指导，推进“四联创”活动向纵深发展。制订《2017年城厢区计生协会工作“四联创”活动实施方案》，对区、镇、村、组四级计生协会各项工作进行量化评估。配合区卫计局开展计生中心工作，区计生协会领导继续挂钩灵川镇计生工作，督促、指导和帮助解决工作中的困难和问题，促进人口计生工作成果的巩固和发展。开展人口计生基层群众自治，指导镇、村继续推进人口计生基层群众自治。区人口计生领导小组将计生基层群众自治“六好”示范村（居）创建活动纳入目标责任制考核内容。12月下旬，组织对基层群众自治工作“六好”示范村（居）进行评估。截至年底，全区基层群众自治“六好”示范村（居）达到29个，达标率21.8%。

【幸福工程救助和小额贴息帮扶】 4月，城厢召开全区2017年计生小额贴息帮扶和幸福工程救助工作会议，推动救助帮扶工作新进展。全区全年共投入幸福工程项目资金213万元，救助计生贫困母亲98户。省、市、区三级财政共投入计生小额贴息资金513.5万元，帮扶131户计生困难家庭发展生产，完成年度帮扶救助目标。

【访贫助困活动】 元旦、春节期间，区计生协会组织走访慰问计生困难家庭226户，送去慰问金13.7万元。区计生协会还先后6次组织进村入户慰问因灾因祸和自身没有发展能力的困难计生家庭，送去紧急救助金和慰问金。共救助因灾、因祸计生家庭19户，发放紧急救助金5.5万元。

【持续实施计生贫困家庭安居工程】 2017年，省、市计生协会安排城厢区安居工程1户，区计生协会根据上报的初选名单，组织人员实地核实，择取上报1户特困户作为2017年“生育关怀一计生贫困家庭安居工程”的扶助对象。

【金秋助学】 2017年，区计生协会组织人员进村入户核实镇（街道）上报市、区助学对象，择取上报4位2017年考上大学本一院校的农村困难计生户作为市计生协会助学对象，每位资助5000元；8月底举办的城厢区2017年“生育关怀一金秋助学”资助金发放仪式，为新考入本一院校的20名困难大学生和17名中学生每人发放1000至2000元的助学金，发放助学金达5.7万元。

（吴元开）

财 政

【工作概况】 2017年，城厢区财政局（以下简称区财政局）面对经济发展新常态，贯彻区委、区政府各项决策部署，发挥财政的职能作用，深挖税收增长潜力，优化财政支出结构，筹措项目资金，推进财政管理改革，为城厢经济社会发展提供财力保障。是年，全区一般公共预算总收入完成317358万元，完成预算的103.04%，增长11.9%。其中，地方一般公共预算收入212700万元，完成预算的104.68%，增长8.0%。全区一般公共预算支出254043万元，增长10.46%。

【组织收入】 2017年，区财政局加强财政收入分析和趋势预判，健全重点企业和项目税源资料库，对重点产业、行业的税源进行全面分析和跟踪，想方设法挖掘潜力，依法依规争取更多税源回流。加强房地产税源征管，开展房地产企业税收清算工作，确保房地产税收及时足额入库。加强和规范非税收入收缴管理，完善政府非税收入征缴管理系统，确保收入及时收缴入库。是年，全区一般公共预算总收入完成317358万元。

【保障重点项目资金】 2017年，城厢区共安排财政性资金217668万元，支持片区改造、保障性住房等重点项目建设推进，保障区委、区政府确定各项建设任务的资金需要。获得置换地方政府债券137043万元，新增债券额度32800万元，全部用于重点建设项。响应国家、省市关于推广运用政府与社会资本合作模式，探索改革基础设施领域投融资体制，重点从生态建设、环境保护和农村路网建设领域，筛选储备实施一批PPP项目，有效加快民生工程项目建设进程。对接政府购买服务融资，先后获得国家开发银行、农业发展银行等政策性银行项目融资支持13•15亿元，降低投融资成本，保障项目推进。

【保障民生工程建设资金】 2017年，城厢区拨付资金908万元，用于洋西、棠坡等安置房改造提升工程建设。拨付资金6622万元，支持城区环境整治、农村家园清洁工作、公厕建设和公厕免费开放。拨付资金3000万元，用于石材加工行业和黏土机砖厂拆除补助，开展畜禽养殖污染整治，进一步保护木兰溪流域及东圳水库饮水源。拨付资金2400万元，用于维护市政基础设施，推进荔城路南段人行道整治提升工程和月塘片区道路″白改黑″改造工程等项目建设，完善城市道路基础设施。拨付资金600万元，用于加强南门片区内涝整治项目等城区易涝点整治工程建设，提升城区排水设施。拨付资金13768万元，用于灵华线、天龟线、笏枫公路拓宽工程等项目建设，支持完善农村道路交通基础设施，改善农村交通面貌。拨付资金600万元，落实粮食风险金制度，推进粮库建设，保障粮油储备。

【助力脱贫攻坚】 2017年，区财政局助力脱贫攻坚，促进扶贫产业稳步发展。拨付资金476万元，用于造福工程危房搬迁及改造工程。拨付资金400万元，用于东圳库区移民等集中安置点建设。拨付资金1540万元，支持“美丽乡村”“幸福家园”试点村等项目建设。拨付资金210万元，用于贫困村发展集体经济。拨付资金902万元，用于贫困村基础设施建设。

【助力产业创新】 2017年，区财政局助力产业创新，促进地方经济健康发展。拨付资金3015万元，用于扶持及奖励规上、限上企业升级改造、扩大生产，促进企业加快转型升级。拨付资金1213万元，用于扶持商贸服务业、电子商务良性发展。拨付资金558万元，用于引进总部经济和新税源，推动总部经济发展。拨付资金177万元，用于推广和宣传景点建设，推动旅游事业发展。拨付资金1503万元，落实各项科技创新优惠政策，鼓励企业加大科技研发投入力度。

【政府采购管理】 2017年，区财政局对预算单位所有使用财政性资金采购项目，统一实行政府采购预算编制，编实编细政府采购预算。推进电子化政府采购，借助于电子化和其他信息，推进政府采购信息的透明度，提高政府采购活动的规范性和经济效率。引入便捷廉价的电商平台作为政府采购供应商，搭建“电子化大卖场”平台，在保证质量、丰富商品种类的同时，有效控制政府采购价格。全年执行政府集中采购88批，预算采购资金9689.86万元，实际采购资金9140.87万元，节约资金548.99万元，节约率5.67%；涉及“电子化大卖场”采购资金总额341.83万元。

【投资评审】 2017年，区财政局严格执行财政投资评审复核制度，采取全面复核审查的方式，将评审依据、评审程序、评审认定等作为复核的主要内容，进一步严把审核关，做到“管理有序、服务有力、把关有度、审核有效”，保障财政资金更为合理、规范、高效运行。同时，建立审价机构备选库，强化中介助审机构管理，促进社会中介机构的优胜劣汰，切实提升财政投资评审管理水平。全年评审工程项目226个，送审总额184117万元，审定额177635万元，净核减6482万元，平均核减率3.52%。

【资产使用配置】 2017年，区财政局建立健全全区闲置资产统一管理机制，制定有效发挥闲置资产的出租方案，形成动态监控体系，并借助市行政服务中心平台，采取对外公开招标办法，对闲置资产进行对外出租处置，进一步盘活行政事业单位国有资产。全年全区固定资产出租批复8宗，年增加租金收入244.5万元。

【政府债务管理】 2017年，区财政局健全政府举债融资机制，做好债务限额管理和存量债务置换工作，严格控制政府债务规模。建立债务风险预警机制，努力化解债务风险。对接上级债券政策扶持力度，将非政府债券形式举借的存量债务逐步置换为地方政府债券，减轻利息负担，优化期限结构。按省财政厅核定2017年区政府债务限额378147万元，其中：一般债务限额164765万元、专项债务限额213382万元，综合债务率控制在风险预警线以下，并低于全市平均水平。

【财政监督检查】 2017年，区财政局开展会计监督检查工作，选择行政事业单位、代理记账机构、企业三类型共5家单位开展监督检查，重点关注行政事业单位内控制度建设实施、代理记账机构记账业务管理、企业专项资金申报使用情况。开展中央及省级财政扶贫专项资金拨付使用情况监督检查，重点抽查老区扶贫建设资金、少数民族扶持资金和贫困户生产补助资金等，走访常太镇、华亭镇，抽取建档立卡贫困户开展入户调查。强化“1+X”专项督查，并对发现线索按规定逐一登记上报。

【预决算公开】 2017年，区财政局建立健全预决算公开操作规程，细化预决算公开内容，除涉密信息外，所有使用财政资金的部门和单位均公开本年度本部门预决算，并公开部门和单位运行经费支出情况、政府采购支出情况以及“三公经费”增减变化等信息，发挥预决算公开监督和约束作用。

（王佩君）

国有资产管理

【工作概况】 2017年，莆田市城厢区国有资产管理委员会办公室（以下简称区国资办）作为履行全区国有资产监督管理职能的办事机构，在区委、区政府的部署下，切实履行国资办的职责，全力做好国有资产监管工作，最大限度盘活国有资产，实现国有资产的保值增值。

【出台最新固定资产购置费用标准文件】 2017年1月，结合城厢区社会经济发展水平、市场价格变化、实际执行情况等因素，制定出台《莆田市城厢区财政局关于调整区级行政事业单位通用办公设备和办公家具购置费预算标准的通知》（莆城财〔2017〕7号）文件，调整区级行政事业单位通用办公设备和办公家具购置费预算标准，调整后的购置费预算标准作为资产购置预算编审和实施政府采购的依据。

【固定资产处置审批】 按照《关于加强行政事业单位国有资产管理工作的通知》（莆城财〔2012〕223号）等国有资产管理文件规定，2017年对各行政事业单位报送资产处置的申请材料进行审核把关，共办理资产处置批复50件，其中涉及房屋对外招租7件、资产报废及划转42件、国有企业对外担保1件。

【征迁补偿评估报告复核】 按照城厢区政府办公室《关于印发莆田市城厢区经营性土地收储项目和城区工业企业搬迁评估结果复核审核工作方案（试行）的通知》（莆城政办〔2016〕114号）要求，征迁补偿费用评估结果应复核确认。2017年，区国资办组织区国土资源分局、区财政局随机抽选专家成立专家小组对《莆田市华兴农业机械有限公司位于莆田市城厢区霞林办顶墩村的房屋征收补偿估价报告》｛（闽）光明〔2017〕（房）字第PTY169号｝等广化寺片区七宗地块收储评估报告进行复核审核。

【剩余安置房清理处置】 为理顺剩余安置房产权调拨程序，进一步加强城厢区剩余安置房资产管理，规范剩余安置房资产处置行为，加快推进存量资产盘活工作，防止国有资产流失和沉淀，增加财政收入。2017年6月，出台《关于印发莆田市城厢区剩余安置房清理处置方案的通知》（莆城政办〔2017〕65号）文件，对全区安置房情况开展摸底清查。9月5日，发函通知乡镇（街道）进一步摸清剩余安置房情况，开展剩余安置房侵占和清算欠款清理工作，提交剩余安置房处置具体建议方案。并要求相关街道办事处组织村居干部力量，启动各辖区内安置房差价款及申购款清算核实工作，通知各拆迁户携带交款单前往市土地储备中心结算，进一步理清历史债务，为下一步清缴欠款提供真实依据。

【开展政府资产报告试点工作】 5月24日，为做好城厢区试点工作，区财政局（区国资办）研究制定《关于开展2016年度政府资产报告试点工作的通知》（莆城财〔2017〕91号）文件，明确政府资产报告工作填报口径，并于5月27日，召开政府资产报告试点工作布置会，安排布置试点工作，讲解政府资产报表信息管理系统操作。纳入资产报表编报范围的行政事业单位户数为366户，其中，行政单位71户，事业单位295户。截至2016年12月31日，全区行政事业单位资产账面值207143.16万元（其中固定资产账面94199.18万元），负债账面值61227.80万元，净资产账面数145915.36万元。

【全区行政事业单位资产清查核实】 2017年，根据莆田市财政局《关于开展全市行政事业单位资产清查核实工作的通知》（莆财资〔2017〕8号）文件要求，决定对原全区235家行政事业单位2016年资产清查出的资产损溢和资金挂账开展核实工作，区直各部门（单位）按照区财政局《转发财政部关于行政事业单位资产清查核实管理办法的通知》（莆城财〔2017〕8号）文件确定的审批权限进行审核批复。全区在资产清查中共申报待处理资产损溢914.63万元，其中盘盈0.08万元，盘亏914.55万元。

【地方政府性债务投资项目资产清查登记】 2017年，根据《财政部关于开展地方政府性债务投资项目资产清查登记工作的通知》（财资〔2017〕25号）、《福建省财政厅关于开展地方政府性债务投资项目资产清查登记工作的通知》（闽财资函〔2017〕6号）和《莆田市财政局关于开展地方政府性债务投资项目资产清查登记工作的通知》（莆财资〔2017〕30号）精神，组织开展城厢区地方政府性债务投资项目资产清查登记工作。

【国有资产监管】 2017年，为规范行政、事业单位公有店面、闲置房对外出租项目市场化配置工作，防止国有资产流失。参照《莆田市城厢区人民政府关于加强产权转让及收入管理的通知》（莆城政〔2003〕240号）、《关于印发〈规范城厢区行政、事业单位公有店面、闲置房对外出租项目市场化配置工作方案〉的通知》（莆城国资办〔2007〕9号）等文件规定，统一报送区财政局、国资办审批后，依托莆田市行政服务中心网站，对外公开招标信息。2017年，全区固定资产出租累计报备共8宗，年租金约244.5万元。

（陈元水）

国家税务

【工作概况】 2017年，莆田市城厢区国家税务局（以下简称区国税局）以组织收入为中心，始终坚持“依法治税、应收尽收、坚决不收过头税，坚决防止和制止越权减免税”组织收入原则，开展税源摸底调查，深化税收分析预测。把严重点税源监控，加强税收风险管理，加强税收会计核算工作，做好税收票证管理工作。全年共组织入库省局口径税收收入137391万元，完成市局下达2017年税收收入计划数135000万元的101.77%，超收2391万元，同比增收35633万元，增长35.02%，圆满完成组织收入工作目标。

【国地税合作】 2017年，国、地税按照“互驻、共建、共驻”合作办税模式，互派窗口人员，实现国税局、地税局业务“一厅办理”，对纳税人提供“一人一窗一机”全功能服务。同时，国地税协同开展纳税信用评级、双定户定额核定、欠税管理、企业外出经营管理、纳税人培训等，深化信息共享，全面拓宽合作的广度和深度。

【税源征收管理】 2017年，区国税局做好商事制度改革后新增企业、个体工商户“活跃度”情况调查分析等工作，加大欠税清缴力度，通过细化清欠任务、强化税收宣传、及时催报催缴、定期发布国地税联合欠税公告、深化与银行等外部门的合作等一系列有效举措，压缩陈欠、严控新欠。全年共清理欠税420.12万元，清欠工作取得一定成效。开展税源风险管理工作。通过税源风险管理，共查补税款16618615.76元，其中企业所得税14864896.72元，增值税1753719.04元，加收滞纳金927753.6元，合计17546369.36元。

【税收法治工作】 2017年，区国税局全年实现税收执法零复议、零听证、零诉讼，开展“1+X”专项督查33次，检查单位23个，组建检查小组3个，发现问题线索112条，移送问题线索112条。同时，全力开展发票打假工作，协同地税、公安等部门合力开展源头整治，部门联动，打击虚假发票“卖方市场”，积极部署打击虚开增值税专用发票犯罪活动，全年共查处违法企业13户，共涉及非法发票份数2676份，涉及金额1366.33万元，查补税款284.32万元，加收滞纳金17.13万元，罚款0.3万元。

【纳税服务】 2017年，区国税局开展“公安+税务”深度合作模式，城厢区公安分局和区国税局、地税局联合成立“税警联络机制办公室”，高效打击出口骗税、发票虚开、发票违法犯罪以及打击偷税漏税，确保税收管理到位。推行集中审批、实名办税制度和连评A级纳税人享受VIP快速通道等举措。开展主动预约服务，通过办税服务厅公告栏等渠道定期发布办税服务厅流量“峰谷”情况提醒，引导纳税人自主选择时间错峰办税。此外，加大网上办税、自助办税终端办税推行力度。通过电子显示屏、公告栏、“12366”纳税服务热线、微信、税企QQ群等渠道开展税收宣传。开办纳税人学堂，全年共组织26次纳税人学堂培训，培训辅导纳税人近2900户次，涉及主题15个。

【税收优惠】 2017年，区国税局及时、准确、主动落实现行各项税收优惠政策，增值税方面，严格落实小微企业增值税减免优惠政策，全年增值税小规模纳税人减免增值税税额1450.19万元，小微企业受惠面达100%。小微企业优惠方面，全年汇算享受小微企业所得税减免1882户，减免所得税税额892.77万元，受惠面达100%。比上一年度减免税额增加59.13万元，同比增幅7.1%。高新技术企业方面，全年高新技术企业研发费用加计扣除1户，加计扣除额236650.96万元。比起上一年度户数没有增加但加计扣除额增加143904.36元，同比增幅155.16%。

【精神文明创建】 2017年，区国税局组织党员志愿者、青年志愿者、巾帼志愿者参加税收志愿服务，相继开展文明新风、公益活动、环保志愿服务、文明交通志愿等活动，参与结对帮扶、“一日助”“精准扶贫 结对帮扶”活动，走访慰问，送去慰问金、物品，全年共计95931.60元，护协税共计30000元。开展“传承好家风好家训”专题活动，学习上级文件精神，组织干部职工参观“传承好家风好家训”展览活动。贯彻落实省局“一局两翼三平台”建设规划，成立国税文化建设工作领导小组，利用办公楼7、10、11楼场地建设城厢国税文化基地，作为展示城厢国税文化的中心区。

（邱凌瑶）

地方税务

【工作概况】 2017年，城厢区地方税务局（以下简称区地税局）以党的十九大精神为指引，坚持“稳字当头、稳中求进、不断优化”原则，以“五个优化”为主要抓手，加强税收分析预测，优化收入质量，完成全年税收任务；规范税收执法，优化税收征管；创新行业评估模型，优化纳税评估；开展问需问计，优化纳税服务；着力提升工作效能，优化队伍建设，实现干部队伍稳定和谐，文明创建再上新台阶。是年，共组织各项收入20.6亿元，同比增收8100万元，增长4.09%，其中税收收入15.35亿元，同比增收2400万元，增长1.58%；组织政府口径收入15.59亿元，同比增收3719万元，增长2.4%；扣除“营改增”因素，同比增收3.87亿元，增长32.8%，完成年度计划收入任务15.3亿元的101.9%。是年，组织各项费金收入4.47亿元，同比减收2000万元，下降4.3%，其中入库基本养老保险费2.48亿元，同比增收3486.92万元，增长16.37%。

【依法治税】 2017年，区地税局规范税务事项告知、催报催缴及文书送达工作等程序和文书，防范税收执法风险；对行政处罚卷宗中展开抽查，引导基层规范化操作。全年累计完成催报催缴11167条，办理处罚335户，处罚金额44.07万元。有效落实各项税收优惠政策，全年共有449户纳税人享受税收优惠，累计减免税款852.18万元，其中有407户企业享受小型微利企业税收优惠共计552.37万元；有效清理规范涉企收费，全年累计免征防洪费98万元。着力降低企业人力资源成本；全年累计减轻企业负担约290万元；共为3户安置残疾人企业减免城镇土地使用税约9.6万元。开展企业所得税汇算清缴，举办4期企业所得税汇算清缴培训，全区企业所得税汇缴面达99.89%，申报税款1757.28万元；开展个人所得税明细申报，全区个税明细申报推广率达99.59%；完成土地使用税等级调整，所有涉及土地等级调整的企业全部申报到位；成立环境保护税实施工作领导小组，做好环境保护税开征前期政策调研、税源调查，税收宣传等准备工作。

【税收征管】 2017年，区地税局联合区国税局开展共管户比对清理工作，共完成清理比对23472条；举办单管户清理比对培训，共完成清理比对18796条；严格纳税人定额管理、个体双定户定额年度延续核定、税务登记注销审批以及非正常户认定工作，全年共核定个体双定户定额14829户、审批注销税务登记1468户、认定非正常户908户；加强欠税清缴，共清理入库欠税2566.28万元；开展两税比对，提取2016－2017年前三季度国税双定户定额数据进行风险分析识别，截至2017年12月25日，累计比对入库各项税费64.74万元。

【税收改革】 2017年，区地税局深化国地税征管体制改革，加强城厢区国税局、地税局协同管理，联合开展业务培训，共举办纳税信用评价、营改增政策解读、新办纳税人业务等三期培训班，参训干部共40余人次，参训纳税人共280人次；推进联合办税，截至12月31日，驻国税窗口共征收各项税费2645.56万元；联合评定纳税信用等级，对符合2016年度评价条件的2778户纳税人进行纳税信用等级评定，共评出A级纳税人121户、B级纳税人2220户、C级纳税人257户、D级纳税人180户；联合应对千户集团企业税收风险，共帮助企业发现2个涉税风险事项并及时自查申报。

【纳税服务】 2017年，区地税局联合工商部门加强对“僵尸企业”清理和惩戒，共对686户2013—2014年度零申报户（无经营户）按有关规定开展清理，对未在规定期限内办理税务登记的企业进行公告送达，并对8户限期未整改企业提请吊销营业执照；联合法院、住建、银行等部门强化对税收优先权、撤销权、代位权的依法行使，共向市、区两级人民法院主张对7家公司优先受偿欠税及滞纳金5589万元；联合城厢公安分局成立“税警联络机制办公室”，开启“公安+税务”深度合作模式；深入征收一线、挂钩企业，开展纳税服务蹲点调研，一对一落实涉税需求；开展多形式税收宣传，制作并滚动播放税收动漫宣传短片、编排原创微信图文等。

【队伍建设】 2017年，区地税局制定年度公务员培训计划，2017年组织实施外出培训2期，网络培训3期，抓好各级各类业务考试的报名促考工作；开展全员廉政警示教育活动，分批次到市局“思想·廉政·文化”基地参观违反中央“八项规定”精神类问题参考宝典专题电子展板，集中观看廉政专题宣传片《永远在路上》，并参加党风廉政知识测试。不定期开展对工作纪律和仪容仪表等专项督查，共开展作风督查6次；注重从市地税局转办及城厢区政府“12345”政务平台等各类投诉件中发现苗头性问题，对投诉件中反映管理员服务态度、服务效率等问题，及时进行提醒谈话，转变工作作风。印发《城厢区地方税务局2017年党风廉政建设工作要点》，涵盖6个部分15项内容；制定《城厢区地方税务局深化落实全面从严治党主体责任清单》，促进“两个责任”的制度完善；按年建立谈话档案，共开展廉政谈话23人次。开展“两权监督”，强化对税收执法权和行政管理权的监督和约束，2017年共参与“两权监督”21次；严格纪律审查，共完成对10名税务干部的因私出国（境）申请审查；开展“1+X”专项督查工作，2017年共向区纪委报送问题线索16条。加强挂钩帮扶，为驻村干部所在沧溪村困难户送去慰问金6000元，发动税工向脱贫攻坚挂钩村14户贫困户捐款14000元，并联系区残联为其中6户残疾户争取慰问资金6000元；开展“千名干部进村户，排忧解难保平安”活动，共完成入户走访120户；2017年区局干部分别获全国“无偿献血奉献奖金奖”“莆田市劳动模范”“城厢区五好文明家庭”等称号。

（林　灵）

金融 保险

工商银行

【工作概况】 2017年，中国工商银行股份有限公司莆田城厢支行（以下简称工行城厢支行）贯彻执行省市分行的各项决策部署，围绕打造“客户数量最多、经营渠道最优、服务质量最佳、员工素质最高、企业文化最好”的“五个之最”精品强行发展愿景，牢固树立“发展是第一要务、客户是第一目标、创新是第一动力、员工是第一资源、管理是第一责任”的“五个第一”观念，推进客户拓展、经营转型、内部管理、流程优化、风险管控、队伍建设、企业文化建设等工作，各项业务实现较快发展。在莆田分行辖属支行经营绩效综合考评中位居一类支行第1名。在抓好优质服务的同时，不忘加强内防外控管理，合规经营，创下自建行以来安全生产无案件的良好记录。是年，实现拨备前利润16280万元，同比减少402万元；中间业务收入3032万元，同比增加252万元。本外币全部存款余额28.54亿元，比年初增加0.79亿元；日均存款余额27.72亿元，比同期减少200万元。本外币全部贷款余额43.73亿元，比年初减少4.18亿元，其中个人贷款余额32.2亿元，新增3.13亿元，公司贷款减少7.31亿元；日均贷款余额45.56亿元，比同期减少2.35亿元。不良贷款余额3754万元，比年初下降5058万元，不良率3.24%，其中个人贷款不良贷款余额661万元，比年初下降1606万元，不良率0.19%，公司贷款不良贷款余额3093万元，比年初下降3452万元，不良率3.05%。

【存款业务】 2017年，工行城厢支行坚持“存款立行”理念，从源头抓起，培育存款增长点。抓住存款密集行业客户，把握营销时机，重点发展政府类动迁账户、重点项目客户、集团客户、房地产及建筑行业客户，优化存款客户结构，增加存款发展潜力。对机构客户实行分类管理、分层营销，上下级行联动开展重点客户走访，促进机构存款稳定增长。加强对有贷户、存款大户资金流向管理，积极通过综合服务手段和产品交叉销售，利用在融资、结算、现金管理、本外币综合化服务等方面的优势，有效推动各项存款协调发展。重视人民币储蓄存款工作，抢先布局，落实营销方案和奖惩措施，调动全员营销积极性，在2017年莆田分行人民币储蓄存款旺季营销竞赛中，获得第一名。至年末，各项存款时点余额增长0.79亿元，日均余额比年初下降0.02亿元。

【市场拓展】 2017年，工行城厢支行坚持“拓市场、争客户”这一工作重心，围绕重视代发工资业务、做强个人按揭贷款、建立商圈这三条主线，强化基础客户工作，夯实个金业务基础。持续开展重点客户营销工作，加强公私联动，深挖客户资源，推动代发工资业务快速发展，成立外拓团队，将外拓作为常态化工作，进机关、企业、社区商圈外拓营销，同时不定期开展线上、线下一体化体验活动，送金融服务上门，协助指导融e联置换，体验工行020线上线下相结合的活动，维护存量客户；以总行推出的“二维码”支付业务为抓手，通过扫楼扫街、行领导带队走访易太、复茂等连锁商户，建立商圈，拓宽客户群。支行突出省市分行工作重点，信用卡业务重点拓展公务卡、驾驶员通卡营销市场，成立专项营销团队，机构部门客户经理牵头，个金部门助力，先后前往福建省莆田职业技术学校、龙桥街道、华亭镇等市、区级11家单位送金融服务办理445张公务卡，不断提升支行个人金融资产规模与综合竞争力。全年个人有效客户新增4306户，个人金融资产总余额18亿元，比年初新增11514万元。年日均金融资产1万元以上个人客户数达22767户，时点数增量1614户。日均5万元以上的客户7844户，资产5万元以上客户新增191户，4星级以上客户新增424户。销售各类个人理财产品38191万元，销售基金15789万元，代理保险888万元。新增商友卡78张，新增信用卡3567张，新增特约商户141户，新增第三方存管客户1385户。在法人客户方面，主动承接“企业通”业务试点，与市、区工商部门合作，积极挖转下游交易对手账户。2017年年末，新增有效法人客户385户，全省支行排名第3名。

【贷款业务】 2017年，工行城厢支行重点发挥资产大行优势和强项，做大做强个人按揭贷款规模，作为批量做好个金基础客户最有力的抓手。新增莆田市国投置业有限公司个人按揭贷款52笔2346万元、莆田市世全房地产开发有限公司“世全·兴安名城西区”项目按揭贷款，做大做实既能促进储蓄存款稳存增长也能创造中高端客户来源业务。全年新增个人住房贷款1171笔，发放76697万元。至年末，个人贷款余额达32.2亿元，庞大的个人住房贷款客户为支行带来了稳定的个人客户日均5万元以上的近7844户，年日均金融资产1万元以上的个人客户数量超22767户。法人客户方面，努力拓展优质信贷市场，做大做强政府购买服务融资领域。重点发展落地央企、市属国有企业集团以及相关行业代表性优质客户，莆田市国投10亿元中票承销业务、4亿元流动性债务融资业务成功获批，为后续业务合作打下基础；率先开展政府购买服务融资，与兴发集团下属旅游集团、医疗投资集团的并购和基金投资业务正在洽谈中。成功发放莆田市博物馆建设工程项目融资贷款5858万元，福建佳通轮胎有限公司新增贷款5000万元。

【优化服务】 2017年，工行城厢支行继续推动营销组织体制改革，按照省分行工作要求，组建外拓营销团队，确保重点业务发展营销力量投入。要求各专业部门、各网点支行结合工作实际，突出发展特色，提交专项营销计划和营销项目。继续试点推行营销团队“众筹”方式，实行全员营销积分制度，制定挂钩奖励方案，实现绩效工资科学合理分配，并与员工转岗、年度考核评定有效结合。打破部门、岗位分割壁垒，要求各业务条线坚持以客户为中心，开展业务联动和交叉销售，努力提高业务渗透率和覆盖率，避免业务资源分散流失。高度重视服务管理工作，支行以参加银行业协会文明规范服务“四星级网点”、总行“五星级网点”评选为契机，改进服务面貌，提高服务水平，通过两项评选。

【电子银行业务】 2017年，工行城厢支行为全面应对互联网金融的挑战，发挥分流引导的作用，采取多项措施，倾力加大自助机具配备，高度重视业务分流率工作，采取有力措施，加大人财物投入，多措并举，不断强化电子渠道对柜面业务的分流作用，推进柜面业务分流工作，人机搭配，人机结合，发挥大堂团队和自助机具的分流作用，柜面业务分流工作取得明显成效。是年，共设立1个电子银行体验岛、3台智能机、2台网银体验机，2台叫号机、2台回单自助打印机、4台自助终端机、6部存取款一体机，齐全的自助设备能有效满足客户自助办理业务的需求，分流柜面业务，减少客户等待时间，取得明显的成效，推动电子银行的快速发展。全年新增手机银行6374户、个人网银6052户、U盾832个、电子密码器3731个。

【中间业务】 2017年，工行城厢支行中间业务收入同比增252万元，中间业务快速发展。利用分期付款费率较低的优势，引导大额消费客户办理分期付款业务，将信用卡发卡及分期付款业务作为推动中间业务发展的新的增长点，使个人中间业务创收能力不断提高。同时做好养老金和住房公积金业务。是年，实现代理归集住房公积金业务收入36万元，个人住房公积金委托贷款业务收入53万元，电子银行个人服务费收入34万元，代理贵金属业务收入27万元，代理个人结售汇点差收入11万元，代理公用事业费收入21万元。

（陈崧峰）

建设银行

【工作概况】 2017年，中国建设银行莆田分行城厢支行（以下简称城厢建行）一般性存款余额30.14亿元，当年新增4.5亿元，完成市分行全年计划的221%，新增额和计划完成率均居全市建行第2位。各项贷款余额28.33亿元，比年初新增2.33亿元，新增额居全市单点型支行第五，其中对公贷款余额8.95亿元，比年初下降9370万元；个人贷款余额19.37万元，比年初新增3.3亿元。不良贷款余额625万元，逾期贷款225万元，均控制在分行下达的指标以内。全年核销对公不良资产2251.47万元，现金回收对公不良贷款88.5万元。实现利润1.1亿元，中间业务收入3539万元，纳税942万元。

【存款业务】 2017年，城厢建行一般性存款余额30.14亿元，当年新增4.5亿元，完成市分行全年计划的221%，新增额和计划完成率均居全市建行第2位。其中，对公存款余额20.21亿元，比年初新增3.65亿元，较好地完成分行下达的时点存款控制指标，新增额及计划完成率均居全市单点型支行第一。个人储蓄存款余额9.93亿元，比年初新增8607万元，计划完成率132%。

【贷款业务】 2017年，城厢建行各项贷款余额28.33亿元，比年初新增2.33亿元，新增额居全市单点型支行第五，其中对公贷款余额8.95亿元，比年初下降9370万元；个人贷款余额19.37万元，比年初新增3.3亿元。

【资产质量】 2017年，城厢建行不良贷款余额625万元，逾期贷款225万元，均控制在分行下达的指标以内，其中对公贷款不良余额500万元，个人贷款不良余额125万元，逾期余额225万元。全年核销对公不良资产2251.47万元，现金回收对公不良贷款88.5万元。

【发展客户】 2017年，城厢建行对私有效客户新增1036户，计划完成率73.6%，加权有效客户9961户，计划完成率121.7%。龙支信新增6928户，计划完成率105.3%。龙支付商户新增46户，完成率44.66%。龙商户新增35户，计划完成率35.4%。代发工资个人有效户新增2218户，完成率53.6%。新增信用卡客户数2258户，完成率205.27%，全市第一，净增公安便民龙卡475张；新增有效结算账户1732户，智能跨行收款1户，现金管理核心客户1户，现金管理高级客户287户，票据池客户1户，代付产品有效客户新增37户，对公一户通新增123户，账单自助服务客户新增592户，存款达标单位结算卡新增22张。对公商户净新增28户，其中高贡献商户新增15户，悦生活商户新增19户，均超额完成分行下达的任务指标。悦生活商户拓展全面开花，成功营销烟草系统党费云商户7个，以及文献中学、霞林学校下黄小学、霞林幼儿园等学易收客户。

【创新转型】 2017年，城厢建行实现全市首笔同业福费廷买入业务投放，成功为邮储银行办理福费廷买入业务4499.94万元，带来近百万利息及中间业务收入。小微企业贷款业务多面突破，先后实现全市首笔抵押快贷、二押抵押快贷、云税贷、医保贷等业务投放。实现专项分期交易额9035万元，手续费合计1239万元，全市建行系统第三，实现一般分期交易额929万元，全市建行系统第二。实现全市首批跨行代发工资业务。成功为莆田特洛特人力资源有限公司在城厢支行成功办理全市首批跨行代发工资业务。

（苏剑军）

农业银行

【工作概况】 2017年，中国农业银行股份有限公司莆田城厢支行（以下简称城厢农行）贯彻落实年度各阶段工作部署，坚持从严治党、从严治行，党建引领“呈现新气象”，整体业务经营“走上新台阶”，信贷风险防控取得“阶段性新成效”，基础管理得以进一步加强，合规平安“体现新常态”，员工人均收入增长11.61%，队伍的战斗力、凝聚力和服务品牌、社会形象得以进一步提升。截至2017年12月31日，全行本外币各项存款余额58.39亿元，比年初增加3.46亿元；全行各项贷款余额60.21亿元，实现各项业务收入49513万元，缴纳各项税款1480万元，利润较上年同期增加6.2亿元，拨备后利润实现2014年以来首次扭亏为盈，努力创造经济和社会效益。全年无发生重大经济案件或刑事案件，实现安全稳健经营。

【服务地方经济】 2017年，城厢农行探索现行经济条件下服务地方经济的新举措、新方法，不断改进金融服务，支持重点建设项目、重点骨干企业，提升服务实体经济的金融服务水平。深度融入“打造宜居港城　建设美丽莆田”的发展战略，服务实体经济。该行配合政府支持重点项目和民生工程，2017年对主流客户、重点项目新增授信人民币21.87亿元，实现用信1.31亿元。该行个贷占比达40.23%，中长期贷款占比达47.33%，信贷结构得以在调整中不断优化。对接莆田市城厢区政府棚户区改造项目，成功营销福建省2016年度保障性安居工程“莆田市城厢区泗华滨溪二期片区安置房建设项目”，为莆田农行首次以政府购买服务形式介入的棚改项目，也是城厢支行自股改以来首度和区政府合作的项目。累计为城厢区辖内企业发放流动资金贷款6.42亿元；扶持实体企业12家，扶持企业涉及就业员工3171人；扶持小微企业4户；扶持涉农企业2户。做好辖内信贷结构调整，无抽贷、压贷、断贷，全年转贷金额286711.73万元，使用借新还旧支持风险化解客户9户，金额45730.1万元。以“促双降”

为目标，实行“堵新降旧”双线合并，推进信用风险化解和不良资产处置，至年末不良率较年初下降33.29个百分点。全力配合政府支持重点项目和民生工程，加强与正荣、联发、恒大等开发商的合作，组织个贷团队驻点面签，梳理办理流程，提高办理效率，保证办理时效，定期举办个贷客户专场沙龙，累计发放个人按揭贷款45481万元；做大非按揭贷款规模，推广该行“网捷贷”业务，为贵宾客户、缴存公积金客户、个贷客户等优质客户群体提供便捷的免担保自主借款方式，截至2017年末实现非按揭贷款规模7903万元。

【普惠“三农”】 2017年，城厢农行加强与农保中心的合作，承接城厢区“城厢居民保”业务，搭建新农保工作服务平台，截至2017年年末，该行累计发放惠农卡17.8万张，在城厢区辖内119个自然村布设122个惠农通自助服务点，实现“惠农通”全覆盖，仅2017年累计代发代缴就超过45万笔，金额3.42亿元，群众“足不出村”就能实现缴纳保费和领取养老金。信贷支持，助力农户生产经营，截至2017年年末，农户小额贷款余额832万元。累计向挂钩扶贫村东海镇西黄村16户贫困村民和1名大学生爱心捐赠1.8万元，实现2017年结对贫困户全部脱贫。同时，组织辖内网点开展“送金融知识下乡”等活动，累计为行动不便客户提供上门服务共计13次，该行金融知识下乡、扶贫济困等活动多次在《湄洲日报》《金融时报》上刊登，并在福建省农行微博上转载。

【文明优质服务】 2017年，城厢农行累计对公开户458户，较上年增加242户，切实提升客户服务水平；加强便捷支付渠道布设，累计布设POS商户267户，全年累计交易笔数16.83万笔，金额5.02亿元；成功营销有效缴费电商9户，为城厢区常太学校、华亭第一中心小学等6所学校、2家通信运营商、莆田市广播电视中心提供便民线上缴费服务，累计缴纳学杂费2073笔，缴纳通信费7423笔，金额近40万元。执行《中国银行业文明服务公约》《中国银行业文明规范服务工作指引》，牢固树立“客户至上，始终如一”的服务理念，加强督导，强化落实，奖惩并举，树立良好的社会服务形象。积极开展“青年文明号”“工人先锋号”“巾帼文明岗”创建活动，推动创先争优活动常态化和长效化，发挥榜样示范作用。是年，该行职工1人次获得“福建省金融优秀共青团员”称号，6人次获得“莆田市女职工标兵”称号，6人次获得“莆田市金牌工人”称号，6人次获得“莆田市青年岗位能手”称号，4人次获得“全市农行优质服务标兵”称号，2人次获得莆田分行“青年岗位能手”称号，4人次获得莆田分行“业务技术能手”称号，辖内兴融支行获得“福建金融先锋号”称号。做好消费者权益保护工作，开展“金融消费者权益日”宣传活动，加强文优服务培训，该行2017年投诉率同比下降81%，点均投诉率0.92笔远低于全省平均水平。

【安全经营】 2017年，城厢农行配合政府推进信贷风险化解工作，将信用风险防控作为全年各项工作的重中之重来抓，推进信用风险化解和信贷结构调整，创造经济效益，确保安全稳健经营。加强对高风险客户的管理，成立不良清收处置工作小组，一户一策制定清收处置预案，确保清收压降目标落到实处；加强信息沟通，强化银政合作，争取政府部门、法院工作上的理解和政策上的支持；在前期的工作基础上，主动抓住不良贷款清收处置最好的政策时间窗口，采取“集中精力、集中资源、集中作业”三集中模式，多策并举加大风险管控和堵新降旧力度。2017年该行不良率较年初下降33.29个百分点，不良贷款和不良率实现大幅“双下降”。做好信贷客户结构的调整，向新增贷款要效益，该行主动加强与政府主管部门的联系，扎实做好项目营销和储备，新投放的信贷资金主要投向政府支持、效益好、信誉好、风险小、还贷有保证的大项目和个贷客户，服务绿色金融，使新增贷款产生最佳效益。牢固树立勤俭办行的意识，向增收节支要效益，该行强化财务收支管理，加强重点领域风险管控，努力压降无效经济资本占用，把有限资源用在推动业务发展上。强化市场营销，向转型发展要效益，该行坚持优先发展零售业务，做大贵宾客户、做强产品渗透、做好公私联动、做优客户服务；同时加快对公业务有序发展，抢抓资金源头、抢抓拓户提质、抢抓中收归仓，促进对公市场份额稳步提升。坚持安全为先，向科学管理要效益，落实案防工作责任制，落实“三线一网格”管理工作，加强安全保卫工作，夯实内控管理基础。该行在城厢区公安机关、银监部门组织的“2016－2017年度银行业金融机构安全评估工作”中以平均得分99.84的高分，在全区银行业金融机构中排名第一，实现区支行、营业机构安全评估优秀率100%的目标，实现安全稳健经营。

（郭陈烨）

中国银行

【工作概况】 2017年，中国银行莆田城厢支行（以下简称城厢中行）各项工作呈现持续发展态势。截至12月底，各项存款余额达29739万元，其中储蓄存款余额达26636万元、比年初净增300万元；公司存款余额3000万元、比年初净跌7157万元。各项贷款余额达43939万元、比年初下降2282万元；对公开户数达87家；资产质量状况良好，出现少量关注类资产；但及时跟踪起诉，得到有效化解。

【业务拓展】 2017年，城厢中行坚持发展第一要务，不断提升经营业绩。加强维护中心客户，把银行的中心客户名单全部列出来，分派员工进行电话和上门维护，了解客户的需求，并为客户量身定做各类金融产品，行长亲自对重点客户进行逐位上门，稳定老客户，发展新客户。发动全员总动员，进行压力传导，正、副行长一起服务第一线，并带动和教育员工进行各项业务争霸赛，奖罚并重，提高服务质量，增强业务素质。对原有代发薪的企事业单位进行沟通合作，经常上门宣传、提供全方位的服务，办理信用卡、ETC、易达钱等业务，签约理财、保险等产品，以增加代发单位员工的额外收益，并与代发单位共同举办趣味运动会等形式。继续发展结算+清算的渠道，发动员工上门服务，对高端商户发展商户通，银联POS，对普通商户发展中银支付通，二维码扫描商户，扩大结算渠道。发展和激活志愿者卡，联合城厢区文明办，为建设美丽莆田，进驻国家电网、三中、五中等企事业单位，推动单位员工办理志愿卡，并参与志愿者活动。加快步伐进行网点转型，加快智能柜台的流程疏导，解放有效人员进行走出去营销。

【服务地方经济】 2017年，城厢中行为支持城厢区社会经济发展和民生提供全方位金融服务。截至年底，莆田城厢支行个人住房贷款余额达44943万元，新投放3590万元，消费贷款6262万元。资产质量良好，不良率为零，有效防范金融风险。同时，配合莆田市创建全国文明城市，主动参与，树立金融行业文明窗口标杆。为城厢区辖属各机关企事业单位上门发放志愿者卡，并宣导各项金融服务，精准扶贫，深入农村并举办多场次金融下乡，进一步普及广大市民金融知识。

（林俊星）

兴业银行

【工作概况】 2017年，兴业银行股份有限公司莆田城厢支行（以下简称兴业银行莆田城厢支行）贯彻落实总分行各项业务发展的重要决策，按照分行战略部署，坚持“负债为王”的发展理念，加快存量资负结构的优化，加强有效基础客户建设，各项指标均超额完成任务，同时在主要客群的营销、管理机制的完善、营销平台的建设等多个方面实现有效提升并取得一定的成绩。2017年年底支行存款余额19.4亿元，比年初新增72万元，其中对公存款余额11.49亿元，储蓄存款余额7.91亿元；贷款余额28.05亿元，比年初增加2.43亿元，其中对公贷款余额9.95亿，个贷余额18.1亿；截至年末，支行不良贷款余额为0，不良控制良好。

【产品创新】 2017年，兴业银行城厢支行推出“易速贷”“连连贷”“园区贷”及“技改基金”等系列产品，全面加强对实体企业的营销与合作，多方位满足企业发展需求。通过对客户细分，根据不同层次的需求，提供不同的产品和服务方式，努力实现业务服务的多层次、多角度，以满足不同群体客户的个人化金融服务需求。针对老年客户，该行重点推荐低风险的系列产品，同时定期举办老年客户财富知识沙龙活动普及老年人理财知识和通过文娱活动丰富老年人精神文化生活；针对年轻客户，重点推荐非货币基金、信用卡等产品，支行营销团队组织外拓营销活动主动扩大服务半径，同时为该类客户举办百富人生财富讲坛，邀请基金公司产品经理讲解基金定投知识，满足年轻客户对金融知识更深入了解的需求；针对年轻父母，该行举办“小小银行家”家庭亲子等活动，提供给父母和孩子交流的平台。

【服务社会】 2017年，兴业银行城厢支行重视社会公益活动，围绕扶贫帮困总体目标，不断提高认识，落实包扶措施，履行帮扶工作职责，推进包扶工作顺利进行，从人力、物力、财力方面促使扶贫工作的深入开展。立足行业特点，加强普惠金融，通过升级网点服务设施、美化营业厅环境，强化员工服务水平，持续开展金融知识进社区、下乡村等活动，竭力为广大群众提供高效、优质、满意的金融服务；组建志愿者服务队伍，完善各项志愿服务机制建设，开展结队扶贫贫困村、党员“一日捐”、向爱心驿站捐赠物品义卖等公益活动，响应国家“精准扶贫”的号召，奉献企业力量，传递社会正能量。2017年度，该行累计7次对灵川镇何寨村开展精准扶贫工作，特别是下半年，坚持每月入村慰问，对包扶的17户贫困户送上实实在在的关心和物质扶持，累计向贫困户捐献价值5.1万元的慰问品。

（叶炜环）

农商银行

【工作概况】 截至2017年12月末，莆田农商银行城厢支行（以下简称城厢农商行）各项存款余额为248676万元，其中个人储蓄余额105519万元，比年初上升9624万元；各项存款日均余额226346万元；新增有效IC卡1825张；新增有效线上支付8825户；新增有效手机银行9267户。

【组织存款】 2017年，城厢农商行明确各网点的任务目标，全面推行绩效考评办法，分组拓展营销。对营销员进行分级管理，开拓存款营销市场，广泛筹集农村闲散资金，存款营销工作再上新台阶，年末各项营销存款余额248676万元，个人储蓄存款上升9624万元。利用农商银行点多、面广、线长的优势，以创建省级文明规范服务示范窗口为契机，靠转变作风“赢”客户、走出柜台“引”存款、抓住机遇“攻”大户，全方位进击，多渠道筹资。把组织资金的触角逐步向行政、企事业单位及其他经济组织延伸，向村镇改造、招商引资等专项资金延伸，向低成本资金项目延伸，促进负债结构的优化。争取区国土资源局、市财政局等优质客户在农商行落户办理业务，为增加支农信贷投入提供充裕的资金。

【信贷风险管理】 2017年，城厢农商行健全授信审批机制，落实贷款“三查”和审贷分离的运行机制，年末贷款余额比年初上升13975万元。控制大额贷款的发放，进一步提高风险防控能力，年内没有发放超比例贷款。规范不良贷款管理，按照五级分类的要求，实时监控贷款质量的变化，加强管理，促进不良贷款的清收。按信贷员建立不良贷款台账，把清非任务分解到各网点信贷员，分类排队，重点攻坚；支行还成立清非组，配合法院、经侦部门依法清收部分不良贷款，降低信贷风险，实现不良贷款余额与占比“双降”的目标。

【完善内控机制】 2017年，城厢农商行实施全方位的内控制度管理，加强重点部位、重点环节的跟踪检查，使各项工作落实到位、职责明确，实现制度管事、机制管人的目的。把案件专项治理工作纳入日常业务经营之中，与反洗钱和治理商业贿赂等工作相结合，与业务工作同研究、同部署、同落实、同检查，增强防范案件风险的整体能力。组织全体员工学习莆田市银行业协会《反商业贿赂自律公约》《从业人员道德行为公约》《员工职业道德守则》，引导员工树立正确的世界观、人生观和价值观，践行社会主义荣辱观，规范员工职业道德行为。

（谢敏敏）

邮储银行

【工作概况】 2017年，中国邮政储蓄银行莆田市城厢区支行（以下简称邮储银行城厢支行）以稳中求进为主线，以提升客户价值、打造一流大型零售商业银行为目标，坚持做大总量和提升质量并重，坚持创新驱动和转型升级并举，坚持业务发展与风险管控并行，贯彻落实“311”营销管理模式和“三个三”全面风险管控机制，推动转型发展再上新台阶。是年，支行业务发展稳中有进，收入利润实现双超，资产质量实现双降。全年实现业务收入4864.51万元，收入完成率109.31%，收入规模排名全市第一；实现考核利润3984.05万元，绩效利润完成率121.73%，利润总量居全市第一；不良金额679.7万元，较年初下降42.48万远，不良率0.50%，较年初下降0.32%。

【个人业务】 2017年，邮储银行城厢支行个人储蓄余额16000万元，较年初增长1738万元；年平均余额16011万元，较年初净增1707万元；零售信贷总结余首次突破10亿元，达100481万元，较年初净增19491万元。

【公司业务】 2017年，邮储银行城厢支行公司储蓄余额53337万元，较年初净增9173万元，规模和质量均稳居全市第一；公司贷款授信多个项目取得进展，公司贷款结余34841万元，较年初净增27861万元。

【产品创新】 2017年，邮储银行城厢支行不断创新产品和服务方式，结合莆田地区经济特色，加强市场调研和业务申请开办力度，丰富信贷产品。如加大推广小微电商企业专属信用贷款产品——电商贷；针对政府采购中标供应商推出信用产品——政采贷；为降低存量优质客户转贷成本推出无须还本即可转贷产品——转期贷；为解决企业贷款额度低的问题，与区经信局、工商联共同推出高抵押成数产品——助保贷；根据客户纳税情况，与税务部门合作推出产品——税贷通；为服务优质行业推出专项产品——小水电贷款、电力贷、医院贷、排污贷等。同时，支行积极搭建银政、银园、银担合作平台，持续扩大邮储银行服务小微企业覆盖面。

【风控建设】 2017年，邮储银行城厢支行开展“内控优化年”活动，积极落实消费者权益保护工作，加大条线尽职检查和“两个派驻”履职再监督，围绕“三个三”风控机制，通过监测、预警、检查、通报、评价、追责等措施，全面风险管控力度逐步增强。围绕“控新降旧”，持续强化对信用风险的管控力度，结合上级行的不良“双控”目标，下发信贷资产质量控制目标方案，严守不良风险底线，全行不良贷款余额及不良率均控制在上级行目标值内。

（陈建山）

人保财险

【工作概况】 2017年，中国人民财产保险股份有限公司莆田市城厢支公司（以下简称人保财险莆田市城厢支公司）进行全面的转型，在激烈的市场竞争中探索自己的发展模式，业务经营从粗放转向精细，从注重规模转向以效益为中心。是年，实现保费收入4307万元；共支付各类赔款4732万元，综合赔付率为82.2%，未决赔款准备金余额2776万元，实现承保利润173万元，被城厢区政府授予“超500万元纳税大户”。

【办公楼搬迁】 10月，人保财险莆田市城厢支公司由城厢区荔华东大道石109号中福雅苑5幢正式乔迁新办公职场，新址位于城厢区城港大道99号金海湾小区1号楼19层，面积1161平方米。

【华亭镇“三农”保险服务站启动】 11月，人保财险莆田市城厢支公司华亭镇“三农”保险服务站正式启动运行，此次“三农”保险服务站的设立运行，将为华亭镇近10万农村居民提供“三农”保险服务，为群众提供承保咨询、理赔服务及资料收集等，切实提高农村保险业务的深广度。至年底，城厢支公司共成立运行“三农”保险服务站3个，部署农网线下建设，完善基础设备，加强驻镇人员培训。

【再次签约莆田市烟草公司保险项目】 8月，人保财险莆田市城厢支公司成功中标莆田市烟草公司保险项目，涵盖旗下福建莆田海晟连锁商贸有限公司、莆田烟草物流有限公司、福建省烟草公司莆田市公司的车辆保险业务和非车保险业务。保险期限三年，年保费收入约90万元。

【首签环境污染责任险】 10月，人保财险莆田市城厢支公司与新威电子工业有限公司成功签订环境污染责任险，保费2万元，为其提供100万元保额保障，实现全市环境污染责任险零的突破。

【签约网约车业务】 2017年11月，人保财险莆田市城厢支公司与北京飞嘀智慧交通科技股份有限公司莆田分公司成功签约，未来三年将为其旗下的网约车提供车险服务。

（方丽华）

经济管理

发展计划管理

【工作概况】 2017年，由城厢区发展和改革局（以下简称区发改局）牵头制定一系列政策性文件，并及时进行政策解读。是年，城厢区经济社会保持了稳中向好的发展势头。全区生产总值完成358.2亿元，增长9%；农林牧渔业总产值完成22.5亿元，同比持平；规模以上工业产值完成333.5亿元，增长10.2%；固定资产投资完成247亿元，增长17%；财政总收入完成30.8亿元，增长8.6%，其中地方级财政收入完成20.3亿元，增长3.1%；社会消费品零售总额完成217.7亿元，增长13%；外贸出口总额完成52亿元，增长1.8%；全体居民人均可支配收入完成32740元，增长9%。

【经济形势运行分析】 2017年，区发改局围绕城厢区经济运行中的新情况、新问题，会同区统计局、财政局、经贸局、外经局等相关部门认真做好月度、季度和年度经济经济运行分析工作。做好全社会固定资产投资运行分析，并以现场调研、协调会等方式迅速将指标下达至各镇（街）、园区和区直有关部门，确保全年固投的快速增长。同时，对经济发展中特点、亮点问题，进行全面调查和深入研究，做出分析和判断，为区委、区政府决策提供预见性、针对性、前瞻性的意见和建议。

【重点项目建设】 2017年，区发改局制定《城厢区2017年“百日项目攻坚”活动实施方案》（莆城委办〔2017〕40号），出台五个一批项目考评办法（莆城政〔2017〕54号）、《关于建立正向激励机制促进有效投资的八条措施（试行）》等，促进项目投资有效增长。实施区重点项目438个，总投资1824.5亿元，全年完成投资220亿元，完成年计划217.2亿元的101.3%。其中：17个省级重点项目完成投资77.8亿元，完成年计划67亿元的116.1%；48个市级重点项目完成投资68.5亿元，完成年计划64.4亿元的106.4%。全区总投资5000万元以上的“五个一批”入库项目516个，总投资1972亿元。其中，今年新增项目436个，总投资1154亿元（谋划项目76个，总投资169.6亿元；签约项目130个，总投资443.8亿元；开工项目130个，总投资257.2亿元；投产项目79个，总投资265.1亿元；增资项目21个，总投资18.3亿元）。在2016年的基础上持续推进和提升拓展投资工程包，印发《莆田市城厢区落实2017年投资工程包实施方案》（莆城政办〔2017〕71号），共实施

20个工程包，53个子项目，总投资82.23亿元。全年计划投资25.2亿元，1—12月累计完成16亿元。每月及时将全区投资完成情况、重点项目实施情况、项目办理情况、重大项目开工开业等做好总结分析、信息公开，为领导、为部门、为镇（街道）提供及时服务。出台重点项目推进机制和干部征迁工作机制，启用重点项目监察管理系统，建立重点项目微信群，进一步健全项目管理机制。

【投资项目管理】 2017年，区发改局持续开展“放管服”工作，深化行政审批制度改革，加强中介服务机构管理，建立区级行政审批事项动态目录，梳理审批权力清单，优化审批流程，切实提高审批效率。根据国家产业政策，及时组织项目上报，列入年度的项目，加以扶持引导，同时做好项目的立项审批工作，做到严把政策关，强化服务企业、服务项目建设，提高办事效率，开通行政审批“绿色通道”，坚持政策性和灵活性结合的原则，采取特事特办，指导业主编制规范的项目建议书、可行性研究报告。全年共审批项目27个，项目核准5个，项目备案91个，项目办件准确率、承诺件提前办结率、时间提前率均为100%。

【美丽莆田先行区建设】 2017年，区发改局制定城厢区建设美丽莆田专项行动计划，提出各个专项行动的具体行动目标、重点任务和工作举措。其中列入市美丽莆田九大专项行动项目100个，完成投资80亿元，完成年计划的110.5%，实现动工项目94个，正在开展前期项目6个。列入市30大重点攻坚项目7个（11个子项目），完成投资45亿元。

【第十五届“6·18”工作】 2017年，区发改局围绕第十五届中国·海峡项目成果交易会“项目—技术—资本—人才”主题，共完成项目对接145项，总投资额15.4亿元。其中，合同项目143项，总投资15.2亿元；意向项目2项，总投资0.2亿元，共组织120家企业参会。征集到企业技术需求42项；人才需求7家，19名，研发团队6个；资本需求10家。为加强企业与高校、科研院所之间的联系，共邀请省内外专家20名。共组织6家企业在莆田馆参展，分别是莆田市华林智联电商城有限公司的城厢华林鞋艺小镇；溢通环保科技（莆田）有限公司的溢通车用尿素水溶液及加注设备；福建省亚明食品有限公司的速冻菜肴系列调制食品；莆田市城厢区诚味食品公司的速冻肉制品系列速冻调制食品；莆田市天宇林业开发有限公司的天宇系列农副产品；莆田市嘉业光电电子有限公司的液晶显示器。

【资金争取】 2017年，区发改局上报中央及省级预算内资金8项，包括国有工矿棚户区改造和保障性安居工程配套基础设施、PPP项目前期工作、城镇生活污水垃圾处理设施建设工程等。总投资158203.65万元，申请资金15035.55万元。获得上级资金补助项目3个，项目总投资36895.38万元，中央省市级资金补助355.8万元。3个项目分别是2017易地扶贫搬迁工程、莆田市城厢区农村污水处理（一期）PPP项目和城厢区常太镇岭下村环村公路建设（二期工程）。搭建产融对接工作机制，针对城厢区部分项目专项基金支付率低的情况积极开展督查活动，督促业主加快推进项目进度，发挥资金应有效用。加强政银企合作，着力解决重点项目建设融资难题，加强与国开行、农发行与政府投资的基础设施融资项目的筛选对接。积极支持运用PPP模式吸引社会资本参与基础设施和社会事业建设。

【物价工作】 2017年，区发改局开展涉企收费清理工作，共清理涉企收费187.10万元，切实减轻企业负担。做好价格认证工作，2017年，共受理涉案价格认定401件，价格认定金额为7580万元。多次联合区旅游局、安监局、住建局等有关单位组成联合检查组，对房地产开发企业在售楼盘、停车场、旅游景区、农贸市场、酒店等进行价格检查，发放诚信提醒函900多份。

（刘　媛）

国土资源管理

【工作概况】　2017年，城厢国土资源分局（以下简称城厢国土分局）学习贯彻党的十九大会议精神和习近平系列重要讲话精神，全区国土资源系统围绕“保障发展、保护资源、维护权益”中心工作职责，主动作为、攻坚克难，不断提升服务水平，较好完成区委、区政府年初既定的各项目标任务。

【基础发展】　2017年，城厢国土分局贯彻落实并严格执行占补平衡制度，全区呈报各类新增建设用地全部利用土地开发整理验收项目做到先补后占，确保非农建设用地占用的耕地全面实行占一补一，实现基本农田总量不减少，用途不改变。组织实施新一轮基本农田划定工作，扎实开展外业踏查核实工作，确认基本农田保护区范围、面积、措施及责任人。确保耕地保护工作落到实处。严格执行耕地占补平衡制度，有效地守住耕地红线。

【用地保障】　2017年，全区共组织上报农用地转用和土地征收3个批次及单独选址1个，面积62.40公顷，涉及社会事业类项目6个；获批2个批次，面积18.30公顷，涉及社会事业类项目5个；获批单独选址1个，面积26.81公顷。不仅保障笏枫公路改扩建工程项目等重大重点项目，还优先保障各乡镇农民建房、村集体产业等民生、基础设施用地。全区供应土地57.59公顷，其中划拨社会事业类项目11宗，面积41.47公顷；拍卖出让项目4宗，面积16.12公顷，收取出让金307100万元。为解决城厢区耕地占补自求平衡压力大，后备资源严重缺乏问题，城厢国土分局探索多种途径落实耕地占补平衡。通过向宁德市、三明市尤溪县等地购买增减挂钩节余指标104.59公顷，交易资金29196.103万元，落实耕地占补平衡。该指标不仅包含建设用地指标、耕地占补平衡指标，而且包含建设用地规模，有效扩大城厢区建设发展空间，缓解建设用地指标不足问题，更重要的是解决城厢区重点项目因占补平衡难以实现导致用地报批无法上报的问题，打破区域空间制约，探索建设用地增减挂钩节余指标异地交易的可能。

【耕地资源保护】　2017年，城厢国土分局完成区、镇、村三级耕地保护责任状的签订工作，层层分解耕地保有量和基本农田保护任务，从严控制非农业建设占用耕地尤其是水田等优质耕地。城厢区永久基本农田划定成果于6月通过福建省国土资源厅审查。划定后城厢区全域永久基本农田面积4093.44公顷，共175个保护片，其中城市周边划定永久基本农田368.61公顷。完成2006－2020年区级土地利用总体规划调整完善工作，并上报乡级土地利用总体规划调整方案，按照基本农田数量和布局基本稳定、优质耕地优先保护的原则，规划期内，确保全区4093公顷基本农田数量不减少，质量有提高，确保实有耕地数量稳定、质量不下降，至2020年，全区耕地保有量不低于4713公顷。组织各国土所开展废弃园地外业调查工作，根据外业调查结果，结合废弃园地调查表、标注废弃园地范围的图件、实地拍摄的反映废弃园地特征的照片，共调查废弃园地面积32片26.96公顷。全年共完成补充耕地指标19.49公顷，其中已验收的旧村复垦项目7个，产生新增耕地12.27公顷，完成东海镇上图村2008年市级土地整理项目1个，产生新增耕地1公顷，并通过高标准农田建设后，耕地等别提升0.1等，完成农发项目常太镇山渡片2015年综合土地整理项目1个，产生新增耕地6.22公顷，并通过高标准农田建设后，耕地等别提升0.5等。2017年，市级下达城厢区国土部门高标准基本农田建设任务140公顷，共实施高标准农田建设项目6个，建设规模230.53公顷。经过公开招投标确定技术承担单位在实施的土地整理项目有2个，项目总规模102.59公顷（其中旱改水4.22公顷，高效节水3公顷）；在财审及招投标的土地整理项目有1个，建设规模16.55公顷（其中旱改水3.54公顷）；在设计评审的土地整理项目有2个，项目总规模94.50公顷（其中旱改水2公顷，高效节水2.67公顷）。委托仙游县政府代为实施高标准农田建设123.13公顷，完成高标准建设任务。全年验收的旧村复垦项目7个，项目总规模21.66公顷，产生新增耕地12.27公顷；在实施的旧村复垦项目有6个，项目总规模25.58公顷；正在上报的常太镇旧村复垦7个，项目总规模16.44公顷。

【废弃矿山综合整治】 2017年，城厢国土分局严格采矿许可证延续、变更登记工作，依法征收矿产资源规费和缴存矿山环境治理及生态恢复保证金，做到应缴尽缴；做好中央环保督察及环保突出问题整改工作，全区13个机砖厂、143个石村加工厂拆除到位。

【国土监察执法】 2017年，城厢国土分局不断加大土地执法巡查力度，落实土地执法监察制度。全年共组织国土日常动态巡查900多次，配合区政府联合执法4次，发现、制止和查处国土资源违法行为328宗。结合国家土地上海督察局例行督察整改工作，查处全区共有违法用地68宗9.17公顷，其中耕地4.36公顷，非立案处理14宗，面积21233平方米；立案查处7宗，做出没收违法建筑物面积5979.25平方米，没收4750.89平方米；作出罚款187319元，收缴114682元；提出处分建议2人。

【及时调整征地补偿安置标准】 2017年，城厢国土分局为保障被征地群众的知情权和参与权，进一步完善土地征收程序，增加征地前的告知环节，所有征地公告均由区政府发布。是年，完成木兰溪防洪工程华亭段及洋西六、八期等项目土地征收，征收征用土地156.62公顷，共支付征地补偿费用1139.98万元。

【行政审批事项清理】 2017年，城厢国土分局对照市、区审改办公布的行政审批和公共服务目录清单，及时进行清理、精简和规范，并通过福建省网上办事大厅、莆田市行政审批网门户网站向社会公开。2016年国土分局共承接上级下放的事项16项，取消公共服务审批项目1项。有办理事项32项，其中行政许可审批项目7项、公共服务审批项目25项。同时，建立行政审批事项目录管理办法，行政审批事项全部纳入区政府权力清单事项库，实施标准化、信息化、动态化管理，保障公众知情权和监督权。创新将土地分类作为公共服务类事项列入窗口收件限期办理。共受理各类办件79宗，其中用地预审29宗，农转用7宗，供地报批15宗，非农业动工建设用地审核13宗，土地分类12宗，划拨补办出让手续2宗，地矿业务1宗，按时办结率为100%。

【保障不动产权利人权益】 2017年，不动产登记中心实行岗位负责制，材料的受理、预审、复审、核定、登簿等环节均有专人负责。按照国土部要求，业务办结时限为30个工作日，城厢国土分局将二手交易件提速到13个工作日完成，抵押件提速到5个工作日完成，查封件做到当日办结，全力保障不动产权利人权益。是年，共颁发不动产权证书33067本，不动产登记证明15035份，办理抵押登记2980宗、注销登记1293宗、查封解封3016份。全市88个贫困村旧村部、旧校舍办证涉及城厢区的有16个，全部办好。

【安全管理】 2017年，城厢国土分局通过“拉网式”排查地灾隐患和安全生产隐患，汛期开展24小时地灾值班，“一对一”制定整改措施、编制防治方案，及时有效消除地灾隐患17处，保持非煤矿山和地灾“零伤亡”的良好纪录；11月23日、24日，常太镇组织召开扶贫工作测评会议，对城厢国土分局挂钩的常太镇岭下和洋边村扶贫帮扶对象进行测评，经全体村民代表投票，认定挂钩结对帮扶的12户贫困户均提前脱贫；畅通农村翻、新建房渠道，遏制“两违”现象蔓延.是年，全区4个镇共计新建房屋58宗，翻建529宗。

【法制宣传】 2017年，城厢国土分局结合“七五”普法，利用“4·22地球日”“6·25土地日”等特殊日子，开展主题宣传活动，进村入户派发宣传单、办公大楼悬挂宣传横幅、区政府一楼大厅电子屏幕滚动播放标语，营造全区合法用地氛围，推进国土资源节约集约利用。

（方　琳）

2017年城厢国土资源分局先进集体一览表

获奖单位	荣誉称号	授予单位	授予时间
城厢国土资源分局	2017年度市级文明单位	中共莆田市委 莆田市人民政府	2017.06
城厢国土资源分局	2017年度市级平安单位	中共莆田市委 莆田市人民政府	2017.12

工商行政管理

【工作概况】 2017年，城厢区工商管理局（以下简称区工商局）围绕全区发展大局，按照“四个第一”的工作总要求，以深化商事制度改革为主线，不断创新服务机制，扎实推进各项工作，为打造人文宜居新城厢，建设美丽莆田先行区做出贡献。是年，注册登记窗口连续3年被区行政服务中心评为“群众满意窗口”；1名注册官被区委评为优秀共产党员；4名注册官被评为“服务标兵”。区工商局查处金融服务虚假违法广告被工商总局列入虚假违法广告典型案例。

【市场主体发展情况】 2017年，全区共有各类市场主体56521户，注册资本8911056.4万元，分别比上年增21.4%、211.7%。其中，内资企业14818户，占市场主体总量26.21%，注册资本8021380万元，分别比上年增18.8%、299.9%。外商投资企业184户，比上年增4.5%，占市场主体总量0.33%，注册资本509453.3万元，比上年降2.7%。农民专业合作社105家，占市场主体总量0.19%，出资总额27563.4万元，户数与上年保持不变。个体工商户41414户，占市场主体总量的73.27%，资金数额352659.7万元，分别比上年增22.5%、17.0%。

是年，共新增内资企业3242户，新增总数位居全市第二；新增外商企业66户，新增总数位居全市第一；新增个体工商户9905户，新增总数位居全市第三。

【简政放权执行情况】 2017年9月，区工商局深化“多证合一”改革，将涉及公安、商务、海关等21个部门43项涉企证照事项全部整合到“一照一码”营业执照上。推进企业登记全程电子化，推行企业名称网上“自主申报、自助查重”，共有5311户企业进行了网上名称预先核准，网上自助申报率达96.9%，位居全市第一。优化审批流程，印发《城厢区工商局第一批“最多跑一趟”办事清单》，涉及企业名称核准等6个项目。

【服务地方经济发展】 2017年，区工商局落实上级出台服务企业发展的各项优惠政策，推行“首问责任制”“一人办结制”“预约服务制”“当天核准制”等多项服务举措。是年，共为1700多家企业提供“直通车”服务，其中容缺办理企业30多户，延时服务企业180多户，当天核准企业1500多户。制定出台《运用登记职能服务重点项目企业工作十项制度》，共为8家市、区重点项目企业提供便捷高效服务，行政指导市重点项目中建海上丝路（莆田）基础设施投资中心落户城厢。

【拓宽企业融资渠道】 2017年，区工商局在帮企融资解困方面，结合实际进一步加强动产抵押和股权质押工作，全年共运用动产抵押、股权出质登记等职能帮助17家企业，比上年增133%，实现融资35.57亿元。

【助推产业转型升级】 2017年，区工商局支持小微企业发展，宣传区政府扶持个体工商户转企业、小规模企业转规模企业、有限公司转股份公司等优惠政策，共办理“个转企”企业33户。支持鼓励企业注册商标，做大商标存量，新增注册商标1213件，居全市第二位；加强品牌商标保护力度，与品牌商标企业建立联络员制度，协助品牌企业打击商标侵权行为。结合城厢区电商产业发展需求，提请区府办下发《关于落实莆田市集群注册登记管理暂行办法有关工作的通知》，进一步明确规范实施集群注册的运营公司授权工作，解决无传统意义住所的电商等特殊行业无法办理工商登记的问题，在电商和楼宇经济比较集中的安福电商园和凤凰山街道办开展试点，共登记3家运营公司，注册托管企业20多户，进一步释放住所资源，促进城厢区“互联网+”经济繁荣发展。

【事中事后监管】 2017年，全区内资企业年报率达92.45%，农民专业合作社年报率达94.95%，个体工商户年报率达94.03%。区工商局持续开展“双随机一公开”监管工作，按时完成353家企业抽查任务，列入异常名录221户。成立城厢区跨部门双随机联合抽查工作小组，开展多部门联合抽查14次，抽查企业73家。持续加强信用联合惩戒工作，组织开展对连续两年未年报企业清理，对90家长期未经营的企业依法予以吊销。督促引导550户企业办理注销。开展打击提交虚假材料注册登记行为，立案查处7起提供虚假材料企业登记案件，罚没款56万多元。

【推进“一张网”建设】 2017年，区工商局持续推进全省“一张网”信息归集工作，召开部门联席会议三次，联络员及业务会议四次，做好人员培训、信息交流、技术支持等工作，形成工作群、通报等制度。是年，共新增归集信息13000条；全区共有29家成员单位上传企业信用信息，共归集各类企业信用信息16600条。

【净化网络市场环境】 2017年，区工商局共查办网络案件96起，罚没款102.3万元，接收到杭州等地工商转来网络案件线索92条，反馈92次，转入调查取证等案件办理环节17条次。区工商局着力注重发挥涉企信息统一归集公示系统的作用，在全区成员单位发送《城厢区关于涉企信息统一归集的通报》，归集信息16969多条，涉及企业等市场主体7000多家。

【无照经营网格化建设】 2017年，区工商局结合创城工作，出台《城厢区工商局无照经营大排查大整治工作方案》，共排查无照经营2098户次，引导办照1933户次，办理无照经营案件142起，罚没款393.25万元；共处理网格管理员上传工商业务信息5000多条，办理工商营业执照380多份次。

【执法办案】 2017年，区工商局共立案548起案件，罚没入库588.58万元，罚没款入库数位居全市第一，共接收公安分局移交的7起案件，移交公安1起，移给食药局3起案件，涵江区工商局2起案件。竞争执法力度持续加大，查处罚没万元以上大要案大幅增加，其中万元以上案件250件，5万元以上案件32件，比上年增77.78%。全年查办的案件类型共有11种。

【持续整治安福电商城】 2017年，区工商局深化内部联动，针对安福电商城具体业态，发挥“跨区域联动执法”和“错时执法”机制，举全局之力，加强对安福电商城及周边地区的巡查监管。全年共查处164起商标侵权案件，没收2万多双假冒侵权品牌鞋系列商品。注重部门联动，并在区政府的统一领导下主动加强与公安等部门开展联合执法行动，加大对安福及周边商标侵权违法行为的整治力度，2月27日，全市打击“仿冒鞋”“假海淘”专项行动动员大会在安福电商城召开，副市长陈惠黔及有关部门、安福电商城商户、快递企业代表200多人参会。

【各类市场监管】 2017年，区工商局开展城厢区旅游业合同规范座谈会，与商家签订诚信承诺书28份，立案查处23起合同类案件。保持对农资市场监管的高压态势，加大对硝酸铵等一体化监管的执法力度。立案查处农资案件4起。实施拍卖和动产抵押市场监管。共办理拍卖市场备案7起，拍卖金额6.78亿元；办理23家动产抵押手续，债权数额达35.58亿元。

【法制工商建设】 2017年，区工商局出台《城厢区工商局关于印发法治宣传教育第七个五年规划（2016—2020年）的通知》，成立“七五”普法领导小组，以“3·15”为契机，通过LED滚动播放，发放宣传单、展览宣传展板等形式积极宣传法律法规，深入莆田学院、常太山坑村、东青村、莆田绶溪公园开展法制宣传活动，共发放宣传资料6000多份。开展具名投诉举报规范监督管理，共交叉核审456起案件。出台《城厢区工商局关于投诉举报人以具名形式举报投诉和其他部门移送的案件处理情况的通报》，实名通报各办案机构处理具名投诉存在的问题。

【防传打传宣传活动】 2017年，区工商局出台《城厢区工商局关于组织开展2017年创建无传销示范点活动的通知》，立案9起传销案件。开展各类宣传活动，组织干部到莆田学院开展宣传活动，现场为4000名大一新生举办防范打击传销普法教育专题讲座。举办打击传销现场咨询活动6余场次，开办各类讲座4场次，张贴海报100余张，悬挂横幅200余条，发放宣传单、公开信6000余份，宣传册3000余份。

【消费维权】 2017年，区工商局受理投诉举报1788件，占全市的26.52%，为消费者挽回经济损失287.15万元，成功率97.37%，办结率99.85%。加强对侵犯消费者违法行为查处，以案促调，办理诉转案50件，占总投诉4.6%，保障消费者合法权益。

【“3·15”活动宣传】 3月15日，全市纪念“3·15”国际消费者权益保护日系列活动主会场在城厢区举行。活动当天向群众免费赠阅宣传材料2000余份，受理2起投诉，接受咨询300多人次，集中销毁价值36.23万元的假冒伪劣商品。在原有的基础上进一步完善“先行赔付”制度，扩大赔付范围，喜盈门（莆田）建材家具广场为近百名消费者先行赔付90多万元。

【志愿服务】 2017年，区工商局开展“落实门前三包　争做文明市民”、文明交通劝导、“关爱老人，一元理发”、无偿献血、“反传销宣传教育活动”“爱在城厢　清凉一夏”暨送医送药送凉茶“三送”、平安志愿行动授旗仪式等多项志愿服务活动。其中联合区文明办帮助“一元理发”商户解决小孩上学问题的事情得到媒体广泛宣传。推进“精准扶贫”攻坚战，党组成员分别挂钩华亭镇西许村17户贫困户，每月一入户一走访一慰问，做好记录工作，并送上价值约5000余元的慰问品，倡导爱心人士和爱心企业现场送上共6800元慰问金，为贫困户家的孩子送上图书、文具、书包等价值2800多元的学习用品。

【文明创城】 2017年，区工商局督促沿街店铺经营者播放公益广告，设计制作公益广告450余块，并统一悬挂粘贴到位。对学校周边各类经营主体开展专项整治行动，没收危险有害的三无产品玩具300多件。组建4个督查组，由分管领导担任组长，根据各自分管具体业务进行实地重点督查，自行开展督查30余次，配合区文明办督查40余次，发现问题35个，及时督促工商所整改。

【党风廉政建设】 2017年，区工商局层层签订《2017年党风廉政建设责任状》，制定《全面从严治党主体责任清单》，推动责任清单内容细化，任务分解落实。开展节前警示教育，发放《廉洁过节倡议书》，邀请区检察院反渎局局长林国煌做《敬畏法律　忠于职守》专题讲座。局长对各单位负责人进行节前廉政谈话。组织党员领导干部开展“献礼十九大　做合格党员”主题党日活动。打造手机“廉政课堂”，采取“一对一”、集体约谈等方式，开展廉政责任谈话、任职谈话、节前廉政谈话等82人次。是年，局监察室和工商所兼职纪检监察员共抽查案件133件次，回访市场主体60户次，均未发现干部违纪违法及对窗口工作人员不满意情况。共接到“12345”及市局效能办等转下来的各类转办件467件，均及时进行回复。

（林　娟）

安全生产监督管理

【工作概况】 2017年，城厢区安全生产监督管理局（以下简称区安监局）落实习近平总书记、李克强总理等中央领导关于安全生产工作重要指示批示精神及党中央、国务院、省委、省政府和市委、市政府关于安全生产工作的一系列决策部署，严格落实“党政同责、一岗双责、齐抓共管、失职追责”和“三个必须”要求，持续深化“21+1”个重点行业领域安全生产专项整治，深入开展安全生产大检查和大排查大整治，不断加强安全基础能力建设，广泛开展安全宣传教育。是年，全区发生各类生产安全事故31起，同比减少21起，下降40%；死亡17人，同比增加6人，上升54.5%。其中，道路交通方面发生生产安全事故30起，同比减少22起，下降42%；死亡15人，同比增加4人，上升36.4%。水利施工方面发生生产安全事故1起，死亡2人。全区没有发生较大事故和重特大生产安全事故，安全生产态势持续平稳。

【建立健全安全责任体系】 2017年，区安监局出台《莆田市城厢区安全生产“党政同责一岗双责”规定》《城厢区安全生产“党政同责一岗双责”工作机制》，明确安全生产目标责任管理、议事协调、齐抓共管、网格化管理、履职报告点评通报、重点工作报告和跟踪落实、挂牌督办、“一票否决”、问题建档立卡销号、督查问责等十大机制。坚持“党政同责、一岗双责、齐抓共管、失职追责”，全区7个镇街、120个村居完成全覆盖，安监部门定期向组织部门报送安全生产工作情况，全面强化安全生产监管，切实做到安全生产责任体系建设“三级五覆盖”。建立安全生产齐抓共管机制，落实“管行业必须管安全、管业务必须管安全”要求，明确5个党委部门、38个负有安全生产监督管理职责的部门和11个其他部门的安全生产职责分工，在下达的安全生产目标管理责任书中对相关部门进行单列考核。

【安全生产检查】 2017年，区政府安委会制定全区安全生产大检查、安全生产大排查大整治等工作系列实施方案，成立以区政府主要领导为组长、各分管领导为副组长、26个区直部门主要领导为成员的安全生产大检查领导小组，层层分解落实责任。全区各镇街、各相关部门按照各自实际，细化检查方案，强化组织领导，推进责任落实，开展横向到边、纵向到底的拉网式检查，全面摸排各类安全隐患，做到覆盖全域查、突出重点查、揪住问题查，对安全隐患和违法行为实行“零容忍”，坚决堵塞漏洞。在开展安全生产大检查和大排查大整治工作中，共检查生产经营单位4509家次，排查安全隐患5541项，整改到位5392项，停产停业整改32家，取缔关闭14家，处罚67万余元。

【企业安全生产标准化创建】 2017年，区安监局持续推进企业安全生产标准化提升工程，把安标化工作纳入年度安全生产目标责任制考核、诚信企业创建、平安企业创建重要内容，全区162家企事业单位完成评审达标。

【安全生产资金投入】 2017年，全区预算安全生产经费3784.23万元，其中安监局安全生产执法经费180万元、道安经费470万元、1063个安保人员经费2322.73万元（协警354人、政法网格员577人、学校保安132人）、消防经费811.5万元。

【烟花爆竹监管】 2017年，全区共检查烟花爆竹销售网点和批发企业储存库180次，多部门联合开展专项检查，查获非法储存、销售烟花爆竹窝点11个，没收销毁烟花爆竹1030件，整改安全隐患133处，查处非法销售、燃放烟花爆竹案件81起，处罚81人次。

【危险化学品监管】 2017年，区安监局采取明察暗访、专家检查等多种方式开展检查，共出动检查人数1356人次，检查危险化学品企业232家，重点检查涉氨制冷企业5家、加油站17家，排查安全隐患142处，全部整改到位。

【职业健康安全监管】 2017年，区安监局开展全区职业卫生基础建设活动，完成职业病危害项目申报121家，共110家企业（其中大中小型企业70家，微型企业40家）通过福建省职业卫生监管系统完成自查自评，其中A级24家，B级24家，培育2家尘毒危害专项整治示范企业。完成职业病危害因素检测52家，开展职业健康体检工作35家。开展“四类企业”职业病危害专项整治，对4家企业下达责令限期整改指令书，全部整改到位。

【醇基燃料专项检查】 2017年，区安监局共排查出餐饮场所中非法使用醇基燃料115家，全部拆除完毕，没有发现储存经营以及运输醇基燃料的企业。

【涉氨制冷专项检查】 2017年，区安监局将全区5家涉氨制冷企业纳入重点监管对象，建立常态化工作机制，加强监督检查，共发现一般安全隐患16处，全部整改到位。

【粉尘涉爆和有限空间监管】 2017年，区安监局对辖区内15家粉尘涉爆和6家有限空间企业全覆盖检查，建立监管和隐患治理台账。检查企业21家次，发现一般安全隐患38处，全部整改完毕。

【安全生产宣传】 2017年，区安监局采取张贴宣传标语、公告，短信提醒等多种形式，利用微信、微博、网站等多种宣传媒介载体，广泛开展安全生产月、《中华人民共和国安全生产法》实施周年、《中华人民共和国职业病防治法》宣传周等系列宣传活动。6月16日，区安办联合市安办组织市区共25个部门在万达广场举办安全生产月宣传咨询日活动，向过往群众分发安全宣传手册，宣传安全知识，氛围浓厚。是年，共发出宣传材料3万余份，举办安全法律法规咨询活动60余场次，组织观看安全生产警示教育电影2000余人次，发送安全提示短信20万余条。

【加强应急救援能力建设】 2017年，区安监局强化应急队伍建设和预案演练，提高应急反应能力。重视应急救援能力建设，建立健全组织机构，完善应急救援机制，强化应急队伍建设和预案演练。是年，全区共举办各类应急预案演练186场次，参演人数达1.8万余人次。

（潘兰娟）

食品药品监督管理

【工作概况】 2017年，莆田市食品药品监督管理局城厢分局（以下简称区食药监分局）在食品安全领域开展侵害群众利益问题专项整治，坚持改革创新，强化基层基础，提升能力水平，提高监管效能，实现全区食品药品安全状况持续稳定向好，不发生重大系统性、区域性风险及重大食品药品安全事故。是年，受理政协提案4件，对政协委员提出的关于“落实农产品市场准入与产地准出机制切实保障食品安全”“加强校园及周边小卖部食品安全管理”“加强规范管理外卖送餐行业的提案”“规范托教管理，消除食品安全隐患”等提案，一一进行落实和回复，切实维护食品安全。以提升队伍实战能力为重点，持续加大对各级食品药品监管人员、协管员培训，共组织各类培训学习36场次，全年培训人员1000余人次。

【创建国家食品安全示范城市】 2017年，城厢区政府连续5年把食品安全工作纳入民生项目，重新修订《城厢区食品安全委员会工作规则》，出台《城厢区食品安全工作评议考核办法》，强化对食品安全工作的考核评价。区食药监分局在永辉、陆加叁等超市开展“放心肉菜”示范超市创建，设立“放心肉菜”专柜4个，“放心肉菜”品种61个。推进流通食品可追溯示范点创建，申报创建示范点5个，备选2个，完成创建5个。开展省级小作坊示范点创建，对列入小作坊办证目录的小作坊，指导办证，全年办证5家，完成小作坊办证14家。创新“互联网+”监管模式，推进区级食品安全电子监管平台建设，一期将学校食堂、大型餐饮后厨、大型商场及农贸市场检测室纳入平台，监管方式由“地毯式”全面监管向“点对点”精准监管转变，实现公开化、透明化、规范化管理，从而大幅提升食品安全监管效率。在筱塘市场建立全市首家食品快速检测便民服务站，为辖区群众免费开展蔬菜、水果农药残留检测、水产品甲醛检测、肉品品质检测等近260批次，并实时将检测结果进行公示，实现便民服务“零距离”。

【食品药品安全风险排查】 2017年，区食药监分局进一步明确局、所事权划分，建立“双随机一公开”制度，加强日常监管。全年开展日常监督检查3939家次，责令整改677家次。加强事中事后监管，完善随机抽查事项清单，开展“双随机一公开”检查171家次。以重点品种、重点区域以及群众关注热点为导向，组织开展学校及校园周边、农村食品安全、网络食品安全等23次食品专项整治，检查企业3468家次，责令整改659家次，立案查处118起。以高风险药品医疗器械、中药材、中药饮片等重点产品，开展药品流通领域、疫苗质量和无菌和植入性医疗器械等10项药品医疗器械专项整治，检查企业471家次，立案查处49起。进一步畅通投诉举报渠道，不断提高“12331”群众知晓率，全年受理食品药品投诉举报377件，同比增长68.4%；其中食品类262件，保健食品类83件，药品类12件，化妆品类6件，医疗器械类8件。对涉嫌违法的举报线索立案查处26件，发放举报奖励12人次，总奖励金额6000元。全年完成食品抽检2011批次，抽检量达每千人5批次以上；药品抽检303批次，其中省抽151批次、市抽110批次、防风行动的42批次。

【打击食品药品违法行为】 2017年，区食药监分局深挖细查违法案件，全年立案查处违法案件167起，比上年增35.77%，居全市系统首位；罚没款合计230.73万元，比上年增44.1%；责令停产停业3家次。进一步完善行刑衔接机制，联合区纪工委、区人民法院、区人民检察院、区公安分局单位，下发《食品药品行刑衔接联席会议纪要》，进一步明确案件移送条件和流程，规范案件受理、办理程序和案件移送材料等，提高可操作性。《纪要》出台后，区公安分局接收涉刑案件12件，其中刑事立案4起，不予刑事立案8起。对公安机关不予刑事立案的8起案件，局依法作出行政处理，目前均已办结，罚没入库60.72万元。

【落实企业主体责任】 2017年，区食药监分局以培训、监督检查及信息公示为抓手，重点提升企业管理水平和质量保证能力，企业主体意识不断增强。全年开展集中约谈活动3场次，约谈食品生产企业、大型餐饮企业、网络第三方平台等主体80家；签订各类食品药品安全责任书、承诺书3000余份，制作食品安全监管信息公示栏3200余块，将日常监管执法信息张榜公示，利用市场倒逼机制督促企业加强自律。

【食品安全宣传】 2017年，区食药监分局结合“食品安全宣传周”“安全用药月”，开展食品药品安全知识进企业、进社区、进学校、进机关、进农村等“五进”宣传活动，开辟食安创城专题专栏，组织食品现场检测和开展“你提议我抽检”活动，及时发布食品药品安全消费警示，群众的知晓率和满意率显著提高。是年，在餐厅醒目位置张贴“文明餐桌”标语10000余张，在餐桌上摆放“文明用餐”桌牌2000余个，在市级以上媒体刊登信息、新闻175篇，其中国家级12篇、省级47篇，宣传得分居全市系统前列。

【优化行政审批】 2017年，区食药监分局加强审批窗口建设，全面落实“九证合一”制度，按照市政府公布的权力清单和公共服务清单，精简申请材料、简化审批流程、压缩承诺时限，推行预约服务、延时服务和网上审批，提升窗口单位服务效能。优化许可档案整理工作，将档案整理业务交由审批窗口统一负责，确保档案整理工作及时、有序、规范、完整。同时，优化服务发展效能，通过生产经营审批、技术指导、政策引导、对口帮扶等手段，促进食品药品产业规模发展壮大、龙头企业加快成长、优势产品脱颖而出，推动食品药品产业结构优化升级。是年，共办理行政许可事项3217件，同比增长12.72%，其中食品经营许可同比增长46.1%；全年核发“食品药品生产经营许可证”，其中多证合一121件，均在承诺期限内办结，办结率达100%，实现服务对象“零投诉”，审批窗口被区行政服务中心评为“群众满意窗口”。

（陈培青）

统　计

【工作概况】 2017年，城厢区统计局（以下简称区统计局）承担组织领导和协调全区统计工作，确保统计数据真实、准确、及时。贯彻执行国家统计政策、规划、基本统计制度和标准，拟订并组织实施全区统计工作规划、调查计划及方案。组织实施国民经济核算制度和全区投入产出调查，收集、汇编、提供国民经济核算资料。组织各地各部门的经济、社会、科技和资源环境统计调查，检查、审定、管理、公布、出版全区性基本统计资料，定期发布全区国民经济和社会发展情况的统计信息、统计公报，组织建立服务业统计信息共享制度和发布制度。组织指导全区统计法规的宣传和普及工作，监督统计法律、法规的贯彻实施，查处统计违法行为。

【经济和社会发展情况】 2017年，全区生产总值完成356.36亿元，比上年增8.4%。农林牧渔业总产值完成16.59亿元，比上年降7.7%。规模以上工业增加值完成89.60亿元，比上年增8.3%。财政总收入完成31.74亿元，比上年增11.9%，其中地方级财政收入完成21.27亿元，比上年增8.0%。固定资产投资完成250.56亿元，比上年增18.7%。社会消费品零售总额完成214.56亿元，比上年增13.0%。外贸出口总额完成51.59亿元，比上年增0.5%。全体居民、城镇居民和农村居民人均可支配收入分别完成32453元、39325元和18376元，分别比上年增8.0%、8.0%和8.1%。

【绩效考评】 2017年，区统计局按照市、区党委、政府开展绩效评估的部署要求，组织做好绩效评估工作，以进一步调动干部工作积极性和创造性，转变职能，提高工作效率，从而推动全区经济社会的全面协调发展。配合市对区绩效考评指标、区直部门绩效考评工作，确保绩效评估结果的客观公正，更好地反映科学发展观和构建和谐社会要求，发挥统计指标的导向性作用。

【分析经济运行态势】 2017年，区统计局在常规统计资料编制上，除及时整理印发月度、季度、年度常规统计资料外，统计分析是统计工作的重要环节，为各级党政领导和社会服务的重要方式。在每一季度进行一次经济分析的基础上，针对经济运行中出现的热点难点问题进行专题研究，从统计角度提出一些意见和建议，为区级领导决策提供参考依据。

【全国2017年1%人口抽样调查及统计调查样本轮换工作】 2017年，区童话集聚根据《全国人口普查条例》规定，按照“统一领导、分工协作、分级负责、共同参与”的原则，做好1%人口抽样调查的组织和实施工作，确保调查任务顺利完成。

【统计执法】 结合2017年8月1日新颁布《中华人民共和国统计法实施条例》，2017年度共查处7起统计违法案件，依法查处虚报、瞒报等统计违法行为，并对典型违法案件进行公开通报，以案释法，发挥统计法制的规范、引导、促进和保障作用。

（黄裕模）

审　计

【工作概况】 2017年，城厢区审计局（以下简称区审计局）按照省市审计工作会议精神，结合城厢区实际，制定《2016年度莆田市城厢区本级预算执行情况及决算草案审计工作方案》《莆田市城厢区2017年度统一组织审计项目计划》，开展区本级预算执行情况和其他财政收支的审计工作，并按照省、市工作方案对全省三级联审事项实施审计。同时，组织开展“两学一做”学习教育活动，推动“两学一做”学习教育活动从集中性学习教育向经常性学习教育延伸。组织全局干部职工投入精准扶贫工作，确保脱贫目标完成。在创建文明城市活动中，组织参与“爱护母亲河”和交通劝导志愿者活动，进社区入户开展创城宣传活动等。作风建设方面，坚持全面从严治党、加强纪律建设、廉政教育，不断推进审计机关党风廉政建设深入开展，为审计事业健康发展提供纪律保障和作风保障。

【政策跟踪审计情况】 2017年，区审计局以贯彻落实党中央国务院“稳增长、促改革、调结构、惠民生、防风险”的政策措施为中心，着力开展好署定、省定专项审计和全省“三级联审”工作。重点安排对加快产业转型升级资金使用绩效、支持现代农业发展资金使用绩效、中央与地方财政事权和支出责任划分、地税部门税收征管和优惠政策执行情况等4个专题进行审计调查，审计发现问题17个，提出审计建议13条，查出主要问题金额264万元，其中管理不规范金额264万元。通过审计揭示专项资金未列支、项目主管单位对部分专项资金的使用情况监管不到位、项目建设用地变更未履行审批手续、财政补助企业的资金不符合国家调整经济结构相关政策、地税部门税收征管系统存在漏洞等问题。推动中央关于稳增长、促改革、调结构、惠民生、防风险政策措施落实到位，促进经济平稳运行、健康发展和转型升级。

【区本级财政预算执行审计】 2017年，区审计局以结合财税改革和财政政策重点，进一步深化区本级预算执行、和其他财政收支审计。共安排预算执行审计项目5个，涉及审计单位8个，财政预算执行情况审计发现问题13个，提出审计建议13条。部门预算执行情况审计项目5个，审计发现问题40个，提出审计建议36条。查出主要问题金额16657万元，其中违规金额5079万元，管理不规范金额11578万元。重点关注地方财政管理体制、债务管理制度、财政事权与支出责任三项制度执行过程中的新情况、新问题，以及预算执行及决算草案编制、积极财政政策、专项资金清理、存量资金盘活、财政资金使用绩效等方面情况，及时反映、揭示制度缺陷和管理漏洞，促进财政资金绩效，促进建立科学的预算定额和支出标准，规范预算分配行为；促进完善资金支付程序，提高资金支付效率；进一步落实国务院关于盘活财政存量资金的各项要求，全面盘活沉淀资金。

【经济责任审计】 2017年，区审计局以领导干部任期履行经济责任情况为审计重点，发挥好经济责任审计在加强干部监督管理中的职能作用。根据区委组织部委托该局共组织开展16个经济责任审计项目。

【“1+X”专项督查】 2017年，区审计局切实开展“1+X”专项督查工作。根据市局安排和区纪委要求，采取“1+x”专项督查与开展预算执行审计、领导干部任期经济责任审计和财政财务收支审计相结合的方式，将公务支出管理情况、公务用车配备和管理使用情况、因公出国（境）管理情况纳入重点必审范围，发现并上报区纪委3个问题线索。

（赵启超）

农业　水利

农　业

【工作概况】　2017年，全区粮食播种面积累计2983.47公顷，产量达1.7624万吨。水果总产量35964吨，其中枇杷总产量20509吨；龙眼总产量13571吨；其他杂果产量1884吨；蔬菜产量67004吨；茶叶产量66吨。全区2016—2017年度食用菌产量5412吨；生猪存栏48500头（其中能繁母猪3700头）、出栏11500头；家禽存栏280万羽、出栏1200万羽；肉蛋奶总产量34235吨，其中猪肉11006吨、禽肉21600吨。全年共完成人工造林更新和低产低效林改造面积591公顷，未成林抚育666.67公顷，封山育林1333.33公顷，育苗218.33公顷；商品材产量15655立方米，其中杉木23立方米，松木1258立方米、杂木14024立方米，薪材350立方米；毛竹60万根，小竹材20吨。2017年度全区渔业产量完成55554吨；全区农业服务业完成1.604亿元。

【农产品质量安全监管】　2017年，莆田市城厢区农业局（以下简称区农业局）进行蔬菜农残快速检测1420批次，水果农残快速检测216批次；蔬菜实验室检测48批次，水果实验室检测49批次，茶叶农残实验室抽检6批次。开展养殖场和屠宰场生猪盐酸克伦特罗、莱克多巴胺以及沙丁胺醇速测各5358批次。全区生猪养殖场无害化处理病死猪2743头，其中现场监督指导无害化处理病死猪2127头，全区生猪养殖环节无害化处理病死猪补贴2127头。受理产地申报生猪48266头，家禽1799478羽，检疫合格生猪48266头，检疫合格家禽1799478羽。共屠宰检疫生猪44876头，检出病害猪肉产品4817.5千克，全部按规定做无害化处理。完成4月1日至8月31日每周产地织纹螺抽样送检，完成省级产地水产品海水鱼、虾等抽检4批次，完成市级产地水产品海水鱼、虾等抽检4个批次，水产品禁用药物残留快速检测45个批次，省海洋环境与渔业资源中心在城厢区抽取6个海水贝类水产品进行风险排查，所有样品均未检测出禁用药物药残超标。开展农产品质量安全检查执法次数累计469次，出动执法人员1843人次，查处违法行为13起，罚没资金6.43万元。

【农资打假】　2017年，全区共出动执法人员1140余人次，检查农资生产经营单位228家次，先后组织全区兽药、农药经营者业务培训班4期210多人次，撰写农资打假工作简报6期，并先后在莆田农业零距离、省农业信息网等媒体上发表宣传，立案查处农资案件13起，结案10起，已完成罚没款9.40万元。

【农机安全监管】　2017年，区农业局在每月15日、20日年检的基础上，每月组织1～2次农机安全执法巡查，厦门“金砖”会议安保期间确保每天都有农机执法人员在路面巡查，加强对重点路段的巡查监控力度，加大对农机超速、超载、违章载人、酒后驾驶、黑车非驾等行为的查处力度。是年，全区登记在册拖拉机441台，其中大中型轮式拖拉机437台，手扶拖拉机4台，完成年检344台；开展农机事故应急救援演练一场次。组织开展农机下乡执法255人次，共查处违章载人1人次，纠正违章拖拉机3台次，排查一般隐患9台次，发放整改通知书9份，全部整改到位。

【动物卫生监督执法】 2017年，区农业局共出动监督执法221次，出动人员731人次，检查生猪养殖场80场次；全区养殖场抽检瘦肉精2259批次，结果全部阴性合格。全区设立动物产地检疫申报点3个，配备官方兽医3人，动物产地检疫协检员6人，受理产地申报生猪47037头、家禽2129014羽，检疫生猪47037头、家禽2129014羽。

【林业执法】 2017年，区农业局共查处各类案件26起，其中农资案件13起，结案10起，罚没款9.4万元；生猪私宰案件2起，没收非法生猪产品240千克，罚没款1万元；动物卫生案件11起，没收违法所得2565元，罚没款0.7万元。并对四起毁林非法占用林地涉嫌刑事责任的行为移送森林公安查处。

【海渔执法】 2017年，区农业局组织安全执法检查70余次，开展各项联合执法检查8次，参加人员计300余人次；检查各类渔业船舶180余艘次；开展岸线巡查60余场次、港口锚地巡查140个次、海上巡查近20次；发现各类一般安全隐患8个，均当场整改到位，整改率100%。

【加强疫病防控】 2017年，区农业局全区共免疫抗体监测家禽血清样品1375份，禽流感免疫抗体水平合格1283份；监测生猪血清样品516份，猪瘟免疫抗体水平合格474份，猪口蹄疫免疫抗体水平合格456份；高致病性猪蓝耳病抗体合格408份；监测牛羊血清样品125份（其中羊105份），牛羊口蹄疫免疫抗体水平合格121份，羊小反刍兽免疫抗体水平合格102份。以上动物疫病的免疫抗体合格率均高于农业部规定的70%的要求。

【农业安全专项整治】 2017年，区农业局共开展农机安全宣传培训会议2场，发放各类农机安全生产宣传资料1000余份，张贴宣传标语150余幅，群发短信600余条，签订安全责任书344份。开展农机驾驶员培训班4次，培训驾驶员82人，换证驾驶证85本，与川田驾校联合开展农机事故应急处理演练活动。组织安全执法检查60余次，开展联合执法检查8次，参加人员共240余人次；检查各类渔业船舶180余艘次，其中隐患排查渔船150余艘次；开展岸线巡查近60场次、港口锚地巡查140余个次、海上巡查20余次；发现各类安全隐患8个，均整改到位。年度没有发生渔业安全生产事故。

【动物卫生监督】 2017年，全区设立动物产地检疫申报点3个，配备官方兽医3人，动物产地检疫协检员6人，受理产地申报生猪51612头、家禽2227700羽，检疫生猪51612头、家禽2227700羽。全区设立生猪、家禽屠宰检疫点各1个，配备官方兽医2人，动物检疫协检员10人，2017年共检测“瘦肉精”5519批次，屠宰检疫生猪57573头，屠宰检疫家禽154135羽，检疫病害猪肉产品3591.9千克，检疫病禽256羽，全部按规定做无害化处理。共出动执法人员132人次，检查动物诊疗机构17家次，非动物诊疗机构16家次，发放张贴有关动物诊疗法律法规告知书40余份，发出整改通知书8份。全年动监所共办理11起案件，其中简易案件5起，一般案件6起，没收违法所得2565元，共处罚款7000元。

【项目建设】 2017年，城厢区绿色产业（一产）列入莆田市专项行动计划重点项目有6个，分别为设施蔬菜种植示范基地、福建省莆田市向阳果蔬专业合作社建设、福建省农民创业园（示范基地）建设项目、现代农业花卉智能温室项目、乡村生态景观林建设项目、东圳库区一级保护区退果还林工程。6个重点项目均完成或超额完成年度投资计划，累计完成投资4236万元，占年度投资计划4190万元的101.1%。

【强农惠农政策】 2017年，区农业局农业“三项补贴”，耕地面积3211.24公顷，补贴资金334.24万元。城厢区水稻保险参保232.30公顷，保费41813.28元，涉及2109户农户。因病虫害及大风灾害报损面积67.21公顷，理赔面积54.57公顷，理赔金额25.38万元。全区共受理农户购机补贴申请6份，补贴各类农业机械6台套，拨付购机补贴资金0.57万元。完成能繁母猪保险2165头，育肥猪保险28200头。城厢区省级以上生态公益林面积14486.01公顷，下达2017年的省级以上森林生态效益补偿资金共498.13522万元。市级下达2017年天然林保护工程补助经费共27万，按天然商品乔木林分面积补助，补助标准统一为15元/亩。

【发展现代农业】 2017年，利农蔬菜现代农业产业园建设，完成土地流转6.67公顷，完成前期土地整理、管道铺设，完成大棚2.6公顷，水培种植1.33公顷，年度投资781万元。天怡现代农业发展有限公司东海石梯养殖基地“楼房养殖”项目，完成母猪舍（2栋各4层，总面积15000平方米）的设备安装，饲养莆田黑猪母猪200头，总存栏600多头；同时，建成菜猪舍2栋各4层，总计约12000平方米。现代农业花卉智能温室项目，福建省绿丰园艺工程有限公司完成建设花卉智能温室2个，占地面积约0.67公顷；莆田市恩典绿化工程有限公司完成2个花卉智能温室，占地面积约0.53公顷。

【精准扶贫和造福工程】 2017年，城厢未脱贫的372户1107人贫困人口，其中国定180户500人，省定192户607人全面实现现行标准下脱贫退出。完成3个贫困村脱贫“摘帽”，建档立卡贫困村华亭镇隆兴村、常太镇岭下村、灵川镇径里村等3个贫困村脱贫出列。贫困村人口贫困发生率为零，村集体收入均达12万元以上，人均可支配收入均达9900元以上，基础设施、公共服务配套完善。超额完成造福工程扶贫搬迁，2017年落实造福工程扶贫搬迁338户1210人（其中省定21户87人），完成年度任务数173%。同时，实施建档立卡贫困户危旧房重建及修缮45户155人（国定5户19人），由区政府财政拨款补助，共补助133.5976万元。2017年发放扶贫小额信贷230户1150万元，续贷34户170万元，全区累计发放472户2360万元，贫困户贷款覆盖面61%，基本“应贷尽贷”。完成“雨露计划”培训267人次，完成年度培训任务（220人次）的121.4%。

【土地确权登记颁证】 2017年，全区完成权属调查的村104个，占全部100%，完成公示审核的村102个，占全部98%，完成签订合同的村101个，占全部97%。全区农户流转土地面积达到478.67公顷，占耕地总面积的12.73%。加强农村土地经营权纠纷处理和流转管理。共接待来信来访7起，36人次，其中土地确权6起，农村集体财务管理问题1起，全部调解成功。

（陈 霞）

水 务

【工作概况】 2017年，城厢区水务局（以下简称区水务局）贯彻落实上级关于加快水利改革发展等政策措施，按照区委、区政府的工作部署和要求，突出重点，攻坚克难，认真做好防汛备汛工作，全面推行“河长制”，全力推进项目建设进程，努力实现城厢区水利新跨越。

【防汛备汛】 2017年，城厢区防汛备汛工作落实防汛值班和领导带班制度，完善各类防汛责任人和物资队伍储备。抓好预案完善和预警建设，安全检查和问题整改，防汛作战指挥图编制及重点部位视频监控工作。再次核查辖区内受台风暴雨威胁区域人员情况，共排查31处地灾点，112户1学校2寺1厂1181人；高陡边坡点62处；危旧房257户；重点易涝点6处，低洼地24处；并要求各相关单位针对存在的安全隐患，采取有效措施并限期整改完成，确保安全度汛。有效地防御影响城厢区的5个台风和10场暴雨，最大限度地减少灾害损失。

【全面推行河长制】 2017年，城厢区出台《莆田市城厢区全面推行河长制工作实施方案》，完成区河长制办公室和区河务管理中心挂牌。在全区建立河道“河长制”管护制度，将河道管理责任落实到各级“河长”；同时，在全市率先明确并落实河道专管员工资薪酬补贴标准，形成“15名区级河长统筹管理、72名镇级河长（河段长）牵头治理、91名村居专管员包干落实”三级河长（专管员）共同推动河长制工作开展的格局。完成全区中小河流72条共336.88千米的河道名录登记和所辖河段的边界线确定，全区共设置区、镇（街道）河道区域划界立桩84个，河长公示立牌143块，区、镇级河道名录、对应河长（河段长）、河道警长以及河道督查长名单分别于3月24日、3月31日在《湄洲日报》上完成公示，通过对各区域河长、河段长、河道警长联系信息、职责内容、河道水系治理目标、监督电话等进行公示，接受社会监督和群众监督。全区14条区级河道全面配备河道督查长和河道警长，镇（街道）级、村级河道配备河道警长，其中河道督查长由区级挂钩联系单位的负责人担任，协助河长履行指导、协调和监督职能；河道警长由区公安分局和镇（街道）派出所相关负责人担任，镇（街道）、村（居）级的以派出所干警为主，协助河长做好涉水纠纷处理、清理工作的治安维护，并直接负责查处破坏水环境的违法犯罪活动。区河长办共向镇（街道）、区直有关单位下达河长工作督办单29份，对发现的问题要求3～7天内反馈到位。针对1－9月全省流域水环境通报长岭溪水质下降问题，与环保部门调查摸排污染源，经现场勘察，流域内的天怡（福建）现代农业发展有限公司涉嫌私设暗管，废水外排到长岭溪支流，是导致5月份水质超标的主要原因。该行为涉嫌违反污染源排污口规范化设置，对其立案处罚，责令该企业限期改正，落实污水整治，完善污水处理设施，长岭溪水质稳定在Ⅲ类。委托专业公司开发智慧河长“掌上河务”管理系统，该系统于10月初投入试运行，包含可用于手机端的“掌上河务”APP和电脑PC端的管理平台，实现区域范围电子化巡河全覆盖。并结合“河长微信工作群”“随手拍”，在木兰溪、下磨溪、北渠、龙桥溪等城区主要河道设置60多处涉河视频监控探头、定期监测河道水质等手段，推进河务监管网格化。

【水资源管理及水行政执法】 2017年，区水务局严格水资源“三条红线”管理，强化水行政执法，严格巡查，及时发现并制止水事违法案件的发生。抓好入河排污口的监管，加强对饮用水源地巡查力度。开展水源地巡查17次、取水户巡查19次、木兰溪采砂巡查3次、河道卫生巡查57次。同时加大对涉河弃渣、弃浆、阻洪行为的执法力度，纠正违法行为1起，立案3起。出台《城厢区关于实行最严格水资源管理制度的实施方案》《城厢区水资源管理办法》等规范性文件，将落实最严格水资源管理制度作为政府绩效考评的重要内容；落实水资源管理各项控制指标，紧扣用水总量、用水效率、水功能区限制纳污“三条红线”。截至年底，省级以上重要江河湖泊（木兰溪）水功能区水质年达标率为100%；海头、红旗、朝阳水库区级以上集中式饮用水水源地水功能区水质达标率100%。

【“五水共治”工程项目】 2017年，城厢区启动治污水、清河水、排涝水、防洪水、保供水“五水共治”工程，坚持河道治理与岸上截污同步。其中，治污水、排涝水由住建局牵头，清河水、防洪水、保供水由区水务局牵头。

清河水　重点推进安全生态水系建设：延寿溪重点做好2项工作：加快治理面源污染。实施东圳库区水环境综合治理搬迁安置工程，拆除565户13万平方米；推进东圳库区一级保护区退果还林工程，完成200公顷。实施延寿溪上游及支流（常太段）安全生态水系项目，整治河段总长10千米，其中樟龙溪主体基本完工；草埔溪主体基本完工；莒溪完成进度约40%，溪北溪完成进度约35%。西湖溪、长岭溪、径里溪、桂山溪、海头溪、钟潭溪上游段等6条河道总长约36.4千米安全生态水系治理项目，其中长岭溪动工建设，完成进度约80%。其余河道正在统筹及方案编制。开展2017年度河道清淤疏浚专项行动。根据各镇街上报的33条河道清淤计划，由各镇（街道）及园区当业主自行对接，直接委托清淤设计库的4家设计单位或其他有资质的设计单位，对全区33条共60.779千米河道进行清淤设计，设计全部完成，清淤总方量约43万立方米，概算总投资为2337.61万元。截至年底完成清淤的有19条，正在施工13条，另外1条列入上图溪生态河道治理。争取节前基本完成清淤疏浚任务。

防洪水　木兰溪防洪工程：华林段新建堤防9.3千米，新建水涵闸7座。完成堤防填筑至设计高程约8.5千米，工程基本完成，在进行分部验收。华亭段新建堤防16.53千米，三个标段均开工建设，完成施工便道9.8千米，堤基清理9.1千米；征地丈量130公顷，发放征地补偿款约5200万元，丈量房屋2.77万平方米。木兰陂生态修复与南北渠连通工程完成可研审批和设计方案的修编，其中北渠引水口改造工程（暗涵部分）在施工。木兰溪城区段景观工程：城区试验段完工，左岸绿道一期、二期主体工程、乔木种植也基本完成，在扫尾。城厢区篁山溪榜头片防洪排涝工程：主体工程分3个标段实施，第1标段投资1346.72万元，主要建设滨海大道以北的榜头沟、栖枫沟、连通沟，于5月15日进场施工，至年底基本完成；第2标段投资1384.09万元，主要建设滨海大道以南的榜头沟、西亭沟，于8月10日进场动工，形象进度35%；第3标段11月14开标，在动工建设。

保供水　重点围绕水量不足、管网老化、主管网互通等方面，结合市自来水厂供水管延伸，解决华林开发区、华亭、东海、灵川镇的水量不足、水压不够等问题。2017年，实施常太镇农村饮水提质增效工程，日供水980吨，铺设输、配水管道1.265千米，配套一体化净水器等，提升集镇区及周边群众饮用水水质和供水保证率。2017年起，迁建笏枫路沿线（灵川、东海境内）约15千米配水管线DN400－DN500管道；于6月15日进场动工，挖槽、填沙、管道焊接、填土夯实、材料跟踪检测等各项工作有序进行，完成桂山路口段约1000米的DN500螺旋卷板钢管焊接铺设；完成下尾、太湖及东进村共约3700米DN500PE管材焊接铺设（包括管槽开挖、填土），其中太湖段约1800米DN500PE管道已完成试压验收任务；完成海头村、东沙村、天誉首府共约1700米DN400PE管材焊接铺设（包括管槽开挖、填土）及部分附属构筑物的施工。达全部工程量50%。实施华亭濑榜路DN400供水管道工程，沿濑榜路铺设濑溪桥至华亭镇政府DN400供水管道3959米，配套建设加压泵站1座；于11月开标，在动工推进，形象进度约70%。

【水利质量安全监督管理】 2017年，区水务局树立安全生产“红线”意识和“底线”思维，落实安全生产“党政同责、一岗双责”规定，调整充实局安全生产领导小组，切实加强领导，采取有效措施，突出抓好防汛保安、水利工程运行、在建工程、饮水安全、河道采砂和农村水电站等重点领域工作，开展安全生产大排查大整治和大检查等工作。是年，相继组织25次/125人对河道、饮用水源地、在建水利工程、农村饮水安全、水库、山塘、海堤等各类水利设施进行安全检查，共检查发现问题13个，并对发现问题，及时督促组织整改。强化质量行为和工程实体检查抽查，进一步规范全区水利工程质量管理。共有15个水利工程项目列入质量监督，开展质量监督检查18次，在质量监督检查中共发现16个问题，共下发16份整改通知文件，以确保工程质量安全。

（卢小飞）

国内贸易

【工作概况】 2017年，全区共实现批发零售业商品销售额421.64亿元，比上年增13.6%。共实现住宿餐饮业营业额31.3亿元，比上年增7.5%。共实现社会消费品零售总额214.56亿元，比上年增13%。其中，全区共有限额以上商贸企业298家，累计实现限额以上批发零售业商品销售额317.01亿元，比上年增15%，完成全年计划320亿元的99.1%。限额以上住宿餐饮业营业额5.28亿元，比上年增3.2%，完成年度计划4.5亿元的117.3%。累计实现限额以上消费品零售额118.31亿元，比上年增18.9%，完成全年计划116亿元的102%。共有规模以上营利性服务业企业128家，其中纳入GDP核算企业110家，实现主营业务收入14.16亿元，比上年增41.2%，完成年度计划13.3亿元的106.5%。是年，为鼓励企业做强做大，规范专业行业市场，城厢区出台《莆田市城厢区人民政府关于印发加快商贸服务业发展实施意见（试行）的通知》（莆城政〔2017〕260号）政策。

【资金扶持】 2017年，莆田市城厢区商务局（以下简称区商务局）组织兑现2016年度区级政策补助资金518.16万元，惠及企业146家；兑现2016年下半年及2017年上半年联络人员补贴资金共计87.4万元，涉及652人次；引导企业，组织企业申报拓市场参展、转型升级、利用外资等专项资金项目，涉及荔城纸业、翰林院文化等企业，共向上争取资金598万元。

【产业转型】 2017年，区商务局多措并举，助推企业转型升级，优化产业结构。“三转一市”惠企政策初见成效。实现“个转企”23家，“规模以下（限额以下）转规模以上（限额以上）”企业88家，入选省级上市后备企业2家。主辅分离推动提后劲。通过引导文献超市剥离成立汇犇物流公司、富力进出口分离成立独立检测机构尚维测试，引导才子服饰、天喔食品等10余家老牌制造业企业触网转型，分离出优膳名品、千林商贸、银科商贸、旅行家户外用品等独立电商运营公司。引导商贸物流转型升级，利用商超宅配系统优势，引导文献超市剥离成立汇犇物流公司，并通过快巢APP、文献到家等便利店平台打造B2B2C供应链系统，持续优化物流配送资源，推动城市消费升级。推动创新农产品直销模式发展，引导壕鲜生、鲜果达等近30家农业电商企业共同打造我市首个农产品直销特供新模式（O2O+F2C）——“莆阳农夫市集”，帮助农户线上线下拓宽销售渠道，共有线上68家、线下42家企业参与，实现销售额达300万元。开展电商实战培训，2017年累计开展8期76课时，培训学员350名，其中电商扶贫专项实战培训5期，40课时，培训学员145名，涉及辖区内所有7个镇（街），辐射70个村居，建档立卡贫困户83名，村居干部和村民61名。同时，华亭镇霞皋村、霞林街道下黄村因行政村网店数量多，全村电子商务年交易额超1000万元，被阿里研究院评为2017年度中国淘宝村；华亭镇涧口村成立幸福家园公司开设农副产品展示厅，打造涧口电商品牌，电商扶贫示范明显，被省商务厅授予“省级农村电子商务示范村”称号。

【市场管理】 2017年，以创建全国文明城市为契机，深入全区商超和市场进行创城的宣传发动，在全区30多个大型商超及市场出入口等显眼位置，以海报、展板、LED显示屏等直观生动的方式宣传创城工作，在喜盈门建材家居广场举行创城主题宣传活动，通过现场咨询、发放宣传单和文明购物袋等方式，提高市民对创城的参与率与知晓率。强化监督，在加强日常巡查的同时主动联合区文明办、食药监、工商等部门不定期深入市场和商场超市开展检查督促，累计检查20余次，覆盖全区商超市场30多个，督促问题整改上百个。取改造资金，并向区政府争取补助资金75万元，用于辖区内11家集贸市场的创城工作推进。

（潘源懿）

对外贸易

【工作概况】 2017年，城厢区累计出口51.59亿元，比上年增0.51%，完成全年任务52亿元的99.21%。是年，累计到资750万美元，比上年降74.3%，完成年度计划0.3亿美元的25%。

【招商引资】 在2017厦洽会期间，城厢区共汇总引进、洽谈外资项目9个，投资总额42550万美元，利用外资6420万美元。其中，合同项目1个［腾讯企点（福建）源产地产业中心项目］，投资总额1000万美元，利用外资150万美元；意向项目5个［莆田独立医学影像诊断中心项目、天妃“三旧改造”项目、南兴针织增资项目、三迪体检康复中心项目、木兰新城星级酒店等一揽子投资（一期）项目］，投资总额41260万美元，利用外资6060万美元；统计项目3个（福建建美商贸有限公司、莆田市新采贸易有限公司、莆田市康康贸易有限公司），投资总额290万美元，利用外资210万美元。城厢区共有4个项目上台签约，总投资32500万美元，利用外资9000万美元，其中合同项目1个，为腾讯企点（福建）源产地产业中心项目；意向项目3个，为三迪体检康复中心项目、木兰新城星级酒店等一揽子投资（一期）项目、乐麦网络区域性鞋服产业综合服务平台项目（一期）。

（潘源懿）

餐饮业

【工作概况】 2017年，城厢区共实现住宿餐饮业营业额31.3亿元，比上年增7.5%。其中，24家限额以上住宿餐饮企业累计实现营业额5.28亿元，比上年增3.2%。

【政策扶持】 2017年，城厢区年营业额200万元以上企业可以纳入限额以上企业统计，首年增幅达20%，给予一次性奖励3万元，增幅达50%以上另外再给予2万元奖励；对纳入统计的限上餐饮企业年度营业额首次达2000万元、3000万元、5000万元以上的，且增幅超过10%的企业，分别奖励2万元、5万元、8万元。

【产业规划】 2017年，城厢区餐饮企业主要分布在龙办、凤办、霞办等3个街道，在规划古城美食一条街，全长约500米；万达金街美食一条街商圈形成；为应对经济下行压力，餐饮转型做小众消费、特色消费，主要代表的有把餐饮与度假娱乐相结合的御庄园、餐饮与莆仙文化相结合的老蒲鲜、放心早餐工程的南门东方国际酒店早餐工程、海鲜特色专营的阿伟海鲜楼、餐饮与百度外卖、美团外卖、企业微信公众号等相结合的在线订餐。

（潘源懿）

服务业

【工作概况】 2017年，城厢区实现第三产业增加值193.43亿元，比上年增10.1%，占地区生产总值358.21亿元的54%，创历史新高。公路运输总周转量实现90144万吨公里，比上年增10.1%。其中，客运总周转量50995万人公里，比上年增1.1%。货运总周转量85044万吨公里，比上年增10.6%；批零业销售额完成421.64亿元，比上年增13.6%。住餐业营业额完成31.3亿元，比上年增7.5%；商品房销售面积81.32万平方米，比上年增5.1%。其中，房地产城镇单位从业人员劳动者报酬7851万元，比上年增6%。房地产城镇单位从业人员1919人，比上年减1.4%；规模以上服务业其他营利性收入（错月数）完成14.16亿元，比上年增41.2%；财政预算支出中八项支出之和完成19.13亿元，比上年增18.1%。

【金融服务业】 2017年，城厢区继续持续扶持培育上市企业。富力进出口、易汇融网络服务等13家企业入选2017年省重点上市后备企业，其中易汇融于2015年在深圳前海股权交易中心挂牌，企业融资渠道进一步拓宽。省发改委于7月上旬召开2017年省重点上市后备专项融资对接会，组织易汇融、富力等多家企业报名参加。竭力做强典当行业。4月，经省经信委批准城厢区新设立1家典当行（福建金典典当有限公司）。截至年底，全区共有港城典当等典当企业4家，实现典当业务331笔，累计发放贷款总额11527.65万元。

【商务服务业】 2017年，城厢区实现规模以上主营业务收入14.15亿元，比上年增41.21%，完成年度计划13.3亿元的106.4%。“三转一市”方面，政策出台后实现个体工商户转型升级为企业8家，规模以下转规模以上营利性服务业企业41家，其中纳入GDP核算的39家，纳入GDP核算规模以上营利性服务业企业总数达110家。上半年，有弘略网络信息、莆田市投资企业公司参加2月的美国拉斯维加斯鞋展；翰林院文化、艺向文化等11家企业参加3月的葡萄牙里斯本礼品及办公、家居用品展；振兴旅游、中福贸易、郭氏鞋业等19家企业参加121届广交会，共有69个展位；有裕通贸易、博誉轻工等6家企业参加波兰礼品展。

（潘源懿）

经济和信息化

【工作概况】 2017年，全区180家规模工业企业实现产值334.3亿元，是2002年区划调整时的19.6倍，占全市的比重为10.4%；全区实现规模以上工业增加值99.8亿元、增长8.3%，增速位局全市第1位；规模以上工业用电量25359万千瓦时、负增长1.75%。规模以上工业企业产值增长率达到20%以上的有88家，占比48.8%；137家企业实现正增长，占比76.1%；负增长的企业有43家，其中停产企业15家，负增长面为23.9%，工业基本面稳定。城厢区工业发展迅速，鞋服、食品、电子、工艺等四大支柱产业不断发展壮大，高新技术产业是城厢区经济的新亮点，光电产业逐渐发展壮大。截至年底，全区有中国名牌产品2个、中国驰名商标3件，福建名牌产品35个、福建省著名商标34件；拥有13家国家高新技术企业，5家省级企业技术中心、22家市级企业技术中心；天怡现代农业在香港上市，东南艺术纸品股份在新三板实现挂牌。

【投资项目】 2017年，城厢区出台《区工业项目招商落地优惠暂行办法》，赴北京、深圳、长沙等地开展重点产业招商，重点引进新一代信息技术、高端装备、新能源、生物医药、新能源汽车、新材料、节能环保和高端文创制造等新兴产业落地。2017年，城厢区签约落地三利谱TFT－LCD偏光片项目、人防工程设备生产项目、中电海西（莆田）互联网经济产业园项目、纳云川新能源、工艺美术跨界融合平台等项目等10个民企产业项目，总投资77.6亿元；重点洽谈石墨烯产业化项目、新宁物流园、新能源汽车项目、锂电池储能综合利用项目等4个项目，总投资40.2亿元。坚持“全系统、全覆盖、全过程”抓项目，全区20个制造业重点项目超额完成全年投资计划。凯达卫生、金彩纸塑、韩庭药业等3个项目开工建设。东南艺纸、华源工贸、赛博思钢结构、东盛工贸等8个项目实现投产。美丽莆田绿色产业（二产）6个重点行业全年完成产值313.2亿元，增长9.4%，对全区规模工业增长贡献76.7%；2个市级重点攻坚项目完成投资3.2亿元，完成年计划的106.6%；8个区级重点攻坚项目完成投资5.15亿元，完成年计划的107.3%。其中华源纺织城实现投产，三利谱偏光片项目签订投资意向书。通过进企业宣讲解读政策、微信、QQ平台宣传，提高政策的知晓率，深入华林、太湖园区召开惠企政策解读会，对200多家企业进行政策宣传，引导企业用足用好政策，提高企业技改的积极性。帮助华源纺织城项目获得省级技改基金贷款。组织实施15项市级重点技改项目，全年完成投资10.71亿元，完成年计划的107%。

【节能减排】 2017年，城厢区引导企业申报项目，争取资金补助，增强节能发展后劲。福建鸿圣纸业有限公司通过“煤改电”方式，获得补助12万元；莆田市城厢区福利琼脂厂、万发皮革等8家企业，通过“煤改气”方式，共获得补助267万元。淘汰落后产能。开展淘汰铸造企业落后炼铁设备工作，全区莆田市英龙活塞环厂、莆田市华港工业发展有限公司、莆田市城厢区铁灶铸造厂等三家铸造企业，落后设备已全部拆除。推进锅炉改造。通过出台惠企政策，加大锅炉改造政策扶持力度，鼓励企业实施“煤改气”“煤改电”，截至年底整改66台，完成锅炉改造150蒸吨。

【安全工作】 2017年，莆田市城厢区经济和信息化局（以下简称区经信局）及时出台整治方案，开展陆上油气长输管线专项整治，共出动人员71人次，发现隐患2条，电力设施保护与电力安全专项整治，共出动人员62人次，发现隐患5处，全部整改到位。督促企业做好安全生产大检查自查自改工作，进一步落实企业主体责任，共有中石化、LNG、国网莆田供电公司等167家企业签订了安全生产大检查自查自改承诺书。全年共出动人员93人次，检查生产经营单位87家次，发现一般隐患23条，全部整改到位，未发现较大安全隐患。建设信息化平台。委托莆田市优沃软件开发有限公司研究开发城厢区经信局安全生产信息化平台项目，实现现场检查实时记录，于2017年年底完成建设。

【支前保障】 2017年，支前工作根据市、区国动委的部署和要求，围绕“平时服务、急时应急、战时应战”的工作目标，准确把握支前工作在海西建设中的战略位置，狠抓支前动员体系规范化、能力多样化、指挥信息化建设。建立健全规章制度，制定了每年度工作计划和国防潜力调查工作方案，做到了有部署，有落实。做好国防潜力调查，完善支前潜力数据库，搞好战备应急物资的摸底调查，配合经济动员办做好粮食、食油、油料等社会化储备，优先做好军供保障工作，驻军部队粮、油、蔬菜、肉食品等供应充足，确保支前物资平时供应有序，急时供应得上。

（许锦梁）

鞋服纺织产业

【工作概况】 鞋革产业是城厢的主导产业。截至2017年年底，全区有规模以上鞋业企业74家，企业完成产值115.72亿元，占全区规模以上工业产值的34.62%，鞋业产业有郭氏（省级高成长企业）、力奴、新路等龙头企业。鞋革企业贡献税收1.48亿元，占全部规模以上工业企业税收的47.15%。鞋企主要从事运动鞋、橡胶鞋、皮鞋、特种鞋等生产，制鞋生产线160多条，年产能9000多万双，从业人员约2万人。鞋革生产企业产品涵盖鞋底、鞋材、皮革、鞋楦、鞋扣等鞋材辅料，基本形成完整的鞋业产业链。有13家纺织服装企业，完成产值34.7亿元，比上年增17.6%，占全部规模工业企业产值的10.3%，有才子、华源工贸两家省级龙头企业。产品涵盖服装、涤纶线、针织衫、织带、帐篷等，拥有生产线100多条，从业人员5000多人，拥有才子、华源工贸、南兴针织等5家亿元企业。

【典型企业】 郭氏鞋业　2017年度省级高成长企业，产值5.5亿元，税收539万元，主要生产“菲腊”品牌运动鞋，6条生产线，从业人员2500余人。产品在省内属于中上游水平，产品单价10美元以上，企业投入600万元购置自动化设备，预计可节约人工300余人。

华源工贸　为2017年度省级龙头企业，华源工贸扩建项目新建4#厂房，第一季度安装设备，年内竣工投产。华源纺织城项目计划投资15亿元，占地33.33公顷，引进国外先进生产线，从新疆购进优质棉花原料，生产各种高端棉纱产品，技术达到国内先进水平，产品供应给华峰工贸等知名企业。

才子服饰　为中国服装行业百强企业，全国服装行业重点生产企业，连续6次荣登“中国500强最具价值品牌”，获2014年中国服装网络盛典“2014年度十大男装品牌”。2017年度省级龙头企业，通过国家两化融合贯标体系认证。公司有55条生产线，分别生产衬衫、西服、西裤、休闲裤、夹克等全系列服装，年生产能力近千万件（套），占全国男装市场份额21%。产品价格稳定，引进智能化物流系统，对仓库进行改建。

南兴针织　公司专业生产针织时装毛衣，是莆田市最早的奠基企业之一。产品主要销往美国、欧洲、东南亚等国家和地区。公司近年来投资4000余万元更换336台日本岛精电脑横编机，编制速度提高25%，返工率降低35%，电能耗用节省45%，用工节省90%，年生产能力提高60%以上。

力奴鞋业　为安踏战略合作伙伴，2017年产值8.89亿元，税收1965万元，10条生产线，生产线数为全区鞋业最多，产品为运动鞋，产量预计突破600万双。公司采用海尔ＯＥＣ管理模式、精益生产模式、ＥＲＰ流程系统管理，生产管理水平省内领先。2017年，投资228万元购置设备，实施技改，可节约人工100余人。

【技术改造】 2017年，全区共有力奴、新星、祥麟等10家企业实施技改，共投入9800万元购置新设备，其中飞织鞋面市场需求大，全区针织横机达1500台（与原来手摇机相比，每台可节省员工30人）。力奴鞋业、新星鞋业、昱达鞋材、新路体育等13家企业通过购置自动化鞋服设备，实施“机器换工”技改项目，使生产工艺流程智能化，提高产能，同时破解招工难问题。

【品牌建设】 2017年，鞋革产业拥有2个国家级品牌（华丰鞋业“沃特”运动鞋荣获中国驰名商标、中国名牌产品）；拥有X.GUAN足球鞋（祥冠鞋业）、REMA运动鞋（锐马鞋业）、Sandic（郭氏鞋业）等11个省级品牌，恒立、普力丝、永德等12家企业的商标获莆田市知名商标称号。截至年底，有国家驰名商标1个（才子）、中国名牌产品1个（才子），福建省名牌产品4个（才子、圣邦、简洁、祥云），福建省著名商标3个（才子、圣邦、恒立）。

【互联网+】 2017年，工业企业开展电子商务，实现企业线上线下、区内区外的市场拓展，加快“互联网+工业”升级改造步伐。利用安福电商城、电商未来城等平台的优势，对接电子商务，有三威、新冠等实体工业企业建设智能化柔性快速生产线，满足电商企业要求生产企业短期内交货的需要，实现实体工业与电商有效融合。开展“电商换市”，萨拉曼、振兴旅游、力奴鞋业等企业与知名第三方电子商务平台对接，向个性化定制和柔性化制造转型，通过华林鞋艺小镇平台，打造C2B品牌智能电商总部基地，通过大数据、云计算等手段为客户提供服务。

【技术创新】 2017年，福建省制鞋行业技术开发（莆田）基地、中国鞋业设计和信息中心落户城厢区，华丰鞋业主笔起草制定国家级鞋类衬里和内垫试验方法静摩擦力标准，中科华宇主导制定的国家标准《鞋用水性聚氨酯胶粘剂》，福建鞋业研发（莆田）基地、莆田市标龙公司等2家公司参与制定7个鞋类产品国家级技术标准。才子、力奴、新冠等企业通建立省级企业技术中心、三威鞋业、万升鞋业、华骏鞋业等企业建立市级企业技术中心，提高鞋企的技术创新能力。管理创新，郭氏、力奴等传统鞋业企业应用现代信息技术改善生产、销售模式、管理方式等，降低企业成本，提高市场应变能力。营销创新，工业企业通过转换思路，突破传统市场营运模式，推行市场多元化策略，推广“新路（生产）+富力（贸易）强强联合的工贸一体化的新型运营模式，做大做强鞋、服产业。

（许锦梁）

食品加工产业

【工作概况】 食品加工产业是城厢区的四大传统支柱产业之一，是工业发展的中坚力量，也是实现经济提质增效的有力抓手。2017年，全区规模以上食品加工企业达31家，占全区180家的17.22%，实现规模工业产值80.54亿元，比上年增8.2%，占全区规模工业总产值的24.1%。2017年食品加工企业贡献税收0.77亿元，占全部工业企业税收的23.3%。初步形成果蔬加工、水产品加工、饮料加工、肉制品加工、食品烘焙等门类齐全的食品加工体系，成为全市重要的食品加工基地。食品产业成为城厢区发展前景最好的产业之一，区里拟将在太湖工业园区规划建设成食品加工产业园。

【典型企业】 天喔食品　“天喔”商标系中国驰名商标、“天喔蜜饯”是福建省名牌产品，公司系省级企业技术中心，具有全国最大的鲜果处理加工基地，具有全国第一个全封闭的规模成品蜜饯紫外线晾晒房；拥有全市首家公用型保税仓库。为省级企业技术中心，冷灌生产线技改项目投入使用。天喔公共保税仓库项目总投资2亿元，占地约4公顷，建设保税区厂房8万平方米及1幢6层办公楼，主体全部建成，完成内外墙装修，预计2018年年底投入使用。

台兴食品　台兴食品的台湾生物科技绿色食品生产基地占地7.87公顷，总建筑面积15.8万平方米，其中生产车间建筑面积2.05万平方米，仓库建筑面积6260平方米，研发办公室建筑面积1.44万平方米，员工宿舍楼建筑面积1.44万平方米，生产台湾特色休闲食品。

亚明食品　食品加工行业唯一获得“国家高新技术企业”称号的企业。亚明公司新厂房占地1.33公顷，新建面积2万平方米，1幢综合楼、2幢厂房及配套设施，公司新场所于7月通过消防验收并整体搬迁。亚明公司生产的“星级酒店美食”销量在全国占比为5%，其中“梦8牌金排骨”的销量占全国同类食品的40%，处于产业链中游，上游原材料主要是从金锣、双汇等上市公司和国外企业进口，产品销售主要依靠全国120个一级代理商和800个二级代理商。2017年，亚明食品2万平方米的标准厂房投入运营、年产7000吨中式菜肴加工冷链物流的市级物流工程包项目序时完成，亚明食品被确定为省级工业企业品牌培育试点企业（全市1家），被评为食品工业企业诚信管理体系国家标准建设示范企业（全市1家）。

【物流补助】 2017年11月，才子服饰股份有限公司和福建省亚明食品有限公司2家企业申报莆田市现代物流业发展专项资金补助，并于12月共获得补助金额62.93万元。

【两化融合】 2017年，共有亚明食品和诚味食品2家食品企业获得工信部授予的“两化融合管理体系评定证书”，占全区通过企业4家数的50%，占全市通过企业7家数的28%，亚明食品获得省级切块——通过国家两化融合管理体系评定专项切块资金补助50万元。

【转型升级】 2017年，城厢区明确食品产业分析推进组由区经信局、发改局、商务局、科技局、人社局、工商局、市质监二分局、金融办、各镇（街道）、华林经济开发区等成员单位组成，按各自职能进行部门分工。选聘福建农林大学刘文聪教授、卢旭博士、福建省亚明食品有限公司总裁吴启明等三位专家作为城厢区食品行业顾问，发挥专家在宏观决策、项目策划、招商引资、技术研发、政策研究等方面的咨询作用。委托专家开展食品产业发展相关课题研究，重点围绕产业发展趋势、结构调整、布局优化、项目策划、技术改造、模式创新等重点问题开展针对性研究，为城厢区食品产业发展提供决策参谋。建立健全行业研判机制。按季度召开区食品产业分析会，由区经信局召集，邀请相关政府职能部门及食品企业负责人参加，分析行业发展态势、行业内企业运行情况。根据行业研判情况，及时采取措施，帮助企业解决发展中遇到的困难和问题，促进食品行业持续健康发展。

【品牌建设】 截至2017年年底，城厢区拥有天喔食品、天怡现代农业和广东温氏等3家上市集团关联企业，1家国家高新技术企业，1家省级企业技术中心，2家市级企业技术中心；拥有亚明食品、诚味“易太”等福建省著名商标12个；肖大妈酱油、青林源兴化桂圆干、复茂妈祖平安饼、普甜鲜猪肉等福建省名牌13个；三紫、亚明“梦8金牌骨”等市级品牌21个。

（许锦梁）

光电信息产业

【工作概况】 2017年，全区规模以上电子信息企业23家，总产值34.5亿元，占全部规模工业的10%，其中亿元企业12家，产品主要为景观照明、LED背光应用及路灯、船舶灯、舞台照明等功能性LED照明产品、LCD背光模组、彩色滤光片、偏光片等。

【典型企业】 杰讯光电 为莆田市第一家生产高科技光纤通信企业，从事光通信产品的设计、开发与制造。光纤准直器等器件是光电子通信的上游零组件，产业链上分别处于第二阶梯，是通信行业产业链不可缺少的部分。产品在国外市场占40%占有率，国内市场占比60%。产业链的设备智能升级后，尤其是光驰镀膜机（OPTORUN）自动化装备整套生产线投产后，可提高劳动生产效率80%。

嘉辉光电 是液晶偏振片国内最大生产厂家，在国内占有40%，全省内占有率达70%，与台湾艾图雅科技股份有限合作开发新型胆固醇液晶应用，该项目开发预期为五年，项目投资分三期，第一期预计投入资金1.8亿元。

三利谱 公司引入现代化的质量管理体系，通过ISO 9001：2008认证其中抗划伤型3D眼镜偏光片、薄型光面TFT偏光片获“广东省高新技术产品”认定，立体眼镜偏光片获“深圳市自主创新产品”认定，产品质量可媲美国外同类产品，所生产产品占全国市场40%，在配套福建省内高端电子产品中处于领先地位，处于产业链上游。

【品牌建设】 电子产业有星华模具、锐马电气、衡力等5个企业获得9个省级品牌，星华模具、衡力、锐马等4个企业获得市级品牌。电子产业几乎囊括城厢区的全部国家高新技术企业，拥有星华模具、杰讯光电、锐马电气、百达光电、力天量控、衡力传感器等8家国家高新技术企业，占总数88.9%。

【技术创新】 2017年，杰讯光电、锐马电气、嘉辉光电等高新技术企业提高技术和工艺水平，入围省科技小巨人领军企业培育名单，实现“专、精、特、深”发展；衡力传感器、嘉业光电、星华模具等企业入围2017年省级技术创新重点项目。

（许锦梁）

工艺美术产业

【工作概况】 工艺美术产业是城厢区工业的重要组成部分。截至2017年年底，全区有14家规上工艺企业，实现产值31亿元，比上年增32.8%，占全部规模工业企业产值的9.3%，对规模工业产值增长贡献率为21.89%。拥有庄严苑、欧雅艺术、腾晖工艺、美诚达、金伯爵珠宝5家亿元工艺企业。产品涵盖佛像、木雕、红木家具、石雕、油画、珠宝加工等，从业人员达700多人。

【典型企业】 *腾辉工艺* 中国木雕工艺大师、高级工艺美术师郑春辉创作作品被国家博物馆收藏4件，获得国家级金奖50多件，大型木雕清明上河图被收录到《吉尼斯世界纪录大全》一书，是福建省非遗传承基地，其木雕工艺技术在全国处于领先地位。

欧雅艺术 主要生产油画、画框、镜框家具等系列产品，在全市率先引进6台过滤净化水帘，获得“ISO 9001：2000”质量管理体系认证，与国际主流设计师合作，开发国际主流艺术产品，产品主要出口欧洲、美国、中东等国家和地区，企业已形成品培训、研发、生产、销售为一体的产业化经营模式，成为莆田市工艺美术制品生产的龙头企业之一，系列产品的出口量居全省前茅。

庄严苑 是一家园林式观光工厂，具有传统佛教文化性质传承古老雕像艺术和现代化生产工艺为一体的新型佛像雕刻造型的企业。在传承传统的基础上融入现代新工艺，引进中国台湾地区及日本等造像、铸造、贴金工艺，使脱胎佛像既具有传统的特点又有新特点，深受各地寺庙喜欢，成为一家以生产佛像为主及寺院配套产品的规模企业，佛像产品占全国市场份额20%～30%。

【佛像雕塑行业】 2017年，依托庄严苑工艺品有限公司，在传承老漆脱胎传统工艺的基础上融入现代新工艺，引进中国台湾地区及日本等造像、铸造、贴金工艺，以生产佛像为主及寺院配套产品。提升佛教文化性质，传承古老雕像艺术和现代化生产工艺为一体的新型佛像雕刻造型产业知名品牌创建示范企业影响力。

【金银珠宝首饰行业】 2017年，依托金伯爵珠宝为龙头，提升产品创意设计，产品从婚庆需品向时尚消费品转变，重点发展新型模具、激光雕刻设备、自动化成型设备、智能展柜等，努力争创全国金银饰品知名品牌企业。

【油画行业】 2017年，依托莆田国际油画城以欧雅艺术为龙头，重视原创人才集聚，挖掘油画艺术附加值。发展原创油画、个性化定制油画，推出模板、铝塑板、金属油画，使画面效果更新颖独特提高国内市场占有率，深化与跨境电商合作，扩大产品出口，拓展油画框、新型颜料、自动化喷涂设备产业链。

【木雕行业】 2017年，依托庄严苑、郑春辉木雕艺术馆为龙头，推进工艺美术品与文化、科技融合，拓展大师高端艺术品、旅游工艺品、佛教文化用品，打造园林式观光工厂，提升城厢木雕的艺术魅力与文化自信。

【创意设计行业】 2017年，围绕上品橼众创空间服务平台提供创客平台、孵化器平台、品牌、企业战略规划、商业模式、技术、法务咨询、组织架构、资本投资、设计创意、数字服务创意、文化传媒创意和休闲消费创意，发挥非物质文化遗产的优势，发展适应市场需求、满足消费升级需要的产品和服务，形成富有特色的文化创意产业。

（许锦梁）

供销合作

【工作概况】 2017年，城厢区供销合作社联合社（以下简称区供销社）学习贯彻《中共中央国务院关于深化供销合作社综合改革的决定》精神，按照区委、区政府和市供销社的决策部署，围绕改革、创新服务、参与农业产业化、优化资产配置、改造基层供销社的经营理念推进社有企业的发展，为服务“三农”、活跃城乡市场、推进社会主义新农村建设做出贡献。各项经济指较上年同期都有明显增长，完成预定的目标。

【党建工作】 2017年，区供销社以主题党日为载体，围绕“创先争优当先锋，推动供销新发展”目标，由区社领带队分批次走进挂钩村、进社区、进基层开展以志愿者服务的形式进行定点服务，内容包括党的理论宣传，创建全国文明城市（文明城区）宣传及有关“三农”政策宣传等。开展“千名干部进村户、排忧解难保平安”活动。开展慰问困难干部职工活动，并拨付10000元资金扶持郑庄、西湖两个挂钩村综治平安建设。

【农资供应】 2017年，区农资土产公司及下属农资销售网点做好农资供应、农资打假等工作，切实做好农资冬储供应工作。采取直达运输、让利优惠、送肥下乡等办法，尽量为农民提供便捷满意的服务，节省农民购买农资商品的时间和运输费用。利用黑板报、宣传栏等进行安全使用农药科普宣传及“安全用药健康与环境”的主题宣传活动，为引导农民科学施肥，防止病虫害发生。建立健全农资商品质量承诺和服务承诺制度。建立健全区供销社农业化科技服务体系，办好庄稼医院，广泛开展以测土配方施肥和病虫害防治为重点的技术服务。发挥农资销售主渠道作用，进一步延伸网络终端，发展农资放心店，降低农民生产成本。

【合作经济组织建设】 2017年区供销社继续实施“新网工程”，新建华亭供销社农资配送中心，分期推进城厢区供销社农资配送中心建设，在原城厢区供销社农资配送中心基础上，续建华亭供销社农资配送中心。按照“建设新供销、服务新农村、引领新发展、再创新业绩”的总要求，投入资金对所属门市进行升级改造，达到优化市场消费环境，满足消费需求的目标，以促进农村经济发展和社会主义新农村建设。

【图书经营】 2017年，区供销社是农村图书发行的重要渠道，华亭和灵川供销社与新华书店加强合作，把经营图书作为一项重要工作来抓，并抓好落实。为保证灵川、东海、华亭镇中小学校课前能够顺利地拿到课本上课，连续加班加点，扛、卸、搬、整理、归类，再将整理后的图书送货到中小学，及时的完成2017年中小学课本的图书发行工作。

【职工帮扶】 2017年元旦、春节期间，区供销社争取有关部门的扶持，走访慰问挂钩村困难及供销社患病生活困难职工，全系统共为困难职工及贫困户送去慰问金3万多元。

【安全生产】 2017年，区供销社深化安全生产“三项行动”和“三项建设”，进一步落实“一岗双责”安全监管工作机制；加大资金投入，切实抓好安全消防基础设施的更换、维护、维修工作，开展消防安全的知识培训演练。通过举办消防安全讲座、消防现场演练等多种形式不断增强广大干部职工的安全生产意识，参加安全生产标准工作培训班，切实做到安全工作常抓不懈，安全生产责任主体落实到位。2017年，全系统无发生一起安全生产事故。

（陈荣明）

城市建设与管理建设

【工作概况】 2017年，全区192个城建固投项目共完成投资196.5亿元，比上年增长12.3%。其中20个房地产项目共完成投资67亿元，完成年度计划投资的107%；65个市政基础设施项目共完成投资27.4亿元，完成年度计划投资的101%；14个公用事业项目共完成投资4.6亿元，完成年度计划投资的100.2%；1个城市管理项目共完成投资505万元，完成年度计划投资的101%；13个园林绿化项目共完成投资3.8亿元，完成年度计划投资的103%；18个社会事业项目共完成投资5.8亿元，完成年度计划投资的101%；27个住房保障项目共完成投资6亿元，完成年度计划的91.3%；3个小城镇项目共完成投资10亿元，完成年度计划的105%；31个美丽乡村项目共完成投资10亿元，完成年度计划的110%。是年，全区建筑业共创税收33392万元，比上年26445万元增长26.2%；房地产业共创税收139912万元，比上年132150万元增长5.8%。两项税收共计173304万元，约占全区税收总收入317358万元的54.6%。

【园林绿化建设】 2017年，莆田市城厢区住房和城乡建设局（以下简称区住建局）实施园林绿化工程3类：主题公园、绿道建设及口袋公园，计划投资2000万元，实际完成投资2000万元。其中凤凰山、天马山主题公园建设，在方案设计；北渠绿道二期工程实现竣工并投入使用，三期工程在预算编制；嘉禾广场口袋公园、金海湾口袋公园、北渠绿道口袋公园投入使用，陂头温泉口袋公园、洋西溪口袋公园、滨溪口袋公园在实施。

【公共停车场建设】 2017年，城厢区完成公共停车场项目2个：南门迎和地下停车场（停车位200个）和北渠金海湾口袋公园旁配套停车场（停车位60个），计划投资3000万元，实际完成投资1500万元。

【城区污水管网建设】 2017年，城厢区完成学园路（荔园路一木兰溪）和洋西片区四期周边道路（规划一路、规划二路）2个污水管网工程建设，正施工中污水管网工程3个：泗华路污水工程、泗华滨溪小区项目周边道路配套污水工程、莆田西霞林地块A项目周边道路污水工程。完成投资约1500万元，新建改造城区污水管网约15千米。

【排水防涝建设】 2017年，计划完成投资3000万元，实际完成投资3000万元。完成学园路（荔园路－木兰溪）、洋西片区四期周边道路（规划一路、规划二路）、南站路、胜利路南伸、嘉新建材城“白改黑”及江鸿路改造等6条道路工程雨水管网建设，并完成南门片区排洪涵洞清淤和盖板涵建设2个内涝整治工程。

【安置房建设】 2017年，全区安置房建设项目共有27个，涉及6692户拆迁户，拆迁面积193.82126万平方米，总投资107.51亿元，建设规模259.48486万平方米。截至12月底，回迁及正在回迁项目9个，分别是洋西二期安置房（9#－14#楼）、鲤鱼山二期安置房、雷山二期安置房、泗华滨溪一期安置房、木兰溪霞林段防洪工程木兰和霞林安置房（5幢）、中央商务区肖厝安置房1#－6#楼、木兰溪霞林段防洪工程屿上（2幢）安置房、木兰溪霞林段防洪工程陂头安置房（3幢）、顶墩片区安置房7#－8#楼。竣工项目2个，分别是中央商务区肖厝7#－9#楼、新梅小区安置房（非政府性项目）。配套设施建设项目5个，分别是泗华滨溪二期（B地块）、中央商务区下黄安置房14#－18#楼、洋西地块五安置房（东圳新村）、霞林片区安置房（26幢）、莆田西霞林地块A安置房。续建项目1个，即田尾新村安置房（非政府性项目）。前期阶段项目10个，分别是：洋西安置房地块A（电商未来城）、华亭山牌片区改造安置房（莆永高速）、霞林地块七安置房（棠坡11亩）、木兰大道安置房（西许、后枫、坪坂、兴沙4个安置区）、木兰溪防洪工程华林段濑溪安置区、木兰溪防洪工程华林段樟塘安置区及坂头东地块一（29亩）。

【美丽乡村建设】 2017年，区住建局进一步推动“点线面”攻坚和美丽乡村建设，继续以“三整治三提升”（即整治旧房裸房，整治生活环境，整治农村污水，提升基础设施建设水平，提升乡村经济社会发展水平，提升生态保护管理水平）为手段，结合“幸福家园”试点片、试点村建设，以“扫清楚、分清楚、摆清楚、拆清楚、粉清楚”为整治内容，推进重点通道沿线、重要区域周边和具有特殊意义的村庄整治建设。是年，全区共计划投资2088万元，用于推进9个美丽乡村建设试点村。其中，华亭镇3个村庄（兴沙村、郊溪村、后角村），常太镇2个村庄（内东坪村、溪南村、外东坪村、霞山村），灵川镇山门村，东海镇蔡厝村。截至12月底，累计整治房前屋后1900平方米，清扫清运垃圾1900多吨，硬化村道2400米，整治裸房36栋，新增绿化1000平方米，累计完成投资2570.8万元，完成年度计划投资的123.1%。

【农村污水治理】 2017年，城厢区农村生活污水治理任务为完成16个行政村污水治理任务，新建改造三格化粪池3846户。其中，常太镇长基村生活污水治理结合常太镇截污工程开展，下莒村生活污水治理由村民自行组织施工，其余14个行政村生活污水治理任务列入城厢区农村污水处理PPP（一期）工程。城厢区农村污水处理PPP（一期）工程总投资约为3.39亿元，建设工期7个月，涉及41个村和2个工业园区的农村污水处理。内容包括农村三格化粪池新建及改造、污水收集管网铺设、污水提升泵站和污水处理厂站建设等。截至12月，16个行政村共铺设管网约36.4千米，完成三格化粪池新建改造4050户，占年度任务的105.3%。其中常太镇计划新建改造三格化粪池1311户，完成新建改造1370户，占年度任务104.5%，完成管网铺设约8.3千米；华亭镇计划新建改造三格化粪池1900户，完成新建改造2002户，占年度任务105.37%，完成管网铺设约24千米；灵川镇计划新建改造三格化粪池210户，完成新建改造226户，占年度任务107.62%，完成管网铺设3.4千米；东海镇计划新建改造三格化粪池425户，完成新建改造452

户，占年度任务106.35%，完成管网铺设0.7千米。

【农村危房改造】 截至12月底，中央下达城厢区危房改造户数200户，全部竣工，竣工率100%。并完成“一户一档”的档案建立，以及农村住房信息系统、全国扩大农村危房改造试点档案系统情况数据录入。中央、市、区共下达农村危房改造补助资金207.84万元，每户危房改造对象补助10392元。其中，中央下达城厢区补助金共150万元，每户补助7500元；市下达城厢区补助金共23.84万元，每户补助1192元；区下达补助金共34万元，每户补助1700元。全部下拨到位。

【房地产市场管理】 2017年，全区房地产开发企业投资后劲不足，房地产市场投资呈下降趋势。全年39个在建房地产项目完成投资额约104.54亿元，比上年同期下降9.7%。为增加全区房地产开发投资额，区住建局组织人员深入恒大御景半岛项目、恒大御龙天峰项目、莆田电商未来城项目、莆田联发君领绶溪项目、正荣·御府项目等在建房地产项目，宣传国家部委、省、市关于房地产市场平稳健康发展的精神，用好用活有关政策，切实协调解决项目推进中存在的问题。对尚未动工的京都国际金融中心项目、三迪山庄项目、田尾新村商品房项目、鸿运幸福里项目、洋西六期、八期等6个项目，协调拆迁、前期手续办理等方面的问题，促进项目早日动工。为稳定房地产市场，加快推进房地产去库存进度，决定延长《莆田市城厢区人民政府关于促进房地产市场健康发展优惠办法的通知》（莆城政〔2016〕15号）文件实施期限一年。对2017年1月1日至2017年12月31日期间，在城厢区辖区范围内向房地产开发企业购买商业用房和办公用房的单位和个人，一次性给予购房者按成交总价款3%的补贴，推进商业办公用房库存消化。是年，城厢区住建局共受理895户符合条件购房户和1家符合条件单位的补贴申请，共计5.3829万平方米，发放财政补贴资金1622.2万元。是年，全区52个房地产项目完成商品房销售面积约81.32万平方米，比上年同期增长5.1%，全市排名第3。截至12月末，全区商品房库存量为114.79万平方米、去化周期为26个月，其中商品住房为78.99万平方米、去化周期为21个月；商业用房为28.85万平方米、去化周期为67个月；办公用房为6.95万平方米、去化周期为25个月。

【建筑市场管理】 2017年，全区共有4家建筑业企业资质升级，其中中交建宏峰集团有限公司晋升特级施工总承包资质，福建省鼎立建筑工程有限公司、福建省德信建设工程有限公司两家家晋升一级施工总承包资质，福建中恒华筑建设设计有限公司晋升工程设计建筑行业（建筑工程）甲级资质。按照扶持政策对区属11家建筑业企业进行资金补助，补助资金达786万余元。支持企业办公和基地建设，在城厢区注册的建筑企业在本区购买办公用房的，按照1000元/平方米标准给予购房补助，按照资质享受办公用房租赁补助政策，同时加快建筑业办公总部和生产基地建设，拟规划区商务大楼（部分楼层）作为区属建筑企业办公总部，建设装配式建筑业企业生产基地。截至年底，共有建筑施工总承包企业48家［其中特级资质1家（全市仅有2家），一级资质9家、二级资质14家、三级资质24家］。65家入库建筑企业共创产值174.4亿元，比上年增长12.39%。

【市政管理】 2017年，对全区77条次干道建立常态化巡查制度，共组织巡查约400人次，对巡查中发现的市政设施（含绿化，道路，人行道，雨污管网，路灯等）损坏问题，马上安排施工单位进行修复。截至12月底，修复道路破损约320处，对人行道修复（含盲道开口等）约350处，盲道改造约8000米，雨污管网（含井盖、疏通、改造）约130处，行道树补植约420株，绿化修剪22处，路灯修复9盏。

【城镇燃气安全监管】 2017年，区住建局实行城厢区液化气安全监管工作联席会议制度，组织协调全区液化气安全监管工作。每个月区住建局对各个燃气站点检查不少于1次；每个季度由分管副区长带队检查城镇燃气安全生产工作，并组织召开季度安全分析会议。由区住建局牵头，联合执法、安监、镇（街）等相关部门开展打击液化石油气非法充装销售行为。截至12月，共组织执法34次，取缔34处黑气窝点，暂扣违法销售液化气钢瓶1093瓶、3部运输车辆，提请拘留4人，淘汰不合格液化气瓶2753瓶。落实瓶装液化气实名制登记，完成实名登记9878户。

【建设工程质量安全监管】 2017年，受监工程共63个，其中房建工程38个，总建筑面积114.73万平方米，工程造价为178662万元；市政工程25个，总长度52512米，工程造价为19181万元。全年度竣工验收项目45个，竣工验收合格率达100%。全年没有发生重大质量安全生产事故。是年，共组织805人次对101个在建工程开展322次评价检查，发现隐患总条数1774条，发出工程质量安全整改通知单290份，整改隐患总条数1701条，整改率达95.9%。按照《福建省建设工程质量安全动态监管办法》共对各责任主体记分8416.75分，其中项目经理3035.21分，施工单位1468.93分，总监理工程师2586.4分，监理单位1326.21分。

【招投标监管】 2017年，区住建局招标办对项目开标过程进行实时监督，保证全区招标投标项目的公平、公正。同时，对房建类项目工程挂标及标后设计变更等标后管理进行窗口备案、审批。是年，全区房屋建筑和市政基础设施工程进行公开招投标的项目共119个，项目投资金额15.4亿元。

（徐元超）

城市管理

【工作概况】 2017年，莆田市城厢区城市管理委员会办公室（以下简称区城管办）紧抓全国文明城市创建之契机，构建“统一领导、各方联动、条块结合、齐抓共管”的工作格局，进一步完善城市综合管理工作机制，每月定期召开两次工作例会，由区分管领导主持，月中召开城市管理工作总结分析会，城市管理市级考核单项排名第四名以下的单位进行表态，月底前召开城市管理迎评部署会。明确工作议题、责任、任务等城市形象进一步提升，人居环境进一步美化。在市城市管理综合考核12次中，城厢区取得第一名1次、第二名1次、第三名2次、第四名2次、第五名1次、第六名2次、第七名3次，获得奖励金110万元。

【完善城市管理问责惩处机制】 2017年，城厢区健全区级城市综合考评办法。强力推进环境卫生、市容市貌、户外广告和建设工程等4个“回头看”检查考评项目，每书面通报一个问题，扣罚直接责任单位2万元；为民办实事项目、生活垃圾分类试点、数字城管项目和城市管理创新等工作，能按照要求落实的，给予相应责任单位分别1万元～3万元不同等次的经济奖励，对未按照要求落实的，予以相应金额处罚。同时，由区分管领导约谈单项考评排名连续2次最后一名的单位分管领导，对市级“回头看”检查通报问题、单项考评最后一名、创新工作未落实的单位进行经济处罚。

【开放式小区综合整治】 2017年，区城管办以创建全国文明城市为契机，狠抓城区所有开放式小区、社区开展卫生整治，以各街道主要领导作为整治第一责任人，分管领导具体抓，全面确保各项整治任务落实到位，实行每日一督查一通报，各街道负责具体落实，以美化、绿化、亮化、洁化为重点，重点进行社区周边环境整治，开展创城入户宣传等。

【市容市貌专项整治】 2017年，区城管办重点针对临街店面摊外摊、店外店，占道摆摊设点，乱堆放物料、乱拉挂等现象开展百日综合整治。共出动铲车、路面清理车等车辆190多台次，累计出动执法人员6600多人次，纠正店外店、摊外摊2700多起，整治流动摊点2600起、乱堆放770处。由区住建局牵头，对城市支路和老旧片区道路进行整治，共组织60次对城区的城市支路小道路面、人行道、行道树、窨井盖等市政设施进行巡查、排查，发现道路路面破损80处，人行道破损15处，窨井盖缺损16处，全部修复完毕。群众在“12345”热线平台上关于市政基础设施方面的投诉件28件也全部办理。加强交通秩序整治，创新交通管理勤务模式，打造一体化联勤工作方法，通过网格化布警，坐标式定位，扁平化指挥，形成对交通路口、主干道、商业大街、重点单位的全时段、全覆盖管控。打造公众举报交通违法平台，运用微信手段，实现公众参与对交通违法的监察、举报，城区交通秩序明显好转，行人车辆出行更加文明有序。

【智慧化城市管理】 2017年，区数字城管中心平台共受理上报各类城市管理案件53972起，按月统计的数据综合分析，按时结案率达99.91%。按照“大城管”发展趋势和工作格局，区数字城管中心牵头组织环卫、园林、市容等相关责任单位，建立案件处置“三级联动”常态协作机制，定期向联动单位通报工作动态、交流工作情况、发布考评成绩，确保涉及城管事项的立案、派遣、反馈、核查、结案各环节全过程快速反应、协作配合和高效处置。从而确保城市管理实现“管理精细化、手段数字化、评价科学化”，进一步提升城市管理水平。

【城市管理宣传】 2017年，区城管办深化与《湄洲日报》《莆田晚报》《海峡都市报》和莆田电视台等宣传载体合作共建，在各类媒体上刊登50多篇城市管理相关内容，宣传城市管理等工作动态和创新理念。稳步推进城市管理志愿服务，以“关爱生命、文明出行”“文明创城”“平安城厢”、垃圾分类等为主题，组织干部职工、学校师生和社会力量开展城市管理志愿服务活动。强化“美丽城厢CXCG”微信宣传，开设城市管理工作动态、法律法规、市民心声、督查通报、城管风采、环卫投票、创城行动、创城答题等栏目，将最新城市管理政策、知识、活动通过公众号平台进行推送宣传；将市民关注的城市管理政策、热点难点解决落实情况、创城风采等及时发布，呼吁广大市民参与“微宣传”，提高城市管理公众满意度，提升城市管理质量。

（张晓林）

环境卫生管理

【工作概况】 2017年，城厢区环境卫生管理处（以下简称区环卫处）建立环卫事业有规划可持续机制，区、镇（街道）、村（居）三级层层落实专职管理人员，形成“一把手亲自抓、分管领导靠前抓、责任部门具体抓”的工作局面。通过保障环卫经费投入、添置环卫设施设备、实施定人定岗管理、开展专项整治行动、出台活动应急预案等措施，推进环卫资金投入多元化、作业模式精细化、垃圾清运及时化、公厕服务人性化、河道保洁日常化、村容村貌整洁化，不断增强环卫作业管理水平，提高环卫作业质量。在日常督查考评中，组建2支环卫督查考核小组，建立健全日巡查督察、周点评整改、月考评通报、年绩效评估、经济奖惩、评优挂钩、责任倒查等工作推进制度，把道路卫生、河道保洁、机械运行、环卫设施、社区管理、公厕管理和公司监管均列入考评，确保环境卫生管理有效推进落实。建立财政收入增长与环卫投入相应增加的长效挂钩机制，积极开辟筹资渠道，创新资金投入格局，努力提供资金支撑。城区，环卫作业经费按10元/年·平方米进行保障，定期拨付到位，确保专款专用。农村，建立市、区、镇（街）、村（居）和农户共担的资金分担模式，落实市、区、镇（街道）三级按户籍人口每人每年分别予以10元、25元、20元环卫作业补助；村民每户每年缴纳垃圾处理费60－120元（五保户、低保户免缴），为环境卫生长效管理提供经济保障。

【环卫设施配套】 2017年，城厢区承担132座公厕新建和5910座旱厕推平任务。其中：新建公厕113座，省下达宜居公厕7座，各镇自加压力筹建12座，建设数量比上年多6倍多。截至年底，公厕全部完成建设，完成率100%；旱厕推平5851座，完成率99%。同时，为建立全区布局合理的垃圾转运站网点，逐步完善农村“户分类，村收集，镇转运”的生活垃圾收集转运体系。城厢区重视转运站建设工作，安排专人挂钩，深入镇（街道）进行建设标准指导，跟踪每月进度。多次发函催促加快转运站项目推进。投入574.05万元，购置压缩车、勾臂车和路面养护车等36部，分类垃圾桶（箱）630个，切实提高环卫作业机械化水平，打造道路清扫保洁“机洗”“机吸”“机扫”“人工”相结合的精细化作业新模式，城区机械化清扫率达到80%，其中主干道达94%。同时，联合区环保局，投入63.8万元购置1部雾炮车，安排专职司机，每日早中晚3次作业，改善城区内扬尘污染。

【环卫队伍管理】 2017年，区环卫处不断加强环卫队伍建设，抓稳定，有环卫工人1708名，其中城区972名，农村736名，实现城乡环卫全覆盖。除日常清扫保洁队伍外，还另外成立快速保洁车、创城突击队、夜间保洁、野广告清理、果皮箱擦洗和河道保洁6支专业队伍。6月底，50部快速保洁车投入使用，通过辖区内巡回保洁的方式，缩短垃圾滞留时间，提高路面动态垃圾收集效率。同时，定期对环卫工人开展安全作业生产培训，要求统一着装，配备相关道具，保障环卫工人人身安全；制定环卫作业量化考核细则，细化工作目标，责任落实到人；参照省市环卫工人福利待遇要求，对标看齐，提高待遇，解决环卫招工难，队伍不稳定的问题。

【提升市容环境质量】 2017年，区环卫处在城区开展多项专项行动，在全市率先实行野广告外包给专业公司清理的做法，采用招投标的方式，以132万元/年承包给福建万佳友环境工程有限公司。制定《城厢区野广告清理考核评分标准及细则表》，每月定期不定期对野广告清理工作进行督查考核，建立周报制度，及时跟踪整治进度。城区所有开放式小区、社区开展卫生整治，以各街道主要领导作为整治第一责任人，分管领导具体抓，全面确保各项整治任务落实到位，实行每日一督查一通报，全部完成整治并验收。由区四套领导班子分别挂钩3个街道、华林园区，亲自指挥，亲自督导，各街道、华林园区负责具体落实，以美化、绿化、亮化、洁化为重点，重点进行社区周边环境整治，开展创城入户宣传等。

在农村，共建美丽乡村工作在开展59个村重点整治的基础上，全面铺开，实现全区105个村（居）全覆盖。在开展农村环境卫生整治的同时，着力开展房前屋后整治，各镇（街道）全面清理陈年垃圾，共清理2960吨，完成率达100%。同时，配足环卫作业人员、车辆，农村垃圾实现日产日清，日清运量约100吨，截至目前共清理生活垃圾3.4万吨，无害化处理率98%以上；各镇（街道）每天还滚动报送3个村的共建整治现场图片，每周报送近80个村。

【环卫工人关爱互助】 2017年，区环卫处发挥环卫工人关爱互助协会的作用，为环卫工人提供一个温暖的“娘家”。建立15个爱心饮水点，解决环卫工人饮水、热饭、休息难问题。与莆田市肛泰医院合作，为城区全部环卫工人提供免费体检活动。组织开展10余次慰问活动，春节为每位环卫工人发放爱心棉帽、围巾、手套等防寒用品，邀请春节未回乡过年的环卫工人吃团圆饭；端午节邀请环卫工人现场包粽子，让其吃上“爱心”粽；中秋节邀请百名环卫工人参与博饼，并为他们送上油、米等慰问品；开展“高温下创城·区领导送清凉”“爱在城厢·清凉一夏”“星巴克·送凉茶”等系列慰问活动。

【环境宣传】 2017年，区环卫处在挂钩的市政府路口开展文明交通志愿劝导服务活动，提倡“关爱生命、文明出行”。开展“文明创城”“平安城厢”入户宣传活动，引导群众知道创城、了解创城、参与创城。与湄洲日报社联合开设《美丽城厢进行时》专栏，在《城厢新闻》节目中开设《改善人居环境，共建美丽乡村》专栏，在区政府一楼LED屏幕及《今日城厢》公布考评结果，跟进镇（街道）动态。印发《致村民的一封公开信》、制作挂历、围裙、购物袋、编制共建“三句半”，利用普通话和莆田话进行广播宣传。各镇（街道）开展村对户开展“清洁家庭”“星级文明户”“红绿旗”等评选活动。

（张晓林）

城市管理行政执法

【工作概况】 2017年，城厢区城市管理行政执法局（加挂莆田市城市管理行政执法局执法三大队）（以下简称区执法局）围绕区委、区政府和上级有关部门的工作部署，深入学习十九大精神，以全面开展“转作风、提效率，美丽莆田我先行”主题实践活动为契机开展城市管理工作。

【创建全国文明城市】 2017年，区执法局按照创建全国文明城市的工作部署，重点整治临街店面摊外摊、店外店，占道摆摊设点，乱堆放物料等影响市容环境的违法行为，做好省委拉练期间的市容秩序维护工作；按照市容网格化管理模式，采取定人定岗和定点巡查相结合的办法，不断加强市容环境卫生整治，按时间节点完成各级创城督查发现的问题并及反馈。做好创城工作，创城期间采取延长上班时间、机关工作人员全员定岗定路段及全员取消节假日的方式，实现辖区内全覆盖，保证创城期间无店外店，占道摆摊设、无破损广告等行为；同时重点做好春节、元宵节期间和中高考期间、校园周边、凤凰山广场等周边的流动占道摆摊等问题的整治，加强对夜市的巡查和管理，确保市容市貌的整洁有序。是年，累计出动执法人员6090人次、执法车辆495车辆次，共纠正店外店2597起；取缔流动摊点2689起；纠正乱堆放物料150起；清理横幅布条118条；取缔气球、气拱门86起；纠正乱张贴、乱涂写11起，拆除违章户外广告118块，清理占道摆设广告1340块。

【“两违”整治】 2017年，区执法局坚持保持对“两违”的严打高压态势。执行网格化责任分工工作机制，共分14个网格，按工作实际网格划分并明确责任分工，对重要节点采取定点定人方式，加强与属地街道的配合，切实加强日常工作的统筹安排，对“两违”发现一起，查处一起，确保新增“两违”零增长。加大与属地镇街和社区的协作，多次调派执法人员参加全区的重大集中清理行动，协助完成“两违”建筑集中清理。共参加全区征地拆迁、“两违”建筑集中清理、项目建设维稳等应急任务5场80

多人次，移交“两违”案件117起，配合拆除“两违”建筑78起3705平方米，罚款365964.99元。同时，根据市城管局下放的职能管理权限，做好工业类批后项目跟踪监察工作，共收到批后跟踪项目9个，完成批后跟踪手续6个。

【渣土车安全监管整治】 2017年，区执法局发挥渣土办的牵头作用，联合交警、运管等部门开展一系列的工程车“滴撒漏”专项整治工作，严格渣土运输车辆的审批，建立渣土车GPS系统等管理平台，对渣土清运“二点一线”实施昼夜多方位跟踪执法，及时督促有关单位做好管理和整改，有效带动了道路面貌的改善。在加强执法的同时，我局还加大道路的清扫保洁服务，专门配备工具车1部，聘请道路保洁人员4名，实施代履行职能，确保道路整洁亮丽。是年，累计纠正工程车“滴撒漏”行为24起，罚款22600元，清扫保洁道路1200多千米。

【城市管理执法队伍体制改革】 2017年，为进一步理顺城市管理行政执法体制，顺应社会化大网格管理和城市管理事权下放要求，实现城市管理重心下移，解决城市管理工作中的突出矛盾和问题，强化城市管理行政执法工作效能，提高城市管理水平，区委、区政府制定出台《城厢区城市管理行政执法队伍体制改革实施方案》，各街道执法中队于2017年11月23日正式挂牌成立。方案确定区城管执法局保留必要的股室，工资等按照现行制度执行。成立街道城市管理执法中队，组织人事及工资、福利由区城管执法局负责，日常工作由各街道党工委、办事处负责管理和调配。方案明确区城管执法局、街道办事处及街道城市管理执法中队职责。并建立考核机制、任免机制、退回机制、督查机制，通过实行全面严格的考核机制，提升城市管理整体水平。

（陈国锋）

环境保护

【工作概况】 2017年，莆田市城厢区环境保护局（以下简称区环保局）贯彻落实党的十八大精神，以“三个代表”重要思想为指导，实践落实科学发展观，生态文明建设这个中心，紧扣十项重点环保工作，开拓创新，真抓实干，通过全体环保工作人员的共同努力，各项工作取得明显进步，全区环境质量呈现良好态势。是年，共征收排污费293万元，审批建设项目环境影响评价64家，环保“三同时”验收22家，办理排污许可证70家（其中2家国家排污许可证）；建立环保工作联席会议制度，创新机制体制，开展生态损害赔偿试点，对11家重点企业进行环境信用评价。

【环保专项行动】 2017年，区环保局开展专项执法检查，保障环境安全，持续开展清水蓝天、全国环保执法大练兵、“双随机抽查”等环保专项执法行动，利用环保监管网格化管理，排查掌握小散杂的工矿企业、无证无照小作坊、地下黑窝点非法排污或处置危险废物的环境违法，累计出动953人次，检查企业275家次，依法立案行政处罚55起；对162家企业下达责令改正违法书175份；实施限制生产、停产整治5家，移送公安行政拘留2家，对126家实施查封。提高环保监管联合执法行动效率，4月配合中央环保督查组进驻福建督查期间，全区共接收26件环保信访转办件（含共办件3件），全部办结，办结率100%；共责令整改25家，立案处罚13家，累计罚款金额34.704万元，行政拘留3人，问责4人。调处环境投诉，落实领导接访日、领导干部带案下访和信访后督查制度，全年共处理各类环境投诉件1715件，办结数1667件，办结率97%；答复市、区人大、政协议案6起，处结率和满意率达100%。建立健全网格化环保监管体系，下设3个层次网格，形成一级抓一级、层层抓落实的工作格局；配备网格巡查人员290名，实行监管“五定”机制，确保环保网格监管边界清晰、责任主体明确；推动案件的受理、流转以及人员培训等工作，全年对综治网格运行进行环保业务培训3次，完成有效处理单170件。

【减排工作】 2017年，区环保局继续推进清洁生产工作。明确重点行业清洁生产审核和清洁生产技术改造企业清单，完成莆田市皇冠制罐有限公司清洁生产审核，督促莆田市天怡有限公司在2018年1月底前完成强制性清洁生产备案。开展排污权核定、储备、出让工作，符合初始排污权核定条件的企业有17家，完成核定的企业16家，1家在核定，共有化学需氧量1027.303吨，氨氮83.7125吨，二氧化硫0.0696吨，氮氧化物0.6866吨。

【水污染防治】 2017年，东圳水库集中式饮用水水源水质达到Ⅲ类水质标准，符合功能区所执行的标准，水质达标率达100%；木兰溪流域濑溪断面水质良好，达到Ⅲ类水质标准，延寿溪九龙山庄和龙桥断面小流域水质功能达标为100%，水质类别为Ⅱ类；东青溪东青溪口、渡里溪渡里溪口、长岭溪长岭溪口断现水质类别分别为Ⅱ类、Ⅱ类、Ⅲ类，与上年持平。2017年被列入省委、省政府为民办实事项目的“小流域综合整治”工程计划投资额9890万元，完成投资10587万元，完成率107.05%。开展“反弹复建”畜禽养殖场（户）专项整治行动，拆除“反弹复建”畜禽养殖场（户）367家，面积约16万平方米；建立健全长效管理机制，继续加大巡查整治力度，深入推进畜禽养殖污染整治工作，切实保护水环境。按照市、区补偿方案的通知要求，落实生态补偿资金的使用管理，及时下拨给相关乡镇、单位开展饮用水源保护的工程建设。

【大气污染防治】 2017年，城厢区制定出台《莆田市城厢区大气污染防治专项整治行动方案》，启动以化工、鞋业、包装印刷等为重点行业的挥发性有机物综合治理工作，发动印刷、包装、鞋业等行业协会带动全行业履行环保责任，落实VOCs综合治理措施，列入整治任务的涉VOCs排放企业89家，已完成安装废气净化设施62家，签约8家，完成率69.7%。完成大气污染防治重点任务，淘汰黄标车851辆，完成注销率101.8%。完成燃煤锅炉节能环保综合提升改造66台，占任务比的93%；16家加油站油气回收工作全面完成。强化区域联防联控，出台《城厢区重污染天气应急预案》，建立健全城厢区重污染天气预测、预报、预警和应急响应机制和重污染天气监测预警会商制度，加强重污染天气过程的趋势分析和健全预警信息发布。制定《城厢区环保局关于印发轻微污染天气应对工作方案的通知》，确定四级响应机制及各级需响应的企业名单，落实污染天气应急管控措施，完成厦门会晤环境空气质量保障任务。

【土壤污染防治】 2017年，区环保局完成市级下达关于滤镜农用地详查重点行业企业信息核查工作；制定出台《莆田市城厢区人民政府办公室关于印发莆田市城厢区土壤污染防治2017年工作计划的通知》，完成土壤点位布设及核实工作及土壤污染治理与修复项目库建设。开展土壤环境重点监管企业名单筛选和重点行业企业及大宗固体废物堆存场所排查工作，完成固废堆放场所问题企业整改。利用全国污染地块土壤环境管理信息系统填报完成第一批疑似污染地块相关信息，编制完成《莆田市城厢区土壤污染治理与修复规划》和《城厢区水果优势产区土壤保护方案》，以及和企业签订土壤污染防治目标责任书。

【突出问题整改】 2017年，区环保局印发《关于认真做好中央环境保护督察和上半年市环保督查反馈问题整改工作的通知》，持续推进中央、省环保督察反馈问题整改。立行立改见成效，中央环保督察反馈问题12个，整改到位6个，如：清理阻碍环境监管执法的“土政策”、局部海域存在高密度养殖、非法养殖问题和非正规垃圾堆场等问题。省督察发现问题23个，整改到位8个，如：海水高密度养殖问题、华林园区部分企业未接入污水管网和小流域投资任务完成率等问题。区域性环境问题有效整治，实施石材行业、黏土砖瓦等污染整治，按照“统一宣传发动、统一断电停产、统一签订协议、统一关闭拆除”的工作步骤，推进全区“五小行业”专项整治工作，拆除关闭石材加工厂143家、黏土机砖厂13家，拆除面积约12.5万平方米，成为全市第一家完成整治的县（区）。同时，建立“五小行业”整治长效管理机制。

【风险防控】 2017年，区环保局抓好企业环境风险排查。制定《城厢区环保局2017年环境安全隐患排查整治工作实施方案》，成立排查工作小组，下达排查任务，推进环境安全隐患排查工作有条不紊地开展。是7年，共出动122人次对小化工企业、涉及危险化学品、易燃易爆物品、剧毒物品及涉重金属等存在较大环境风险的企业进行专项检查，检查企事业单位62家、水源地3个，发现环境安全隐患数21处，停产整治2家，关闭取缔1家。对5家存在环境安全隐患问题企业予以通报，并督促整改到位。组织综合应急演练，6月22日上午，在市自来水有限公司第二自来水厂（较大环境风险等级）开展氯气泄露专项处置应急演练；6月23日上午，组织成员单位在城厢商贸加油站开展安全生产应急救援演练；6月29日上午，组织相关单位在城厢区华亭镇新步鞋厂开展处置重大火灾事故应急救援综合演练；12月29日上午，在常太加油站开展成品油泄露突发环境事件专项应急演练。开展第二次全区环境应急物资储备情况调查。对区直相关单位及全区使用化学品控制物资的企业再次调查摸底，了解全区企事业单位环境应急物资储备现状，有效整合利用应急资源，对环境应急物资储备信息库进行再次更新。是年，共备案企事业单位6家，累计受理备案43家（其中省级备案1家，市级备案7家，区级备案35家）。下达《第三批环境应急预案编制工作的通知》，要求部分预案每三年进行回顾性评估、修订。辖区内未发生较大以上及因企业违法排污引发的突发环境事件。强化工业固体废物及危险废物污染防控，加强危险废物管理力度，对7家产废单位进行规范管理，督促危废物产生企业建立管理台账，委托有资质单位转移，危险废物无害化集中处理处置率达到100%。

【环保宣传】 2017年，区环保局加大环境宣传力度，开设《环保在行动》《今日城厢》等专题节目，利用“6·5”世界环境日，开展环保知识猜谜活动、分发环保宣传资料、宣传展板等一系列环保宣传活动，传播“绿水青山就是金山银山”生态文明理念，推动形成政府、企业、公众共同参与的绿色共建共治共享格局。实行企业环境信息公布制度，定期在主流媒体和政府门户网站上公布企业环境违法信息，促进企业自觉遵守各项环保规章制度。

（唐澍芬）

交通 通信

交通运输

【工作概况】 2017年，城厢区交通工程项目投资目标13亿元，固定资产投资完成135959万元，占投资目标的104.58%。

【国省干线项目】 联十一线城厢段 里程3.78千米，按一级公路标准建设。设计速度80千米/小时，路基宽度32米，双向六车道。2017年，完成投资10000万元。

木兰大道一期工程 起点为324国道，终点为城港大道，道路全长为10.9千米，红线宽度60米，为区域性交通主干道，采用城市主干道标准，计算行车速度60千米/小时，路幅形式为双向6车道+辅道。总投资约14.8亿元，其中建安造价9.7亿元。2017年，完成投资35000万元。

木兰大道三期建设工程城厢段 全长约7.6千米，路宽50－60米，采用双向6车道建设，起于坪坂村，终于油潭村，与在建的木兰大道一期工程衔接，与国道G324相交。2017年动工建设。

滨海大道拓宽项目城厢段 长14.5千米（与“联十一线”共线段长约10千米）。道路红线60米，双向8车道加辅道，设计行车速度60千米/小时。2017年，苏山取土点农转用手续上报省国土厅审批，完成投资4120万元。

【农村公路重点项目】 县道X281天马山至龟山旅游公路工程（天龟线） 全长19.696千米，预算总投资3.89亿元。2017年10月完工通车。

县道X282灵川至华亭公路工程（灵华线） 总长11.649千米，按二级公路（兼城市道路功能）标准建设，设计60千米/小时，路基宽24.5米，预算总投资8.26亿元。于2017年10月底动工建设，完成投资20000万元。

笏枫公路改扩建工程（X208东龙线城厢段） 路线长15.868千米，全线采用二级公路标准（兼市政主干道功能），设计时速为60千米/小时，路基宽度35米。2017年，全线工程完成投资约占77%。

X281龟山路至濑榜路 起点位于K0+000龟山，终点为华亭镇人民政府西侧。路线全长14.88千米，采用三级公路标准设计，路基宽度为9.5米，行车速度为30千米/小时，双向两车道。2017年，该项目与江西建工集团采用PPP模式，进入项目前期工作。

乡道Y014龟山至城游线 路线全长12.841千米，项目起点位于城厢区华亭镇、桩号K0+000，终于城厢区常太镇、桩号K12+840.859。采用三级公路标准设计，路基为7.5米，设计时速为30千米/小时，双向两车道。2017年，完成“工可”（修编稿），计划采用PPP模式。

【农村公路养护、安保及大中修（含危桥改造）】 2017年，城厢区完成农村公路安保工程10千米；农村公路大中修（水毁）工程完成10千米；危桥改造2座：华亭镇郊溪村东风桥两侧桥台在扩大基础施工，东海镇东沙村东滨桥完成全线清表、河道清理，桥涵桩基和垫层施工完成。受9号、10号台风影响农村公路水毁25处，恢复完成。

【城乡一体化交通项目建设】 2017年，洋西公交首末站建成投入使用。樟林公交枢纽完成建设用地批准书，附属工程完成施工、监理单位招投标工作，在办理施工许可事项。东海公交站在施工建设，总投资500万元。

【公路货客运企业情况】 2017年，新增货车154辆，全区现有客运企业1家，客车41部，座位1568个；水运企业3家；出租车企业3家，出租车579部；货运企业12家，货车1431部，总吨位12327.819吨；机动车维修企业29家；驾驶员培训机构9家，教练车768部。

【规范运输市场秩序】 2017年，城厢区交通运输局（以下简称区交通局）陆续部署开展春运、“春雷1号”“道路客运安全年暨客运市场整治”等客运市场行政执法专项行动，加强重点时段客运市场秩序监管，每个专项活动均有方案、领导小组、统计表、报表等，做到有部署、有总结、有成效。开展打击长途客运“站外组客”专项执法行动，落实道路运输安全生产若干措施，强化长途客运监管力度，重点查处客运班车乱停乱靠、站外揽客、争抢客源等行为，遏制站外组客，消除安全隐患严查道路客运经营者未使用符合标准的监控平台、监控平台未接入道路运输车辆动态信息公共服务平台以及未按规定安装、使用符合国家标准的卫星定位车载终端等违规行为。是年，共查处交通违法行为154起，处罚51.585万元，其中客运车辆违法行为21起，处罚2.4万元；出租汽车违规经营行为16起，处罚0.765万元；非法营运42起，处罚37.7万元；货运车车辆违法行为32起，处罚5.51万元；超限10起，处罚1.15万元；摆摊设点案件4起，罚款200元。污染公路13起，罚款1.3万元。驾培违法行为14起，罚款2.44万元。租赁1件，罚款0.2万元。物流1件，罚款0.1万元。

【安全生产隐患排查治理活动】 2017年，区交通局按照“全覆盖、零容忍”要求，全面排查，全面整治，不漏掉一部车、一个人、一个安全隐患，出动检查人员120多人次，排查道路运输企业58家次，发出整改通知26份，排查一般隐患125条，整改到位125条。对严重违反交通行为的驾驶员进行严格处罚，共解聘驾驶员2人，列入不适岗名单1个，停岗学习2个。

【交通安全生产大检查活动】 2017年，区交通局做好春运工作，“平安交通”建设行动，加强出租汽车行业稳控工作，贯彻落实福建省道路运输车辆动态监控平台考核办法，制定下发安全生产宣传教育工作要点，开展道路交通综合整治“三年行动”“道路运输平安年”“安全生产月”“安全生产大排查大整治”“安全生产大检查”等专项行动，消除各种安全隐患，截至年底，全区继续保持内河交通运输安全无事故，交通工程建设安全无事故，出租车、客运发生道路交通事故3起，死亡2人。

【建设领域安全生产监管】 2017年，区交通局加大监管力度，准保工程质量，以“平安工地”建设活动为抓手，促进施工安全标准化建设。要求施工单位切实做好施工人员的安全知识教育，履行好工作职责，落实安全生产的各项检查制度及施工安全交底制度。同时，组织工程股人员对施工单位进行经常性检查，对发现的不安全因素及违规操作的人员要求施工单位立即整改到位。推行标准化和规范化施工，同时继续加强安全生产监管，严格质量安全执法。截至年底，出动检查135人次，发出整改通知书56份，发现问题一般隐患108处，全部整改到位。

【寄递物流管理】 2017年，区交通局利用寄递物流安全管理工作联席会议平台，组织召开2次寄递物流安全管理工作联席会议，1次道路货运物流安全联合管控八项措施宣贯会议。是年，共开展全区全覆盖联合检查6次，检查寄递物流企业（网点）175家次，其中寄递企业（网点）108家次，物流企业（网点）67家次，发现问题78个，其中灵川镇的优速快递和梅山街的韵达快递、中通、百世汇通等3家被公安部门责令关停，安福周边1家快捷快递收件未实名登记被立案查处。

【落实各项创建文明城市工作】 2017年，区交通局组织辖区出租汽车企业3家共600多辆出租车落实车辆“三天一回场”保洁制度情况，对车容车貌不符合要求的车辆要求停运整改，车载LED显示屏滚动播放创城公益广告。协调市公交公司在辖区内的公共交通工具中，运用张贴海报、车载LED等多种形式广泛宣传社会主义核心价值观、“讲文明树新风”、创建文明城市公益广告，其中涉及公交线路12条，公交车70辆，公交停靠站116座，公交车载LED显示屏70块。在莆田西高速出口处、公交南站、客运西站，张贴10余处创城公益广告。组织全体干部职工70余人，在荔景小区、霞林社区入户宣传，发放创城问卷调查和市民文明手册；在凤凰别墅山庄红绿灯，安排34人次交通文明劝导；挂钩月塘社区，出动24人次检查小区楼道卫生状况，组织干部职工50余人进行为期4天的清洁大扫除；领导带队8次，对4个镇的公交车、站台、指示牌进行创城督查，整改问题20余个。

【行风作风建设】 2017年，区交通局坚持民主集中制，扎实推进廉政风险防范管理工作，严肃工作纪律和制度，做好8件信访、114件投诉件等涉及民生、体现民意的相关工作，推进9件市、区人大议案、政协提案。开展工程建设领域、干部品行评价、干部网上培训等工作，严格执行区委、区政府公车改革的规定，完善“三重一大”事项工作流程，按照中央“八项规定”和“四风”的要求，改进工作作风。

（路　刚）

移　动

【工作概况】 2017年，莆田移动公司城厢区分公司（以下简称城厢移动）践行企业社会责任，为城厢区信息化建设尽职尽责。在政务、医疗、综治等领域均打造具有城厢特色的标杆案例，为全区信息化应用在全市树立领先地位。2017年，获得省、市公司先进集体称号，其中下属政企部获得市公司先进集体称号。

【远程医疗项目合作】 2017年，城厢区打造全市首个远程医疗平台系统，由城厢移动承建。该平台的打造很大程度上解决农村医疗条件落后的系列问题，得到各级领导认可和兄弟地市的借鉴。

【食药监监控联网项目合作】 2017年，为进一步规范食品、药品安全监督管理，城厢移动与区食药监局签订战略合作协议，针对辖区内的超市、药店、食堂等区域进行统一监控联网，打造全市首个食品、药品统一监督平台，为全市食药监管理树立标杆，进一步提升辖区内的食品、药品安全管理。

【综治、违章监控项目合作】 2017年，城厢区在全区范围内首次试点制高点监控及劝导站监控项目。城厢移动利用自身线路优势，为制高点监控项目及劝导站监控项目提供线路传输保障，解决高楼线路传输及偏远区域线路传输难的问题。

（林庆凤）

教 育

【工作概况】 2017年，城厢区有省一级达标高中1所、省二级达标校2所、省三级达标校1所、省重点职业学校1所、九年一贯制学校8所、初中校5所、小学62所、小学教学点12所、独立幼儿园60所（公办27所，民办33所），在校学生80457人，教职工5090人。是年，城厢区教育局（以下简称区教育局）以创建“教育强区”为契机，推进教育集团化和教育信息化，创新发展思路，改善办学条件，优化师资队伍，实施品牌教育战略，提高教学质量，狠抓学校管理，推动城乡教育均衡发展向更高水平迈进，进一步落实师资校际交流机制，教师队伍建设不断优化，完成2017年年初计划确定的各项工作，中高考再获丰收。区教育局“关爱明天，普法先行”工作受到司法部等3家单位联合表彰。全区高考成绩平均分等居各县区第一，受到市局表彰。5月，区教育局安全工作受到市教育局、区政府表彰。7月，区教育局征兵工作受到区人民政府征兵办表彰。9月，教学质量工作在教育强市会议上作交流。12月，区教育局办理提案工作满意率100%，受到区政协表彰。教育集团工作成效在福建电视台录播，区委书记王文才作亮点介绍。

【集团办学成果】 *集团管理* 2017年，区教育局持续落实“单月例会、双月交流会”和“三长”年度述职制度，班子成员挂钩教育集团工作。莆田五中教育集团细化对成员学校具体工作的检查、督导、跟踪落实。南门学校教育集团推行集体备课、教研、赛课制度和培训共享制度，实施统一命题、质量检测、跨校监考，集中评卷、分析、总结。逸夫实验小学教育集团采取随机抽查、专项督导和综合联评等方式，点面结合，严督勤导，促进集团年度目标任务的落实。

教研教改 2017年，莆田五中教育集团总校长参与成员校听课、评课，成员校互派教师参加教研组集体备课，加强交流。南门学校教育集团组织教师300人次到沟头小学、筱塘小学观摩骨干教师示范教学活动。逸夫实验小学教育集团实施教师岗位大练兵，邀请省技能大赛特等奖获得者为骨干教师和技能大赛选手作专题讲座和赛前指导。太平小学师生发明与设计的作品已连续6年闯入“福建省青少年科技创新大赛”决赛，共获得2个全国专利10个省级奖项。

特色活动 2017年，莆田五中开展党建品牌引领示范，推动成员管理提升。南门学校教育集团开展以“心存感恩 成就人生”为主线的德育特色教育。逸夫实验小学教育集团把足球引进

课堂，聘请教练对足球队进行系统培训；开展国学经典活动引领校园特色文化。

【财务管理】 2017年，城厢区安排城市教育费附加1974万元，农税转移支付补助资金410万元。按省定标准（小学每生每人750元，初中每生每人950元）下拨公用费3935.49万元；对不足100人的公办小学按100人核定公用经费，补1114人计拨补83.55万元；对100－200人的公办小学按200人核定公用经费，补1285人计补拨96.38万元，对不足300人的公办初中按300人核定公用经费，补568人计补拨53.86万元，寄宿生每生每年补助400元公用经费，共3426人补助137.04万元；义务教育普通学校随班就读残疾学生每生每年补助公用经费7600元，共109人，小学93人，每人补7600－750=6850元；初中16人，每人补7600－950=6650元，共计74.35万元；寄宿生营养改善补助162.78万元；同时对农村计生户每生每年增加生活补助费200元；幼儿助学金补助39.67万元；高中助学金补助79.78万元；高校贫困生助学金补助29.5万元；高中生建档立卡计补助11.76万元；增加普通高中学校预算内生均公用经费每生每年600元，计6700人补助402万元；职业学校生均公用经费按专业标准，共补助537.49万元。

【师资建设】 2017年，全区有小学教职工2112人，初中教职工1027人，高中教职工577人，职高教职工185人，幼儿教职工508人，在职特教教师7人。通过公开招聘，招录新任教师135名，大部分安排到农村任教。实施绩效奖励机制，校级干部奖励72.2万元，增发教师一个月绩效工资。出台《乡村教师支持计划实施办法》，逐步提高农村教师待遇。着手按照名优教师奖励办法，给予280多位名优教师兑现奖励金。组织61位名师参加省级培训，设立莆田五中陈玉水等8个区级“名师工作室”，徐国裕被确认为首批省级名师工作室领衔名师。组织12名教师参加“国培计划”，40名班主任到西南大学培训，23人次校长（园长）参加省级培训，4500多名教师参加网络全员培训。组织中学及高三骨干教师外出宁化、湖北、长沙、厦门等地考察学习先进教学方法，了解中考高考动态。继续实施城乡教师10%流动计划，272名教师参与校际交流。出台《城厢区推进学前教育片区管理实施方案》，落实公办扶持民办制度，12所省、市示范幼儿园挂钩83所公办园和33所民办园。是年，中学确认二级教师职称24人，评审通过二级教师1人、一级教师职称8人，向市教育局职改推荐参评高级教师职称8人通过。小学确认二、三级教师职称127人（其中小学共53人，小学二级36人、三级17人；幼儿共74人，幼儿二级31人、三级43人）；评审通过二、三级教师职7人（其中小学1人、幼儿6人）；一级教师职称84人（其中：小学78人、幼儿6人）；向省教育职改部门推荐参评高级教师职称14人获得通过（其中：小学12人、幼儿2人），正高级教师评审通过2人。

【项目建设】 2017年，城厢区建设项目包括校安工程项目2个、扩容工程3个、农村教师周转房建设2个、公办幼儿园建设项目1个，职业院校项目建设1个。

中小学校安工程 城厢区逸夫实验小学教学楼（建筑面积4998.86平方米）、东沙中学综合楼（建筑面积2500平方米）竣工投入使用。

中小学扩容工程 城厢区太平小学（二期）教学综合楼（建筑面积3999.8平方米）竣工使用，三期综合楼（建筑面积4180平方米）在主体施工；文献中学学生宿舍楼（建筑面积3225平方米）封顶内装修。

农村教师周转房建设 西厝中学教师宿舍楼（建筑面积2000平方米）、西墩小学教师宿舍楼（建筑面积1590平方米）竣工投入使用。

公办幼儿园建设 华亭第二中心幼儿园综合楼（建筑面积4000平方米）竣工投入使用。

职业院校项目建设 科技学校学生宿舍楼（建筑面积7960平方米）在主体建设。

【资助学生】 2017年，区慈善总会拨出54万元善款，资助40位成绩优异、家庭贫困的应届高中毕业生，被本二以上普通高校录取的学生，一次性付清6000元/人，合计24万元。资助在校150位品学兼优的家庭贫困高中生，每人2000元，合计30万元。春季发放幼儿政府助学金19.6405万元，资助在学幼儿332人；秋季发放幼儿政府助学金20.024万元，资助在学幼儿316人。春季发放普通高中国家助学金43.315万元，资助在学高中生453人；秋季发放普通高中国家助学金36.525万元，资助在学高中生367人。春季发放中职国家助学金10.6万元，受益人数106人；秋季发放中职国家助学金8.4万元，受益人数84人。为52位建档立卡学生办理补助，每人5000元，共计26万元。256位在校大学生办理助学贷款，发放资金182.524万元。

【教育信息化建设】 2017年，区教育局推进“三通两平台”（即带网络校校通、优质资源班班通、网络学习空间人人通）建设，投入500万元，建成东海中心小学、灵川中心小学等录播室5间，建成太平小学等3所学校云学堂7间和东沙中学等9所学校云桌面13间，购置260台实验室专用计算机和500万本图书。全区31所学校图书馆实现自动化集群管理；应用“教育装备自动化管理平台”，91所学校开通实验仪器入库及实验流转等操作功能。区第一实验小学、华林学校等8个优质校带动20个薄弱校的“一校带多校”在线课堂全面启动，一批教学点和基层校与优质学校实现同上一堂课。开展教师网络空间创建活动，教师参加省中小学教师网络空间创建获一等奖2人，二等奖3人，三等奖4人，获奖人数居全市前列。

【党建工作】 2017年，区教育局党委先后6次召开系统反腐倡廉工作会议，召开系统党委成立大会并选举第一届党委委员。把隶属乡镇党委管理的13个学校党支部划转教育系统党委管理，新成立中特小学等4个学校党支部，按区域筹划成立龙桥街道等5个民办学校联合党支部，实现党建工作全覆盖率先创建“党员名师工作室”，开展“金点子”征集、党员亮身份、“校长接待日”等活动。《湄洲日报》及“莆阳先锋”等媒体作了报道。莆田五中被市委组织部确认为基层党建工作示范点，率先成立党代表工作室。全年共受理信访件16件，属初信初访件11件次，重复件5件次，已办结16件次初信初访件中，信访谈话提醒2人，转立案11人，处分6人，效能告诫2人。落实集体研究制度，实现民主决策，2017年秋季通过电脑摇号、统筹安排接收进城务工人员子女1300多人。建立阳光收费制，启用的食堂管理信息平台对每周菜谱及每日原辅材料采购价格实行公示，规范食堂财务管理。

【德育工作】 2017年，区教育局在全区中小学组织开展廉政文化进校园暨“守家规·扬家风”系列活动。莆田五中《立德树人，构建校园阳光心灵工程》入选2017年福建省中小学德育建设百优示范项目，莆田十二中《高中生命教育校本课程开发与应用的调查研究》入选2017年福建省中小学德育研究A类课题。全区有30所学校被评为省、市、区级文明学校。开展一系列有关生命教育内容进课堂及相关专题综合实践活动，使知识教学与思想教育有机结合。设计开展“我的中国梦”主题教育实践活动，如常太学校乡村学校少年宫以关爱留守孩子为特色，开辟第三、第四课堂；华林学校乡村学校少年宫以地方戏曲资源为契机，开展一系列的地方文化传承、文化下乡等活动；华亭第一中心小学乡村学校少年宫以手工制作、小记者站凸显特色；中特小学依托社区自助建设社区少年宫，挖掘学生潜能，有效衔接与区青少年学生校外活动中心的校内外教育，分年龄段、分层次、小班化教学，共开设9个类别29个项目。推进中小学研学旅行，开展“传递爱心　扶志助学”城厢区第二届公益夏令营活动、“弘扬妈祖大爱精神　争当创城文明使者”湄洲祖庙会馆参观学习、“入夏迎来小满　园中孩童欢欣”走进华亭花卉世界、“精心演绎课堂　享受快乐体验”送教乡村少年宫。

【体育工作】 2017年，城厢区实施学校阳光体育工作计划，全面提高青少年学生健康标准，全区学生《国家学生体质标准》学生参与率100%，达标标率95%以上，创建16所25项市级体育项目基地校，6所省级体育项目特色校，11所省级足球特色学校，5所国家级足球特色学校，1所省级足球特色示范校。举办城厢区第十七届中小学生田径运动会，组建各城次项目的运动队，科学训练、全面备战。城厢区获莆田市第四届综合运动会金牌数全市榜首。

【校园文化创建】 2017年，区政府在财政预算中划拨200万元用于美育工作的设备购买、教师培训、外聘教师的经费等。突出一校一品，莆田十二中的陶艺、沟头小学的妈祖校本教材、筱塘小学的乡音乡韵—莆田绑鼓咚等2017年度送省级参赛。王莉容、林剑平两位教师获推荐参加海峡两岸中小学音乐课现场观摩活动优质课展示。利用第二课堂，开设唱腔、十音八乐、折子戏等兴趣小组，每周固定课时，利用莆仙戏老艺人资源，对学校老师进行培训，并定期到兴趣班进行教学辅导，先后开展“莆仙戏文化进课堂”“莆仙戏文化小讲堂”“莆仙戏知识手抄报比赛”“莆仙戏脸谱绘画比赛”等活动。组织各中小学举办校园艺术节，5月19日，在莆田十八中举办城厢区第二届教师“三笔字”比赛，有49位教师参加角逐，南门学校沈扬、东海东沙小学蔡九珠、筱塘小学陈庆连、沟头小学陈少华获小学组一等奖，砺城中学程晓冰、莆田科技学校俞建洪获中学组一等奖。城厢区教师合唱团代表教育工委参加城厢区庆祝七一合唱比赛荣获第一名；莆田十八中柯少峰，南门学校沈杨、郑建军参加全市教师“翰墨清风”书画比赛获一等奖，逸夫实验小学周珊珊等12人分获二、三等奖。市第二届“汉和杯”楷书作品大赛、“朱熹杯”书画比赛、市“海峡杯”少儿唱歌比赛多位学生获奖。11月25日，组织“美丽城厢”美术教师写生活动暨“庆元旦”写生作品展评活动；12月1日，在莆田五中灯光球场举办“童心向党”小学生合唱比赛；12月4日，组织全区41名中小学音乐教师赴杭州培训。

【民办教育】 2017年，全区有民办幼儿园32所，在园幼儿7962人；民办小学1所，在校生1140人；民办初级中学1所，在校学生3148人。民办学校学生数共计12250人。教职工1027人，其中专职教师680人。区教育局印发《城厢区推进学前教育片区管理的实施方案》（莆城教〔2017〕248号），进一步贯彻落实《3～6岁儿童学习与发展指南》，继续探索建立覆盖城乡的学前教育“片区管理、联动帮扶”管理机制，全区分12个小片区，每个片区以省、市示范园为龙头，带动扶持和规范全区各级各类幼儿园发展，努力实现“帮在关键处、扶在点子上”目标，推动学前教育有序、健康发展。同时，对3所市级示范性民办幼儿园及2所区级示范性民办幼儿园实行三年跟踪复评，复评结果在网上公示。是年，又有3所民办幼儿园被省教育厅确定为保教改革建设幼儿园。进一步规范民办学校办学行为，全年批准设立2所民办幼儿园；评出年检合格学校31所，基本合格3所，不合格1所。

【校园安全建设】 2017年，开发建立学校安全隐患排查整治监管平台，实现对全区学校安全工作进行实时监管；协调做好交通护学岗工作，全区学校增配保安145人，每人每月增资600元，保安全年工资支出从273万元提高到790万元。全区116所学校分别被评为AAAAA、AAAA、AAA级平安校园。区教育局被区政府评为2016年度安全生产目标责任制度评先进单位；被市教育局评为2017年度学校综治安全目标管理优秀单位。

【校园卫生管理】 2017年，区教育局建立“城厢区学校食堂卫生群”，利用微信公众号平台，将上级有关文件精神及时传达到位，并将各校好的做法在群里进行交流。各校利用校园广播、黑板报、宣传专栏、家校通短信平台、印发“致家长一封信”、发放宣传资料和调查问卷等形式，普及食品卫生安全知识。围绕食品卫生安全工作开展“四个一”主题教育活动，即：“召开一次以食品卫生安全为主题的班会、上一堂以食品卫生安全为主题的教育课、办一期以食品卫生安全为主题的宣传板报、举行一场以食品卫生安全为主题的知识竞赛”，提高广大师生的参与率与知晓率。

【学前教育】 2017年，全区共有幼儿园110所，其中公办77所、民办33所，在园幼儿20591人，学前一年入园率100%，学前三年入园率达98.5%。全年共投入资金近2000万元，用于新改扩建筱塘幼儿园、逸夫实验幼儿园、南门中特幼儿园、下黄幼儿园等12所独立园及农村小学附属幼儿园。进一步贯彻落实《3～6岁儿童教育与发展指南》，开展学前教育宣传月活动，宣传月活动期间各幼儿园就向幼儿家长发放宣传资料5万多份，开展幼儿亲子和育儿知识讲座咨询100多场次。开展形式多样的教研活动，如举办市、区级《指南》现场推进会，庆“六一”家庭才艺秀，教学能手评选等；搭建平台，推动城乡学前教育均衡发展，通过互派互学送教下乡、捐赠设备改善条件、健全管理挖掘特色等灵活多样的形式，发挥省、市级示范性幼儿园的示范辐射作用，开展城厢区学前教育小片区管理工作，推进“城乡联动手拉手，互帮互学共成长”结对帮扶活动。选派多名农村幼儿园园长、骨干教师及名园长参加省、市级业务培训。继续开展市、区级示范园创建工作，共有灵川下尾幼儿园、华亭第一中心幼儿园等2所幼儿园通过市级示范性幼儿园评估及复评，城厢区东海上图小学附设园等四所幼儿园通过区级示范性幼儿园评估。截至年底，共有省级示范园1所、市级示范园13所、区级示范园45所。

【小学教育】 2017年，全区共有小学64所，九年一贯制学校小学部8所，教学点15所，民办小学1所，在校小学生36298人，小学班级数919个，班生额38人。招收进城务工随迁子女9626人，适龄儿童入学率达100%。加强小学教育教学常规管理，会同区教育督导室、区教师进修学校深入基层学校进行期初、期末常规工作检查。继续推动各校开展课题教研活动，7所小学被遴选为省级教育教改示范性建设学校。举行教师技能大赛、说课大赛、课件制作、优秀论文、优质课评选以及小学教学公开周、开放日等系列活动。推进省级“义务教育管理标准化学校”创建，7所学校确认为省级首批“义务教育管理标准化学校”。组建以在职教师为主的辅导员队伍，结合本土文化等进行集体教研。常太学校举行“做一个有道德的人”“我们的节日”“红歌唱响校园”“学雷锋”等系列主题教育活动。城厢区青少年校外活动中心开设表演艺术类、科技类、棋艺类、书画类、体育类、语音类等九大类别的兴趣特长培训班，包括科技、绘画、信息技术、羽毛球、多米诺骨牌、棋牌、舞蹈、声乐、器乐、电子琴等22个项目33个培训班。是年，在世界反法西斯战争胜利70周年的诵读会比赛中“口才与表演”班的学员获得学生组一等奖第一名；“七一”的“童心向党”艺术会演和暑期的军事夏令营得到社会、家长、青少年广泛好评。通过亲情聊天室、“知心姐姐”信箱等载体，关爱留守儿童心理健康。是年，留守儿童共有716人，建档率、适龄留守儿童入学率、巩固率、结对帮扶率均达100%。留守儿童除享受“两免一补”政策外，学校还筹集社会资金用来资助留守儿童。要求学校将关爱留守儿童工作纳入到工作目标体系之中，定期对班级、部门和教师进行考评。

【普通中学教育】 2017年，全区初中学校13所（独立初中5所、九年一贯制8所），在校生15315人。全区高中学校4所，高级中学1所，完全中学3所，其中城区1所，农村2所，在校生6513人。有省一级达标校莆田五中，有省二级达标校莆田三中、莆田十二中，省三级达标校莆田十八中。区教育局创设活动平台，实施岗位练兵活动，选拔、指导教师参加中小学教师优秀论文、教学能手、说课、下水文比赛。举办全区教师教学技能大赛，落实名师网络视频展播以及“一师一优课　一课一名师”活动，全区10节课被评为省级优课；32节课被评为市级优课。推进“三通两平台”建设，启动“一校带多校”在线课堂。加快学校图书馆信息化建设，全区大部分学校图书馆实现自动化集群管理。是年，全区高考综合评价居莆田市7个县区第一名，高考本一上线31.6%，本二上线68.8%，区教育局被市教育局授予2016－2017学年普通高中教育教学优质管理奖，莆田五中、莆田三中、莆田十二中分别获得高中教育教学优质管理奖。全区中考总平均分、优秀率、及格率位居全市所有县区第一。南门学校获得初中教育教学优质管理奖。莆田三中被评为“福建省普通高中二级达标学校”；南门学校、文献中学被评为“福建省首批义务教育教改示范性建设学校”；文献中学、莆田十二中、霞林学校、东沙中学被评为福建省第二批“义务教育管理标准化学校”。莆田五中先后被评为全国青少年普法教育“零犯罪学校”“全国国防教育特色学校”“福建省首批普通高中课程改革基地校”。莆田一中校篮球队获2017年全国“未来之星”阳光体育大会福建分会场高中组男子三对三篮球比赛冠军。

【职业教育】　2017年，莆田科技职业技术学校有教职工191人，在校生1746人，42个班。学校占地6.8万多平方米，建筑面积3.1万多平方米，绿化面积近3万平方米，配备62间多媒体教室，建设现代化的校内实习实训基地。学校添置汽车专业实训设备230万元，投入约300万元完成校园录播室、多功能会议室设施设备、信息化教室、校园监控等项目建设，教室班班通、食堂“明厨亮灶”和变压器扩容工程按期竣工。学校秋季完成招生708人。2017年高职招考，学校24名同学考上本科，专科上线率超过98%。美容美体和汽车专业代表莆田市参加省赛，汽车营销赛项获得省赛三等奖。在第13届全国中等职业学校“文明风采”竞赛活动中，学校工艺美术专业选送的作品《春天的气息》获得才艺展演类——非舞台作品项目三等奖。在莆田市中等职业学校教师教学技能竞赛中，学校5名参赛教师全部获奖，郑海懋和周贤两位教师还代表莆田市参加省赛并分别获得各自赛项三等奖。6月举办学生就业暨顶岗实习推介会，共有49家资质企业到校设展招聘，更有19家企业进驻学校汽车实训基地招聘现场。学校还与云度新能源汽车股份有限公司和福建高动人力资源管理有限公司洽谈合作探索施行专业人才订单培养模式。是年，学校被评为福建省教育系统先进集体、莆田市职业教育先进单位。

【成人教育】　2017年，城厢区高度重视终身教育，把成人教育当作推动终身教育进程的先导，制定终身教育发展计划，全区终身教育成员单位联络员共28人，通过召开成员单位联络员工作例会，通报终身教育工作信息。同时，结合全国“全民终身学习周活动”，创新“9·28终身教育活动日”活动形式，完善“9·28终身教育活动日”系列活动机制。运用互联网和移动终端等为载体的现代信息技术构建开放灵活的终身学习公共服务平台，全区有3个学习网站。全年参加区老年大学及镇街老年学校学习的人数达8000多人。截至年底，全区有社区教育兼职人员100名，社区教育志愿者200名。以社区教育学院为主阵地，与7个社区学校、60个社区（或村居）教育学习点形成三级社区教育网络体系。教职员工、企业职工、农民等各类人员的职业技能培训和更新知识培训，全年开展教育培训27560人次。

（宋建伟）

教育督导

【工作概况】　2017年，城厢区人民政府教育督导室（以下简称区督导室）围绕《教育规划纲要》和《教育督导条例》精神，坚持督政与督学并举、监督与指导并重的方针，进一步强化综合督政机制，创新督导评估机制，加大教育督导工作力度，扎实推进各项工作，健全和完善“对镇（街道）督导”长效工作机制。是年，城厢区完善督学责任区挂牌制度；推动城厢教育改革发展。12月，教育部授予区督导室国家义务教育质量监测实施“县级优秀组织单位”；城厢区“两项督导”“教育强区”以优秀等级通过市级评估验收；城厢区人民政府通过“全国中小学责任督学挂牌督导创新县”市级复查。

【创新责任督学挂牌督导工作机制】 2017年，区督导室以责任督学换届工作为契机，创新工作机制。以区政府名义出台《城厢区责任督学挂牌督导实施方案》，设立责任督学挂牌督导专项经费（每年3万元）；根据城厢区的实际情况，设立7个责任督学责任区，每个责任区设立一个办公室，实现全区所有学校全覆盖。根据《督导条例》，出台责任督学的工作职责、工作流程、待遇保障、考核办法等相关文件，特别是为提高责任督学工作积极性和工作有效性，给予每位督学人员每月300元的补助，每周工作量按2课时折算，每月5天学校免考勤，年度考核优秀的给予表彰等待遇保障。截至年底，全区共聘任21位责任督学，7个责任区的组长由督导室人员担任，严格按照《督导条例》要求抓好督导工作的开展。

【教育质量监测】 2017年，区督导室先后两次迎接国家、省教育质量监测工作，切实做好与省市督导室联络协调工作，按照区教育局的统一组织布置，单位全体人员全程参与，抓好落实，较好地完成工作任务，并被教育部教育质量监测中心评为优秀组织单位。

【省市“两项督导”和“教育强区”督导评估】 2017年，区督导室为迎接省市“两项督导”和“教育强区”督导评估，先后组织召开动员大会、对接会、协调会、加温会、整改会等10多场；按照新督导评估标准，学习解读，做好自评报告、数据填报、材料收集；做好协调沟通工作，完成迎评各项工作。

【督导工作常态化】 2017年，区督导室严格按照《督导条例》要求，坚持每月每校一督导，抓好督导工作，促进学校管理规范化制度化，推进教育进一步发展。坚持每月开展一次督导主题，实现学校督导无缺漏，强调规范督导流程操作，切实做好督导记录，及时反馈，督促整改落实，并利用微信群及时编辑发送督导信息，让更多人注重了解督导工作动态。同时，坚持综合督导与专项督导相结合，配合区教育局开展各项检查督导工作。是年，共通报学校11所次，通报教师7人次，受理群众来电13次，并及时核查，督导整改。

【文明、平安单位创建】 2017年，区督导室先后15人次，深入东海镇蔡厝挂钩村，开展“平安三率”进村入户宣传工作，同时落实好驻村（蔡厝村）协助做好抗台风防汛工作；开展“精准扶贫”工作，坚持每月专访3户（东海镇上亭村）挂钩贫困户，并送慰问金、慰问品共计6000多元。落实创建责任制，制定创建方案，落实创建工作职责，对照创建标准和要求，抓好各项创建工作的落实。成立志愿服务队，并且全员参与，坚持每月开展交通劝导志愿活动；按照区创城办的布置要求，做好入户宣传工作240多户次，开展社区楼道整治32人次，社区卫生整治28人次。2017年度，督导室被评为市级文明单位和区级平安单位。

（韩　冰）

教师进修学校

【工作概况】 2017年，城厢区教师进修学校（以下简称区进修学校）按照区教育主管局的统一部署，以“内涵发展，服务至上”工作宗旨为指导，贯彻落实上级下达的工作任务及学校制定的年度工作计划目标，各项工作顺利开展。开展扶贫帮困送温暖活动，走访看望患重病卧床多年的党员老师陈国文，春节期间慰问退休老干部，在教职工生日时送上诚挚的祝福和问候，还组织教职工参与“一日助”慈善捐款共1900元。开展创建全国文明城市进社区入户宣传活动，入户300户，发放调查问卷300份。组织参加区文明交通劝导志愿服务活动60多人次。开展党员“心理健康教育进校园、进社区”活动，组织区校外未成年人心理健康辅导站志愿者走进华亭第一中心小学开展团体心理辅导活动。抓平安创建宣传，持续开展“平安单位”创建工作，重视加强宣传教育，签订《2017年度安全目标管理责任书》，布置安全宣传专栏2期。校级领导和部分处室干部先后4次下挂钩村开展“千名干部进村户，排忧解难保平安”活动，做好平安综治宣传，共走访240余户村民；还为该村捐资1万元，建设安全监控体系；轮派党员干部参加挂钩村利角村抗台防汛值班工作2人次，为平安村居建设做出应有贡献。

【党建工作】 2017年，区进修学校组织学习党的十九大精神、习近平总书记系列重要讲话精神等，开展党风廉政建设约谈会、读书会、学习交流讨论会，强化对党员队伍的日常管理，落实“三会一课”制度，定期召开领导班子民主生活会和党员组织生活会，开展“献礼十九大 做合格党员”等4个主题党日活动，并做好党费收缴工作，收缴17910元，补缴18013元。加强党风廉政建设，签订《党风廉政建设责任书》和廉洁自律承诺书，填写《岗位廉政风险登记表》，建立廉政档案。支持群团举行“转作风、提效率，美丽莆田我先行”暨庆“七一”主题实践活动文艺晚会，开展“迎新年书法比赛”“菜溪岩登高望远”等各项文体活动，丰富职工文化生活。

【教研活动】 2017年，区进修学校日常教研常态管理，教研室多举措创新教研形式组织常态教研活动100多场次。小学语数学科举行教学观摩课研讨、磨课活动达60场次，在筱塘小学举办市小学综合实践研究性学习“竹文化”专题教学研讨、全区美术教师九龙谷采风写生等小学科教研活动达15次；中学教研员分别举行各学科毕业班市质检质量分析会活动和全区性高中复习迎考研讨活动，在西许中学、华林学校等10个学校组织开展“同课异构”教学研讨等主题教研活动达45场次。教研员配合教育局做好教学常规管理“双随机”督查指导；教研室做好相关学科期中、期末教学质量监测命题、监考、评卷等考务工作，组织网上阅卷共8次，高效完成质量分析评价工作。

【帮扶送教】 2017年，区进修学校为发挥城区学校学科带头人、名师的示范引领作用，推进城乡义务教育均衡发展，教研室按照新规定有计划组织举行送培送教下乡。组织城区语文、数学、英语、音乐5个学科教师举行《小学综合实践课程实施效果的评价研究》等课题研讨暨送教送培下乡8场次；组织第一实验幼儿园等城区骨干教师到常太中心幼儿园等农村园开展结对帮扶送教活动3场次；组织骨干教师在十八中、西厝中学等校举行高中物理校际交流研讨、初中语文校际示范教学、市骨干班培养对象等主题送教下乡活动5场次，收到预期成效。福州教育学院附属第一小学在霞林学校举行“携手名校 赢在未来”教学帮扶活动，通过加强与结对帮扶学校的指导与帮扶，增进结对学校教师之间教学互动交流。

【评比竞赛】 2017年，区进修学校在文献中学和莆田五中如期举行教学技能大赛，初高中教师共有151位选手参赛评出98位教学能手；小学组举行全区第四届小学幼儿园教师教学技能大赛10个学科组共有129位选手参加比赛。小学数学教研员举行全区小学数学教师学科单项教学技能（命题与析题）比赛，13位教师获奖。小学美术教研员组织举行区第一届小学书法片段教学，提高教师小学书法、美术课堂教学技能。中学教研员组织举行城厢区“庆国庆”中学生现场作文比赛、组织九年级学生参加全国初中生物理竞赛等6场次。幼教组教研员在逸夫实验幼儿园举行幼教组优质课评选，全区15名参赛教师参赛。教研室组织推选基层教师参加省、市学科优课评选获“省优课”称号2人次、获市奖3人次。

【课题研究】 2017年，区进修学校教研室组织人员不定时下基层对已立项的中学教育教学课题研究进行过程跟踪指导，小学、幼儿教研员分3队分别对区2015年立项的53个课题进行中期检查，推动全区教科研工作的开展。根据《关于组织申报城厢区教育科学2018－2019年度小学（幼儿园）规划课题的通知》要求，“以语用为核心的小学阅读教学有效性研究”等55个课题立项为城厢区教育科学2018－2020年度小学（幼儿园）规划研究课题；组织沟头小学申报《基于单元整体的课内外读写联动教学的研究》省教育科学规划课题获得立项。幼教组邀请福建省普教室教研员等到城厢区作专题讲座促进省市级立项课题研究深入扎实开展。先后在莆田五中等6个课题校举行中学英语省级课题“初高中英语教学衔接研究”、高中语文市级课题教学等相关学科课题观摩研讨活动8场次。在筱塘小学等课题实验校举行市、区级课题教学观摩研讨活动10场次；在第一实验小学等课题校组织举行部编版教材教学观摩和课外阅读经验交流暨“群文阅读”省规划课题暨观摩研讨5场次，其中在霞林学校举行省教育科学“十三五”规划课题《核心素养背景下常见文体“教学核心内容”的构建研究》的教学研究课例观摩研讨活动，城厢区电视台进行专门报道。徐国裕副校长主持的教育部重点课题《教学内容改革的探索与实践》被评为莆田市“基础教育教学成果”的第一名。

【教师培训】 2017年，区进修学校培训处对2016－2017学年全区4331名中小学（幼儿园）教师进行网络远程全员培训。委托省广播电视大学唯一培训机构依托海西教育网举行以“教师核心素养”为主题的继续教育全员培训，通过区、中心校、基层校三级联动的管理模式，有效利用培训负责人工作群，以100%的合格率通过培训考核，全区还选送多个研训优秀展示课作品，成果应用将推广辐射。会同区教育局出台《关于建设城厢区第一届“名师工作室”的通知》，成立首届区级名师工作室，共8个名师工作室、8位领衔名师、57位工作室成员。出台《名师领衔名师职责》和《名师工作室成员职责》，制定《名师工作室专项资金管理办法》，明确工作任务。根据《莆田市关于开展2017年度“一师一优课、一课一名师”活动的通知》，共推荐96节区级优课参加省市优课评选，10节课获得省优课，2节课获得部优课。组织推选11名省级名校长后备人选全部获选，比例占全市第一；推选23人省学科带头人参评16人获通过，通过率和通过数量均占全市第一。抓好2016－2017学年新任教师转正考核，落实《新教师－指导教师结对帮扶协议》，检查评价教师基本功，考核教学片段，对新任教师教学常规量化得分，不合格的当年度不予转正，师德考核不合格的，取证落实后给予一票否决。组织全区2017－2018学年度136名中小学幼儿园新任教师进行岗前培训，邀请黄家骅等6位省、市级教授、名师及区教育局局长等教育管理者、名优教师授课讲座，并加强研训过程管理，运用“委培制”创新培训形式，培训内容引进实践性课程。同时，组织新任教师参加“班主任育人理念与管理实践”为主题的第七届名师论坛，参加市政广场开展“保护河流”志愿者义务劳动，促进培训效果推广运用。组织40位小学教师赴重庆西南大学进行为期一周的小学名优班主任培训，组织36位名优班主任赴重庆进行德育工作学习培训；组织全区语文、品德、科学等学科教师参加“三科”部编版新教材市级培训；组织36名全区高三骨干教师赴湖北、湖南参加教师专业能力提升研训，组织全区53位初中骨干教师赴厦门考察研训中考备考经验。在华林学校组织举行福建省未成年人心理健康知识百场公益巡讲（城厢专场）活动，以“阳光心灵·快乐成长”为主题进行培训研讨。同时，对全区义务教育乡村学校教师进行摸底梳理，对尚未参加素质提升工程的296位初中教师、635位小学教师将合理安排不同级别的分批分类培训。

【内务管理】 2017年，区进修学校严格考勤制度，强化出勤管理，完善“钉钉”打卡制度，落实好请销假、值班等制度，定期督促核对并及时公布，并将结果与年度考核、绩效奖惩挂钩。落实莆城财文件通知要求，严格财经制度，各种报销按照程序实行一把手审批制和经审监督制，并做好办公用品、办公设备购置经费使用情况自查报告。按照“五公开”制度，制定《2017年度校务、财务公开工作实施方案》，按照要求及时公示各种文件材料，增加透明度。对保密工作长抓不懈，按照莆城委保办文件通知落实要求，做好网络清理自查工作，保证涉密工作从未出现过失泄密问题。重视档案管理工作，按档案规定标准，做好档案资料的立卷、存档工作。年初共整理出10年、30年、永久档案案卷以及相片案卷共15册，按有关规定进行电子目录编写，并做好学校大事记、年鉴编写及发送工作。落实计划生育国策，按要求做好计生双向管理工作，制定工作计划，并做好工作总结。办公室做好报刊杂志订阅收发工作，完成上级交给的年度党报党刊和各类报刊订阅任务；严格执行《城厢区教师进修学校奖励性绩效工资分配方案》，做好2017年绩效工资发放工作，做到程序规范，公平公正。

【教研员队伍建设】 2017年，区进修学校组织教研员外出“充电”达50人次。支持教研员参加由福建省教育厅举办的名师工作室及名师优质课网络展播培训活动，参加市教育局举办的“对话新高考”高中各学科专题讲座、市初高中质量检测分析研讨会等培训学习；安排教研员参加市正高级教师、特级教师巡回讲学研讨活动及高初中小学各学科中心组校际教研活动等。支持教研员自选订阅学科专业杂志，在提高政治思想素养的同时，组织教研员自主学习教育教学通识和学科专业知识。教研员以身示教，学以致用，学年度人均开设示范课2节、学科讲座1个，其中福建省徐国裕名师工作室先后在龙岩市永定区等地市举行以“教材研读策略与提升学生核心素养”、《有效课堂从研读教材起步》等4个专题教学研讨及送培送教活动20多场次。教研员撰写论文发表在《福建教育》等教育教学CN期刊达8篇，其中《基于教材的命题策略研究》等3篇在CN核心期刊上发表，另有论文参与市、区级汇编交流15篇。1人被确认为省品德学科带头人培养对象及市级“教坛之星”；3人被确认为市级骨干教师培养对象；9人获市级“初中教育先进个人”称号；1人获市“优秀教师”称号。

（卓秀如）

科 技

【工作概况】 2017年，城厢区科学技术局（以下简称区科技局）围绕产业转型升级和年初确定的目标任务，实施创新驱动发展战略，加快建设创新型城区，强化科技项目带动，加大科技创新主体培育，推进科技创新平台建设，促进科技成果转移转化，创建全国知识产权强县试点，发展新经济，培育新动能，推动大众创业、万众创新。是年，区科技局争取省、市科技计划项目经费496.09万元，其中省级项目9项，获项目资金428.09万元；市级项目5项，获项目资金68万元；杰讯光电、才子服饰、鸿立印刷、仁克体育、亚明食品等5家企业获年中研发经费省补助27.82万元，市补助27.82万元。落实《关于加强改进区级科研项目和资金管理的若干意见》，2017年落实科技计划项目、高新技术企业、科技奖、专利等的区级科研奖励补助资金配套507.64万元。

【知识产权保护】 2017年，区科技局开展知识产权保护工作，开展专利行政检查，2月28日，城厢区知识产权局和市知识产权局执法人员联合对华林工业园区周边的超市、商场进行专利行政执法检查，重点查处食品、日用品等专利违法违规行为，切实维护消费者的合法权益。4月26日，区知识产权局联合莆田市诚信促进会、商务局、工商局、文广新局、知识产权局在安福电商城举行“保护知识产权，依法诚信经营”倡议活动。开展专利权质押贴息贷款融资工作，嘉裕华、亚明食品等5家专利权质押列入备案。5月，亚明食品被福建省列为莆田市唯一一家专利导航，12月，城厢区获得新一批国家知识产权强县工程试点。是年，新增哈老大、萨拉曼等5家莆田市知识产权试点企业，全区拥有省级知识产权试点企业7家，市级12家。落实区级专利奖励45.3万元，其中发明专利7项、实用新型专利（含软件著作权）119项、外观设计75项。全区专利申请757件，专利授权318件，其中发明专利授权22件。每万人发明专利拥有量2.431件，增长17.16%。

【省科技计划项目】 2017年，城厢区科技成果购买补助项目分别是溢通环保科技（莆田）有限公司申报的“柴油车尾气处理液技术委托开发”项目，获省资助资金200万元；中科华宇（福建）科技发展有限公司申报的“系列环保型木材聚氨酯胶粘剂研发和产业化”项目，获省资助资金10万元。创新资金项目分别是杰讯光电（福建）有限公司申报的“CWDM模组小型集成化关键技术开发”项目，获省资助资金30万元；锐马（福建）电气制造有限公司申报的“新型动态称重仪表的研发与应用”项目，获省资助资金30万元。星火项目分别是福建省亚明食品有限公司申报的“淡水鱼养殖基地建立及鱼糜制品精深加工技术集成与产业化生产”项目，获省资助资金40万元；莆田市城厢区云林名优果树开发有限公司申报的“‘早钟6号’枇杷省力化高效栽培技术研究与示范推广”项目，获省资助资金20万元。对外合作项目是溢通环保科技（莆田）有限公司申报的“抗低温车用尿素及SCR系统除垢剂研究开发”项目，获省资助资金80万元。创新型企业创新成果后补助项目是莆田市金日兴生物科技开发有限公司申报的“新型饲料生产技术的研发与应用”项目，获省资助资金10万元。科技企业孵化器（众创空间）新增孵化用房补助项目是莆田市鸿立印刷包装有限公司申报的“国艺文化创客空间新增孵化用房补助”项目，获省补助资金8.09万元。

【市科技计划项目】 2017年，城厢区技术开发与应用项目分别是福建省莆田市衡力传感器有限公司申报的“材料试验机专用传感器及仪表技术研发”项目，获市补助经费16万元；福建东南艺术纸品股份有限公司申报的“水性无污染印花技术的研究”项目，获市补助经费16万元；莆田市协顺鞋业有限公司申报的“新型无绑系鞋带户外防水运动鞋的研制”项目，获市补助经费16万元；莆田市城厢区时茂农业开发有限公司申报的“‘黄金’百香果引进及生态栽培技术研究示范”项目，获市补助经费12万元。小微企业创新与人才项目是莆田市大大科技有限公司申报的“大大安全工器具管理系统”项目，获市资助资金8万元。

【协助企业申报科级项目】 2017年，区科技局鼓励支持企业申报国家级高新技术企业、创新型企业、科技型企业、众创空间等，推动大众创业、万众创新。青竹林信息、杰讯光电、擎天网络、衡力传感器等4家企业获得高新技术企业认定；新增嘉辉光电、力奴鞋业等11家科技型企业；金日兴、中科华宇等7家企业成功入选2017年省科技小巨人领军企业；新增百盛跨境、众望众创2家企业省众创空间。落实《关于加强改进区级科研项目和资金管理的若干意见》，2017年，落实科技计划项目、高新技术企业、科技奖、专利奖励等区级科研奖励补助资金配套507.64万元。其中高新技术企业6家，每家奖励20万元共计120万元；省、市科技计划项目资金补助21家，其中区政府给予50%的省科技成果购买补助项目1家，资金配套共计105万元；区政府给予15%的科技计划项目资金配套20家，共计59.25万元；研发支出比上年增长明显的规上企业28家，每家奖励5万元，共计140万元；5家企业研发投入分段补助经费37.09万元；市科技三等奖1家，奖励1万元；发明专利7项，每项奖励2万元，计14万元；实用新型专利（含软件著作权）119项，每项奖励2000元，计23.8万元；外观设计75项，每项奖励1000元，计7.5万元。

【创新创业人才培养】 2017年，区科技局加强创新创业人才培养，组织推荐衡力传感器总经理陈立成申报第三批省科技创新领军人才、科技创业领军人才；福建省亚明食品有限公司董事长吴其明入选市科技创业领军人才；众望企业的林益英、共赢创业的吴志敏等2人申报科技创新创业导师。深入推行科技特派员制度，亚明食品的黄建忠、刘文聪和时茂农业的林党思入选省级科技特派员。

【院地合作】 2017年，区科技局深化院地合作，促进科技成果对接转化，支持企业技术创新。杰讯光电与福建师范大学光电与信息工程学院、溢通环保与香港科技大学、亚明食品与福建农林大学、云林名优与省农科院果树研究所及莆田市农科所实现有效项目对接。组织实施清华大学研究生社会实践项目，引进10名清华大学研究生与杰讯光电、溢通环保、中科华宇等7家企业对接。

【科技宣传】 2017年，区科技局借助“科技活动周”“文化科技　卫生三下乡”“知识产权宣传周”等大型科普活动，开展科普巡展、科技政策进企业、科技人员座谈会、送科技下基层、知识产权保护等宣传活动，赠送科技图书、科普资料、科技致富小册子等宣传资料1000多份。5月20—27日，举办2017年城厢区科技·人才活动周，以“科技强国　创新圆梦”为主题，重点开展科普巡展、科技政策进企业、科技三下乡、知识产权保护宣传等一系列群众性科技活动，提供技术咨询100多人次，赠送科技图书、科普资料、科技致富小册子等宣传资料300多份。

（林　华　陈奕雪）

防震减灾

【工作概况】 2017年，城厢区地震工作办公室（以下简称区地震办）防震减灾工作坚持以“预防为主，防御与救助相结合”的防震减灾工作方针，推进防震减灾事业不断向前发展。

【科普宣传】 2017年，区地震办按照“积极、慎重、科学、有效”的宣传工作方针，加强防震减灾知识宣传力度。5月10日上午，城厢区沟头小学开展“防震减灾”应急疏散演练。5月，逸夫实验小学组织全校师生开展“防震减灾宣传教育活动日、周”系列活动。5月25日，在区地震办和城厢区教育局联合指导下，莆田五中创建成为“莆田市防震减灾科普示范学校”。

【地震应急避难场所日常管理维护制度】 2017年，区政府为保证全区建成的地震避难场所各项功能的完好性，确保地震时有效启用，在区政府会议纪要中明确各相关单位的职责，特别是项目所在地权属单位负责场所的日常维护与管理，区政府定期组织进行应急检查，并形成《城厢区地震应急检查基本制度》和《城厢区地震应急避难场所管理办法》，确保各个地震应急避难场所功能完好性、启用有效性、制度规范化。截至年底，全区建设完共12处地震避难场所，分布在7个镇（街道），保证每一个镇（街道）均有1个或1个以上的地震避难场所。

【创建国家级地震安全示范社区】 2017年，区地震办按照市地震局的工作部署，通过组织协调，经过霞林社区的努力创建，成功创建国家级地震安全示范社区。

（陈　玲）

文化 旅游

文化体育

【工作概况】 2017年，城厢区文体广电出版局（以下简称区文体局）以党的群众路线教育实践活动为抓手，围绕区委、区政府的工作中心和上级主管部门下达的各项任务，扎实推进城乡一体化和幸福家园试点村文体设施建设，着力打造文体服务平台，为城厢经济和社会发展提供文化支撑。是年，新建激情文化广场6处，农家书屋12个，数字农家书屋12个，仿古戏台1个，多功能运动场所2个，笼式足球场1个，室内体育健身点3个，村级全民健身点20个。实施“2131”农村公益电影放映工程，完成全区各村（社区）电影放映1240场次，做好文明创建和综治平安宣传工作；成功举办全区性全民健身比赛15场次。

【激情文化广场建设】 2017年，城厢区规划10个市级激情文化广场示范点，10个点分别是东海镇海头村、灵川镇径里村、华亭镇兴沙村和后山村、华亭社区、走马亭村、濑厝村，常太镇洋边村和下吕村以及龙桥社区。区财政局每个点拨款2万元，为10个点购置文化器材，截至年底完成器材配送，10个点投入使用，激情文化活已常态进行。

【综合服务中心建设】 根据莆田市人民政府《关于开展2017年为民办实事活动的通知》文件精神，2017年城厢区投入资金60万元共新建村（社区）综合文化服务中心示范点3个（华亭镇圳头村、灵川镇榜头村、常太镇渡里村），完善其宣传文化、青少年活动、党员教育、科学普及、普法教育、体育健身等综合服务功能。

【基层文化阵地建设】 截至2017年，全区建起高标准乡镇宣传文化活动中心7个，农村文化活动室89个。同时，为基层文化站配送各种文化器材，如组合健身器材、电脑、图书、书橱、培训桌椅、棋牌桌椅、体育器材、音响、电视等演出和培训必用电器，按文化部的标准规划指导各文化站的建设，按照“八个一”的要求完成既定的目标，同时促成综合文化站的投入使用并以点带面，循序渐进，进一步将基层文化建设推向各自然村。

【文化服务群众常态化】 2017年，区文化馆自继续对外免费开放，每周开放6天，每天8小时。主要免费开放的服务项目有：少儿书画免费培训、举办各种展览、举行文化协管员培训、活动室电子阅览等开放。少儿书画免费培训方面：每年面向社会公开招收在校少儿学生，利用每周星期日假日时间免费为少儿举办书画培训，学生按年龄段分为小学组和初中组，培训内容为：书法、国画、素描、速写、色彩写生等，全年举办。举办各种展览方面：每年举办3－5场美术、书法、摄影、非遗等专题展览，也免费接收承办书画家的个人书、画展以及其他综合图片展览。组织各种形式的书画展览，走出莆田，走出福建促进文艺交流。举行文化协管员培训方面：每年举办一期文化协管员培训班，内容主要是基层文化工作管理、文化艺术普及和文化艺术、非遗保护等内容。活动室开放方面：免费向社会开放活动室，内容有：乒乓球、棋牌室。此外，还利用馆舍前的露天场地开发做羽毛球场地，对群众免费开放，真正做到文化资源共享。

【信息资源共享工程建设】 2017年，区文体局协调建设村级文化活动中心6个；新建村级电子阅览室12个，巩固提升农家书屋12个，投入资金28万元。电子阅览室至年底完成每村2台计算机共12村。

【文化市场管理】 2017年，区文体局落实文化市场管理责任制，定期开展文化市场的日常巡查，加大案件的查处力度，开展扫黄打非工作，切实开展文化市场的安全生产大检查大整治活动，通过省市明察暗访和专项考评。是年，共出动执法人员1164多人次、查巡网吧344家次、游艺娱乐场所200家次、出版物市场580多家次，印刷企业104家次。开展拉网式安全大检查6场次，发现安全隐患38多处，当场责令整改32处，限时整改6处。收缴非法出版物9300多册，盗版音像片500多张，取缔游商地摊无证经营15家，发现违法违规经营9家，立案查处8家，移交1家，办结8家。

【行政管理】 2017年，区文体局突出窗口服务，落实一次性告知、限时办结等制度。文化出版行政稽查工作，以法制宣传和督促安全生产为常态，以严厉打击各类违法违规经营活动为职责，全面提高全区文化出版市场管理水平。是年，共完成审批设立备案件72件。其中，新设立62件、上报件0件、备案0件、变更地址和法人件9件、退办件1件。转变行政管理职能，注重第一线服务质量。

【文物保护】 2017年，区文体局与63处文保单位签订《文物安全责任书》，重点检查石室岩、五帝庙、梅峰寺等12处文保单位，落实人员、设施和制度，确保城厢区文物的安全。通过编制市级文保单位横江祖宫、蔡襄纪念馆维修方案。组织省市文物专家论证延寿桥修缮方案。是年，全区新增2处市级文物保护单位、9处城厢区文物保护单位。

【学校体育】 2017年7月中下旬，区文体局局与教育局共同承办市中小学生排球、田径、篮球、足球、乒乓球联赛，赛场分布于莆田五中、文献中学、砺成中学等校。12月2－3日，由教育局主办，区少体校与莆田五中承办的城厢区第十六届中小学生田径运动会在莆田五中举行。来自全区20所中学，16所中心小学和区直学校的860名运动员参加每年一届的体育盛会。

【体育赛事】 2017年，根据市安排区文体局承办莆田市第四届运动会皮划艇、乒乓球、羽毛球、拔河项目，赛场分布于莆田五中、木兰溪、体育中心体育馆、体育公园羽毛球馆。城厢区以少体校为龙头，以各基层校为依托，经过选拔组建14支参赛队伍，参加市第四届运动会排球、足球、乒乓球、篮球、田径、游泳、武术、举重跆拳道、拳击、击剑、羽毛球、射击、皮划艇等项目，取得现场金牌数131.5枚团体第一的好成绩。组织多名运动员参加省青少年常规赛排球、篮球、乒乓球、游泳、田径、射击、跆拳道、拳击、击剑、武术散打、体操等锦标赛。

附：2017年城厢区籍运动员参加全国以上的成绩

江毅建在中国击剑俱乐部联赛第一站U16（昆山）中获得个人第三、团体第一；中国击剑俱乐部联赛第三站U16（南昌）站获得个人第三、团体第一；在全国青少年联赛U16（辽宁）中获得第八、团体二、全国冠军总决赛（上海）中获得个人第三、团体第二。

连林静在全国皮划艇青年U23、U18锦标赛（天津）中女子500米四人皮艇第三、单人皮艇第四、1000米四人第二。

胡思宇在全国第十三届运动会赛艇（天津）中获得女子2000米八人单桨有舵手第四、全国赛艇冠军赛（江苏）获得中女子2000米八人单桨有舵手第二。

闫东在全国皮划艇第十三届全运会（天津）中获得男子1000米四人皮艇第五、男子1000米四人皮艇河北组合艇第四、全国皮划艇冠军赛（上海）中男子1000米双人皮艇第二、男子5000米三人皮艇第二。

吕敏贞在亚洲皮划艇激流回旋锦标赛（泰国）中女子单人划艇团体赛第一、女子单人划艇第一、第十三届全国运动会皮划艇激流回旋（河南）中女子单人划艇第四、全国皮划艇激流回旋锦标赛（河南）中女子单人划艇第七、全国皮划艇激流回旋锦标赛团体赛（河南）女子单人划艇第三。

许一鸣在全国青少年射击锦标赛步、手枪项目青年组（江西）中男子50米步枪卧射第四。

高世超在全国青少年射击锦标赛飞碟项目（莆田）中男子多项第八。

省常规赛中各项目城厢区籍比赛成绩

沙排团体赛：朱仪建获第四名。

篮球少儿组：张泓、陈子镇、林子辉获第二名。

乒乓球：刘伟俊获得甲组单打第四名。

田径：詹佳佳获得三级跳远第六名、跳远第二、4×100米接力第二。许梅跳远第六名。陈梓瑶100米第四名、200米第四名。卢普升1500米第二名。蔡静兰800米第七。陈心怡400米第五名。陈怡4×100米第二名。

游泳：陈怡祥自由泳全能第二名、仰泳全能第二名、丙组4×100米自由泳接力第三名、4×100米混合接力第五名。陈宇航丙组4×100米自由泳接力第三名、4×100米混合接力第五名。陈晨露、陈家乐、郑茜茜分别在丁组4×100米自由泳接力第八名。

击剑：江毅建甲组重剑第一名。伊炳森乙组重剑团体第一。黄家俊丙组重剑团体第三。陈奕煌丁组团体第四。

射击：王寒冰女子10米气手枪第一名，女子25米慢射第一名。蔡琰娴女子移动靶20+20第一名。蔡晓东男子移动靶20+20第二名。林雪芳25米慢射第三名。黄晨丽女子气手枪40发第五名。许钒25米男子慢射第六名。陈煌男子移动靶20+20第三名。徐一鸣3×40第一名、60发气步第二名、60发卧射第二名。洪俊阳30发卧射第六名、30发卧射对赛第一名。

皮艇、赛艇：吴弘伟划艇第五名。邱哲毅皮艇第一名。激流皮划艇：廖雪倩第二名。

拳击：段玉莲女乙46公斤第三名。周惠女乙45公斤第五名，郑紫嫣女甲60公斤第三名。田艺志男乙44公斤第三名，蔡嘉宇男乙48公斤第二名。陈意涵男乙52公斤第二名。林玉洪男乙54公斤第五名。方君豪男乙57公斤第五名。黄彬斌男乙63公斤第三名。柯懿鑫男甲54公斤第三名。

2017年莆田市第四届运动会，各项目获得奖牌数

排　球：7枚金牌

足　球：12枚金牌

乒乓球：7.5枚金牌

篮　球：4枚金牌

田　径：21枚金牌

游　泳：28枚金牌

武　术：3枚金牌

举　重：7枚金牌

跆拳道：8枚金牌

拳　击：8枚金牌
击　剑：2枚金牌
羽毛球：5枚金牌
射　击：17枚金牌
皮划艇：2枚金牌

【群众体育】 2017年，区文体局把群众体育活动工作摆上重要的议事日程，开展群众体育健身活动，逐步建立起长效活动与管理体制，使全民健身后活动既有一定的规模性，又有一定的群众性。通过报刊、宣传栏、LED、悬挂横幅等多种形式。对《条例》进行宣传，利用农体协、老体协等群团协会，加大对《条例》的宣传培训。结合健身项目的实际，与市局配合加大社会体育指导培训力度。截至年底，全区共有社会体育指导员734名，其中一级31名，二级203名，三级500名。利用节庆，全民健身日，以及文化三下乡活动，开展体质监测宣传工作，提升群众健身意识，发放《全民健身科普知识手册》和《体育指导员必读手册》材料等。在日常工作中注重安全检查，特别是“两节”“五一”“十一”黄金周期间主动联系公安、卫生、安监等相关部门对体育经营单位进行集中检查，对有存在问题的经营单位提出整改意见，限期改正。2017年，3个省级为民办实事项目社区多功能运动场所、笼式足球场全部完成，市级3个室内健身房及20个健身点已全部完成。扎实开展全区健身活动，推动健身工作蓬勃开展。每年都组队参加举办老年人门球、乒乓球、老人气排球活动。

（许少杭）

档　案

【工作概况】 2017年，城厢区档案局与档案馆（以下简称区档案局〈馆〉）坚持以“一亮点、三重点”为主线开展档案工作，即以“探索推行‘村档镇管’工作模式”为亮点，以“促进项目档案规范化建设、建设常太东青‘乡村记忆’档案示范项目、制作‘红色’口述档案”为重点，进一步夯实业务基础、强化服务功能，推进档案法制、安全管理、资源整合、信息化建设、档案行政权力梳理等各项档案工作的开展。

【档案督导】 2017年，区档案局推动学校档案规范管理，莆田五中、莆田十二中、城厢区第一实验小学、筱塘小学、科技校、东海中心小学等11所学校完成档案室建立、档案整理等规范管理工作。将“村档镇管“工作纳入年度档案执法检查重点内容，全区有70多个村（社区）将规范整理后的档案寄存所属镇综合档案室，其中华亭镇、灵川镇2016年度档案实现“村档镇管”。指导常太镇东青村“乡村记忆档案”项目建设，并以99.5分的高分全市首个通过验收。持续跟踪28个征迁项目指挥部征迁档案的建档进度并阶段性进行内部汇总通报，多次督促协调莆田学院二期用地、新塘南景片区、木兰溪防洪工程、木兰大道城厢段等4个完成项目征迁的档案移交工作。推动项目相关档案督导，加强与镇（街道）及住建、交通、财政、土地等相关部门的联系，重点督促工程质量监督、工程招投标、竣工验收、道路交通、项目预决算、项目执法、项目监理等项目相关档案的规范建档，其建档率达90%以上。继续将美丽乡村、幸福家园项目纳入指导范围，华亭涧口村、常太东青村等完成规范建档，华亭镇园头村部分建档；继续推动农村党员、土地、婚姻、计生、林权、新农合、医保、社保、低保等民生领域档案规范建档；深入莆田复茂公司调研企业档案，拟将复茂公司设为建立企业档案示范点，指导帮助规范建立企业档案室、整理各类资料并免费帮助修裱破损资料。

【依法治档】 2017年，区档案局开展全区档案行政执法检查工作，检查内容日趋全面。4月，对全区镇（街道）、机关事业等

92家单位开展档案执法检查，发出47份整改反馈表，6—9月，分批进行回访复查，并于10月进行通报。年内执政档案及项目档案的建档情况继续纳入全区各系列绩效评估考核指标体系，并将档案执法检查结果通报作为重要评分依据；规范权力运行机制，对照结合省市一级纵向清单，全面梳理区级行政权力和公共服事项清单，经过梳理调整，保留有公共服务4大项，其他权力事项1项，行政处罚1大项，行政监督检查2项。

【“村档镇管”工作】 2017年，区档案局将“村档镇管”工作纳入年度档案执法检查重点内容，年内全区有70多个村（社区）将规范整理后的档案寄存所属镇综合档案室，其中华亭镇、灵川镇实现“村档镇管”。此外，该创新举措受到国家档案局、新闻媒体的关注和肯定。2月9日，《福建日报》西岸观察专栏大篇幅刊登城厢区在全省创新性推行“村档镇管”模式；4月28日上午，国家档案局经科司李晓明巡视员等到城厢区实地调研“村档镇管”工作。

【乡村记忆档案】 2017年，在区档案局指导下，常太镇东青村“乡村记忆档案”项目历经2年时间，以99.5分的高分全市首个通过验收。该项目累计投入约29万元，深入挖掘东青村的经济文化、民俗风情、古建筑遗址、教育卫生、名人事迹等历史发展轨迹。组织开展《东青村志》编纂工作、面积70平方米“东青记忆展示馆”建设、片长12分钟《美丽东青—档案记忆》视频宣传片、20平方米档案室以及完成250卷历史遗留档案的收集、整理，征集到100余件农具、生活用具等实物。

【信息化建设】 2017年，区档案局组织完成55万多页档案的数字化加工工作；著录、审校档案电子目录17.9万条；抓好各单位年度建档的文件级目录的规范录入及数据备份工作；组织对服务器等机房硬件设备进行更新、升级，新添置服务器存储、磁盘、阵列等设备；指导因保管条件不善档案需提前移交进馆的单位先进行全文数字化工作，实现纸质档案与数字化副本同步移交；统一档案室管理软件，年内购置300套博通《档案室管理系统》免费发放至全区各单位及各中、小学校、幼儿园。

【档案安全管理】 2017年，区档案局组织4批次的档案库房全面清洁及1批次库房馆藏档案全面清点工作；继续开展库房“八防”设施的检修更换工作；加强对全区各单位档案实体和数据安全的监督与指导工作，将各单位档案保密工作、安全保管条件、借阅利用登记情况等列入执法检查的重点内容之一；召开全区镇（街道）、相关单位档案安全工作会议，指导开展档案安全工作，并就档案安全问题进行座谈。

【宣传教育】 2017年，区档案局组织召开土地确权登记档案工作、档案安全工作、档案室软件使用等3次以会代训，全区200余人次的档案员参加培训；组织镇（街道）、区直机关及部分学校档案员共计99人，收听收看全省档案系统学习肖招鸿先进事迹电视电话报告会；与区档案学会联合举办档案法律法规及业务知识竞赛，邀请新闻媒介跟踪报道，36名档案员参加竞赛，并评出一、二、三等奖共6名；组织落实“葫芦杯”档案知识竞赛，全区300多名人员参加答题；树立气拱门、LED显示屏推送宣传标语、分发宣传册、悬挂宣传海报、群发短信等方式开展“6·9”国际档案日档案法制宣传；组织参与以“宣传贯彻十九大精神　加快建设美丽莆田”为主题的社会科学普及宣传周活动及“12·4”宪法日法制宣传活动。

【档案接收利用】 2017年，区档案局接收43个全宗3700多卷档案；接待查档3100多人次、3370

多卷次，提供复制档案7700多页，为经济纠纷、婚姻关系、党员调查、独生子女医保政策提供翔实可靠的原始凭证；启动上门提供档案复制件服务机制，为1名无法到馆查档的残疾群众提供上门服务；接收20个单位1168件信息公开文件，进一步完善场所建设，更新信息公开触屏查阅机，对接收的信息文件进行规范整理。

【编纂成果】　2017年，区档案局与区文史资料委员会、区委统战部及区工商联等单位联合编辑出版《现代城厢商人》一书，全书38.7万字，讲述42名城厢区企业家的创业史；组织开展东青村17.3万字的《东青村志》编纂工作，展示该村的民俗风情、古建筑遗址、教育卫生、名人事迹等历史发展轨迹。

【档案登记】　2017年，区档案局开展全区机关、团体、事业单位的年度档案登记工作，镇（街道）增加“村档镇管”情况登记，首次开展全区中、小学校档案年度登记工作，学校专门档案突出学籍管理、教学管理、业务考绩档案情况登记，学校科技档案突出基建、设备、教学研究档案情况登记。

（林雪娇）

区档案局获表彰一览表

获奖单位	荣誉称号	授予单位	授予时间
区档案局、馆	2016年度市级二类平安单位	市委、市政府	2017.04
区档案局、馆	2017—2019年市级青年文明号	市创建青年文明号活动组委会	2017.12

旅　游

【工作概况】　2017年，城厢区旅游事业局（以下简称区旅游局）以全域旅游行动为总抓手，紧紧围绕旅游景区提升、产业融合、设施完善、品牌创建、环境治理“五大工程”，推动莆田市绶溪公园、常太镇岭下村（乡村岭下）、马院村（马院人家），花果华亭AAA级景区创建，推进全域旅游示范区建设，打造华亭镇旅游休闲集镇和6个乡村旅游特色村（华亭镇后角村、五云村、涧口村、园头村；常太镇岭下村、外东坪村）、马院红色旅游及台兴观光工厂、有味有醋乡村星级接待单位，旅游各项工作全面提升，旅游经济平稳较快发展。全年完成游客接待量694万人次，实现旅游收入72亿元；同比增长22.6%和20%。

【落实“美丽莆田”行动计划】　城厢区全域旅游专项行动划项目23个（其中市级项目4个），总投资54.9亿元；2017年计划投资7.4亿元，完成投资约7.55亿元，完成率102%，其中市级项目年度计划1.25亿元，完成投资1.8亿元，完成率144%。

【旅游设施建设】　2017年，区旅游局高标准持续推进旅游厕所革命，按照A级旅游厕所标准在旅游景区、度假区、休闲街区、乡村旅游点、交通集散点等旅游节点新建和改扩建一批旅游厕所。是年，新建和改扩建旅游厕所111座，总投资1320万元，实际投资约1857.8万元，实现全区旅游厕所“数量充足、干净卫生、实用免费、管理有效”。加快一批通往景区道路开工和建设，打通主要景区旅游专线、景区之间连接公路和旅游环线断头路，形成网状交通格局。重点推进城厢区环山旅游路（天龟线）的建设并实现通车，促进龟山路（X281龟山至濑榜路）、乡道Y014龟山至九龙谷公路工程、X282灵华红线的前期工作。8月，完成天龟路线沿线景观配套建设规划专家评审，主要打造建设生态停车场、旅游公厕、观景台、步栈道等，预计投资1.3亿元。6月由区旅游局牵头组织莆田学院旅游专业专家带队对各创AAA级景区进行现场指导，并签订双方合作协议。8月15日，邀请莆田学院旅游专家，组织各镇分管领导及经办人、村主管及项目负责人等相关人员到创建成功的A级景区（荔城区后黄村AAA级景区、涵江瑞云山AAAA级景区等）实地学习经验。通过专家现场指导讲解，各村现场学习参观，针对专家把脉提出的问题逐一对照，加快整改到位，确保按时按量完成创建工作的各项软硬件建设。通过依托岭下、长基、洋边、马院、埔柳等村的优美自然资源景观和丰富的人文底蕴，将岭下、马院、埔柳村建设成集观光、休闲、红色旅游、东圳原鲁山文化精神、亲子活动等为一体的AAA级旅游景区。

【旅游产业融合】 2017年，区旅游局按照全域旅游全行业融合发展的理念，积极推进以旅游业为主导，进行产业纵向鱼骨结构式延伸和横向圈层结构式拓展，积极推进“旅游+”融合发展，实现一、二、三产业的全业融合。培育“旅游+工业”，以省级旅游观光工厂为契机，持续推动庄严苑、春晖木雕、台兴食品、复茂食品等朝观光工厂转化。重点推进台兴食品省级旅游观光工厂的创建。台兴食品旅游服务综合楼（含博物馆、展览馆、游客服务中心、酒店），外部装修完成；观光走廊完成部分，年底前博物馆、展览馆、游客服务中心等项目完成。培育“旅游+工艺美术”，植入特色文化产业小镇理念提升城厢区工艺美术特色产业。增加对华林鞋艺小镇、莆田（国际）油画城、安福电商城、洋西电商未来城等旅游要素投入，实现工艺美术与旅游的深度融合。油画艺术小镇、华林鞋艺小镇进行项目策划及规划设计。培育“旅游+宗教文化”，挖掘城厢宗教文化历史，结合城厢生态资源，借助广化寺影响力，做好禅修文化与生态资源、美丽乡村的结合，策划海丝佛教文化交流中心项目，该项目进行规划认证及前期手续工作。培育“旅游+体育”，九龙谷景区进行旧拓展基地的改造与以丛林穿越、峡谷穿越为主题的拓展项目建设，总投资480万元，完成投资并正式对外营业。

【旅游宣传推介】 2017年，区旅游局开展城厢旅游系列展播，征集城厢旅游宣传口号、logo和吉祥物，不断强化城厢旅游品牌的创建和营销。1月24日，在市政广场启动“妈祖圣地　美丽莆田”全市旅游品牌宣传年第一季“爱莆田　游莆田”系列活动；组织城厢区各旅游企业、相关镇、特色村及媒体参加第十三届旅博会及海峡两岸乡村旅游圆桌会议；通过“5·19”中国旅游日开展“爱旅游　文明旅游”宣传活动；6月3日，在华亭镇启动“花果华亭　四季采摘”采摘活动；8月，进行杨梅、百香果、火龙果、葡萄、龙眼等水果采摘活动；12月初，联合荔城区、秀屿区旅游区举行三明旅游推介会。打造妈祖朝圣、滨海度假、禅修文化、文化体验、生态休闲、温泉度假等一批精品旅游线路。整合A级景区与旅游特色村相结合，推出城厢旅游一日游、二日游精品线路3条，并通过画册及旅行社、景区、星级酒店等进行宣传推广。提升旅游管理、服务、营销信息化水平，建设智慧旅游城市、智慧旅游景区、智慧旅游酒店等，实现无线网络免费全覆盖。加快旅游网络营销平台建设，运用旅游微信、微博、微网站等“微平台”，提升城厢旅游线上线下营销实效。进一步做好旅游资源调研、普查、资本市场需求等旅游招商的前期基础性工作，对前景好、带动性好、能够延伸产业链的项目进行重点包装。策划7个旅游项目工程包拟对外招商，投资规模共计18.6亿元。截至年底，有中建集团、中青旅集团、青旅海西、中冶集团、中水城发、北京商会、远见规划设计院、慧云股份及部分民营企业和个人投资商对城厢区旅游项目进行多次组团考察，与中青旅集团初步达成城厢区全域旅游规划、策划、建设及运营的合作意向。

【旅游扶贫】 2017年，区旅游局牵头莆田学院莆仙文化研究院、莆田市阳光假日大酒店、莆田市假日旅行社、莆田市九龙谷国家AAAA级景区对常太镇岭下村（2016年被列为国家乡村旅游扶贫工作重点村）进行“企百村”旅游帮扶，各帮扶企业也参与岭下村旅游产业建设和推广中。4月邀请莆田学院传媒系在岭下村举行美丽岭下乡村旅游手机直播宣传活动，上报岭下村申报省级乡村旅游特色村，并指导申报AAA级旅游景区，通过完善旅游基础设施及对外旅游推介，来提高岭下村的知名度吸引更多游客来旅游观光，以进一步提高农民收入从而辐射到贫困户。

【文明旅游志愿服务】 2017年，区旅游局组织开展文明旅游系列主题活动，以创新的形式宣传文明旅游理念，参与旅游志愿服务和文明旅游公益行动。在市政府路口开展交通文明劝导活动，协助交警维持交通秩序，倡导文明交通。全年共开展交通文明劝导志愿活动80多人次。开展文明旅游“进景区”志愿服务活动，在全区2家A级旅游景区出入口、游客中心等醒目位置设立志愿服务站（岗）4处，志愿者在景区开展文明旅游宣传、文明引导等志愿服务活动。开展文明旅游“进广场”志愿服务活动，利用节假日，开展以“文明旅游”为主题的广场宣传志愿服务活动，组织文化志愿者围绕“文明旅游”创作文艺作品、节目，深入广场进行文艺演出，并发放文明旅游宣传册3000份。开展文明旅游“进社区”志愿服务活动，组织志愿者进莆糖社区开展文明旅游宣传志愿服务活动，向社区市民发放《中国公民国内旅游文明行为公约》和《中国公民出境旅游文明行为指南》等宣传资料600份，开展问卷调查90多户，与市民交流互动，解答群众各种业务咨询，引导社区居民。赴挂钩的龙德井居委会粮贸小区开展小区楼道整治活动，对社区的街道卫生、楼道整洁以及通道通畅进行实地走访，对不文明的现象能现场整改的现场整改，不能现场整改的及时反馈有关部门及时处理。开展文明旅游“进旅行社”志愿服务活动，在全区16家旅行社开展文明引导志愿服务活动。对准备出行的个人及群体进行出行前告诫游客制度，引导每一位游客自觉按照《中国公民国内旅游文明行为公约》和《中国公民出境旅游文明行为指南》，文明出行从自身做起，守公德，讲礼仪，文明游览。开展文明旅游“进饭店”志愿服务活动，在全区6家星级饭店开展“文明用餐光盘行动”志愿服务宣传活动，宣传节俭用餐新风尚。组织志愿者通过张贴文明用餐的名言警句、经典诗文等多种形式，营造浓厚的文明用餐氛围。

【旅游行业管理】 2017年，区旅游局与各旅游企业签订《2017年旅游安全生产责任书》，进一步明确各企业的法人代表为旅游安全生产第一责任人。下发《关于进一步加强旅行社租用旅游包车管理的通知》，要求旅行社核对司机行驶证、道路运输证、包车客运标志牌、驾驶证、客运安全例检通知书和从业资格证。要求各星级酒店做好入住客人的身份登记，加强身份识别及消防安全等工作，旅行社要把游客名单上传至服务监管平台。制定《2017年全区旅游消防安全工作方案》《城厢区旅游局金砖安保期间火灾隐患排查整治工作实施方案》，检查星级酒店6家，旅行社15家，查出消防安全隐患7处，全部整改到位。进一步加强旅游行业管理，建立规范日常管理机制，规范旅游经营秩序。下发《城厢区旅游安全大排查大整治工作实施方案》《关于印发全区旅游安全大检查工作实施方案》，开展安全生产大排查大整治工作，结合春节、“五一”“十一”等节假日以及安全生产月，组织区交通、消防、公安、工商、质监、卫生、食药监、安监、物价等部门，开展打非治违、电梯、消防等旅游安全各项专项检查和治理，排除各种安全隐患，共出动各部门执法人员80人次，检查旅游企业23家，提出整改意见85条，整改85条。

（廖娴娴）

福建九龙谷国家森林公园

【工作概况】 2017年，福建九龙谷国家森林公园管理委员会（以下简称九龙谷管委会）按照“保护生态·建设生态·经营生态”的理念，切实转变思想观念，运用科学发展观，抓住发展机遇，推进九龙谷生态风景区生态旅游示范工程建设。是年，共接待游客约37.88万人次，创造营业收入约695万元。公园重新制作宣传片、导游图、宣传折页、网站页面等宣传资料，参加省内外旅游推介会，共散发旅游宣传品2万份。

【景区基础设施投资建设】 2017年，建设项目总投入2610万元。其中，九龙谷景区污水处理工程总投资250万元，消防工程总投入300万元，绿化工程总投入150万元，旅游厕所建设与改造总投入预计200万元，智慧旅游信息化基础设施建设总投入200万元，游客服务中心建设总投入50万元，旅游伴手礼总投入100万元，微信平台线上推广总投入100万元，广告宣传费用总投入80万元，景区新项目开发总投入250万元，新增2条游步道总投入150万元，木栈道建设总投入100万元，标志导览系统建设总投入50万元，安全防护修复建设总投入200万元，整体规划建设投入100万元，得趣湖沿岸景观升级改造工程总投入180万元，停车场扩建总投入150万元。

【安全服务】 2017年，九龙谷管委会加强对森林公园内施工场所的安全监管，在处于开发建设项目施工中的景区、景点增设安全警示标志和标语，同时加大对施工场所的巡查力度，确保建筑施工安全。根据《风景名胜区管理条例》的有关规定，景区对不符合总体规划乱搭乱建、张网捕鸟和破坏森林资源环境的行为进行严厉查处，有效保护九龙谷森林公园珍贵的生态资源。

【安全检查】 2017年，九龙谷管委会参与市、区组织的安全检查工作，深入森林公园检查指导，查找及帮助解决森林公园建设过程中存在的问题。在元旦、春节、“五一”、国庆等节假日期间，着力开展旅游安全专项整治工作。相关部门联合对森林公园内的经营、建设等多个环节进行节前安全生产大检查，并着重就森林防火、漂流、攀岩、特种设备、卫生等内容进行全面检查，将发现的问题通过现场口头或者书面的形式反馈给公园业主，要求其进行限期整改，确保在经营过程中不出现安全事故。

（郑梅娟）

卫生和计划生育

【工作概况】 2017年，城厢区卫生和计划生育局（以下简称区卫计局）围绕“强基层、保基本、建机制”的总体要求，坚持“建龙头、强枢纽、保网底”的工作思路，推进“健康城厢”建设，持续深化医药卫生体制综合改革，继续完善公共卫生体系，加强重大传染疾病防控，推进城乡医疗联合体建设。卫生资源总量逐步增加，医疗卫生服务能力和效率不断提高，群众“看病难、看病贵”问题得到进一步缓解。截至年底，全区公立医疗机构总数（不含村卫生所）7个，其中医院1个，镇卫生院3个，街道社区卫生服务中心3个；村卫生所85个。医院床位100张，卫生院床位195张，医疗机构门诊疗人次达59.4869万人次，住院达7135人次。

2017年，城厢区深入贯彻落实计划生育基本国策，坚持党政一把手亲自抓、负总责，加强部门协调，实施全面两孩政策，扎实推进计划生育服务管理改革，狠抓工作措施落实，计划生育工作保持持续健康的发展态势。年末全区总人口40.87万人，出生率16.65‰，死亡率4.28‰，自然增长率12.37‰，出生人口政策符合率95.57%，出生人口性别比110.12。全区流入人口125900人，其中育妇45290人，出生2198人，政策内2088人，政策符合率95%，出生性别比124.28，政策外多孩率5%。

【卫生项目建设】 2017年，城厢区医院新址建设项目规划用地面积2.31万平方米，总建筑面积2.67万平方米（其中门诊楼0.69万平方米，医技楼0.57万平方米，病房楼1.36万平方米，病房楼地下室0.17万平方米），门诊楼、医技楼室内二次装修进入收尾阶段；城厢区医院病房大楼，2017年年底复工建设。城厢区华侨医院（华亭卫生院）改造提升项目，一期门诊大楼（含医技楼）8700平方米，项目总投资2850万元，其中2017年度完成投资2600万元，进入工程收尾阶段。

【公立医疗机构改革】 2017年，城厢区深化公立医疗机构改革，完善医疗卫生体制机制，出台《“健康城厢2030”行动规划》《关于进一步深化基层医药卫生体制综合改革的实施意见》《关于加快医疗卫生事业发展的实施意见》等一系列文件，成立以区长为主任的区公立医疗机构管理委员会。健全公立医院收入分配机制，建立院长年薪制与职工收入分配、机构绩效考评“双挂钩”制度，设立院长年薪制区级财政专项资金，按照《城厢区公立医疗机构绩效考核评价办法》的要求，通过绩效考核确定院长年薪档次和职工收入绩效分配机制，引导收入分配向临床一线、关键岗位、业务骨干等合理倾斜，推进现代医院管理机制建立。实行“一归口、三下放”政策，参照“长汀经验”，将人事、业务、经费和干部任免等职能归口到区公立医院管理委员会统筹管理；将原属区卫计部门管理的人事管理、副职推荐、中层干部聘用、内部分配、经营决策等方面下放给基层医疗机构自主决定，实行院长负责制和聘用制、任期目标管理责任制、问责制，建立和完善基层医院法人治理结构，在财务上实行“财政补助、独立核算、自主分配”的新体制，促进院长的经营自主权，激发基层医疗机构发展活力。采取以“总量控制、动态调整、互补余缺”为原则，全区公立医疗机构根据实际需要，通过互补余缺的办法，统筹使用人员编制和岗位职数解决人员引进问题。同时，在编制总量内根据各单位实际工作需要，采取借用形式具体分配机构编制数和岗位职数进行统筹使用。破除“以药补医”机制，控制医疗费用增长，全区所有公立医疗机构全面实施药品和耗材零差率销售制度，取消药品和耗材加成政策，全面延伸到一体化村卫生所。全部实行省级平台药品集中采购，区级财政每年按180万元给予专项补助，结束了公立医疗机构“以药养医”的局面。区医院单项医疗设备采购金额达100万元以上的，由区财政按40%给予补助。

【实施国家基本药物制度】 2017年，全区公立医疗机构全面实施国家基本药物制度，实行省级药品统一网上集中采购和网络平台监控工作，基药采购占比达85%以上。全区村卫生所纳入基本药物实施范围，各卫生院通过药品询标形式对辖区内卫生所实行“三统一”（即“统一药品目录、统一药品价格、统一购药渠道”）管理。

【基层医疗综合改革】 2017年，城厢区推进医疗联合体建设，组织制定《城厢区医疗联合体建设实施方案》，明确由区医院牵头，联合凤凰山、龙桥、霞林等3个街道社区卫生服务中心组建区域医疗卫生服务联合体，建立人才共享、技术管理支持、分工协作、服务衔接等紧密型合作关系。健全完善分级诊疗体系，推进区医院与市第一医院医疗集团、厦门大学附属中山医院消化内科、省人民医院中医科等实行专科协作共建，依托三甲医院的技术辐射，通过分级转诊和技术协作，区医院的慢性病科、消化内科、老年科、甲乳科及胃肠镜、内镜治疗等专科医疗服务能力得到迅速提升。在基层医疗机构推行家庭医生签约服务试点，以高血压、糖尿病等慢性病为抓手，依托区医院、社区卫生服务中心和乡村医生、社区卫生计生管理员等组建三级家庭医生管理团队，以社区为单位划分责任片区，实行网格化管理，推行家庭医生契约式服务。是年，全区家庭医生签约覆盖率40.46%，重点人群签约覆盖率67.54%。持续推进乡村卫生服务一体化管理试点项目，启动实施镇卫生院与村卫生所医疗联合体建设，实行村卫生所建设、人员、业务、药械、财务、信息化、绩效考核等统一归口镇卫生院管理。一体化村卫生所全面纳入医保定点单位，同步落实药品、耗材“零差率”销售和一般诊疗费政策。是年，全区完成村卫生所一体化建设45家，平均每所一体化的村卫生所门诊近42人次/天，同期相比门诊量增长43.2%。建立农村远程视频诊疗服务，出台《城厢区村卫生所远程视频诊疗服务工作方案》，区财政拨付视频诊疗信息化建设专项经费30万元，由莆田移动公司建设视频诊疗信息平台，于5月实现远程视频诊疗服务上线。实现患者在村卫生所通过信息平台对接区医院专家在线问诊，区医院医生通过信息系统调阅患者既往诊疗记录和影像资料，完成远程就诊活动，实现老百姓在家门口享受城市医生服务。是年，远程视频诊疗服务上线的村卫生所18个，接受远程会诊患者累计1600余人次，患者远程视频就诊意愿呈上升趋势。

【医政管理】 2017年，区卫计局进一步完善住院医师、全科医师规范化培训制度，充足基层卫生人才队伍。实行统一医疗质量管理，强化医疗服务管理，实现医疗质量的持续提高，保障医疗安全。临床医疗与公共卫生服务互动并举，3家镇卫生院和3家街道社区卫生服务中心均实施医生签约服务，全年签约8906户家庭、35076人次。推进区医院与市第一医院医疗集团、厦门大学附属中山医院消化内科、省人民医院中医科等实行专科协作共建，依托三甲医院的技术辐射，通过分级转诊和技术协作，区医院的慢性病科、消化内科、老年科、甲乳科及胃肠镜、内镜治疗等专科医疗服务能力得到迅速提升。全年全区公立医疗机构门急诊59.4869万人次，比上年增23.22%；住院7135人次，比上年增18.09%。

【医养结合】 2017年，城厢区作为省级区域性医养结合试点县区，建立医养结合的规划引导和统筹联动的机制。将发展医养结合工作纳入全区经济社会发展专项规划，编制《莆田市城厢区“十三五”卫生事业发展专项规划》《健康城厢2030行动规划》等规划纲要，统筹做好各类医养结合机构的科学规划和合理布局，推进养老服务模式创新。建立机构协议合作试点，常太镇卫生院与常太镇敬老院签订合作协议，镇卫生院在敬老院设立医务室开展驻点服务，为入住老人提供医疗、护理和健康检查服务，加强医疗机构与老年康复疗养机构等之间的转诊与合作。社区养老与卫生阵地结合，凤凰山社区卫生服务中心开展居家老人提供基本医疗服务工作。为辖区65岁以上老年人提供免费体检、开设“老年号”，建立老年人健康档案，设立家庭责任医生等多项基本公共卫生服务，老年人在活动时社区医生可以开展健康指导。医院办养老院试点，利用社会资本参与华亭镇卫生院改革，推进华亭镇卫生院设立全市首家医养结合的医疗机构项目，并与市一医院的康复科协作，收治一批老年病及心脑血管病患者。卫生院领办乡镇敬老院，与民政部门的合作，整合卫生院医疗和乡镇敬老院资源，将灵川镇中心卫生院原宿舍楼与灵川镇敬老院进行资产置换，形成卫生院领办农村养老服务的新模式。

【乡村卫生服务】 2017年，区卫计局在全面推行村卫生所回归公益性、一体化管理的机制下，进一步提升村卫生所服务能力和硬件配置，给农村居民提供更优质、更便捷的服务。优化卫生所人员配置，对村医不足的村卫生所由镇卫生院驻派医务人员，或从社会上具备执业（助理）医师、中专及以上学历的优先聘用。同时，继续采取“订单定向”方式，每年由莆田卫生学校定向培养农村医学专业中专生，定向培养对象取得乡村执业（助理）医师证后进入村卫生所服务。村医可在镇范围内统一调配使用，实行统一管理和调配，提升村卫生所村医队伍专业技术能力。全年委托莆田卫校定向委培村医13人。落实村医退岗制度，对年满60周岁的退岗村医，自2017年1月起按城市居民最低生活保障的标准发放退岗养老生活补助，2017年度每月发放标准最高为540元；对符合条件的村医，一律组织参加养老保险制度，按财政18%、村医8%的比例缴费。全年参加城镇企业职工养老保险的村医每人每月按1850元标准缴纳；参加财政城乡居民养老保险的村医每人每年按3600元标准缴纳。缴费档次补助标准按社保相关规定每年核定一次。

【健康扶贫】 2017年，区卫计局开展建档立卡贫困人口家庭医生签约服务，通过入户调查、基层卫生信息系统完成所有建档立卡对象患病情况、就医情况等基础性资料的采集工作，把全区建档立卡贫困人口2272人全部纳入家庭医生服务管理，签约率达100%。并对所有对象进行健康档案更新，确保信息准确，同时明确各贫困户责任团队，做好与贫困户的无缝对接。推进建档立卡农村贫困人口大病专项救治工作，对全区扶贫对象进行全面排查，严格准入、认定标准，各基层医疗机构组织相关工作人员由村干部带领、村医协同对各自辖区内的建档立卡贫困人员进行全面入户核实，对患有大病的人员建立专项救治管理台账。明确各种疾病的定点救治医院。向建档立卡贫困对象发放健康扶贫宣传卡，把健康扶贫的政策、家庭医生信息等宣传到人，提高扶贫对象的政策知晓率；为贫困对象发放贫困人口标签，便于精准识别；为贫困对象更新或新建电子健康档案；为贫困人口及其26种大病对象分别建立专项台账，方便精准追踪；各医疗机构均设立了综合服务窗口，开通建档立卡贫困人口专用绿色通道，实现“一站式”服务，落实先诊疗后付费的结算机制。

【妇幼健康保健】 2017年，城厢区开展免费孕前优生健康检查、育龄妇女免费增补叶酸、农村妇女和城市低保妇女免费产前筛查、城乡已婚低保妇女常见病免费检查、农村孕产妇住院分娩补助等重大公共卫生项目，落实预防艾滋病、梅毒和乙肝母婴传播阻断工作，畅通危重孕产妇和危重新生儿救治“绿色通道”，保障母婴安全。推进辖区内人流密集区域母婴设施建设，全年全区拥有南门中学妈妈小屋、万达广场母婴室等10处母婴设施。免费落实优生健康检查项目3430多人次，孕产妇系统管理率达90.15%，3岁以下儿童系统管理率92.86%。增补叶酸2837人；符合补助条件的农村孕产妇领取住院分娩补助有2267人，发放补助金90.68万元；对全区35～64岁农村妇女进行“两癌”（宫颈癌、乳腺癌）筛查，筛查人数均为2000人；开展预防艾滋病、梅毒和乙肝母婴传播工作，孕产妇艾滋病病毒检测7174人，检出HIV阳性0人，孕产妇梅毒检测7179人，检出感染者12人，孕产妇乙肝表面抗原检测7180人，检出阳性人数1073人，对乙肝表面抗原阳性孕产妇所生新生儿免费接种乙肝免疫球蛋白。

【国家基本公共卫生服务】 2017年，区卫计局按照《国家基本公共卫生服务规范》等的要求，加大部门配合协作、资金投入，基本公共卫生服务人均经费提高到50元。开展基本公共卫生服务项目宣传月活动，在城区内，由区政府租用城区内酒店、小区电梯视频广告144部，由街道办事处征用企业、沿街商家LED屏1000余块，滚动播出国家基本公共卫生服务公益视频广告；各医疗机构、村（居）委会、村卫生所共张贴基本公共卫生项目宣传栏200余块；各镇、村悬挂宣传标语300余条。同时，各单位利用网站、微信公众号等开展宣传活动，提升居民对基本公共卫生服务知晓率。在全市首推居民健康档案自助查询服务，在各卫生院、社区卫生服务中心及全区一体化村卫生所推开，居民持二代身份证在卫生信息平台上可查询到自己的健康档案信息、诊疗记录，促进国家基本公共卫生服务健康发展。是年，全区累计建立居民健康档案36.01万份，电子建档率达83.35%，覆盖所有镇（街道）村（居）。

【疾病预防控制】 2017年，区卫计局开展传染病防控工作，加强结核病、艾滋病防控工作。加强慢性病综合干预与管理，加强慢性病发病、患病、死亡及危险因素监测。落实严重精神障碍患者网格化“一历六单”救治管理模式，筑牢严重精神障碍患者管理。抓好扩大免疫规划工作，加强预防接种信息化管理。加强疫苗和冷链管理，在疫苗储存、运输的全过程中按要求定时监测、记录温度，保证疫苗质量。加强疾控机构和哨点医院为主的食品安全风险监测体系及其能力建设，提高食源性疾病溯源能力和水平。区疾控中心分别获得省卫计委职业健康检查机构资质证书、省质量技术监督局实验室资质认证。加大卫生应急防控，全年无甲类传染病发生，乙类传染病发病率为399.3／10万，丙类传染病发病率为251.8／10万；法定传染病总发病率为651.1／10万。开展爱国卫生运动和卫生消杀，贯彻落实以“预防为主”的工作方针，春节期间在H7N9流感防控工作中，严格落实“一天一清洗消毒、一周一大扫除、一月一休市”的“三个一”措施，全面暂停各类活禽交易，对疫点及活禽交易点进行消杀面积约5万平方米，确保无疫情暴发流行。

【信息化工作】 2017年，区卫计局参与省、市人口健康信息平台建设，推动“互联网+医疗”在医疗行业的应用，建成覆盖区、乡、村三级医疗卫生机构诊疗信息平台，实现省、市、区卫生信息专网互联互通。开展远程医疗服务，利用PACS系统为基层医疗机构影像供远程影像集中诊断服务。建成居民健康信息系统、妇幼保健系统、免疫规划系统和新农合即时结报系统等信息平台运用。加大村卫生所医疗卫生信息的应用，全面推动村卫生所向群众开放居民个人健康档案自助查询。完成一体化村卫生所与区医院实现远程视频诊疗、信息共享，真正做到“小病不出村”。

【依法行政】 2017年，区卫计局行政许可收件929件，办结929件，办结率为100%，2017年行政处罚22件；公共服务类收件8件，办结8件，办结率为100%。开展卫生安全监督，重点打击无证行医黑诊所、无行医资格的游医和借助虚假广告招摇行骗的行医者，严查严惩“两非”违法行为，对辖区内4家集中式供水单位开展监督检查，进行水质采样检测，合计全年检测样品104份，合格率为97.11%，二次供水四项指标抽检21份，合格率100%。全年出动执法人员1475人次，卫生监督协管人员690人次，办结卫生违法违规行政处罚案件12起，立案查处4起，罚款（含违法所得）3.93万元。执行“六个一”制度（即一周一碰头、一月一汇报、一月一通报、一季一督查、一季一专题推进、半年一考核评估），落实任务时间表和红黄牌责任制，努力降低出生婴儿性别比，全年全区共查处违法13例，行政处罚0.4万元。开展社会抚养费专项治理工作，规范社会抚养费征收、管理和使用，协调法院对拒缴的予以强制执行，纳入个人征信系统，强化法律、金融手段的制约，形成高压态势，年度征收社会抚养费287万元，申请法院强制执行79例，列入失信黑名单4例。

【生育关怀】 2017年，区卫计局投入财政资金2920.16万元，实施一系列生育关怀关爱活动。落实财政资金1049.56万元，兑现计生家庭奖励扶助、贡献奖励、特别扶助、独生子女奖励、二女扎奖励等对象13083人。实施农村计生纯女户家庭房屋修缮资金补助、增加义务教育阶段寄宿生生活补助、提高计划生育独生子女伤残家庭或独生子女死亡家庭扶助标准、流入人口落实节育措施奖励补助制度、计生家庭意外伤害保险等计生为民办实事项目。出台《城厢区计划生育特殊家庭救助帮扶意见》，落实特殊家庭的社会保障制度和优惠政策。采取精神慰藉和经济扶助相结合的办法，定期组织人员对全区10户失独家庭进行慰问，投入资金2万元。结合“两节”等一系列生育关怀救助帮扶活动，做好幸福工程帮扶工作，投入财政资金242万元，帮扶101户困难计生家庭。开展秋季助学工作，投入资金5.7万元，资助辖区内品学兼优的计生困难户学生。减免计生户高中学费582人次14.42万元，给予243名农村独女、二女结扎计生家庭中考加分照顾。发放小额贴息贷款535万元，安排财政贴息34万元，帮扶133户计生家庭发展生产。落实独生子女父母光荣户家庭、农村二女结扎户家庭参加医保个人自付部分，区财政给予缴纳补助165.78万元。

【计生管理与服务】 2017年，区卫计局精简证明材料，把“再生育服务证”办理权限下放到镇街，再生育审批时限为十五个工作日，一、二孩生育登记服务时限为三个工作日。对于符合条件的，可现场办理。对于无法查证当事人的生育情况或者掌握不全面的，在查验身份证、户口簿和结婚证及符合再生育条件证明材料等有效证件基础上，由夫妻双方书面承诺婚育事实，予以办理登记或审批。对以虚假承诺进行一孩、二孩服务登记或获得再生育资格的申请人，一经查实依法依规进行处理，并将失信记录纳入卫生计生信用信息系统。办理生育服务登记和领取生育服务证的人员名单，应在夫妻登记或申请地张榜公布，接受群众监督。通过计生短信提醒、宣传资料分发、公益广告覆盖等，多渠道宣传生育服务证的办理程序、维权监督等，保障群众的知情权和监督权。是年，全区登记一孩1280份、二孩1953份、办理再生育审批84份，未出现群众投诉。规范计划生育证明，根据省级通用格式，分别印制“一票否决”及非“一票否决”证明格式。落实首问首接负责制，取消村居一级审核环节，对婚育证明掌握不清，依照书面承诺后给予办理。广泛宣传发动群众参与孕前优生健康检查，免费服务3430人。衔接全面“两孩”政策，联合市妇幼保健院加强高危人群孕育过程的健康指导，举办准妈妈、准爸爸孕妇期、哺乳期、养育知识班，做好高风险夫妇孕前、孕期跟踪及妊娠结局随访等。开展生殖健康进校园、进课堂活动，为青少年提供性病、艾滋病预防及生殖健康咨询服务，帮助他们解除成长中的困惑。广泛开展生殖健康、避孕节育科普知识普及活动，多次组织计生技术服务人员进企业活动，为务工育龄群众提供查环查孕查病、生殖保健咨询、避孕药具发放等优质服务。采取传统媒体和新媒体相结合的方式，宣传倡导卫生计生惠民政策。发送婚育新风彩铃、计生国策、流动人口健康同行等计生宣传短信3万多条，微信公众号宣传推送70多篇，编印宣传材料8万多份，设置计生公益广告100多个。结合世界人口日、母亲节、“文化、科技、卫生”三下乡等，开展文艺踩街、莆仙计生小戏、电影下乡、义诊等活动，解读全面两孩政策，引导群众破除“早婚早育，多子多福、重男轻女、传宗接代”等陈旧落后的婚育观念，更加关注婚姻家庭、生活质量、子女成才以及自我价值体现等方面。

【流动人口均等化服务】 2017年，区卫计局落实《福建省流动人口健康教育和促进行动计划（2016－2020年）实施方案》文件精神，城厢区作为莆田市首个流动人口基本公共卫生计生服务均等化健康同行试点区，创建1个流动人口健康促进企业、1个流动人口健康促进学校以及5个流动人口健康家庭。区财政预算专项经费570万元，开展流动人口关怀关爱活动、健康教育促进行动，为流动人口落实健康体检、儿童接种、疾病防控、妇儿保健、避孕节育、生殖健康、便民维权、生育关怀、子女教育、劳动就业等一系列均等化服务措施，服务群众达1.3万多人次。把创建流动人口健康促进示范企业、健康促进示范学校、流动人口健康家庭作为新时期流动人口计生工作重要载体，积极开展“人口流动，健康同行”“三减三健，迈向健康”主题活动，城厢区被省卫计委列为流动人口基本公共卫生服务均等化试点县区之一。6月23日，福建省“新市民健康城市行”莆田行动在城厢启动。

【队伍建设】 2017年，区卫计局为基层医疗机构委培医学类毕业生13名，开展全科医生、规范化住院医师和特岗医生等培训7名，基层医学类毕业生紧缺问题得到扭转，学历结构明显优化。

聘用2名工作人员挂靠区人民法院行政庭，专门从事社会抚养费强制执行裁定、送达和银行账户查询、冻结、执行及失信被执行人名单信息录入等，提升执行的到位率。由财政拨款专项资金7.2万元，聘用流动人口计生协管员15名。

【表彰荣誉】 2017年，城厢区卫生和计划生育局获得“莆田市实施妇女儿童发展纲要先进集体”称号；城厢区卫生和计划生育局主任科员吴金世获得莆田市“贯彻六中全会精神　加快建设美丽莆田”征文比赛一等奖。

（方建聪　林　丽）

城厢区医院

【工作概况】 2017年，莆田市城厢区医院（以下简称区医院）将工作与开展“转作风、提效率，美丽莆田我先行”、双拥模范城、改善医疗服务行动、创建全国文明城市、二级公立医院巡查、志愿者服务等系列活动有机结合起来，管理上从严，工作上做实，不断强化内涵建设，取得较好的经济效益和社会效益，医院综合管理及服务能力再上新台阶。全年业务总收入达到5727.18万元，比上年（下同）增长13.55%；医疗业务收入达到4496.91万元，增长21.40%；门诊增加445.27万元，增长17.63%；住院增加294.77万元，增长38.68%。

【公立医院集团化改革试点】 3月，区医院与市第一医院签订分级诊疗暨科室帮扶共建协议书，把“医联体”细化到“科联体”，与市一医院普外科、甲乳科、心内科、内分泌科、妇产科、麻醉科等8个科室实行科—科共建、专科协作，变“输血”为“造血”，其中心内科、妇产科由市一医院托管领办。手术室由市一医院专家帮扶开展输卵管妊娠治疗、阴式全子宫切除术、阴道前后壁修补术、骨科内固定取出术、甲状腺癌扩大切除术、疝气手术、大隐静脉高位结扎剥脱术四大金刚、白内障超声乳化术等多种手术，填补医院多项空白。手术量明显增加，全年共成功开展2169台手术，其中住院手术703例，门诊手术1466例，气管插管全麻和腰硬联合麻醉手术增多，开展256例。

【区域医联体试点建设】 2017年，区医院筹备启动以城厢区医院为龙头单位，联合龙桥、霞林、凤凰山等3个街道社区卫生服务中心为基础的业务、人事、绩效、药采、财务“五统一”的紧密型医联体。按照“资源共享、错位发展、责任共担、互惠互利”的要求，形成三级医疗卫生机构分工协作机制，指导镇卫生院和社区卫生服务中心开展规范化诊疗服务，辐射带动辖区内公立医疗机构服务能力提升，实现医疗卫生服务资源最大化。

【分级诊疗】 3—11月，市一医院心血管内科向区医院转诊门诊高血压慢病患者约130人次，转诊住院患者10余例。按分级诊疗标准向市医院转诊住院患者7例，其中转诊行心脏起搏器植入术一例、肾动脉狭窄支架植入术一例、室上速射频消融术一例。开展全市首例在本院住院期间根据病情转诊市医院行手术治疗后，再由市一医院转诊区医院进行进一步康复治疗的病例。

【家庭医生签约】 家庭医生签约于7月底开始发动，区医院与莆田市第一医院、凤凰山街道社区卫生服务中心联合建立“1+1+1”家庭医生签约模式，组建6支家庭医生签约服务团队。制定家庭医生签约方案，成立领导小组，培训家庭医生，并通过微信公众号、宣传单等方式进行宣传。共开展家庭医生签约活动达100余次，签约16690人，签约率达36.72%，其中重点人群签约率达63.80%，建档立卡贫困人口签约率及计划生育特殊家庭签约率达100%。

【药品“零差率”改革】 2017年，区医院药品采购严格执行“一品两规”和“两票制”，遵照全省医改工作精神，4月完成“第十标”药品采购换标工作。经过反复遴选，最终确定1036条品规，药品价格多为全国最低价，较之“第九标”有较大幅度的下降。启动并实施医保支付结算价为基础的药品联合限价阳光采购工作，推行按病种收费（支付）改革，基本药物销售占47.38%。

【设立远程医疗会诊中心】 2017年，区医院为解决农村“看病难、看病贵”的问题，5月，远程医疗会诊中心开始启动，投入25万元资金装修及购买配套设备。成立由内、外、妇、儿等各专业高年资医师共16人组成的专家库，每周一至周五上午固定安排4名专家会诊。至12月底，共接诊1256例，诊治冠心病、肺气肿、上消化道出血、小儿高热惊厥等较为复杂的疾病，减轻患者往返上级医院求医等的一系列费用。

【开展结核门诊】 2017年，区医院设立可享受免费政策的结核病门诊，为符合条件的市民开展免费检查和免费治疗肺结核病人的惠民政策。由门诊部、护理部和检验科3个科室的人员共同轮流排班，减轻结核病患者的家庭负担，减少因病致贫、因病返贫的社会现象。

【地贫筛查】 2017年，区医院通过发放宣传单，普及地中海贫血防治知识，提高群众对地中海贫血知识知晓率，减少出生缺陷，营造“健康婚配、科学生育、家庭幸福、社会和谐”的良好社会氛围。5—12月，开展孕检791对，开展地贫筛查653对。

【队伍建设】 2017年，区医院聘请市一医院45名学科专家，7名管理专家，全面提升业务水平及管理能力。主动与厦门中山医院内镜中心建立协作关系，由主任陈建民带领的博士团队每周六在院坐诊。采取绿色通道方式，探索建设高层次人才柔性引进机制，引进儿科高级职称医师宋非无。围绕学科发展需要，招聘专业对口的医务人员，新增编内人员19名、编外人员29名，为实现医院可持续发展奠定基础。

【设备投入】 2017年，区医院投入资金370多万元，新添置电子胃肠镜、电子肠镜、口腔全景机、麻醉机等，设备的升级换代极大提高医院的诊疗服务能力，基本满足群众就医检查的要求。

【新址建设】 2017年，区医院于城厢区霞林街道顶墩片区内规划另建新院，项目总占地面积2.32公顷，总建筑面积为26532平方米，其中门诊楼面积6926平方米，医技楼面积5741平方米，住院病房面积13405平方米，开设床位300张。截至年底，完成门诊楼、医技楼主体建设及装饰工程，室内外二次装修及配套设施已进入收尾阶段，综合病房楼工程在紧张建设中。

（朱碧玉）

疾病预防控制

【工作概况】 2017年，城厢区疾病预防控制中心（以下简称区疾控中心）贯彻落实“预防为主”的工作方针，进一步完善疾病预防控制体系，履行防病工作职能，落实重大疾病防控措施，切实加强队伍建设，各项工作取得成效，为保障全区人民群众身体健康、构建和谐社会作出贡献。是年，先后举办《疾病预防控制业务知识》《手足口病防治知识》等培训班。共有36人次参加上级17个班次的脱产培训会议，通过学习培训，干部职工及时掌握国家最新的疾病预防控制策略、防制技术和工作要求，不断增强和更新专业知识，提高业务水平和工作效率。同时，为提高基层防疫人员的专业技能和素质。是年，共举办各类培训与工作会议12期，培训医务人员358

人次。

【计划免疫】　2017年，全区疫苗应种儿童173172针次，实种儿童172949针次；总接种率为99.87%。各种免疫规划疫苗报告接种率分别为：卡介苗99.95%，脊灰疫苗99.91%，百白破99.85%，麻风疫苗99.87%，乙肝疫苗99.83%，乙肝首针及时接种率为99.83%，a群流脑疫苗99.89%，a+c流脑疫苗99.81%，乙脑疫苗99.81%，甲肝疫苗99.92%，各种免疫规划疫苗基础免疫接种率均达到上级要求。

【传染病管理】　2017年，全区报告甲乙类传染病共1691例，与上年同期比下降4.13%，死亡1例；丙类传染病4种共1117例，与上年同期1099例相比上升1.64%。传染病发病数较多是：乙肝1033例、手足口病680例、梅毒2311例、其他感染性腹泻272例、肺结核166例。无甲类传染病病例发生、无重大传染病暴发流行。

【艾滋病防治】　2017年，辖区医疗机构累计报告病例242例，其中男193例，女49例，按要求进行病例随访155人次，进行CD4检测61人。继续承担国家级艾滋病丙肝哨点综合监测任务，完成暗娼专题调查检测401人份，检出丙肝抗体阳性1例，梅毒抗体阳性2例。开展青少年、农民工、大众人群艾滋病64余场次宣传活动。

【慢性病健康管理】　2017年，全区管理高血压病患者24405人，健康管理率为34.86%；规范管理12654人，规范管理率为51.85%；血压达标人数16652人，血压控制率为68.23%。全区管理糖尿病患者9782人，健康管理率为33.93%；规范管理5425人，规范管理率为55.46%；血糖达标人数6321人，控制率为64.62%。

【老年人健康管理】　2017年，全区老年人37752人，建档数41050，建档率为108.74%；接受健康管理人数共23115人，健康管理率为61.23%。

【寄生虫防治】　2017年，继续开展血吸虫监测，华亭镇山牌村蛇仑和虎飞潭两处，是历史上引起血吸虫病钉螺的滋生地，螺区面积共为10100平方米，曾经是“有螺无病”型血吸虫病流行区，后来经过灭螺、退耕还林及环境改造，螺情类别为3～4类，疫情类别为5类村，流行类别为丘陵亚型，现在属“无螺无病”型血吸虫病流行区，根据年度省级监测方案要求，2017年由区疾控中心组织开展、华亭镇卫生院配合的螺情、流动人口及引进家畜监测。螺情监测未发现阳性钉螺；对200人流动人口进行血吸虫病血清学检测抗体，未发现阳性患者；对100头引进家畜的粪便进行检测，未发现血吸虫卵和毛蚴。

【结核病防治】　2017年，全区共接诊439例初诊患者，共发现活动性肺结核患者125例，完成全年任务的69.83%（125/179）；其中新发涂阳患者42例，完成全年任务的53.16%（42/79）。

【卫生监测】　2017年，区疾控中心对从业人员健康预防性体检13903人，公共场所监测66家192点、合格180点、合格率为93.75%；水质检验95家172份，合格153份，合格率为89%；游泳池检验14家35份，合格15份，合格率为42.9%；餐具监测66份，合格66份，合格率为100%。加强食品质量检验检测工作，2017年圈区无发生食物中毒事件。

（王永佳）

人力资源 社会保障

劳动就业

【工作概况】 2017年，全区城镇新增就业人员2678人，完成年计划指标103%；帮助城镇失业人员再就业363人，完成年计划指标的121%，其中就业困难人员再就业72人，完成年计划指标的120%；期末全区城镇登记失业率为2.01%，低于区里要求控制在3%以内的目标。

【落实再就业扶持政策】 2017年，城厢区人力资源和社会保障局（以下简称区人社局）继续落实灵活就业人员社保补贴政策，鼓励就业困难人员多渠道就业。城厢区自2017年1月1日起，调整社保补贴标准。具体标准为：基本养老保险补贴标准为每月340元，基本医疗保险补贴标准为每月130元。是年，共为就业困难人员落实灵活就业社保补贴469人，支出140.964万元。对符合条件的贫困家庭劳动力参加居民养老保险的，给予不低于最低标准养老保险费100%的社保补贴。2016年农村贫困家庭劳动力参加居民养老保险享受社保补贴符合领取条件人员59人，金额0.59万元。

【公共就业服务】 2017年，区人社局为企业和求职者牵线搭桥，共收集各类用工信息1893条，提供就业岗位35306多个；为各类求职人员办理求职登记15169人次，其中介绍推荐就业10029人，开展职业指导12052人次。与市人社局共同举办“春风行动”“安福电商专场”等现场招聘活动5场次，组织69家辖区内企业进入招聘会场，提供就业岗位数7215个，当场达成就业意向263人。

【职业技能培训】 2017年，区人社局以就业需求为导向，实施“春潮行动”培训计划，合理细化分解培训任务，将年度培训任务分解至辖区内具有合法培训资质，且愿意承担培训任务的民办职业培训学校，并全程跟踪，确保培训质量。是年，开展职业技能培训952人、SIYB创业培训58人，互联网从业创业培训2735人。

【失业动态监测】 2017年，区人社局运用互联网平台，对辖区内36家重点监控企业的失业动态数据进行监测，每月定期报送企业员工总人数和缺工人数等动态信息。未列入重点监测的企业根据实际进行用工缺工情况摸底，并生成数据及时发布在华林工业园区广告栏上，同时在人力资源和社会保障综合楼LED显示屏上滚动发布，全年共发布用工信息8期、725条，提供就业岗位3952个。

【培训中介机构日常检查】 2017年，区人社局对辖区内符合条件、并且提交完整材料的3家民办职业介绍机构、4家民办培训机构、3家劳务派遣公司进行年检。新增民办培训机构1家、民办职业中介机构1家、劳务派遣机构3家。依法撤销劳务派遣机构许可资格1家。对辖区内的职业培训学校开展安全生产宣传教育和安全设备隐患排查，对发现的问题要求及时整改到位。

【公共就业服务平台建设】 2017年，区人社局民生改善专项行动重点项目之一，就是确定华亭镇、东海镇为城厢区就业与社会保障平台项目建设点，累计完成投资34.89万元，完成投资建设并投入使用，同时通过市、区两级验收。东海镇、华亭镇的基层服务大厅内设有业务办理区、等候休息区，配置必要的办公桌椅、电脑、打印机、档案橱柜、空调、LDE屏等，并按规定要求悬挂门牌和窗口吊牌，同时“工作职责”等制度上墙。

【开发公益性岗位】 2017年，区人社局制定出台《莆田市城厢区公益性岗位开发实施方案》（莆城政办〔2017〕40号），将公益性岗位开发任务分解至各个镇（街道），进一步规范公益性岗位开发和补贴流程。2017年各镇（街道）共开发公益性岗位90个，其中87人于2017年上岗（其中龙桥街道5人，霞林街道2人，凤凰山街道5人，灵川镇17人，东海镇11人，常太镇15人，华亭镇32人），3人（常太镇）签订公益性岗位合同，并于2018年1月1日开始上岗。

【精准扶贫】 2017年，区人社局完善农村贫困家庭信息采集和数据交换工作制度，并深入农村贫困家庭做好信息采集工作。将农村建档立卡的贫困家庭劳动力纳入就业困难人员对象范围，享受就业困难人员就业创业扶持政策，依托镇（街道）、村（社区）劳动保障平台，做好《就业创业证》办理及发放工作，力争为实现到2020年农村贫困人口全部脱贫提供就业保障。同时，挂钩华亭镇园头村建档立卡贫困户10户29人。

（徐媛清）

劳动管理

【工作概况】 2017年，区人社局建立和完善“有报必接、有案必查、有欠必追”的查处机制，加大劳动监察和查处力度，进一步健全畅通投诉举报渠道，开辟农民工投诉“绿色通道”。是年，全区共处理欠薪投诉案件80件，为174名农民工追讨工资113.24万元。查处用人单位非法使用童工案件2起，清退童工2名，对2家非法使用童工的用人单位给予2万元的行政处罚。

【群体性事件调处和“恶意欠薪”案件查处】 2017年，区人社局对辖区内因欠薪、老板逃匿、工伤伤亡等原因引发的群体性纠纷，第一时间赶赴现场，主动作为，做好宣传和调解等工作，2017年共参与处置群体性讨薪突发事件12起。依据《福建省用人单位工资支付行为守信激励和失信惩戒暂行规定》，将1家违法分包、拖欠工程款造成农民工欠薪，并引发农民工多次到省、市上访的用人单位被评为工资支付行为严重失信用人单位。区劳动保障监察大队工作成效专题片“严厉打击恶意欠薪行为·切实保障劳动者权益”于8月21日在莆田广播电视台1套“人社在线”26期播出。

【开展农民工工资支付专项检查】 2017年，城厢区解决企业拖欠工作问题局际联席会议各成员单位按照《莆田市解决企业工资拖欠问题局际联席会议办公室关于开展农民工工资支付情况专项检查的通知》（莆企薪联办〔2017〕24号）文件要求，组织对用人单位进行自查自纠，并对用人单位自查自纠情况进行汇总和检查分析，及时掌握情况，督促存在拖欠工资行为的用人单位立即整改。是年，专项检查共重点检查用人单位为203家，责令16家用人单位支付53名农民工工资73.82万元。

【劳动人事争议仲裁调解】 2017年，区人社局坚持“以调为主、调裁结合”原则，进一步突出调解职能，把调解工作贯穿劳动争议处理的全过程，利用庭前、庭中、庭后任何有利调解的机会，开展调处工作，通过法律疏导、政策引导，消除双方的对立情绪，促进一部分案件在庭就成功达成调解协议。注重办案程序的合法性，不断提高办案质量。仲裁庭实行庭审公开、全程监控，对受理案件实行一次性告知和风险告知，使案件办理更加透明、高效。是年，共受理“12345”信访投诉件232件，信访件7件，全部在规定时限内予以答复，办结率100%。

【欠薪问题源头治理】 2017年，区人社局开展“无欠薪网格”“无欠薪项目部”创建活动，要求全区政府投资的在建施工项目施工单位必须配备专职劳工管理员，加强对施工企业农民工的实名制管理。建立职工名册、考勤记录、工资发放等台账，同时对工资发放情况在施工现场公示，发现欠薪隐患及时向住建部门报告。依托镇（街道）劳动保障事务所，按照劳动保障监察网格化管理工作的要求，进一步健全基层平台的欠薪预防和处置机制，督促企业加强自律，规范劳动用工管理，有效监管企业工资支付行为，确保区域内欠薪投诉明显下降，不发生因欠薪引发的群体性事件。

【工伤认定】 2017年，区人社局对受到事故伤害造成行动不便，无法按时到局接受调查的人员，局工作人员均主动深入用人单位、医院病房或其居住地进行实地调查。同时，进一步压缩办理时限，平均办结时限提前约20个工作日，保证受伤害职工及其亲属能够及时足额领到工伤赔偿待遇。是年，共受理案件425件，其中认定414件，不予认定8件，中止2件，撤诉1件。受理行政诉讼共7件，胜诉5件，撤诉1件，撤销1件。

【宣传劳动保障法律法规】 2017年，区人社局累计开展各类宣传活动12场，深入用工现场宣传咨询20余次，出动监察人员146人次，接受法律和政策咨询3680人次，发放各种宣传材料16000多份。针对当前广大农民工使用QQ、微信等社交工具比较广泛和普遍的现状，及时开辟新的宣传渠道，将大队的QQ号码、微信二维码在工业园区、建筑工地等处公布张贴，劳动者只需用手机扫一扫或登录QQ添加大队的QQ和微信就能实现“劳动法律法规随手到”。

（徐媛清）

社会保障

【区城乡居民社会养老保险】 2017年，全区应参保人数为168149人，参保人数为161117人，参保率达95.82%。合计为53694人发放养老金6480.56万元。2017年应缴费人数为108510人，缴费人数106408人，缴费率达98.06%，超额完成省人社厅下达的2017年12月底缴费率达90%的目标任务。是年，共发放丧葬金补助人数1357人，金额271.4万元。对个人缴费补贴106409人，补贴350.51元；对计生对象12781人，缴费补贴25.58万元；对特殊群体3605人，代缴补贴36.05万元。2017年实行长缴多得激励政策完成26741人，补贴金额123.9万元。

【区机关事业单位养老保险】 截至2017年12月底，城厢区纳入统筹的有11094人，其中在职参保人员8527人，离退休人员2567人。参保单位有540家，其中机关事业单位513家，参保人数达

7608人，企业保单位27家，参保人员919人。支付退休单位数205家，离退休人数2567人（其中企业保退休79人），全部实行社会化发放，社会化发放率达100%。基本养老保险费收入12731万元，职业年金收入2154.35万元，基本养老金支出12552万元，基金滚存结余2.45亿元，全部存入财政专户，入存专户率达100%，其中定期存款1.49亿元，确保基金的安全、可靠、保值、增值，并且严格实行收支两条线管理。

【失业保险】 2017年，全区参保人员为50327人，完成年计划指标103.13%；失业保险金收入974.67万元；失业保险金支出375.63万元，其中失业金支出313.01万元，领取人数为455人；农民工领取一次性生活补助费支出13.56万元，领取人数为33人；基本医疗保险费支出49.06万元。失业保险缴费凭证共发放5699本，248家；年检682家，33063人。

【全民参保登记】 2017年，召开区政府专题会议，对全民参保登记工作进行专题部署，明确实施步骤，落实工作经费，第一时间对各镇（街道）劳动保障所所长、村（居）协管员进行业务培训，并于6月底提前完成入户调查和信息录入审核，完成率达100%。

【被征地农民养老保障】 2017年，区人社局对龙桥街道延寿村被征地农民相关材料进行严格审核，对符合条件人员及时兑现待遇。是年，全区累计享受被征地待遇人数353人，累计发放金额283.94万元。

【机关事业单位养老保险制度改革】 2月16日，区机关事业单位社会保险中心向各参保单位发出《关于加强机关事业单位养老保险业务经办有关问题的通知》（莆城机险〔2017〕1号），并于6月1日经OA系统向各参保单位发出《关于抓紧报送养老保险业务经办材料的通知》，进一步督促参保单位按时报送相关材料，确保全区养老保险改革工作按序时进度推进。截至12月，全区共有385家参保单位，完成签订托收协议和对账的单位283家。

【基本养老金待遇管理】 2017年，区人社局及时开展2017年企业和机关事业单位离退休人员养老金调待工作，并按时足额发放。对全区符合调待对象的离退休人员进行养老金调待工作，其中机关事业单位调待人数2526人，人均增资229元，企业调待人数77人，人均增资89元，并从2017年1月开始补发到位。对全区符合条件的退休人员进行养老金调整工作，共计9人，人均调整约120元。

【规范特殊群体认定】 2017年，区人社局于9月向区卫计局、区民政局、区残疾人联合抄送《关于商请报送特殊群体名单的函》，对特殊群体报送时间、报送格式、报送材料做统一规范。

（徐媛清）

人事人才

【规范机关事业单位的工资福利制度】 2017年，区人社局扎实开展“1+X”专项督查活动，实行专项督查周报表制度，由分管领导牵头组建一支督查队伍，每周或隔周都随机抽取1～2家单位走访督查。全年走访督查15家单位，发现问题线索5条，移送问题线索3条。同时，自5月起，对镇街“吃空饷”的回头看情况检查一并纳入“1+X”专项督查的内容，组织督查队伍走访7个镇（街道），全面核对人员工资发放情况。

【规范事业单位公开招聘】 2017年，城厢区加大公开招考力度，严格规范机关事业单位人员考录工作，坚持“凡进必考”，全年共为71名事业单位新招聘人员办理入职手续。

【军转安置服务】 2017年，区人社局配合市军转办做好军转干部安置工作，共接收8名军转干部档案，举办军队转业干部择岗会议，主持军转干部完成自主择岗。落实兑现军转干部各项帮扶解困政策，共发放驻莆部队随军家属生活补助27人，发放补助金14.34万元。

【干部人事档案管理】 2017年，区人社局做好大中专毕业生和政府系列干部档案的日常管理工作，共收集归档各类人事档案材料1000余份。

【职业技能竞赛活动】 2017年，区人社局举办“老蒲鲜”杯中式烹调师职业技能竞赛和复茂“匠心”杯青年焙烤职业技能竞赛活动，参赛选手150多人，对两场分别获得第一名的选手直接颁发高级工证书，并授予“城厢区职业技术能手”称号，对成绩合格的选手全部直接颁发中级工证书。同时。共完成117名中式烹调师和63名西式面点师的社会化职业技能鉴定。

【高技能人才培养和服务】 2017年，为促进人才培养，城厢区确立以企业为主体、公办机构为依托、民办机构为补充的培训格局。发挥老师傅的传、帮、带作用，鼓励企业建设技能大师工作室，通过技能大师工作室的运作，相互切磋技艺，共同提高技能水平。是年，推荐上报国家级技能大师工作室1个、第二批莆田市技能大师人选5人。截至年底，全区共有省级高技能人才培训考核基地3个，省级技能大师工作室4个，市级技能大师工作室4个，第一批莆田市技能大师3人。七中山人才公寓审核通过9人，成功入住4人。

【企业服务】 2017年，区人社局协助开展引智工作，向相关单位和企业宣传推介10个人才项目政策，其中6人申报市青年拔尖人才遴选；5人申报高层次人才访学进修项目；上报5人参选市技能大师，有1人入选；成功动员3家企业参加海外人才创业周活动、1家企业参加“千人计划”专家洽谈会活动。

【人才培训】 2017年，区人社局加强全区公务员队伍建设。配合省公务员局开展公务员应急管理网络培训；配合区委党校在全区范围内分批分期开展干部网络培训工作。在全区专业技术人员队伍中开展创新能力培养与提高公共课培训。组织全区机关事业单位工勤人员参加岗位继续教育远程网络培训。抓好机关事业单位培训办班登记，与区委组织部联合下发《关于做好2017年区直机关事业单位培训办班计划登记管理工作的通知》，共登记4家单位，17个班次。

（徐媛清）

民 政

【工作概况】 2017年，莆田市城厢区民政局内（以下简称区民政局）围绕区委、区政府的决策部署，树立“民政为民，民政爱民”工作理念，着力完善制度、规范管理、提升能力、优化服务，努力在工作理念上实现新提升，在保障和改善民生上再创新业绩，加快推进全区民政事业创新发展。双拥考评总成绩位列全市第一名，城厢区获“省级双拥模范城”称号；南门社区获“爱国拥军双拥模范单位”。完成区一级救灾储备库建设，肖厝社区被评为2017年全国综合减灾示范社区；区婚姻登记处被省文明委评为省级文明行业示范点；高度重视养老工作，全市“公建民营”现场会在城厢区召开，省市下达的护理床位使用率和入住率超额完成。

【城乡最低生活保障】 2017年，城厢区社会救助和低保扶贫工作贯彻落实《社会救助暂行办法》，坚持保基本、补短板、救急难、可持续、重公正、求实效的方针，全面推进社会救助各项工作，进一步保障和改善民生，实现社会救助各项发展目标，社会救助“托底”功能不断增强。8月，出台《城厢区城乡低保（特困人员）重新评定工作实施方案的通知》，开展全区城乡低保和特困供养人员重新评定工作。截至12月，全区共发放社会救助金1949.0086万元，其中保障城市低保对象93户233人，发放低保金119.0184万元，月人均补助330元；农村低保对象1157户2887人，共发放低保金956.5882万元，月人均补助为231元；特困供养人员291人，共发放特困供养金476.5511万元；城乡医疗救助达14376人次239.8321万元；为1422人次突发性临时性困难家庭（个人）发放临时救助金147.5485万元；救助重大疾病15人次，9.4704万元。发放残疾人生活补贴为3586人，共发补贴金210.8万元；发放残疾人护理补贴为3629人，共发放补贴金275.79万元。

【救灾救济】 2017年，区民政局及时下拨冬春生活困难救助款和救灾款65万元，解决灾民的生活困难。下拨基层民政协管员工资14.4万元，确保基层民政工作有序开展。下拨各乡镇街道自然灾害避灾点提升建设经费161万元，用于区级A类避灾点3个，乡镇A类避灾点29个，乡镇B级避灾点17个，乡镇C类避灾点11个的建设任务；高效应对9号台风“纳沙”、10号台风“海棠”和强寒潮等自然灾害，并做好灾情统计工作。是年，共有17户受灾，其中倒房15间，灾后重建1户。完善农村住房倒塌保险和理赔制度，农房共投保65.99万元；协调保险公司理赔47户，总赔付24.5万元。组织对各镇（街）避灾点建设情况和救灾物资储备情况的检查，督促各地进一步完善避灾点功能，做好救灾应急物资储备工作和防台风值班。年内完成区级救灾物资储备库建设，争取省级补助资金100万元，肖厝社区被评为2017年全国综合减灾示范社区。

【社会福利】 2017年，城厢区共有乡镇敬老院4家。按照省市关于乡镇敬老院建设的要求，以区委、区政府名义出台《关于进一步加强民生补短板的实施意见》等主要文件，压实责任、摸清实情、精准施策，统筹推进乡镇敬老院达标改造与规范运营。对于乡镇敬老院改造经费不足的问题，明确每个敬老院50万元的补助资金，用于达标改造。对于常太镇敬老院运营方式的问题，向其推荐有资质的机构，帮助完成公建民营的工作。全市“公建民营”现场会在城厢区召开，省民政厅还以简报推行城厢“公建民营”的经验做法。同时，着力推进农村幸福院建设，截至年底建成农村幸福院24个，占建置村23.76%。2017年城厢区被列入省为民办实事项目5个，补助资金78万元，全部完成建设任务。督促指导有关乡镇（街道）和村（居）对农村留守儿童开展专项帮扶，解决16名留守儿童的监护能力不足的问题。全年共按时足额发放孤残儿童基本生活保障费156600元。

【基层政权与社区建设】 2017年，区民政局推进村（居）综合服务站建设。城厢区投资90万元用于9个村的综合服务站建设。创新村（居）公共服务供给方式，鼓励引导各类市场主体参与到村（居）养老、村（居）卫生、村（居）电商等服务业。结合创城工作，做好村（居）绿化美化净化、垃圾分类处理、噪声污染治理和水资源再生利用，改善社区人居环境。推进村（居）减负增效，进一步清理规范各职能部门在村（居）设立的工作机构和加挂的各种牌子，精简村（居）会议和工作台账，清理基层群众性自治组织出具的各种证明，取消对村（居）工作的“一票否决”事项。改进社区物业服务管理，建立健全社区党组织、社区居民委员会、业主委员会和物业服务企业议事协调机制，探索在城市无物业管理的老旧小区实行自治管理、在农村社区提供物业服务。

【民间组织管理】 2017年，区民政局开展全区性行业协会商会与行政机关脱钩工作。共有4个行业协会商会列入脱钩范围，完成脱钩工作。从年初开始开展区级社会组织孵化基地建设工作，制定出台相关管理制度和办法，出台加强全区社会组织孵化基地建设的指导意见，该基地进驻方案报送区委政法委，有5家社会组织可以入驻。利用社会组织登记、变更、年检、评估等机会，有序开展换证工作，实现法人登记证、组织机构代码证和税务登记证“三证合一”；对未及时来换证的社会组织，预先赋码，确保全市社会组织“一证一码”，完成106个区级社会组织的赋码工作。推进社会组织党建工作，通过调查摸底，基本摸清各社会组织党员情况，区别情况分类指导，通过单独组建、联合组建、“兼合式”组建，对暂不具备组建条件的社会组织，通过选派党建工作指导员或建立工会、共青团等途径开展党的工作，实现党的工作全覆盖。按照区审改办的要求，进一步修改和完善区级社会组织清单和办事指南；进一步简政放权，梳理出三批“最多跑一趟”和“一趟不用跑”事项，并完成2012年以来存量证件的电子证照录入。完成好社会组织日常管理工作。共审批社会组织成立登记6个，其中社团2家，民非4家，变更登记15项，注销登记9项，出具社会组织开设临时账户证明7张，指导4家社会团体开展换届工作。自3月起开展社会组织年度检查工作，共开展2次社会组织随机抽查工作。

【区划地名管理】 2017年，区民政局完成2条县级界线勘界任务。继续开展平安边界创建考评，加强对重点地区、敏感地带边界纠纷的预防、排查和调解，健全界线纠纷应急处理、信息通报、矛盾纠纷排查等长效机制。落实《平安边界建设规范》制订工作。做好门牌证办理，共办理18630本。配合公安分局做好二维码门牌的摸底与标准化编排，做好二维码门牌的招投标事宜，加快推进二维码门牌安装。

【优抚安置及双拥】 2017年，全区共发放重点优抚对象优抚金880.9万余元，60周岁320万元，2016年退伍士兵一次性经济补助465万元。“两节”一共安排4万元对重点优抚对象和困难群众进行慰问。按照省民政厅的要求，积极做好优抚对象的数据统计及扫录工作，完成96%优抚对象身份证和档案的扫录任务，确保经费足额下拨。并对残疾军人档案进行详细核查，收集残疾军人相片，配合上级做好残疾军人换证工作。全区共接收转业士官共8名，全部接收安置在全额拨款事业单位。区军休所2017年接收管理军休干部人数为43人，其中军队退休干部20名，无军籍职工13名，退休干部遗属和退休职工遗属10名。每月10号按时足额发放给军休老干部离退休费。

【双拥建设】 2017年，第一、二季度完成全区2013年—2017年的省级“双拥”考评材料整理，4月11日，市考评组以总评分全市第一名的好成绩，于6月6日顺利通过考评验收。7月底获得省委、省政府、省军区联合表彰，城厢区获“省级双拥模范城”称号。第三、四季度，组织迎接建军90周年系列活动，在全市率先开展用城厢区命名海警舰艇活动，并在“城厢号”舰艇上过军事日活动。完成武警省总队驻训活动的保障及慰问活动。安排党的十九大代表、区人武部部长颜启昌下基层宣讲。

【殡葬改革】 2017年，区民政局开展“文明祭扫、低碳安葬”清明主题宣传活动和“文明祭扫、平安冬至”祭扫活动，全区清明、冬至祭扫工作安全、有序进行。不断推进城市公益性公墓、骨灰楼堂建设工作，加大殡改宣传、引导群众做好对逝者的缅怀。全区平均火化率达100%，没有出现滑坡的现象。全年免除城乡困难群众基本殡葬服务费470760元。

【老区建设】 2017年，区民政局引导政策、资金向老区扶贫村倾斜，下拨省级老区扶贫建设资金10万元，市级老区发展专项资金18万元，区级配套老区扶贫建设资金25万元。革命“五老”人员生活定补提高到1030元/月，革命“五老”遗偶生活补助标准400元/月，全区共下拨革命“五老”人员等定期生活补助资金9.92万元。

【婚姻登记】 2017年，区民政局持续推进婚姻登记场所标准化建设，坚持以“依法行政、微笑服务”为宗旨，开展优质服务窗口活动，完成婚姻登记的各项服务工作。婚姻登记处登记数量5430对（份）。其中，结婚登记3593对，离婚登记895对，补发结（离）婚登记942对。未出现一例违法违规现象，婚姻登记合格率达到100%。被省文明委授予文明行业示范点窗口单位。

（吴 敏 陈小妹）

镇 街

龙桥街道

【概况】 龙桥街道办事处位于城厢区东部，东北、东南与荔城区西天尾镇、拱辰街道办事处、镇海街道办事处接壤，西北、西南与常太镇、凤凰山街道办事处接壤。辖区面积20.6平方千米，下辖龙桥、太平、北磨、下磨、兴安、万辉等6个社区居委会和泗华、延寿、洋西等3个村委会，共有常住人口5.88万人。

【经济发展】 2017年，龙桥街道主动融入发展大局，从变化中捕捉机遇，在逆境中创造条件，打好项目攻坚战，推动街道经济平稳增长。财政收入完成10.6亿元，完成年收入任务9.84亿元的108%，比上年增23.5%；固定资产投资完成53.18亿元，完成年度计划80亿的66.5%；限额以上批零业完成39.52亿元，完成年度计划123.5%，超序时23.5%；限额以上住餐业完成1.02亿元，完成年度计划102%，超序时2%；限额以上商贸零售业完成14.05亿元，完成年度计划216.15%，超序时116.15%；规模以上工业企业总产值完成2.83亿元，完成年度计划3亿元的94.33%。

【项目建设】 2017年，龙桥街道安排在建项目23个，计划投资40.2亿元；预备项目13个，计划投资16.5亿元；前期项目23个。继续跟进在建项目保进度，主要有电商未来城、恒大御景半岛、恒大御龙天峰、滨溪二期、东圳库区、洋西片区道路配套工程等项目，保障2017年度的固定投资产出。重点服务“双二十”开工项目，其中香格里拉动工建设。重点推进“双二十”及“美丽莆田重点攻坚”项目，其中延寿整村改造项目启动251户面积复核和300多户的土地果树（36.27公顷）预征工作。截至年底，完成征地3.33公顷。街道共有前期项目23个，其中安养中心进行果树、土地丈量工作。莆田学院二期收储地完成净地，下一步将挂牌出让，前期手续办理。下磨溪片区改造完成房屋初步丈量工作，下一步将对接水务、住建部门，进行前期规划及手续报批。

【商贸服务】 2017年，龙桥街道组建专业招商服务队伍，吸引电商企业入驻双洋电商创业园、兴安名城电商中心、世全·时尚国际电商城，推动安福电商城转型升级。跟进莆田电商未来城、城厢跨境电商中心，搭建电商3.0新平台。电商未来城3幢办公楼实现9月开园，计划引进跨境电商入驻洋西安置房9－14＃的商场，推进全域电商。跟进支持福建省米币信息技术有限公司，争取获得跨境电商第三方支付牌照。电商未来城作为市电子商务总部产业园，加快展示会展、创业孵化、物流服务、培训营销等配套设施的建设；加快电商未来城周边配套道路的审批建设；加快电商仓储物流配送中心项目的规划和前期手续办理。整合莆商中心，滨溪一期商场及龙桥大厦、国资大厦等楼宇，服务入驻的总部企业。

【民生保障】 2017年，龙桥街道加快片区周边道路建设，完善片区基础配套设施工程。其中洋西片区道路配套工程，山兜路、书院路完成施工、监理招投标并签订合同，规划一路、二路及周边绿化配套工程开工。泗华片区配套道路工程，规划一路、规划二路均开标，果树、土地预征90%。街道20个为民办实事项目全部完成。

【基层党建】 2017年，龙桥街道下辖党组织43个，其中社区党委1个、党支部42个，党员2182名，6个社区发展较平衡，党工委成功树立太平社区在职党员进社区、万辉社区城市基层党建等党建典型作用。整合党群服务中心、志愿者服务站、“红色驿站”等功能室，打造一千米便民服务圈、一刻钟便民服务网、一站式便民服务点、一条龙便民服务台的“四个一”便民服务网格，做到服务有平台，服务有举措。推动学习教育与中心工作深度融合，创新“345”（即：以“三访一包”健全机制、“四个三”和谐动迁、“五要五不要”化解矛盾为核心。）工作法，通过村居书记工作例会，确保各项工作落到实处。按照“一村一品一居一特”的要求精准指导，推动党支部规范化建设。成功打造太平社区“在职党员进社区”和万辉社区“城市基层党建”示范点。制作印发党员证和干部手册，对干部参与各项志愿服务活动进行全过程留痕监督，并将结果运用于年终考核和绩效评定。通过下发“活动督导提醒单”，街道组织办、纪工委成立督导组，每月不定期抽查。“七一”前期，街道党工委表彰一批先进党组织及先进个人和集体。

【廉政建设】 2017年，街道纪工委协助党工委对街道两委成员、部门负责人、村（居）主干共60余人开展全覆盖式廉政责任谈话，压实责任，时时敲响干部的廉政勤政警钟；坚持有案必查、违纪必究的原则，加大案件查办力度，杜绝违纪违法现象发生。截至年底，纪工委共收到信访件3件，办结3件，立案6件6人，其中违反中央“八项规定”精神案件4件4人，涉及正科级干部1人，重处分2人，全部结案；同时注重监督执纪“四种形态”的运用，抓早抓小，对党员干部出现苗头性、倾向性问题予以廉政谈话提醒5人次，批评教育1人。着力打造“万辉廉洁园”“太平廉洁园”党风廉政品牌，举办系列廉政文化活动，以点带面，宣传党风廉政工作；同时紧盯重要时间节点，深入项目一线开展监督检查5次，及时纠正违反“四风”的行为1起，机关效能问责5人，处理效能投诉21件。

【综治维稳】 2017年，龙桥街道摸排重点人员、七类人员稳控情况及低概率安全隐患，共摸排33条隐患清单，并对排查隐患逐条研究部署化解及稳控。开展安全专项小组督查整改工作，加强危化品存储、使用，特别是第二自来水厂的用氯安全，对辖区“三合一”、人员密集场所安全隐患进行摸排、检查、整改。做好社区矫正、安置帮教工作。全面了解他们的生活、工作、家庭情况。多渠道地掌握其情况，将不在本辖区居住的安置帮教人员，做出情况说明，并尽快将其移交到所在社区，防止发生脱管、漏管的情况。全街道共排查32条，化解8条。是年，委托电信公司对辖区内的3000个固定电话及450个移动电话进行一次综治平安“三率”模拟测评，逐个打电话征求意见及建议，全面及时掌握全办综治平安“三率”的真实情况，有针对性地开展重点户的宣传引导工作。

【安全生产】 2017年，龙桥街道利用专栏、广播、宣传标语等多种方式，组织全街干部、职工进村入居（企业）广泛深入地开展安全生产宣传教育。重点推进春节、元宵期间禁燃工作，配备11部禁燃宣传车，印发15000份禁燃宣传材料，发放电子炮12部，制作三面大型禁燃通告及25条禁燃横幅标语，共开支14万多元。动员辖区沿街店铺利用LED进行禁燃宣传，建立起公安、安监、工商、城管执法、消防等部门联合综合执法的机制，报请公安部门拘留2名，行政处罚7起，收缴12箱，劝缴近33箱烟花爆竹。共查出天九湾炝肉店、赵忠江饺子馆、吴丽玉食杂店、新辉小吃店、秋燕糕点店、美家福食杂店等“三合一”“多合一”经营场所6家，现已整改到位。累计出动人员210多人次，出动车辆80多车次，发出整改意见书52份，共查出安全隐患128条，安全隐患整改率达到80%以上。

【基础设施建设】 2017年，龙桥街道重点加强辖区环卫基础设施建设，对城区主干街道、市政南广场、河道和农村片区加大清扫保洁力度以及监督检查和考评，清扫保洁面积达178.5万平方米。同时，对无业主的丢弃的建筑垃圾和各种废弃物以及全市拆迁片区的清理工作开展无条件清运清理活动，共出动运渣车200余次，保洁三轮车600余次，清运各种建筑废渣和废弃物4000余吨，清运和处置城市生活垃圾近4万吨，城市生活垃圾无害化处理率达100%、集镇生活垃圾无害化处理率达95%。新增密闭式微型垃圾收集车1辆、勾臂车1辆、20吨垃圾压缩车1辆、铲车1辆。加强对环卫设施的清洗保洁和检修，新增240升垃圾桶450个，150升垃圾桶。在龙桥社区、下磨社区、兴安社区共出动人员50人次，清理户外广告近100处。协助城厢区交警共查处各类违章停放车辆200余辆，清理占道经营水果车70余辆，规范自行车、电动车、摩托车停放6000余辆，处理僵尸车100多辆。针对商贩占道经营严重的问题，对水果摊贩进行集中整治，共规范坐商占道3500余起，流动摊贩4100余起，清除“牛皮癣”及软广告1880余处，清除破旧布幅广告120余条。

【社会事业管理】 2017年，龙桥街道巡查发现“两违”32宗，全部拆除到位，共出动280余人次，合计拆除面积1200平方米。重点做好“海棠”等台风的防灾减灾救灾工作，实现不死人、少损失、速恢复的目标。做好征兵工作，为部队输送高质量兵员12人。做好“12345”热线诉求件办理工作，受理事项1900件，当期办结率达100%，回访率达100%，群众满意率达98%以上。

【精神文明建设】 2017年，龙桥街道加强主次干道、背街小巷、广场、公园、农贸市场、辖区学校及工地周边等重要检查点卫生环境维护和整治工作，共清理杂物、杂草1280余车，共投入人力约2750人次，投入资金55万多元。在显要位置投入200多万元设立体现核心价值观等公益性广告；在主干道、商业街、LED屏幕上滚动播放创城内容；结合社区文化建设，定期更新宣传栏、版报内容，开展群众喜闻乐见的社区文化活动；与辖区内中小学联系，分发创城倡议书，增强学生和家长的知晓率和参与率。在各个社区共张贴社区公约100余张，粘贴宣传广告约900多处，发放宣传单4000余张，宣传手册3500余份。

（翁丽霞）

凤凰山街道

【概况】 凤凰山街道共辖南门、南园、龙德井、筱塘、月塘、新塘等6个居委会及林桥、朱坑、白洋等3个村居委员会，有居民小组34个及11个自然村，24个村居民小组。2017年年末，全街道总户数15578户，总人口44806人，其中：男22344人，女22462人；农业人口4079人，非农业人口40726人。

【经济建设】 2017年，凤凰山街道推进“三转一市”（即个体工商户转企业、规模以下工业企业转规模以上工业企业、有限责任公司转股份有限公司、推动企业上市）工作，引进企业项目，促进街道经济健康有序发展。区下达固定资产投资计划任务15亿元，累计完成9.49亿元，完成年度计划63.3%。区下达全年规模工业产值2.5亿元，完成规模工业产值3.35亿元，完成年度计划134%。规模以上工业企业有3家，完成产值3.35亿元。批发零售累计完成98.79亿元，住宿餐饮累计完成2.45亿元；限额以上商贸1—12月完成101.24亿元，完成年度计划103%。是年，完成财政收入5.66亿元。

【第三产业】　2017年，区下达限额以上批发零售业57家，现有54家，限额以上批发零售销售额51.32亿元；区下达限额以上住宿餐饮业16家，现有15家，餐饮营业额实现2.45亿元；区下达新增限额以上企业指标30家，完成新增限额以上企业20家。

【重点项目】　*龙德井片区改造项目*　2017年，为加快推进龙德井片区改造项目，提升文献片区整体形象，委托重庆规划设计院厦门分院负责进行规划方案编制，经过市区多方研究讨论，至11月片区的容积率等初步确定。在对接市规划局、区城投公司做好片区修建性详细规划编制和建筑方案设计工作。

白洋村幸福家园建设项目　截至2017年年底，旧房拆旧前期签73户，拆除53户，余下20户继续进行拆除。土地复垦正在对接实施，年底复垦面积达3.33公顷以上，新建区预征土地3.2公顷，总平规划完成，项目备案环评手续办理，在施工图设计，规划许可在办理中。

广化寺海丝沿线佛教文化名胜区项目　截至2017年年底，广化寺征迁涉及西塔寺及周边、崇福寺、新塘南景片区、油画城片区及港峰公司两幢楼等5个项目，拆迁户472户，总建筑面积18.86万平方米。西塔寺及周边共涉及拆迁户30户，面积约1.6万平方米，全部拆除完毕，电力杆线迁移到位，形成净地。崇福寺涉及拆迁户（渠道北侧）12户，全部拆除到位。新塘南景片区占地7公顷，涉及拆迁户134户，征迁总建筑面积约6万平方米，全部拆除到位。油画城片区占地2.94公顷，涉及拆迁249户，总建筑面积5.27万平方米。完成丈量评估工作90%，正进入面积核对和公示。港峰两幢楼占地11亩，总建筑面积4.99万平方米，该项目征迁过渡费拖欠问题协调解决，并发放到位。征迁安置历史遗留问题解决方案正在优化。方龙地块2.2公顷、泰盛地块完成补偿协议签订，办理土地证注销手续。黄肖青0.8公顷完成评估、专家评审及区长办公会议研究，进行谈判。南湖公园约5.4公顷和荔景酒店约2公顷委托评估。

才子印务片区改造　截至2017年年底，完成片区内房屋初步摸底和群众拆迁意愿初步调查，片区总平形成初稿，在调整优化。

【平安建设】　2017年，凤凰山街道创建入户宣传志愿队，以包片分管领导为队长，街道干部为队员，参与平安创建和社会治安综合行动，制定平安建设规划，进村入户开展平安宣传和调研活动。组织白洋村幸福家园重大项目“两违”拆除活动，共拆除137宗，面积5.6万平方米；组织畜禽养殖污染拆除活动，共拆除朱坑、林桥、白洋畜禽养殖221宗，面积7.6万平方米。成立以街道书记为组长、主任为副组长、各村居主干为成员的安全生产工作领导小组，并同各村（居）分别签订安全生产责任状。街道办事处印发《凤凰山街道关于开展2017年全国第16个“安全生产月”活动的通知》，成立由办事处蔡辉彬主任为组长的“安全月”活动领导小组，在辖区内扎实开展各项活动。6月11日，街道办事处邀请市安协工作人员到辖区企业福建爱信诺航天信息科技有限公司莆田分公司开展安全生产知识讲座，发放《中华人民共和国安全生产法》等各种宣传材料100份。街道还利用LED等宣传工具，开展安全生产宣传。对春节、全国“两会”、金砖会晤期间等重点时段期间安全生产工作进行部署安排，加强值班值守，开展安全隐患大排查工作，特别针对危险化学品、生产企业、特种设备、人员密集场所、交通运输、消防等领域开展安全除患全面排查，及时消除安全隐患，确保安定稳定。是年，调解各类矛盾纠纷35起，涉及人数100余人。街道被评为“二类平安单位”。

【农村污水治理】 2017年，凤凰山街道白洋、林桥、朱坑等3个山区村污水治理项目采取ppp模式进行建设，至年底完成地形图测绘、污水源摸底普查、三格化粪池位置确定及铺设管网的初设工作，对接设计公司进行相关设计工作。

【“河长制”落实】 2017年，凤凰山街道共有河道11条，其中区级河道4条，街级河道2条，村级河道5条。按照“有专管员队伍、保洁员、督查长、河道警长、视频探头、长效机制”6个有的标准规定有序开展。街道成立“河长制”工作办公室，配备专管员队伍，聘任5名工人及配备2只河面保洁船只对下磨溪、北渠进行日常保洁；督查长、河道警长明确分别由流经村居主任及责任民警担任；视频探头安装位置确定，在进行线路设计；委托东莞市水利勘测设计院有限公司对下磨溪及北渠清淤设计完成。

【精准扶贫】 2017年，凤凰山街道针对帮扶情况，精细衡量收入和支出，多措并举确保贫困户脱贫任务。25户贫困户每户指定一名街道两委成员、2～3名街道机关党员挂钩结对帮扶。了解贫困户的家庭劳动力、收入、住房、农林资产等情况，建档立卡，针对贫困户的致贫原因分别制定帮扶措施，实行“一户一策”；街道联系热心企业阳光假日集团、港峰地产、福山殡仪馆等3家企业捐资12.5万元进行资助建档立卡贫困户；联系三棵树公司在白洋村设立金森慈善基金会，用于村基础设施建设和扶贫济困，基金会出资29万多元（其中资助村基础设施建设10万元，未脱贫的建档立卡贫困户3户帮扶8000元）。7月，街道开发5个公益性岗位，促进5名贫困人员就近就业，帮扶3名今年高中（职专）毕业就业或进一步学习技能。解决7位半劳动力或有劳动力但无法外出的贫困户就业问题，其中3位担任村内卫生保洁员，每人每月工资1500～2000元。帮助1户困难户解决信贷资金5万元；联系莆田金达伟德农业有限公司帮扶10户办理小额贷款；在对接福建天成新能源公司，力争小额信贷全覆盖。筛选建档立卡贫困户家庭成员情况，2017年新增3户6人的农村低保。与市区卫计部门沟通协调，对1户失独户纳入计生特别奖励扶助，每月领取社保金1100元。实施项目推动贫困村脱贫摘帽。对接市区帮扶挂钩单位，集思广益，精心策划项目4个：村内次干道拓宽硬化1.2千米；后郑山塘休闲旅游开发，占地约1.13公顷；修复建设村集体生态茶场6.67公顷；溪道整治（包括清淤、拓宽、人行道）约300米，项目的实施，将有力促进白洋村集体经济收入实现零的突破，同时促使村基础设施、生态环境较大改善，打造宜居家园。

【劳动保障】 2017年，凤凰山街道办事窗口服务群众223人，负责认定就业失业人员登记39人，办理城镇灵活就业人员养老保险申请55人，个人社会保障情况咨询服务135人次。城镇居民基本医疗保险参保人数16782人。

【计生服务】 2017年，凤凰山街道开展“健康零距离服务”主题工程和开展“家庭医生签约服务”。通过签约，街道社区卫生服务中心为居民家庭及其每个成员提供安全有效的综合医疗卫生服务和健康管理；居民不出社区就能得到常见病、慢性病诊治及健康咨询和指导。开展“两优惠民服务”主题工程，结合二孩政策的全面实施、高龄孕产妇急剧增加等实际，街道积极转变卫计服务模式，组织开展“优生优育·幸福家庭”惠民服务工程，将出生缺陷干预关口前移，将优生优育知识送进千家万户。开展“生育关怀关爱”主题工程，建立计生特殊、计生贫困家庭联系人制度，按照“3对1”模式挂钩帮扶26户计生特殊、计生贫困家庭，及时了解他们的生活、身体状况及利益诉求，及时将各级帮扶政策、扶助关怀活动等落到实处。开展“流口健康促进”主题工程，策划承办“新市民健康城市行”（莆田暨城厢在行动）启动仪式，通过组织开展健康促进宣传周等活动，组织医疗卫生健康专家进社区、进企业、进学校活动，持续推进流动人口健康教育和促进工作。

【城市管理】 2017年，凤凰山街道以“创建全国文明城市”为契机，围绕“宜居、宜商”目标，加大对辖区的卫生整治，确保“洁亮绿”常态化。制定辖区内所有开放式小区整治具体实施方案，排出具体时间表。由街道与各社区共同负责实施，做好宣传发动，组织街道干部、社区群众、志愿者、环卫工人等广泛参与小区整治提升活动。为提高创城宣传氛围，不仅在街道文化站、公园广场、社区小区、集贸市场、道路围墙、主干道电杆上全覆盖张贴“八不”行为规范、市民文明公约、社区居民公约等公益广告宣传内容；而且还组织全街道、社区干部职工、网格人员进社区开展创城宣传活动，实地入户走访，向市民发放《莆田市市民文明手册》，宣传创建全国文明城市的相关知识，征询居民对文明城市创建的意见建议。针对集贸市场及周边卫生脏乱差现象，街道增加环卫洒水车、清扫车每天机械化冲洗次数；增雇环卫工人，增加夜间保洁班次和清运次数，延长夜间保洁时间，垃圾日常日清；加强河面漂浮物打捞保洁，河岸杂物清理。并配合交警、城管等部门，加大力度整治车辆乱停靠、占道乱摆摊现象。

【党建工作】 2017年，凤凰山街道结合区委提出的“转作风、提效率，美丽莆田我先行”活动，着力加强对街道干部的教育管理，提高素质，提升形象。探索开展“主题党日+”模式。把主题党日活动作为开展党内经常性教育的有效载体，融入“三会一课”、组织生活会、民主评议党员、谈心谈话等制度，在街道31个党组织铺开。实施能力提升计划，开办周末大讲堂、干部素质讲坛，定期邀请知名专家学者到街道开展党章党规、法律法规、城市管理、群众工作方法、《美丽莆田行动纲要》等辅导讲座，有针对性地选派干部到先进地区学习培训，全面提升街道和村居党员队伍素质和服务能力，着力建立学习型党组织。创新学习方法和拓展学习渠道，将“微信+”与党员干部教育相结合，建立微信群，以消息推送、信息发布、留言互动等途径向广大党员干部宣传政治理论、党风党纪、经济管理等相关知识，进一步督促党员干部“学业务、学理论、增本领”。街道科级干部以上率下，坚持“从我做起、向我看齐、对我监督”，带头改进作风，围绕“三会”（每周一至周五早上碰头会、两委会、专题研究部署会），及时下基层协调解决问题。对街道机关干部进行优化组合，分工明确，责任到人。制定目标管理和绩效考核办法，实行“日考勤、周汇报、月评比”和“三挂钩”制度，即将考核结果与评先评优、奖金发放、后备干部推荐相挂钩。根据街道干部的不同阅历和特点，本着量才用人，扬长避短的原则，实行部门与部门之间的干部相互交流，培养专才和通才，对机关干部进行岗位轮换。以共性清单、个性清单、问题清单等“三张清单”为抓手，通过责任界定、机制推动、考核问责等措施，推动街道党风廉政建设工作深入开展，加强对党员干部的全程监督。开展廉政教育实践活动，挖掘本地廉政文化，广泛收集凤凰山街道历史人物廉德孝行的典故、家规、书画等素材，引导广大党员干部学习优秀传统文化。开展“抓党风、扬家风、树新风”系列活动、培育家规家训、村规民约示范点等形式，引导辖区内的党员干部树立良好家风，推动形成风清气正的社会风气。树立“勤政廉政好干部”和“优秀共产党员”勤廉典型。严格执行领导干部述职述廉制度、“三重一大”制度、个人重大事项报告制度、干部廉政谈话和诫勉谈话制度、廉政档案制度等制度。严格实行党员干部“一岗双责”，加强日常监督，推进责任落地生根。

（周馨恬）

霞林街道

【概况】 霞林街道位于城厢区东南部，总土地面积17平方千米。总耕地面积161.25公顷（其中水田149.66公顷，水浇地10.63公顷，旱地0.96公顷）；园地107.89公顷；林地69.95公顷，人均耕地面积0.006公顷。最低海拔50米以下，最高海拔277.9米，位于云洞山峰。气候属南亚热带海洋性季风气候；年平均气温20.2℃，年平均降雨量1200－1700毫米。主产蔬菜、水果、食用菌等作物；主要资源有以温泉为代表的地下水。街道办事处所在地沟头社区，距城区1千米。

截至2017年年底，霞林街道共辖顶墩、下黄、肖厝、坂头、屿上、木兰、铁岭7个村民委员会，霞林、沟头、棠坡、莆糖4个社区居民委员会，182个村（居）民小组，22个自然村。全街道总户数7217户，总人口29208人，农业人口15716人，非农业人口11583人；人口自然增长率5.97‰，人口密度为1605.82人/平方千米。

【经济建设】 2017年，霞林街道抓转型促升级，服务实体经济，稳住工业基本面，开展企业帮扶，培育资源节约型工业、休闲观光产业等新型经济，引进高新型、效益型企业，推行清洁生产。突出做好木兰陂、钟潭风景区建设，着眼培育“农家乐”、乡村会所、休闲运动场所等多种形式的乡村旅游经济，提升辖区第三产业比重和品质。坚持以高优农业为导向，发展壮大蔬菜、食用菌、水果、禽畜、水产养殖、花卉等产业。抓好动物疫病防控、森林防火和防汛抗旱等工作。是年，累计完成规模工业产值14.49亿元，完成年计划13亿元的111.50%。累计完成58亿元，完成年度计划60亿元的96.67%；累计完成限额以上批发零售企业销售额16.64亿元，同比增长5.01%，完成全年计划任务17.5亿的95.08%。累计完成限额以上住宿餐饮企业销售额1.8亿元，同比长38.08%，完成全年计划1.5亿元的122.74%。累计完成财政收入完成6.87亿元，完成年计划7.3亿元的94.11%。其中：国税完成2.34亿元，完成年计划2.61亿元的89.8%，比上年增41.3%；地税完成4.53亿元，完成年计划4.675亿元的96.9%。

【项目建设】 2017年，霞林街道突出项目为抓手，强化发展支撑。霞林街道建设美丽莆田行动计划重点攻坚项目16个，实现开工项目2个，竣工项目4个。

顶墩下黄片区　涉及红线外征迁户有224户全部丈量完成，原红线内385户原签约户完成签约382户，40幢旧房全部拆除到位。原110户未签约户签约65户，旧房基本签约拆除到位。

木兰大道一期工程　全部完成土地丈量和房屋征迁，仅剩铁岭村还一个宫庙未拆除霞林街道滨江北路：涉及91户土地和26户房屋丈量全部完成。

万达南片区改造　涉及房屋拆迁729户，完成丈量699户，完成率96%。

荔城大道—荔园路立体交叉工程　完成立交桥南面东侧7.2万平方米旧房征迁。南面西侧涉及棠坡上社民房11户完成丈量评估确认。北面西侧芭芘酒吧已评估，法院诉讼完成开庭。涉及坂头村城港大道两侧建筑物完成丈量评估，大部分拆除。

四条断头路打通情况　胜利路南伸胜利完成通车，延寿路南伸工程在正常施工，八二一大街南伸交付净地。学园路南伸仅剩1座宫庙未拆除。此外，城厢区医院病房楼建设在桩基施工，木兰大道支线工程交付净地，广化路完成放样，其他项目等有序推进。

【社会事业】 教育　2017年，办事处坚持把优先发展教育列入街道经济和社会发展总体规划，召开多次专题办公会议，研究解决霞林小学、下黄小学、坂头小学扩建工程等问题。面对辖区大部分是农村校这一现实，逐年加大教育投入，不断改善农村校尤其是基础相对薄弱学校的办学条件。霞林小学更名为霞林学校，建成为1所九年一贯制学校。截至2017年年底，辖区有公办中学1所，九年一贯制学校1所，公办小学6所，教育部门办幼儿园6所，民办幼儿园7所。幼儿园9所，小学6所，中学1所，特殊教育班2班，社区教育学校1所。学前三年教育入园率为93%，小学学龄人口入学率为99.85%、初中学龄人口入学率为98.66%、6～14周岁三类残疾入学率达到100%。小学年辍学率0。

文化体育　2017年，街道11个春风宣传文化中心都配置多媒体电教设备，先后建立育华小区、莆糖社区、金威豪园、荔景花园等全民健身场所。下黄村和荔景花园两个室外活动场所配置灯光篮球场和健身器材并免费对外开放。莆糖社区设有文化交流中心、老人活动中心、图书室，拥有路径健身器材，开辟居民健身舞蹈场所。有条件的村居跳广场舞、交谊舞。元旦莆糖社区举行游园活动，正月初二该社区十音八乐表演，元宵节该社区通过腰鼓队宣传计生国策。“迎中秋诗歌朗诵会”、农历十二月下黄村举行老年集体祝寿。组织热爱健身的居民参加市体育局举办的社会体育指导员培训，加强对民间艺术团体管理。至年底，街道有车鼓队7支，十音八乐队6支，女子腰鼓队2支，女子军乐队2支。

卫生　2017年，街道稳步推进环卫体制改革，成立国有保洁公司——莆田市木兰陂投资开发有限公司，招聘环卫工人235人，落实环卫办公场所，交接16部环卫机械试运行，扫把、畚斗、铁锹等环卫工具等易耗品到位。强化城市卫生管理，着力治理环境“脏乱差”，共清运生活垃圾4750吨。加大执法整治，加强市容秩序执法。共计组织开展交叉执法整治行动32次，劝导、制止纠正商家越门出摊占道经营256余处次，劝离、取缔流动商贩170处次。清理整治商家店铺卷帘门上各类“涂鸦”78余处，清除乱张贴“牛皮癣”2.5万余张，清除书写、喷涂“牛皮癣”1600余处。以荔园路、学园路、城港大道、莆糖路为主街面，开展市容秩序执法整治行动，下大力度整治卫生盲点、秩序乱点和交通堵点，着力改善城市交通卫生环境。完善城区16小时保洁机制，健全网格化、奖惩激励、经费保障等环境长效管理机制，城市和农村都设配备卫生保洁员，实现城乡绿化带和道路、河道和地面同步保洁，推进垃圾清运市场化。对城乡环境卫生综合治理情况实行“每天检查、每周通报、每月评比”。共建美丽乡村工作启动，完成北渠慢道二期河道景观工程，推进木兰陂水利公园建设，促进生态环境持续改善。

社会保障　2017年，街道做好便民窗口服务工作，优化便民措施。不断加大救助力度，全年共发放城市低保金750164元，农村低保金649288元，特困人员供养费648173元；共发放优抚等对象生活定期补贴经费1033664元（其中重点优抚对象679194元，60周岁以上农村退役士兵325590，春节及“八一”慰问18800元，门诊医疗补贴9900元）。为1名低听力患者助听器，向4名下肢严重残疾者赠送轮椅，为2名截肢患者免费安装假肢；为7人捐助辅助器具补贴，一户多残：73户，154人×100元。“居家托养”年省级2000元/人×13人＝26000元，市级2000元/人×19人=38000元，区级2000元/人×19人=38000元。无障碍改造省级1000元+市级3000元=4000元，共4000元/人×2人=8000元。“两节”期间、“全国助残日”“慈善慰问”等节日，共有41位贫困残疾人得到党和政府慰问；残疾人助学工程残疾人子女1个高中/中专×1000元=1000元，6个大专×1000元/

大学3人×3000元=15000元，为1位残疾人提供低息贷款；街道两委开展“助残一帮一”活动，挂钩帮扶23位困难残疾人。将符合城乡最低生活保障条件的困难残疾人列入城乡最低生活保障线，使残疾人的温饱得到保障；街道司法所为残疾人提供法律援助和法律服务，处理土地纠纷、民间借贷等案件，维护残疾人合法权益。

计划生育　2017年度（按计生统计口径）总人口29208人，育龄妇女7354人，已婚育妇5790人；共出生人口583人，出生人口性别比为113.5:100；死亡156人，自然增长率14.8.‰，死亡率为5.41‰。政策内出生571人，计划外上报121人，政策符合率为97.94%。加强社会抚养费征收，2017年度依法征收社会抚养费744732元，年度登记跨省流动人口13082人，省内流入人口5455人，跨省流动人口本地出生119人，本办流出人口1344人，协查反馈率100%。

维护社会稳定　2017年，接警6709起，比上年同期6265起上升7%；立刑事案件602起，比上年同期912起下降34%；破刑事案件290起，比上年同期283上升2.4%；起诉179名，比上年同期160名上升11.9%；查处治安案件858起，比上年同期978起下降12.3%。抓获贩毒犯罪嫌疑人29名、吸毒违法人员93名，强制隔离戒毒17名。社会治安巡逻逐步常态化，提高见警率、巡逻率，提升治安“大、防、控”水平。信访维稳共计化解29件，化解率85.2%。对“八类”人员和153名精神障碍患者、刑释解教对象全部稳控在家，实现零进京上访、零到省上访、零到厦门上访。检查各类企业26家，查封6家，处理3家，关停3家。道安整治摸底15处，整改5处。每月由霞林街道平安协会与派出所协作在各村（居）召开“警民恳谈会”“平安三率”等知识问答活动。接受宣传教育人数达4500人次，发放便民服务卡16000份，宣传单13000多份。全年共调处各类矛盾纠纷53件，调处率100%；接收社区矫正对象100人次，帮教在册刑释人员134名。

【安全生产管理】　2017年，街道调整充实安全生产工作领导小组，下设安全生产工作办公室和11个专项整治领导小组，进一步明确安全生产“党政同责”“一岗双责”工作职责，开展安全生产大检查和重点整治百日行动。街道联合派出所、工商所、“三合一”办，安办等部门对辖区内11个村（居）开展消防安全大排查、大整治专项行动，出动执法人员150多人次，共排查消防安全隐患188家，发出整改通知书98份，查封32家。同时，加强夏季消防安全与专项检查相结合，坚持严查严防严打，对“三合一”沿街店铺经营与住宿合用场所、劳动密集型企业、彩钢板建筑安全隐患，开展专项整治活动，至年底，出动执法人员160多人次，排查“三合一”78家，沿街店铺经营与住宿合用场所165家，劳动密集型企业41家，彩钢板45家，发出整改通知书89份，查封33家。开展危险化学品安全大检查，共检查辖区内31家油漆店，联合区安监局查封1家无证涂料加工点，1家油漆仓库，罚款2万元。对上年查到的雪津啤酒二厂、恒源制冰厂、龙升农副产品深加工冷冻库等3家涉氨企业继续跟踪，督促整改，先后配合市区安监局质监局执法多次，对1家场所给予停产限期整改并处罚2万元，1家场所给予限期整改，并及时把跟踪督查情况上报到区安监局。对辖区内的3家气体供应站、1家爱迪斯精细化工、4家加油站进行联合检查，发现安全隐患11条，下发限期整改单4份，整改到位。制定道路交通安全重点整治工作方案，向各村（居）下达街道道路交通安全工作责任状，配备村（居）及企业专兼职道路交通安全宣传教育人员，建立健全安全信息网络。运用多种宣传手段，在主要路段悬挂宣传横幅标语，开展送法进村、进社区、进校园、进单位。在全街道范围内开展道路交通安全隐患大摸排清查，同时依托干部进村入户等活动，摸排出事故多发路段数量4处、道路危险路段数量12处、道路低标路段数量5处、道路临水临崖路段数量1处。街道对排查出14处隐患路段进行分类整治，事故多发路段数量4处由区交警整治、危险路段11处由区住建局整治，对低标隐患路段21处，通过设立警示标志、树立广角反光镜、封闭偏僻危险路段等方式整改到位。排查整治车辆隐患，由街道综治委牵头，各有关部门、各村（居）委会负责，逐车逐人建立台账，填“低速货车、拖拉机、三轮车等车辆安全管理信息采集表”和“柴三机、拼组装等车辆登记表”形成档案资料。在此次重点整治行动中，在辖区内共排查出低速货车55辆，拖拉机19辆，三轮车18辆；签订安全承诺书38份，送整改通知书32份。

【党风廉政建设】　2017年，街道以机关效能建设为抓手，建立完善党政领导联系难点村、重点项目制度。继续推进机关便民服务中心规范化建设，开展“办事难、办证难”专项整治，完善即办制度和限时办理承诺制度和落实一次性告知制度。抓好村级组织换届工作，成立领导小组，制定工作方案，召开动员大会，层层部署级级落实，加强指导，强化督查、严格程序，严肃纪律，全街道11个村（居）全部完成党支部和村委会换届，完成率100%。继续开展后进村党支部整治和“基层党建工作示范村”创建活动，推行“网格化管理、组团式服务”工作，不断增强村级组织凝聚力与战斗力。组建莆田市亿达电力工程有限公司、易汇融（福建）网络服务有限公司党支部，不断扩大党建覆盖面。开展在职党员深入社区服务群众活动，为困难群众排忧解难。推行发展党员民主测评推荐和差额考察确定入党对象制度，试行干部亲属入党报告制度，共培训入党积极分子65名，发展党员20人。推进农村党员远程教育活动，对11个村居远教设备进行全面更新升级。发动广大党员订阅使用共产党员微信、易信，使之成为宣传党的政策、传播党的思想、开展党性教育、引领社会风尚的平台。坚持“一岗双责”，贯彻落实党风廉政责任制，扎实推进惩防体系建设，强化党员干部监督力度，进一步严肃党的纪律，共给予党政纪处分8人，问责2人，予以停职处理2人。加强村级集体资产资金监管，清理违规费用支出。畅通监督渠道，加强社会监督，实行网上公开，自觉接受党员和群众的民主评议。做好“12345”投诉平台工作，接受群众投诉1543件，处理与流转达100%。全面推行党务、政务、财务公开，加强公务车辆使用管理，未发现违规用车和公车私用等行为。

【网格化基础建设】　2017年，街道辖11村（居）约4.2万人（其中常住人口2.7万人，流动人口近1.5万人），以霞林社区为试点，全面推进各村居网格化建设与运作。街道综治办牵头，各村居在人力、物力、财力给予大力支持，有效解决网格点选址、平台建设、队伍整合、经费筹集等问题。截至年底，建立6个网格站，6个网格站总投资万元，每个网格站配备网格管理员员5人，网格巡逻员6人，摩托车1部，电脑5部，和其他的办公设备等等。网格站布局与规模初步形成。构建以街道综治委牵头、公安民警为主力，群防群治力量为依托的治安立体防控新体系。街道共采录流口14560条，单位管理2560条，出租屋5302条。

【千名干部进村户】　2017年，霞林街道开展“千名干部进村户，排忧解难保平安”活动，为有效开展综治平安宣传入户活动，设计制作5500个平安宣传购物袋、1500把宣传雨伞和20000张平安常识宣传单，由各村（居）区直挂钩部门科级干部、街道挂钩干部、包片工作队、包组干部等开展第一期入户宣传，收集民意民情、化解矛盾纠纷，引导群众对平安建设必要性的正面认识。同时，街道成立由党工委书记任组长，街道综治副书记与纪工委书记任副组长的活动督导小组，促进活动优质优良地开展。在第一期活动开展结束后，街道经过研究，决定加大宣传投入、再采购活动纪念品用于攻坚阶段的平安宣传。规范化开展警民恳谈会，有效铺设群众与公安干警之间的沟通渠道，及时了解化解群众反映的难点热点问题。有针对性地开展沿街店铺宣传入户工作，组织流口协管员、结合出租税务征收等工作。截至年底，街道入户宣传5000多户、入户率97%，发放宣传单8500多张、平安纪念品5000多份，并在村（居）主干道、村务公开栏、人群聚集区、商住楼盘与安置区各楼道口等显眼位置粘贴6000多张平安友情提示。

（谢赛梅）

华亭镇

【概况】 华亭镇位于城厢区西部，南北长133千米，东西宽13.1千米，土地总面积174.23平方千米，耕地总面积13125.13公顷，人均耕地面积0.12公顷，最低海拔6.8米，最高海拔768米，位于紫微山峰。属亚热带气候，年平均气温20℃，年平均降雨量1524毫米，主要农作物为水稻、花生、大豆、番薯等，矿产资源有花岗石、非土、铅钒土、石英等。镇政府所在地位于华亭社区，距离城区1400千米。华亭镇共辖华亭、霞皋、南湖、郊溪、兴沙等34个村民委员会，1个社区，297个自然村，448个村民小组。全镇总户数35068户，总人口117460人。其中男58682人，女58778人，农业人口108386人，非农业人口9074人，人口密度674人/平方千米。人口总数占全区的1/3左右，是城厢区的人口大镇、工业重镇、重点侨乡、水果之乡，是省级经济开发区、农民创业园所在地、莆田市小城镇综合改革、“幸福家园”建设的试点镇，是一个以半山区为主的乡镇。拥有龟山寺，西冲岩、酒池寨、将军岩、钱碑故址等名胜近20处，横贯莆田市的母亲河木兰溪中段全境通过，沿途遍布新石器时代、汉唐之前的古迹遗址10处之多，是居山大名果之首的龙眼（桂圆）的全国乃至东南亚地区的干果集散地。自古为陆路通往岭南地区的咽喉要道。著名的白石港码头、盐仓巷码头直接诠释3000多年前的木兰溪中段地区的文赋里文明盛况。又是莆田范围内数一数二的侨乡。同时也是发展闽台文化的较佳区域。宽广的福厦324国道全境通过，高质量的莆永高速路已经通车，木兰溪治理工程正在开展，这里区位优越，植被丰茂，山水相依，环境优美。先后荣获全国人口计生服务示范站、福建省绿色乡镇、生态乡镇、人口计生依法行政示范镇、莆田市人口计生优质服务一类乡镇、市级先进基层党组织等荣誉称号。

【经济建设】 2017年，财政收入完成3.35亿元，完成年计划的81.6%，比上年降5.1%；规模以上工业总产值完成200.76亿元，完成年计划的100.4%，比上年增11.3%；固定资产投资（含华林开发区）完成33.76亿元，完成年计划的102.3%，比上年增47.4%；限上商贸企业销售17.12亿元，完成年计划的100.7%，比上年增17.9%。

【工业】 2017年，全镇规模以上工业总产值完成200.76亿元，完成年计划的100.4%，比上年增11.3%。

【农业】 2017年，华亭镇推进设施农业、休闲农业建设，引进利农现代农业综合园、绿丰花卉苗圃以及城厢花卉世界等农业产业类项目。园头村66.67公顷承包经营土地进行统一流转，并投产，创出多赢的土地流转开发“利农模式”。城厢花卉世界一期完成建设，成功举办莆田首届月季花展览会。利用全省农村产权融合发展试点镇有利契机，通过开展“花果华亭·四季采摘”美丽乡村游系列活动，引进乡村旅游的新业态，开辟集采摘、购物、休闲、养生为一体的精品“一日游”线路，先后开展了杨梅、火龙果、百香果、葡萄等系列采摘活动，每周吸引1000多名游客来华亭采摘体验。推广名、特、优、新水果品种，新增晚熟龙眼基地6.67公顷。云峰、涧口龙眼产业园也在调研，拟流转龙眼133.33公顷进行统一管理，做优做大华亭桂圆招牌。

【商贸服务业】 2017年，全镇限额以上商贸企业销售17.12亿元，完成年计划的100.7%，比上年增17.9%。鞋服、食品、电子、工艺美术四大产业进一步集聚与发展，现有中国驰名商标1个、福建省著名商标12个、名牌产品10个，国家级高新技术企业5家、省级品牌企业7家，食品类上市企业（天怡农业）1家，文化类世界吉尼斯纪录1项（清明上河图木雕）。华林经济开发区2.5产业初具规模，规划建设华林国际电商城、复茂文化创意中心、易太零售配送中心、合众天成仓储物流基地，奔驰、奥迪、福特4S店等8个产业示范点。

【惠民实事】 2017年，华亭镇统筹城乡发展和落实美丽乡村“一事一议”等政策，积极向上级争取财政奖补项目资金2600万元，建成一批休闲公园、景观绿化、水利排洪、路灯、污水、电力设施等。

【脱贫攻坚】 2017年，华亭镇通过采取结对挂钩、企业帮扶、搭建爱心平台、小额信贷、培训就业、产业发展、健康扶贫等措施，实现135户423人脱贫。其中，开展“结对帮亲、精准扶贫”活动，48名镇村党员干部、88名社会爱心人士、18家区直单位以及23家企业与贫困户结对帮扶，实现全镇265户贫困户结对帮扶全覆盖；成立的华亭爱心帮帮团微信平台，共筹集资金58万多元，每个月通过爱心超市平价购买花生油、米粉、大米、棉被等日常用品，基本保障贫困户吃穿不愁。全市精准扶贫现场会两次在华亭召开。提前实现建档立卡贫困户258户797人的人均收入全部超过脱贫标准，五云、隆兴等2个贫困村成功摘帽。

【科教文卫发展】 2017年，华亭镇先后共投入教育资金1000多万元，组织完成莆田十二中扩建约2.67公顷的民房拆迁和旧中心小学搬迁、华亭第一中心小学2公顷新校址、山牌路西小学1公顷新校址等批地和征地、华林学校4公顷新校园征地和拆迁、华亭卫生院2公顷扩建征地等。全力支持莆田第十二中学结合60周年校庆契机，申报省一级，打造华亭教育品牌。卫计工作扎实推进，成功引进社会资本参与华亭镇卫生院改革，开展卫生乡镇和卫生试点村创建，建立医疗电子健康档案，继续保持市计生一类先进镇。持续办好区青少年校外体育活动中心、镇综合文化站，提升各村“春风文化中心”建设。

【社会保障】 2017年，华亭镇多途径筹集资金，广泛开展访贫问苦、送温暖解忧难和资助入学、帮助弱势群众等活动，落实最低生活保障制度，抓好新型农村合作医疗和农村养老保险工作，新型农村社会养老保险缴费率97%以上，农村合作医疗缴费率达100%，农村群众“病有所医，老有所养”问题有效缓解。促进再就业政策，及时妥善处置劳资纠纷，切实维护辖区务工人员合法权益。

【生态环境整治】 2017年，华亭镇结合创城工作，全面全域推进共建美丽乡村建设，环境卫生整治有力推进，历史垃圾全面清理到位，农村环境面貌明显改善，群众素质明显提升。养殖场、石板材等专项整治顺利推进，全市共建美丽乡村现场会在华亭镇召开。全面推进“河长制”工作，全镇大小河流有“河长”，设置河长办，并配备河道专管员巡查队伍，全方位加强河岸管护。深入开展“五水共治”，西湖溪、前柳溪整治工程全部完工，长岭溪也在加快建设。隆兴16千米、云峰二期8.7千米、西沙下在污水管网建设均完工，郊溪、霞皋、后角、兴沙、湖头、前黄6个村农村污水三格池改造均开工建设。

【幸福家园建设】 2017年，华亭镇11个村列入市级“幸福家园”试点村，逐步形成一镇、三片、十一村的格局，创造“土地整治拆旧建新、土地流转建设现代农业园、拆旧腾地规划再利用和中心村党委辐射带动”等4种模式。先后完成涧口、隆兴、云峰、后角共26.52公顷拆旧复垦项目的验收，指标以每亩37万元～43万元转让，获得1.3亿多元的资金，五云、宫利、前柳、万坂约13.33公顷新一批拆旧复垦项目完工，在市、区级验收阶段。涧口、云峰等村的“幸福家园”建设成为全市样板村，全市现场会在该镇召开。

【基础设施建设】 2017年，华亭镇重点项目建设持续加快，木兰溪防洪工程华林段完成全线120公顷征地，华亭段全线11个村完成征地112公顷。木兰大道一期涉及本镇全线7.9千米，5月全线实现提前交地，红线内8.12万平方米房屋完成拆迁，三个标段在施工、进展顺利；5个安置区也在有序推进。后枫、坪板、西许等3个安置区动工建设，兴沙、樟塘等2个安置区在设计和预算。木兰大道三期涉及镇6个村7.7千米，成立指挥部，并开始征地。灵华线开工建设，与天龟线连接的龟山路近期也开始征地。市政配套设施加速推进，向上级争取1.5亿元小城镇建设资金，拓宽建设约7千米的濑榜公路、新建跨木兰溪的2.3千米三紫路、1千米多的溪滨路，并配套建设了雨污水、路灯、道路安保、绿化、停车位等工程，为形成集镇区以濑榜路、三紫路两条“发展轴”奠定基础。

【城建项目建设】 2017年，华林经济开发区亚明食品、新步鞋业、万升鞋业、贺喜科技、庄严苑、腾飞工艺等16个扩建工业项目全部完成供地。向上级争取前期项目资金，保障地块收储需求，已审批收储湖头、前黄2个村的三紫片区一期19.73公顷、集镇商贸中心5.67公顷、山牌片区1.13公顷的经营性地块，西许片区3公顷收储地块取得省国土厅审批。房地产投资较快增长，商住楼盘实现“零”的突破，信和源·华亭、万信新城主体竣工初验，5月巨岸集团也竞得PS拍－2017－09号三紫地块。

【综治平安建设】 2017年，华亭镇开展“千名干部进村户、排忧解难保平安”活动，有效提升“平安三率”。推行网格化服务管理，加强治安巡逻和打击“两抢一盗”力度，在福厦路和濑榜路沿途、华林经济开发区和镇政府周边及村居主干道旁架设400多个电子高清探头，基本实现村居电子警察全覆盖。对生产经营场做好造册建档，加强隐患监控，坚决杜绝“三合一”现象。健全镇、村两级维稳网络，加强矛盾纠纷的排查调处力度，开展矛盾纠纷排查调处工作，不断健全“大调解”工作机制，落实信访“路线图”“六定四包”等工作机制，最大限度地减少信访突出问题和群体性事件的发生，基本实现小事不出村、大事不出镇。深化社区矫正工作，未发生一起重新违法犯罪，实现法律效果和社会效果的有机统一。注重民风社风引导转变，组织南湖、后角等村举办“最美家庭、星级家庭、平安家庭”“好婆婆、好媳妇、好兄弟”评选活动，举办云峰村“庆国庆、迎中秋”、综治平安建设主题晚会等，以党风带政风促民风社风的持续好转。

【安全生产】 2017年，华亭镇开展“道路交通安全整治”活动，加大隐患排查力度，投入1000万多元，完善福厦路、濑榜路、三紫路和农村主干道道路安保设施，查处各类交通违法行为4700余起，安全生产指标全部下降，道路交通死亡人数大幅度下降。结合“六打六治”专项行动，统筹开展危险化学品、建筑施工等19个安全生产专项整治，持续组织对全镇辖区内无证非法采矿进行严厉打击。督促整改“三合一”场所157家，查封52家，取缔无证企业6家。落实森林防火责任制，确保人民生命财产和森林资源安全。

【基层党建】 2017年，华亭镇政府恪守法律底线、弘扬法治精神、依法履行职责，自觉接受人大、政协及社会各界监督，办理人大建议、意见23件，通过政协联络室向上提交建议意见20件。完善政府法律顾问制度，落实行政执法责任制，执行权力清单、责任清单制度，依照法定权限和程序行使权力、履行职责。继续推进政务公开和政府信息公开，推动行政权力公开透明运行。开展“转作风、提效率、美丽莆田我先行”主题实践活动，践行“马上就办”，梳理公布镇级部门“一趟不用跑”和“最多跑一趟”办事清单，作风建设不断增强，完善镇便民服务大厅建设。加强政府绩效管理，完善电子政务平台，强化政府信息公开，健全保密审查机制。组织“进村入户”大走访，提升为民服务的主动性和实效性，镇村干部共走访农户9786户，73名镇机关干部重点联系党员、村民代表、困难群众900多户。持续办好“华亭夜校”，组织学习廖俊波先进事迹、《将改革进行到底》等，邀请专家学者等就当前安全生产、防汛备汛等中心工作进行专题培训，提升基层干部服务发展能力。推进“两学一做”学习教育常态化制度化，落实“三会一课”制度，结合当下中心工作开展内容丰富的党支部主题党日活动。“两学一做”学习教育在全市会议上作经验交流。“七一”期间，通报表扬一批“勇于担当好团队”“乐于奉献好先锋”。执行中央“八项规定”，着力构建廉政风险防控长效机制。加强农村“三资”管理，做好招投标和审计工作，严格控制行政成本和“三公”经费支出。治理“中梗阻、庸懒散”，行政撤职1人，效能告诫、诫勉谈话7人，进行谈话提醒、教育诫勉，把问题消除在破纪之初、违法之前，运用“四种形态”处理54人次。坚决惩治腐败，严明纪律，共查处案件21件，处分21人。

（郑英杰）

常太镇

【概况】 常太镇位于城厢区西北部，南北长18千米，东西宽16.3千米，总面积201平方千米。土地总面积16186.67公顷（其中耕地500公顷，山地15073.33公顷，果地4854.33公顷），人均耕地面积0.01公顷，复种指数100%；人均山地0.39公顷，森林覆盖率87.3%。最低海拔80米，最高海拔832.6米，位于古山尾。主产枇杷、龙眼、橄榄、香蕉等作物。气候属南亚热带海洋性季风气候；年平均气温17℃～20℃，年平均降雨量1446毫米。主要矿产资源有铁、镍、蛇纹岩、滑石等，镇政府所在地常太村利洋1号，距城区14千米。常太镇有光荣的革命历史，为闽中革命根据地之一，有老区基点村27个。其境内山峦起伏，著名的东圳水库（莆田新24景为圳湖映碧）横卧境内，还有国家级森林公园九龙谷AAAA级风景区（莆田新24景为龙谷奔泉）。

全镇共辖松峰、利车、照车、东太、东青、山门、汀洋、侯山、常太、坑洋、霞山、渡里、金川、马院、党城、顶坑、外东坪、内东坪、南川、过溪、下莒、埔头、溪南、溪北、山坑、洋边、长基、岭下等28个村民委员会，320个村民小组，246个自然村。

2017年年末，全镇总户数11763户，总人口44952人，其中：男22869人，女22083人；农业人口43544人，非农业人口1408人；少数民族（畲族为主）人口1042人，占总人口的2.32%。人口密度为223.6人/平方千米。

【经济建设】 2017年，常太镇围绕保投入、保增长、保民生、保稳定，克服资源环境要素的制约，坚持东圳库区生态环境保护与开发并重的总基调，立足山区、库区、老区的实际，以建设美丽常太、和谐库区为目标，团结带领全镇广大干部群众，凝心聚力，迎难而上，各项工作取得良好成效。是年，地方财政收入1624万元，地方财政支出1588万元；年末各项存款余额5.63亿元，人均存款11994元；全镇固定投资累计110927万元；社会消费品零售总额39538万元；农民人均纯收入16673元。

【工业】 2017年，常太镇工业企业1家，院里水力发电站，装机容量4660千瓦，年发电总量

950万千瓦时，产业工人12人。

【农业】 2017年，常太镇农业总产值3.1亿元。全年农作物总播种面积610.53公顷，其中粮食播种面积196.27公顷，产量1107吨，亩产376千克（水稻156.87公顷，产量948吨，亩产402.9千克；小麦25.93公顷，产量113吨，亩产290.5千克；豆类12.07公顷，产量36吨，亩产198.9千克；甘薯1.4公顷，产量10吨，亩产476.2千克）。蔬菜336.73公顷，产量5880吨，亩产1164.1千克。花生71.67公顷，产量209吨，亩产194.4千克。油菜籽2.4公顷，产量6吨，亩产166.7千克。全镇水果种植面积4583.53公顷，其中枇杷面积4015.53公顷（品种有解放钟、早钟6号、白梨、贵妃白梨、亚舜本），产量7852吨；龙眼面积193.33公顷，产量503吨；橄榄面积186.67公顷，产量735吨；香蕉面积126.67公顷，产量633吨；其他水果61.33公顷，产量167吨。油茶产量55吨。中草药材面积8公顷，产量6.5吨，亩产54.2千克。

【社会事业】 科技 2017年，常太镇在抓好枇杷传统产业的同时，调整产业结构，积极引进发展生态农业。嫁接“贵妃”“香妃”等白梨枇杷33.33公顷，引进高效无土蔬菜栽培技术在过溪村建立生产基地，引进中药材“金线莲”项目在外东坪、渡里村建立种植基地，引进红豆杉在党城、南川村试种成功，并逐步扩大面积。推动光伏发电产业发展，多次与上规模的光伏发电公司洽谈，引进光伏发电产业。对接产业，加强农民劳动技能培训，经常性组织村农技员参加远程教育技术培训和农业技术知识培训，全年参训600多人次。

教育 2017年，常太镇有4所完全小学，9个小学教学点，1所独立中心幼儿园，10所公办幼儿园。2016－2017学年，全镇适龄儿童入园率达98.9%，小学学龄入学率为100%，初中学龄儿童入学率为99.6%，初中年辍学率0.6%；6～14周岁三类残入学率100%；教育资金到位率为100%；开展金秋助学活动，召开庆祝第33个教师节表彰大会，表彰奖励优秀教师12人、优秀班主任6人、优秀教育工作者5人。

文化体育 2017年，镇辖区内有1个镇级农民文化广场和6个村级农民文化广场，农家书屋28个，每个村都设有文化专栏，塑胶篮球场2个，普通篮球场5个。举办各类文体活动，丰富群众文化生活。集镇成立两支广场舞队，各村也相应开展老年人广场舞活动；春节期间，各村举办篮球、拔河、象棋等比赛；元宵期间，各村开展多种多样的“跳棕轿舞”、车鼓队、游灯、十音八乐等闹元宵活动。全镇有省级文物保护单位1个、市级文物保护单位2个、区级文物保护单位1个、文物点1个，市级非文化遗产（常太山歌－俚歌、方氏家酿）2个。

卫生 2017年，推进乡村卫生服务一体化建设，完成6个村的卫生所标准化一体化建设，9个村正在施工。新型农村合作医疗群众参合率达100%以上，组织妇女免费参加“两癌”检查1000多人次。常太卫生院推进医药卫生体制改革，开展健康档案建立、健康教育、老年人、慢性病、防疫、儿童保健、妇女保健等工作管理的基本公共卫生，督导和考评村卫生所标准化建设，定期举办乡村医生业务培训。开展食品安全进农村、进学校、进生产经营单位宣传活动，举办食品安全知识培训会，成立专项检查小组，与工商部门、卫生部门密切配合，排查食品加工小作坊、食杂店、小摊贩、餐饮店93家，督促整改餐饮店食品卫生隐患9条。强化校园及周边食品安全专项整治和旅游景点食品安全专项整治。制定严厉打击销售病死猪及制售病死猪肉产品专项整治行动工作方案，建立生猪屠宰基本台账，严把生猪产品质量安全关，严打私屠滥宰违法行为，确保生猪屠宰人员100%持证上岗。

广播电视 2017年，开展数字电视试点推广工作，整转莒溪、常太等11个村1875户数字电视用户，新增光节点5个。数字电视用户4478户，户户通电视入户3280户；实现广播村村响。

计划生育　2017年，办理独生子女父母光荣证34件，为9974人计生户办理免费参加农村医疗保险、为3383个计生户办理补助缴费新型农村养老保险、发放生育关怀重点对象慰问金39户19.5万元、生育关怀金秋助学金59人3.75万元、计生幸福工程款16户46万元、小额贴息贷款28户96.5万元。

社会治安综合治理　2017年，成立网格化管理服务中心，加大社会治安巡防和稳控力度，实现全镇自然村巡逻全覆盖，违法犯罪案件持续减少。成立网上大调解中心，落实信访“路线图”“六定四包”等工作机制，完善领导干部接访、约访、下访和领导包案制度，坚持每月15日开展“大接访”活动，公开接待受理群众反映的热点、难点问题和涉法涉诉问题，一些复杂的信访积案逐步化解。创新农村纠纷调解工作机制，农村民间纠纷调解实行以案代补政策，在区政府补助比例1:0.5的基础上，把补助标准提高到1:2，促进农村纠纷调解工作开展，共成功调解案件123件，发放补助金额3万多元，确保农村纠纷不出村。

【安全生产】　2017年，常太镇开展安全隐患排查整治，组织镇16个安全专项检查组开展经常性安全生产大检查，出动人员93人次，检查生产经营单位75个次，督促整改安全隐患23条，全镇安全生产没有发生一起较大以上事故。

【旅游发展】　2017年，常太镇依托资源优势，发展乡村生态旅游，第三产业蓬勃发展，以九龙谷AAAA级景区为龙头、岭下村、马院村为支点的全域旅游初具规模，年接待旅客近100万人次，转移就业人数1000人。九龙谷国家森林公园全力实施龙门湖景观改造和飞凤漈片区开发建设，年接待游客达50多万人次。实施“幸福家园”马院村“缤纷四季乐享马院”福建亲子游第一村品牌和“美丽乡村”岭下村“浪漫田园、爱在岭下”婚庆婚恋摄影采风基地及外东坪村“休闲体验农家乐”等项目。举办“绿色常太　健康出行”自行车环库骑行活动。不断挖掘开发洋边、侯山、渡里等老区红色旅游资源和生态农业休闲观光游资源，岭下村建成东圳移民精神展示馆，马院村建成闽中游击队革命展览馆，实现优秀传统文化与乡村旅游的有机结合。

【民生保障】　2017年，常太镇共有农村低保130户273人，全年发放低保金768144元，五保对象59人，全年发放“五保”金额570024元。孤儿5人，全年生活补助54000元。农村籍60周岁退役士兵215人，全年发放生活补助366855元。在乡老复员军人9人，全年发放生活补助150384元。带病回乡退伍军人19人，全年发放生活补助142101元。参战退役人员32人，全年发放生活补助271123元。抗美援越铁道兵29人，全年发放生活补助168421元。“五老”人员3人，全年发放生活补助37620元。全镇范围内机关、企事业单位干部、职工全部纳入医疗保险范畴，参保率100%。推进企业退休人员管理服务社会化工作，对企业退休人员情况建立台账纳入管理。新型农村社会养老保险金缴费率97%以上。残疾人一级重度136人，发放护理费、生活补助费24.48万元；残疾人二级重度263人，发放护理费、生活补助费31.56万元；一户多残90户，发放生活补助费20.34万元。

【东圳水库湖滨缓冲带治理工程搬迁】　东圳水库湖滨缓冲带治理工程搬迁项目，是市委、市政府2014年为民办实事重点项目之一。截至2017年年底，东圳库区一级保护区搬迁工程基本完成土地丈量工作，丈量田地、果林面积约763.07公顷，发放土地补偿款39113.75万元；完成丈量649户，占拟搬迁房屋户数的

98.2%，签订房屋面积确认书594户，完成丈量户数的91.37%，确认房屋面积191413平方米；完成签约户数585户，签订产权置换协议书的搬迁户446户，占拟搬迁房屋户数的67.47%，安置面积130897平方米；完成拆除的搬迁房屋有570户，占完成签约户数的96.19%，拆除总建筑面积142446平方米；安置区选房的搬迁户中需补交安置房补差款的户数共453户（446户产权安置分户后为576户），需缴纳金额2093.38万元，完成补差款交款的共有441户，缴纳金额1999.81万元；完成安置区选房的搬迁户中需指挥部退回安置房补差款的户数共121户，总金额1878.18万元，全部发放到位。安置房建设完成1#～23#楼主体结构封顶，其他基础设施基本完工。退耕退果还林项目有序推进，2017年实施7个标段，完成退耕退果还林206.8公顷；完成中央财政天然林停伐管护1054.27公顷，补助资金23.72万元。

【生态环境保护】 2017年，常太镇运行东圳水库常太截污工程3个泵站、11.3千米主管网、4.2千米收集支管和5千米毛细收集管，并对3个泵站进行清淤维护。全面推行“河长制”，建立健全长效机制，不断完善饮用水源保护区内环境风险管理。投资750万元建设农村公厕50座，投资620万元的集镇垃圾转运站项目完成规划设计、相关设备采购，土建部分完成财政审核和招标工作。库区生活污水治理完成28个村1:500地形图测绘及11个污水建设村三格式化粪池普查摸底工作。基本完成长基、东青、东太、松峰、常太村污水管网工程建设并投入使用，总造价1600万元。引导果农科学施肥，有效防止枇杷面源污染。开展畜禽养殖场巡查整治“回头看”活动，在3个警务室和相关路口设卡检查，与东圳水库管理局联查联动，防止养殖业反弹及复养，加强库区巡查，及时劝阻、制止复养行为，共组织综合执法行动4次，依法对4家养殖复养户采取强制执法，共拆除养殖场舍约1300平方米，收缴统一变卖处理生猪200余头，山羊60余只，严防回潮现象。共排查9家石材加工场，淘汰黄标车3辆。全镇28个村全部开展生活垃圾集中整治，保洁覆盖面由原来的环库路主干道提高到全镇所有主道、村道、小组及居民聚集区，达60万平方米，新增1辆公路清扫车，2辆垃圾清运车，机械清扫率达40%，保洁机制日益健全，基本达到日常农村生活垃圾日产日清要求。加大环卫人员和环卫设施投入，现有保洁人员146名，采购1000多个移动式垃圾箱。

【城乡一体化】 2017年，常太镇第二批“幸福家园”试点村马院村完成村道建设、土地复垦种植、跑马场整改验收、革命遗址修缮及展馆预排设等，村庄污水管网建设项目图审正在预算，院里溪整治景观工程建设项目和忘忧谷景区售票服务中心在建设；第三批“幸福家园”试点村岭下村完成过池老人休闲广场、武埕休闲公园项目、农民健身路建设工程（五期）、乡村休闲公园提升、美丽乡村水毁工程、生态停车场等建设。东青村完成进村道路、环村路灯、文化活动中心等基础设施建设，景观湖、生态农庄等6个项目在设计当中。下莒村结合休闲旅游元素，着重建设“一区、一街、一水”，完成河道护岸景观绿化、污水收集管网、排洪沟整治、进村道路绿化、沿街立面改造、沿街环境综合整治、河道亮化等工程建设；发放旧房补偿款410万元，拆除旧房56户，平整土地2.13公顷，建设新农村集聚区，并接受九龙谷国家森林公园辐射，建设旅游休闲一条街；保护好青山绿水，结合莒溪河道整治，建设沿岸步游长廊和水上乐园。

【基础设施建设】 2017年，常太镇财政奖补一事一议“美丽乡村”建设项目6个，总投资204万元。建设岭下、马院美丽乡村示范工程，推进全镇美丽乡村建设纵深发展。加强水毁道路、桥梁等修缮建设，投资398万元修复损坏公路30多处。推进项目建设，共有各类项目107个，总投资4271.27万元。

【精神文明建设】 2017年，全镇28个村共有省级文明单位4个、市级文明单位7个、区级文明单位6个，马院村被评为全国文明村。开展“星级文明户”创建活动，农户参与率达98%。岭下村东圳移民精神展示馆和马院村闽中游击队革命展览馆相继投资建设，与洋边村闽中游击队革命展览馆一块发挥阵地作用，开展社会主义核心价值观、爱国主义教育和道德实践活动；东青村挖掘出一批距今3000多年夏商时期原始瓷、石矛和石锛，是莆田境内首次出土原始瓷，填补福建省瓷文化考古空白，对深入研究闽文化具有极高的学术价值。

【共建美丽乡村】 2017年，常太镇推进美丽乡村建设，共拆除、推平旱厕2300座，组织开展野广告专项整治行动，整治拆除不规范户外广告9家。垃圾整治制定“每日专职巡查、每周镇环卫办抽查、每月镇考评通报，每季度小结，年终总评的方式”的检查考评机制，使卫生督查常态化、工作经常化。发放《爱我家乡·美化家园》为主题的共建美丽乡村倡议书1万多份到各家各户，在4个示范村统一制作共建美丽乡村宣传公开栏，在东太桥头建设大型三面滚动式电子广告宣传栏，投入48万元编制宣传设计方案，在环库周边14个村绘画文化宣传墙。马院村获省级美丽乡村文明创建示范村称号。

（蔡仲清）

灵川镇

【概况】 灵川镇地处城厢区南部，东与秀屿区笏石镇、东庄镇接壤，南濒临湄洲湾内海，西与东海镇相邻，北与华亭镇毗连。总面积56平方千米，全镇有山地3200公顷，耕地1546.67公顷。海岸线长13.71千米，海堤总长12.01千米，滩涂浅海面积820公顷，淡水域面积91公顷。紧邻秀屿深水码头；建成的福厦高速、沈海高速、向莆铁路港湾站，在建的滨海大道、联十一线等交通大动脉横贯境内，域内交通主干道笏枫公路拓宽、灵华线正加快规划建设。境内山海田具备，土地肥沃，盛产甘薯、花生、大豆、四季蔬菜等。山峦叠翠，山源自壶公山脉，主峰海拔771米，大小山峰16座。滩涂和浅海面积较大，海域资源丰富。

名胜古迹众多，内有东进村后院山新石器、宋代陶器、紫璜山明朝抗倭烽火台和笼口山古窑址等景点；有省级文物保护单位唐代东汾五帝祖庙、清道光五年（1825年）壶南书院、清云寺和灵岩殿（俗称岩头庙）等名胜古迹。有传统“化船”仪式、闹元宵、“游灯”、演社戏等地方民俗风情。涌现出明代状元柯潜、清代抗粮抗捐组织者黄濂、为中国核工业发展做出重大贡献的高级工程师王正杰、国家卫星海洋应用中心副总工程师林明森、运动健将肖舜娥和“革命烈士”黄金洪、黄凤金等人物。至2017年年底，下辖14个建置村、1个社区。共设基层党委3个、党支部25个，党员2128名。先后被评为“全国亿万农民健身先进镇”“莆田市农业产业化先进乡镇”“省级生态镇”等称号，下尾村被誉为“中国花蛤之村”，下尾村党委被评为“省级先进基层党组织”。

【经济发展】 2017年，镇党委、镇政府主动融入湄洲湾港口城市中心城区核心区建设大局，着力建设乡村休闲旅游度假基地：以径里休闲垂钓，桂山农业观光，下尾特色海鲜餐饮，书峰海边宿营，五帝庙两岸宗教文化体验，台兴现代食品园参观等“四村一庙一园”为主题的旅游圈，围绕“三横三纵”的路网格局和产业布局，向“打造生态宜居新灵川，建设美丽城厢示范镇”迈进。是年，全镇生产总值完成84.7亿元，增长12.8%。农林牧渔业总产值完成9.60亿元，增长9.3%；规模以上工业产值完成70.1亿元，增长19.8%；全社会固定资产投资完成21.6亿元，增长170%；财政总收入完成10625万元，增长7.3%。太湖园区规模不断壮大，华源纺织城提质增量；以天喔食品、台兴食品、蛤老大、金山辣木等龙头企业带动，食品产业初步集聚；结合区位优势促进第三产业发展，初步形成乡村旅游、生态休闲旅游业。

【工业】 2017年，太湖园区规模不断壮大，项目增至33个，其中投产24个，在建9个。是年园区规模以上企业工业总产值完成70.1亿元，完成年计划的108%，指标完成情况位列全区第一；固定资产投资完成20.1亿元，完成年计划的100%。华源纺织城、韩廷药业、荔城纸业、富隆达等项目加紧建设，华阳鞋材、立翔体育、嘉豪实业等5个项目完成征迁。

【第三产业】 2017年，灵川镇结合各村区位资源优势，发展休闲旅游产业，打造“四村一庙一园”旅游新平台。桂山、径里幸福家园试点村立足山水自然资源，大力发展乡村生态、农业观光旅游；下尾村依托“花蛤之乡”品牌，逐步形成海鲜吃、购一条街；柯朱村挖掘文化资源，扎实推进苏山状元文化新城前期工作；同时，结合笏枫公路拓宽项目，整合东进五帝庙、何寨街区、书峰渔港等有利资源，发展娱、购、游为一体的滨海旅游度假基地。依托天喔、台兴食品等龙头企业，规划建设工业旅游线路，发展工业旅游，促进三产繁荣。

【重点项目建设】 2017年，灵川镇融入全区“打造生态人文新城厢，建设美丽莆田示范区”目标定位，坚持“项目带动”战略，全力攻坚省、市、区重点项目。福厦客运专线、灵华线项目征迁取得突破；投资15亿元占地33.33公顷的华源纺织城落户太湖园区，在加快建设；天喔保税物流园实现竣工；台兴食品、华源工贸等一批重点项目增资扩产，发展后劲明显增强。列入市级30大攻坚项目2个：国省干线联十一线、福厦客运专线。列入区级30大重点攻坚项目9个：太湖园区扩容工程、城厢区“五水共治”工程、美丽乡村示范工程、笏枫公路改扩建工程（县道X208东龙线城厢段）、福厦客运专线、X282灵华线道路工程、滨海大道拓宽工程（城厢段）、教育强区提升工程（灵川西墩小学教师宿舍楼）、城厢区视频远程诊疗工程。

【基础设施建设】 2017年，灵川镇滨海大道、联十一线、笏枫公路拓宽等一批重大交通路网项目推进。桂山溪、径里溪已完成清淤和河岸提升工程，篁山溪完成清淤约1千米，书峰溪及柯朱溪全线完成清杂，清淤工程在加快施工中。新建桂山1.1千米的污水管网、完成径里凤山小区1.6千米的主干管。篁山溪综合治理第一标段在施工；第二标段于7月20日开标并进场施工。第三标段于11月14日开标，径里水库除险加固推进前期、西墩海堤水毁修复年底动工、太青联合提续建工程推进前期、太湖园区田厝片排洪工程在加快完成前期设计。青山、太湖、榜头安置区项目加快推进。湄二电塔完成征迁，在加快建设。

【城镇化建设】 2017年，灵川镇径里、桂山两个市级幸福家园试点加快建设。完成径里水库周边防护工程、2公顷土地复垦、3千米沟渠整治、4条道路硬化工程、入口景观节点整治工程、径里生态停车场、环库木栈道和荷塘栈道工程、凤山幸福小区新建21幢三层半小楼，完成污水管网1.6千米及300米收集管铺设；完成新桂路整治提升、完成自然村道硬化10多千米、建成岩厝休闲健身公园、完成桂山溪道整治一期工程、一期2.4公顷土地复垦工程、科技楼建设、1千米污水管网建设、自来水管网改造等。桂山村旧村复垦二期项目旧房拆除方案征求部门意见，等待区政府批复。扶贫农场完成土地丈量。区级幸福家园试点书峰村完成总体规划设计，入口景观工程完工。

【环境整治】 2017年，灵川镇开展畜禽养殖污染整治，辖区内共有无证养殖场92家，全部拆除关闭。全面清查辖区重污染企业，至年底，辖区内3座石灰厂全部拆除；全镇37场石材场全部拆除完毕；完成11家机砖厂拆除任务；全年黄标车的任务数为32辆，全部报废，市区曝光的环保问题都整改落实。继续实施农村“家园清洁行动”，共投入资金400多万元，购买保洁、清运车辆，垃圾桶等卫生设施。

【社会事业】 2017年，灵川镇继续推进“教育强镇”，各项教育工作进展顺利，办学条件明显改善。学校布局调整取得重大进展，全镇19所中小学校安配套工程不断完善、学校操场全部实现塑胶化；西墩教师周转房、桂山独立幼儿园有序推进。办学水平不断提升，教学特色逐步凸显，灵川中心小学乡村少年宫书法、剪纸等活动丰富校园文化；莆田十八中学硬笔书法得以更广泛推广，艺术、特色课程取得一定成绩。认真开展精准扶贫攻坚，通过区直单位、镇村干部、企业家、社会爱心人士等人员，与全镇185户贫困户结对帮扶，到位资助资金13.6万元。贫困户全部脱贫，全面完成区下达任务。全年累计发放低保金130多万元、救灾款10.25万元、优抚金60多万元，残疾人补助金60多万元。实施造福工程，为5户22人困难群众解决住房、生活生产等问题。为80户贫困户办理小额信贷，每户贫困户每个月获得企业固定投资分红625元。特别为建档立卡户开发8个卫生保洁和公厕卫生管理员岗位，实现家门口就业，抓好新型农村合作医疗和农村养老保险工作，群众参合率和参保率分别达98%、95%以上。

【平安灵川建设】 2017年，灵川镇加大信访积案化解力度，一批信访积案“案结事了”。落实每月15日和每周一领导干部主动接访工作机制，采取切实有效措施，进村入户开展信访积案化解，全年共受理信访事项49件，其中走访28件，来信21件，全部受理并答复，息访息诉2件。落实安全生产责任制，组织开展道路交通、消防、危化品、非煤矿山、建筑施工安全等重点部位、重点场所的安全稳定工作，抓好防洪工程、在建工程，小型水库、山塘等防汛防灾工作，落实属地管理工作责任，安全生产形势总体平稳，人民群众生命和财产安全得到保障。持续深入开展平安创建，充分发挥治安联防队伍巡逻队、宣传队、服务队、突击队作用，支持治安巡逻执勤点、“网格化”平台、电子警察村居建设，社会治安状况持续好转，全镇综治“三率”明显好转。

【作风建设】 2017年，灵川镇严格落实机关考勤管理六项制度，实行外勤和后勤人员分类管理，每月将考勤结果在全镇范围内进行公示，逐月汇总并在年底绩效奖金发放中予以应用。制定村级绩效考评方案，明确考核内容，根据2017年村级绩效考核细则对党建工作等6个大项逐项进行民主考评，实现“差异化”考核，充分调动各村干部队伍的工作积极性、促进工作作风转变。

（林伟清）

东海镇

【概况】 东海镇地处城厢区南部，东与灵川镇相邻，南临湄洲湾内海，与秀屿港隔海相望，西至仙游县枫亭镇交界；北与华亭镇毗连。人民政府驻地为东海镇海头村1号，电话区号0594，邮政编码351162，距城厢城区23千米，莆田市区25千米。至2017年末，辖东沙、大埔、东海、海头、上亭、上图、利角、坪洋、蔡厝、东朱、西厝、西黄、蔡亭等13个村民委员会，下设

115个村（居）民小组，35个自然村。2017年年末总人口60248人，以汉族为主。其中常住人口49235人。总人口中，男性30582人，占50.76%；女性29666人，占49.23%；14岁以下14569人，占24.18%；15—64岁40649人，占67.46%；65岁以上5030人，占8.34%。2017年人口自然增长率10.12‰。人口密度为每平方千米574人。镇辖区东西最大距离6.4千米，南北最大距离8.9千米，总面积96平方千米，其中陆地面积47平方千米，水域面积49平方千米。

【经济建设】 2017年，东海镇以"实践科学发展，加快富民强镇"为目标，团结和带领广大党员干部群众，实施项目强镇战略，积极推进工业化、产业化、城镇化进程，努力构筑经济繁荣、社会稳定的和谐社会，全面脱贫攻坚取得重要进展，全面从严治党纵深推进，全年经济社会发展主要目标任务圆满完成，全镇经济和社会各项事业继续保持持续、稳定、健康发展的良好势头。财税收入达1.45亿元，比上年增15.4%，完成年度计划1.44亿元的100.6%，在全区排名第四。

【工业】 2017年，东海镇工业总产值43.53亿元，工业增加值1.71亿元，比上年增加4.1%。新增规模以上企业1家，规模以上工业企业达28家，规模以上工业企业产值达42.73亿元，实现工业增加值1.81亿元，比上年增4.42%，完成年度计划40.5亿元的105.5%，在全区排名第四。固定资产投资达17.08亿元，比上年增31.1%，完成年度计划18亿元的94.9%，在全区排名第五。

【农业】 2017年，境内耕地面积391.87公顷，人均0.007公顷。农业总产值26299.55万元，比上年减少6.0%，农业减少值1691.56万元。粮食作物以水稻、地瓜、花生、大豆为主。是年，生产粮食2590吨，其中水稻1378吨，花生336吨，地瓜845吨，大豆等31吨。主要经济作物有蔬菜、花生、地瓜等。种植业总产值5260万元，占农业总产值的20%。畜牧业以鸡、鸭和猪为主。生猪饲养量2458头，羊饲养量1082只；牛饲养量154头；家禽饲养量46661羽。生产肉类800吨，总产值为7743.68万元，占农业总产值的29.4%。截至2017年年末，累计造林20.67公顷，林木覆盖率71%。水果种植面积400公顷，产量0.29万吨。主要品种有龙眼、枇杷、葡萄、荔枝等。林业总产值233.87万元，占农业总产值的0.89%。渔业以养殖、捕捞为主。可用于水产养殖的海水水面50平方千米。渔业总产值13062万元，占农业总产值的49.6%。拥有大型农业机械187台（辆），农民人均纯收入10086元。

【商贸服务业】 2017年，东海镇限上商贸销售额达4.19亿元，比上年增13.1%，完成年度计划4亿元的104.8%，在全区排名第二。

【社会事业】 科技 2017年末，拥有各类科技人才3890人，其中专业技术人才90人，经营管理人才850人，技能人才220人，农村实用人才2730人。

教育 2017年，辖区内共有幼儿园6所（其中3所独立幼儿园，3所民办幼儿园），在园人数2162人，学前教育入园率达99.13%，各级示范幼儿园就读幼儿与在园人数比率72.16%，公办幼儿园在园幼儿比率76.13%；共有11所完全小学，在校小学生4188人，小学适龄儿童入学率100%，6—14周岁三类残入学率96.77%；共有2所中学，初中生1559人，初中适龄儿童入学率100%，小升初升学率100%，九年义务教育覆盖率100%。社区教育学习网点覆盖率61.54%，初中学生三年巩固率98.28%。在职初中教职工118人，小学教职工228人，幼儿教师80人。专任教师实行持证上岗，持证率100%，学历达标率100%。各类学校均有较规范的运动场、篮球场，小学有60

米的直跑道，中学有250米的环形跑道、100米的直跑道。2017年投入改善办学条件资金528.2万元，其中购买图书共89.7万元，各类仪器设备共113.2万元，电脑等共111.7万元，各种功能室建设共149万元，学生课桌椅等共26万元，班班通设备等共38.6万元。

文化　2017年，东海镇不断完善文体基础设施建设，辖区共有市级非物质文化遗产项目3个；市级文物保护单位3个，县级文物保护单位5个；市级爱国主义教育基地1个；省级民间信仰活动场所1个；新增仿古戏台4个；扩建文化广场1个，新建文化广场2个；国家级农民健身公园1个；国家一级乡镇综合文化站1个。开展群众性文体活动，连续八个年头开展春节文体赛事、元宵节游灯活动、“廉政宣传月”系列活动等。

2017年，推行“六溪”河长制，共清理建筑垃圾、陈年垃圾2100多吨，动用大型挖掘机清理沟渠、污水沟5500多米，打捞水浮莲面积15万多平方米，渠道岸边硬化绿化2千米，清通水沟7千米，整顿拆除圈养鸡鸭舍1100多户2200多平方米，拆除无证机砖厂1宗面积2万多平方米，拆除无证石材加工场31宗1万多平方米，拆除无证畜禽养殖场60宗拆除面积1.5万多平方米，以及拆除违章占用河道建筑物13宗200平方米；完成旧污水管网清理打通2千米，新接污水管1千多米；完成4条镇级河道及2条毛细血管清淤整治工程；完成企业燃煤锅炉改造6家，黄标车提前报废28辆。在每月25日的全镇卫生日，全镇干部划点划片区进行卫生大扫除；各行政村相应组织集中力量并发动群众对全村脏乱差以及卫生死角进行大清理大清运。持续推进对集镇区乱摆摊、野广告、绿化带侵占、污水横流等现象进行专项整治。建立一支130人的环卫队伍，配置大型环卫车辆14部，2立方米垃圾箱80个，小垃圾桶11000个，镇垃圾转运站建成并投入使用，形成“户有垃圾桶、村有收集箱、镇有转运站”的农村生活垃圾收集转运网格化运作体系。是年，列入省、市级垃圾治理村2个，美丽乡村1个。

计划生育　2017年，全镇出生791人，自然增长率达13.32‰；政策内生育706人，政策符合率88.62%；出生男孩418人，女孩373人，出生性别比为112.06:100。全年共开展7次宣传教育服务活动，发放宣传品3500多份、宣传资料5000多份；为流入人口办理意外伤害保险610人。共排查“两非”线索3条，严格执行社会抚养费征缴分离，征收社会抚养费763182元。

【社会治安综合治理】　2017年，共接待群众的来信来电来访46件，其中经调解息访息诉12件，处理答复41件。各类刑事案件立案162起，破获38起，破案率23.46%。查处各类治安案件164起，查结133起，查结率81.1%，抓获网上在逃人员3名；刑事拘留23人；查获无合法、齐全手续成品油15起139.855吨；任务完成率140%，查破获涉毒刑事案件9起，抓获吸毒人员14人。开展21个重点行业领域安全生产专项整治，组织大型执法9次，常规执法35次，责令整改3家餐饮酒店非法使用醇基燃料，停业整改“三合一”“多合一”企业场所8家；纠违车辆300多辆次，查处涉牌16起，涉证12起，酒、醉驾3起。积极建立健全矛盾纠纷“大调解”工作体系，在全市率先给予村级调解主任补助，并对调解成功的案件视情给予奖励。全年共排查各类矛盾纠纷154件，调处成功154件，调处率100%，调处成功100%。省市区交办的68例重点矛盾纠纷共化解60例，隐患化解率达到88.24%。开展“百名干部进村户，排忧解难保平安”活动，完善应急体系网络，成立党员巡逻队，及时有效处置各类突发事件，共成功处置1起入室盗窃案和2起突发事件。新建综治网格化中心场所，录入流动人口信息565条、出租房屋信息236条、单位组织管理313条、平安宣传信息1554条、食品监察管理127条、城市管理信息767条。

【民生保障】 民政优抚社会保障（养老、医疗等） 2017年，东海镇坚持把民生放在心上、抓在手上，持续加大投入，扩大公共服务供给，增加农民收入，使广大人民群众有更多获得感。全年新型农村合作医疗参缴人数50001人，参保金额每人150元，参缴率84%。全镇共有农村低保户256户768人，发放低保金155多万元；“五保”51户，发放“五保”金45万元。新型农村养老保险60周岁以上领取人数7382人，45～59周岁参保人数8742人，16～44周岁参保人数5346人，参保率100%，完成缴费199.27万元，共发放养老金896.43万元。新增就业岗位197个，社会就业率97%，处置化解劳资纠纷28起。全面实施二孩政策，并为7532人妇女进行免费健康检查。深化残疾人和老龄工作，开展各类慈善救助，关爱妇女儿童，重点节日共发放慰问金11.6万多元。加强对社会福利中心（农村敬老院）的管理。东海镇社会福利中心（农村敬老院）建筑总面积1100平方米，总投资200万元，有居住室20间，每间均有单独卫生间，可供养80位老人居住。整顿全镇基干民兵230人，应急分队排40人。举行的应急分队点验，人员和装备点验率达100%。

残疾人帮扶 2017年，东海镇共办残疾人证138本；残疾人参加区残联组织举办的实用技术和职业技能培训40人次；残疾人两项补贴（生活补贴和护理补贴）共发放资金达60多万元；机构托养3人，每人5000元，居家托养（非就业年龄段）60周岁以上老人45人，每人2000元；省级、市级、区级居家托养40人，每人2000元；一户多残136人，每人每年1200元；儿童康复：0～6岁9人，每人1.5万元，7～10岁1人8000元；残疾人助学工程：大学生1人，每人3000元，高中生3人，每人1000元；无障碍改造2人，每户4000元；残疾人配发辅助器具，如：四脚拐杖2支，双腋拐4付，助行器3架；第27个助残日慰问15人，每人800元；春节慰问残疾人：精准扶贫户93户，每户1000元，一般困难户20人，每人1000元；残疾人创业就业补助5户，每户5000元。

【精准扶贫】 2017年，东海镇共有精准扶贫建档立卡贫困户157户514人，全部实现脱贫，其中2017年实现脱贫84户282人（国定贫困户67户219人，省定贫困户17户63人）。围绕“两不愁四保障”的工作要求，因户施策、因人施策，完成造福工程3户13人，就业转移67人，低保兜底75户223人，小额信贷68户171人，医疗补助18户20人。坪洋村围绕贫困村脱帽目标，强化资金监管，切实用好上级补助资金，督促跟进项目落实，实现村集体经济增收，2017年人均收入9985元，村级转移性收入17.16万元，集体经济收入13.29万元，实现脱贫摘帽。

【基础设施建设】 公路建设 2017年，东海镇交通框架形成“四横四纵”规划格局，“四横”即福厦铁路和福泉高速公路、笏枫公路、滨海大道，四条大道建成并横穿境内。“四纵”即金沙路、金桥路、忠惠路、洋滨路，其中：金桥路、洋滨路土路基完成，忠惠路、金沙路在办理规划手续中。“四纵”路网与“四横”路网相互交织，形成东海镇的交通大路网，贯通滨海大道与省道笏枫公路交通脉络，主动承接仙游省级经济开发区和闽南经济发达地区，实现互动互联，依托东沙幸福家园、浮山岭天誉首府房地产、东海鞋服辅料生产基地、海头商业城等开发建设，形成以金桥路、笏枫路为纽带的新集镇区。

东海鞋服辅料生产基地建设 规划总用海面积33.65公顷，规划建设厂房、员工社区房总建筑面积55.69万平方米，计划总投资9.1亿元。至2017年年底，完成生产基地填海工程和市政道路工程施工，基础设施建设全部竣工。具备项目招商条件，目前招商选企工作有序开展中。

浮山岭开发项目 该项目由莆田市滨城城镇建设发展有限公司进行天誉首府房地产开发楼盘项目建设。占地9.67公顷，分三期开发，一期总投资12000万元，2017年投资5000万元，全部竣工并完成选房签约交房94套；二期规划投资23000万元，竣工验收，其中笏枫路改扩建工程3幢高层建筑（56、53、52号楼）交付选房，部分安置户装修入住；三期计划投资30000万元，在进行户型优化调整。

莆田坪洋风电场工程建设 总装机容量30MW，拟安装20台1.5兆瓦风力发电组，总投资5亿元。福能电力发电有限公司作为业主。2017年，先后完成升压站、风机基础工程施工和风机吊装施工，于9月底投产并网发电。

大埔山兜造福工程新村建设 大埔山兜造福工程总规划占地面积4.48公顷，规划建设联排式住宅143幢，总建筑占地面积1.57万平方米，总建筑面积5.22万平方米，总投资达8000万元。2017年，一期2.67公顷约100幢联排式住宅完成，市政工程在进一步推进中，累计完成投资达4000多万元。

新建福厦铁路客运专线 福建省重大开工项目，涉及西黄、西厝、蔡厝、东海、大埔、东沙等6个村，长约3.8千米，2017年完成海域征地现场调查及放样订桩工作，初步完成丈量摸底及部分征海工作。

笏枫公路改扩建工程 路线长15.868千米，涉及东海镇6.667千米，路基宽度35米。2017年，拆除旧房344户，房屋拆除率达到95.6%，完成全部征地工作；工程各项施工有序推进，雨水、污水管道铺设均完成总量的80%，通信管道完成70.27%，片石砼挡墙、砼路面均完成总工程量的55%，涵洞完成87%。

教育强区工程 投资950万元，以西厝中学宿舍楼、东沙中学综合楼为主的教育强区工程，2017年完工，交付使用。

远程视频诊疗工程 该工程涉及东海镇上图、东沙、东海、西黄、坪洋、海头等8个村，2017年完成上图、西厝、东沙三个村的视频诊疗工程建设，其他卫生所正按时间节点有序推进。

幸福家园项目 2017年，坪洋村西头幸福家园建设项目，拆迁旧房115户，约1万平方米，完成土地整理约1.47公顷，一期动工建设；东沙幸福家园建设项目，于4月16日启动，拆除房屋70多幢220多户，一期占地面积5.73公顷，规划住宅建筑面积3万平方米。

蔡襄公园项目 占地3.53公顷，包括蔡襄文化休闲公园1.52公顷，蔡襄文化活动中心2公顷等，2017年完成征地、场地平整、总规划平面图方案设计图及施工图设计。

【精神文明建设】 2017年，东海镇开展“五星文明户”“道德模范”“身边好人、最美人物”等群众性精神文明创建创评活动，申报推荐市、区级文明村、单位5个，树立诚信村6个，诚信家庭182户；推进文化基础设施建设，创建“12345”家庭文化示范户360户。累计完成投资380多万元，完成蔡厝古民居修缮与保护施工，粉刷文化墙2000多平方米。石梯旅游景区被列入莆田市六大旅游景点之一，投入争创AAAA级景区的工作中。9月，获福建省2016年度农村宣传思想文化工作示范乡镇称号。

（黄 娴）

人 物

领导名表

姓　名	现单位及职务	籍　贯	任现职务时间
	区　委		
王文才	区委书记	秀屿东庄	续任
吴文恩	区委副书记 区政府区长 区政府党组书记	秀屿埭头	续任
郑松青	区委副书记（正处级） 区委党校校长	仙游榜头	续任
陈洪武	区委常委 区委统战部部长	秀屿山亭	续任
余丽红（女）	区委常委 区纪委书记 区监察委主任	荔城黄石	续任 续任 2017.12～
陆建琪	区委常委、区委组织部部长 区直机关党工委书记 区总工会主席	仙游鲤城	续任
吴建銮	区委常委 区委宣传部部长	秀屿东庄	续任
林荣斌	区委常委 区政府党组成员	城厢华亭	续任

续表

姓　名	现单位及职务	籍　贯	任现职务时间
陈庆王	区委常委 区委政法委书记	秀屿埭头	续任
肖志雄	区委常委 区政府副区长 党组副书记	涵江国欢	续任
颜启昌	区委常委 区人武部部长	漳州东山	续任
周　敏 （女）	区委常委（挂职） 区政府副区长（挂职） 党组成员	福建建阳	2017.10～
人大常委会			
王国太	主任 党组书记	仙游鲤南	续任
周燕英 （女）	党组副书记	仙游鲤城	续任
黄光明	副主任 党组副书记	城厢凤凰山	续任 2017.06～
王乌妹 （女）	副主任（兼）	秀屿平海	续任
林少敏	副主任 党组成员	城厢霞林	续任
林晋居	副主任 党组成员	荔城西天尾	续任
政　府			
吴文恩	区委副书记 区长 党组书记	秀屿埭头	续任
林荣斌	区委常委 党组成员	城厢华亭	续任
肖志雄	区委常委 副区长 党组副书记	涵江国欢	续任
周　敏 （女）	区委常委（挂职） 副区长（挂职） 党组成员（挂职）	福建建阳	2017.10～
黄美光	副区长 党组成员	荔城镇海	续任
施清芳	副区长	涵江国欢	续任

续表

姓　名	现单位及职务	籍　贯	任现职务时间
李文杰	副区长 党组成员	仙游盖尾	续任
谢长征	副区长 党组成员	城厢霞林	续任
杨碧静（女）	副区长 党组成员	仙游榜头	续任
郭国辉	副区长 党组成员	秀屿月塘	2017.04～
马　晋（女）	副区长（挂职）	吉林扶余	2017.04～
张伟国	党组成员 华林经济开发区党工委书记（副处级）	荔城黄石	续任
陈丽萍（女）	党组成员 华林经济开发区管委会主任 党工委副书记（副处级）	秀屿山亭	续任
吴俊峰	党组成员（挂职）	荔城	2017.06～
政　协			
黄志强	主席 党组书记	涵江涵东	续任
郑尚庆	副主席（兼） 司法局主任科员	涵江梧塘	续任
林素香（女）	副主席 党组成员	城厢凤凰山	续任
黄斌华	副主席 党组成员	城厢灵川	续任
何剑锋（女）	副主席	福州福清	续任
华林经济开发区			
张伟国	党组成员 华林经济开发区党工委书记（副处级）	荔城黄石	续任
陈丽萍（女）	党组成员 华林经济开发区管委会主任 党工委副书记（副处级）	秀屿山亭	续任
公安局、检察院、法院			
林一虎	公安分局局长、党委书记 （副处级）	荔城镇海	续任
林秀冰（女）	区人民检察院党组书记 检察长	秀屿东峤	续任

续表

姓　名	现单位及职务	籍　贯	任现职务时间
陈志权	区人民法院党组书记 院长	秀屿平海	续任
人大内设机构			
陈庆中	办公室主任 党组成员	城厢龙桥	续任
陈建国	办公室副主任	城厢霞林	续任
林德龙	财经委主任	秀屿埭头	续任
刘祖耀	侨（台）委主任	涵江江口	续任
陈铁山	人事代表工作室主任	城厢常太	续任
孙曙文	人大法制委主任	山东寿光	续任
何福水	环城委主任	荔城新度	续任
卓永安	农经委主任	仙游园庄	续任
林　丽（女）	信访室主任	荔城镇海	续任
黄建山（女）	教科文卫委主任	荔城镇海	2017.04～
陈文桂	区人大常委会委员 区委办主任科员	荔城拱辰	2017.03～
政协内设机构			
黄黎明	办公室主任 党组成员	涵江涵西	续任
蔡玉坤	文教卫体和学习宣传文史资料委员会主任	城厢霞林	续任
詹雄志	社会法制民族宗教和港澳台侨外事委员会主任	秀屿平海	续任
陈剑冰	提案委员会主任	荔城拱辰	续任
陈德胜	经济科技和人口资源环境委员会副主任	秀屿月塘	续任
章建平	办公室主任科员	涵江梧塘	2017.02～
龚金忠	办公室副主任科员	城厢凤凰山	续任
纪委、监察委			
余丽红（女）	常委 纪委书记 监察委主任	荔城黄石	续任 续任 2017.12～

续表

姓　名	现单位及职务	籍　贯	任现职务时间
林雪琳（女）	副书记 监察委副主任	荔城镇海	续任 2017.12～
吴智杰	副书记 监察委副主任	城厢龙桥	续任 2017.12～
张飞虎	常委（正科级） 监察委委员	仙游盖尾	续任 2017.12～
沈文忠	常委（正科级） 区委巡察办主任 监察委委员	秀屿埭头	续任 2017.04～ 2017.12～
林清华	常委（正科级） 监察委委员	秀屿埭头	续任 2017.12～
陈宜宓	常委（正科级） 监察委委员	涵江白沙	2017.12～
欧许晖	党风政风监督室主任	荔城镇海	续任
郑冠群	第一纪检监察室主任	城厢凤凰山	续任
柯　立	组织和宣传部部长	城厢灵川	2017.08～
何震宇	案件审理室主任	城厢灵川	续任
陈金凤	正科级纪检监察员	荔城拱辰	2017.08～
吴朝阳	正科级纪检监察员	涵江涵西	续任
林云英（女）	正科级纪检监察员	荔城新度	续任
唐金辉	正科级纪检监察员	秀屿东峤	续任
林世忠	驻区委办公室纪检组副组长	城厢龙桥	2017.08～
陈　杰	驻区人大常委会机关纪检组副组长	浙江萧山	2017.08～
黄青锋	驻区政府办公室纪检组副组长	荔城镇海	2017.08～
林永辉	驻区政协机关纪检组组长	秀屿东峤	2017.08～
许丽莉（女）	驻区政协机关纪检组副组长	秀屿东峤	2017.08～
刘武生	驻区委宣传部纪检组副组长	龙岩武平	2017.08～
陈贤仁	副科级纪检监察员	涵江新县	2017.02～
陈碧金（女）	副科级纪检监察员	秀屿平海	2017.08～
傅建彬	检察院划转待安排（反贪污贿赂局局长）	仙游赖店	2017.12～

续表

姓　名	现单位及职务	籍　贯	任现职务时间
林国煌	检察院划转待安排（反渎职侵权局局长）	秀屿埭头	2017.12～
郑仁泉	检察院划转待安排（正科级检察员）	城厢凤凰山	2017.12～
区委巡察办			
沈文忠	主任 区纪委常委（正科级） 监察委委员	秀屿埭头	2017.04～ 续任 2017.12～
陈天疆	副主任	秀屿埭头	2017.04～
法　院			
陈志权	院长、党组书记 政法委委员	秀屿平海	续任
林文兴	副院长（正科级） 党组成员	秀屿平海	续任
郑炳素（女）	副院长（正科级） 党组成员	仙游鲤城	续任
余金灿	副院长（正科级） 党组成员	秀屿东峤	续任
陈玉志	纪检组组长（正科级） 党组成员	秀屿埭头	续任
陈　静（女）	政治处主任（正科级） 党组成员	荔城镇海	续任
钟丽华（女）	专职审委会委员 正科级审判员 党组成员	涵江国欢	续任
林少斌	专职审委会委员 正科级审判员	秀屿平海	续任
曾可嘉	区法院执行局（庭）局（庭）长 正科级审判员	城厢凤凰山	续任
戴爱富（女）	立案庭庭长 正科级审判员	城厢灵川	续任
陈建郭	刑事审判庭庭长 正科级审判员	荔城镇海	续任
方新福	民事审判第一庭庭长 正科级审判员	仙游榜头	续任
宋国仁	民事审判第二庭庭长 正科级审判员	荔城新度	续任
王少甫	行政审判庭庭长 正科级审判员	荔城镇海	续任

续表

姓　名	现单位及职务	籍　贯	任现职务时间
陈爱军（女）	研究室主任 正科级审判员	荔城镇海	续任
陈良发	行政装备管理科科长 主任科员	仙游榜头	续任
刘世民	刑事审判庭副庭长 正科级审判员	城厢凤凰山	续任
陈俊武	灵川人民法庭庭长 正科级审判员	秀屿东庄	续任
宋立强	法警大队大队长 正科级执行员	荔城拱辰	续任
徐　荟（女）	少年刑事审判庭庭长 正科级审判员	涵江国欢	续任 2017.07～
魏新华	法警大队政委 主任科员	仙游鲤城	续任 2017.07～
方建文	正科级审判员	荔城镇海	续任
程省立	正科级审判员	荔城黄石	续任
林凤莺（女）	监察室主任 副科级审判员	城厢凤凰山	续任
陈玲亚（女）	审判监督庭庭长 副科级审判员	仙游龙华	续任
吴　晨	刑事审判庭副庭长 副科级审判员	荔城黄石	续任
许国珍	民事审判第一庭副庭长 副科级审判员	涵江三江口	续任
陈颖盈（女）	办公室主任（副科级）	秀屿平海	2017.07～
陈德辉	保留副科级职级干部	荔城黄石	续任
	检察院		
林秀冰（女）	检察长 党组书记	秀屿东峤	续任
康青永	副检察长（正科级） 党组成员	涵江梧塘	续任
张丽琼（女）	副检察长（正科级） 党组成员	荔城新度	续任
沈　威	副检察长（正科级） 党组成员	秀屿笏石	续任
杨金春	纪检组组长（正科级） 党组成员	秀屿东埔	续任

续表

姓 名	现单位及职务	籍 贯	任现职务时间
陈建明	政治处主任（正科级） 党组成员	仙游榜头	续任
陈予方 （女）	党组成员 正科级检察员	涵江涵西	续任
蔡茂金	专职检委会委员 正科级检察员	仙游盖尾	续任 2017.07～
徐金模	专职检委会委员 正科级检察员	荔城黄石	2017.07～ 续任
吴智群	法律政策研究室主任 正科级检察员	荔城黄石	续任
刘国富	侦查监督科科长 正科级检察员	城厢凤凰山	续任
张春阳	司法警察大队大队长 主任科员	城厢 凤凰山	续任
张纪英 （女）	正科级检察员	荔城黄石	续任
姚国庆	正科级检察员	荔城镇海	续任
欧泉灿	正科级检察员	城厢霞林	续任
游龙熙	办公室主任（副科级）	宁德古田	2017.07～
佘晓冬 （女）	公诉科科长（副科级）	涵江江口	续任
蔡枫金	保留正科级职级干部	城厢东海	续任
区委办			
陈福平	主任	仙游榜头	续任
郭雪寒	副主任	秀屿平海	续任
黄晨宇	副主任	荔城黄石	续任
陈文桂	主任科员 区人大常委会委员	荔城拱辰	2017.03～
林凤棋	室务会成员 督查室主任（保留正科级待遇） 区国家保密局局长	荔城新度	续任
林俊杰	室务会成员 区信访局局长 华林经济开发区党工委副书记（挂职）	城厢凤凰山	续任 2017.06～
党群系统党委			
刘剑萍 （女）	专职副书记（副科级）	秀屿南日	续任

续表

姓　名	现单位及职务	籍　贯	任现职务时间
机要局			
黄敢力	局长（正科级）	仙游榜头	续任
保密局			
林凤棋	局长 区委办公室室务会成员 督查室主任（保留正科级待遇）	荔城新度	续任
党史研究室			
林晓伟	主任	秀屿东峤	2017.07～
信访局			
林俊杰	局长、区委办室务会成员 华林经济开发区党工委副书记（挂职）	城厢凤凰山	续任 2017.06～
陈士忠	负责人 常太镇党委委员、人大主席	城厢凤凰山	2017.06～ 续任
陈丽娟（女）	副局长	涵江新县	续任
连益斌	副局长	涵江白沙	2017.02～
柯子鹏	主任科员	涵江白沙	续任
蔡剑鸣	副主任科员	仙游枫亭	续任
组织部			
陆建琪	区委常委、组织部部长 区直机关党工委书记 总工会主席	仙游鲤城	续任
林祖宪	副部长 正科级组织员	秀屿笏石	续任
陈珊珊（女）	副部长 老干部局局长	涵江涵西	续任
谢芳菁（女）	副部长 正科级组织员	荔城镇海	续任
许燕桢（女）	副科级组织员	城厢龙桥	2017.02～
非公有制企业党工委			
胡　宏	专职副书记（副科级）	城厢凤凰山	续任
老干局			
陈珊珊（女）	局长 组织部副部长	涵江涵西	续任

续表

姓　名	现单位及职务	籍　贯	任现职务时间
吴凌燕（女）	主任科员	城厢龙桥	续任
陈秀模（女）	副主任科员	秀屿平海	2017.06～
关工委			
蔡朝晖	秘书长	城厢灵川	续任
宣传部			
吴建銮	区委常委 部长	秀屿东庄	续任
许国清	副部长 文明办主任	涵江秋芦	续任
郑国树	副部长（正科级）	秀屿月塘	2017.03～
潘建生	副部长	城厢霞林	续任
陈　斌	主任科员	荔城西天尾	2017.07～
陈俊奇	主任科员 宣传系统党委专职副书记	城厢华亭	续任
林少勇	部务会成员 文明办主任科员 市民素质教育办主任	城厢凤凰山	续任
宣传系统党委			
陈俊奇	专职副书记 宣传部主任科员	城厢华亭	续任
文明办			
许国清	主任 宣传部副部长	涵江秋芦	续任
黄鹏远	副主任（正科级） 区执法局负责人	城厢龙桥	2017.02～
林少勇	主任科员 宣传部部务会成员 市民素质教育办主任	城厢凤凰山	续任
许秋兰（女）	主任科员	秀屿月塘	续任
社科联			
林其委	主席	仙游榜头	2017.04～

续表

姓　名	现单位及职务	籍　贯	任现职务时间
文　联			
林宗哲	主席	荔城镇海	续任
张珍发	副主席	秀屿南日	续任
报道组			
易振环	组长 地震办主任科员	涵江庄边	续任
统战部			
陈洪武	区委常委、统战部部长	秀屿山亭	续任
翁福铭	副部长 民宗局局长	城厢灵川	续任 2017.04～
叶建平	副部长（正科级）	荔城黄石	2017.03～
宋超英（女）	副部长 工商联党组书记 工商联常务副会长	荔城黄石	2017.03～ 2017.03～ 续任
程　琴（女）	主任科员	福州仓山	续任
林文桃	主任科员	秀屿东峤	2017.03～
民宗局			
翁福铭	局长 区委统战部副部长	城厢灵川	2017.04～ 续任
程文革	副局长	荔城黄石	续任
杜金发	副主任科员	秀屿埭头	续任
工商联			
宋超英（女）	党组书记 常务副会长 区委统战部副部长	荔城黄石	2017.03～ 续任 2017.03～
谢金灿	主任科员 党组成员	仙游游洋	2017.02～ 2017.07～
吴　迈（女）	副主任科员	荔城拱辰	续任
侨　联			
陈玉萍（女）	主席	涵江江口	续任

续表

姓　名	现单位及职务	籍　贯	任现职务时间
林素玉（女）	副主席	秀屿埭头	续任
台　办			
黄国祥	主任	城厢龙桥	续任
姚朝霞（女）	主任科员	荔城西天尾	续任
政法委（综治办、防范办）			
陈庆王	区委常委 政法委书记	秀屿埭头	续任
卓国华	常务副书记	秀屿平海	续任
俞学军	副书记 综治办主任	荔城镇海	续任
蔡爱国	防范办主任	荔城黄石	续任
林　伟	主任科员	荔城镇海	续任
林清发	主任科员	秀屿东埔	续任
柯锦扬	政法系统党委专职副书记	城厢霞林	2017.06～
黄永国	综治办副主任	城厢东海	2017.12～
王岩清	副主任科员	仙游盖尾	续任
政法系统党委			
柯锦扬	专职副书记	城厢霞林	2017.06～
大调解工作办公室			
陈　洄（女）	专职副主任	荔城镇海	续任
编　办			
阮剑文	主任	秀屿平海	续任
郑开荣	副主任	荔城新度	续任
事业单位登记管理局			
陈俊洪	局长	荔城西天尾	续任
杨素红（女）	副主任科员	城厢华亭	续任

续表

姓　名	现单位及职务	籍　贯	任现职务时间
移民局			
詹志宇	局长 农业局室务会成员（正科级）	秀屿笏石	续任
陈　婷（女）	副主任科员	城厢龙桥	续任
区直机关党工委			
陆建琪	书记 区委常委、组织部部长 总工会主席	仙游鲤城	续任
傅元泉	常务副书记	城厢霞林	续任
孙　翠（女）	党工委委员	荔城拱辰	续任
吴国晖	党工委委员	仙游鲤城	续任
林　德	主任科员	城厢凤凰山	2017.02～
党　校			
郑松青	区委副书记（正处级） 党校校长	仙游榜头	续任
吴章福	常务副校长	荔城拱辰	续任
陈建辉	副校长	秀屿埭头	续任
林明钟	副校长	涵江新县	续任
林志勇	副主任科员	仙游郊尾	续任
档案局（馆）			
雷碧霞（女，畲）	局长	城厢常太	续任
陈夏莉（女）	副局长	荔城镇海	续任
马炳臻	主任科员	涵江新县	续任
黄淑霞（女）	副主任科员	北岸山亭	续任
总工会			
陆建琪	主席 区委常委、组织部部长 区直机关党工委书记	仙游鲤城	续任

续表

姓 名	现单位及职务	籍 贯	任现职务时间
陈开水	常务副主席 党组书记	荔城新度	续任
庞丽香（女）	副主席（正科级）、党组成员	荔城拱辰	续任 2017.07～
连炳辉	主任科员、党组成员	涵江梧塘	续任 2017.07～
翁文理	主任科员、党组成员	荔城北高	2017.06～ 2017.07～
团区委			
林鸿伟	书记	城厢灵川	2017.07～
妇 联			
陈颖珊（女）	主席	秀屿平海	续任
林 琳（女）	副主席（正科级）	秀屿月塘	续任
陈丽琴（女）	主任科员	秀屿埭头	续任
科 协			
林荣聪	主席	涵江新县	续任
范弦歌	副主席（正科级）	涵江庄边	续任
王 伟	正科级干事	荔城镇海	续任
残 联			
郭 樱（女）	理事长	涵江涵西	2017.12～
欧奇翔	副理事长	城厢霞林	2017.12～
石志坤	主任科员	城厢华亭	续任
林丽清（女）	副主任科员	秀屿平海	续任
政府办			
蔡建志	主任 政府党组成员	城厢东海	续任
吴胜飞	副主任 主任科员 外事侨务办主任	荔城镇海	续任

续表

姓　名	现单位及职务	籍　贯	任现职务时间
陈敬阳	副主任 主任科员	荔城拱辰	续任
林金维	副主任 法制办主任	涵江新县	续任
肖超雄	主任科员	仙游盖尾	续任
姚子镰	主任科员	湄洲岛	2017.06～
徐志群	副主任科员	城厢常太	续任
政府系统党委			
沈　军	专职副书记（正科级）	秀屿埭头	续任
审计局			
涂铁军	局长	城厢常太	2017.02～
吴庆贤	副局长	秀屿埭头	续任
旅游局			
林双法	局长	仙游园庄	续任
黄荔民（女）	副局长	荔城镇海	续任
蒋荔明（女）	主任科员	秀屿笏石	续任
曾景德	主任科员	荔城拱辰	续任
九龙谷管委会			
发改局			
徐达威	局长	秀屿笏石	2017.12～
程秀莲（女）	副局长（正科级）	荔城黄石	续任
蔡东明	主任科员	城厢灵川	续任
发改系统党委			
徐振海	专职副书记（副科级）	城厢霞林	续任
城乡一体办			
郑圣柏	副主任	仙游游洋	续任

续表

姓　名	现单位及职务	籍　贯	任现职务时间
人社局			
林素香（女）	区政协副主席、党组成员（主持区人社局工作）	城厢凤凰山	续任
林思壮	副局长	荔城镇海	续任
徐晓松	副局长 灵川镇党委副书记（挂职）	荔城黄石	续任
许文龙	副局长	秀屿笏石	续任
胡晨耀	主任科员	秀屿埭头	续任
蔡新凯	副主任科员	荔城新度	续任
社保中心			
林献焰	主任	仙游郊尾	续任
统计局			
黄锦南	局长	城厢龙桥	2017.02～
蔡金铭	副局长	城厢灵川	续任
陈光豹	主任科员	秀屿平海	续任
蔡国珍	主任科员	城厢灵川	续任
经调队			
刘开贵	队长	仙游度尾	续任
经信局			
林春生	局长	秀屿东峤	续任
谢铁群	副局长	仙游郊尾	续任
吴碧娟（女）	副局长	城厢常太	续任
方碧娴（女）	副局长	城厢华亭	2017.12～
林国春	主任科员 经贸系统党委专职副书记	秀屿埭头	续任
潘宏程	主任科员	涵江秋芦	2017.03～

续表

姓　名	现单位及职务	籍　贯	任现职务时间
吴建荣	副主任科员	荔城新度	续任
颜颖频	局务会成员（聘任） 区政府行政服务中心党支部专职副书记 二轻工业联社主任	荔城拱辰	续任
经贸系统党委			
林国春	专职副书记 经济和信息化局主任科员	秀屿埭头	续任
商务局			
陈丽娟（女）	局长	秀屿埭头	续任
汤国恩	副局长	荔城新度	续任
林　君（女）	副局长	荔城镇海	续任
黄元清	主任科员	荔城新度	2017.03～
杜子雄	局务会成员 安福电子商务城党工委书记、管委会主任（聘任） 莆田国际油画城管委会负责人	湄洲岛	续任 2017.07～ 续任
安福电商城			
杜子雄	局务会成员 安福电子商务城党工委书记、管委会主任（聘任） 莆田国际油画城管委会负责人	湄洲岛	2017.07～ 续任 续任
郑颖瑛（女）	副主任 党工委委员	荔城镇海	续任
安监局			
田林华	局长	涵江涵西	续任
郑国庆	副局长（正科级）	荔城北高	续任
贸促会			
茅良杰	副会长	仙游赖店	2017.02～
朱金焰	主任科员	荔城镇海	续任
财政局			
许玉树	局长	秀屿东峤	2017.06～
林琦媛（女）	副局长	秀屿笏石	续任

续表

姓　名	现单位及职务	籍　贯	任现职务时间
肖建耀	副局长	秀屿东庄	续任
张茂元	主任科员	仙游郊尾	续任
交通局			
郑黎明	局长	荔城新度	续任
林建兴	副局长	秀屿埭头	续任
陈志杰	副局长	城厢龙桥	续任
苏启泰	副局长	涵江萩芦	续任
郭妙桑（女）	总工程师（副科级） 项目前期办副主任	荔城北高	续任
交通运输管理所			
吴正兴	所长	仙游大济	续任
交通综合行政执法大队			
朱明穗	大队长	仙游枫亭	续任
吴开金	保留副科级待遇干部	涵江江口	续任
教育局			
刘永贤	局长	涵江江口	续任
佘智敏	副局长（正科级）	荔城拱辰	续任
陈　进	副局长（正科级）	城厢华亭	续任
张宁建	局务会成员 教师进修学校校长	城厢龙桥	续任
黄玉成	主任科员	荔城拱辰	续任
教育督导室			
胡洪九	副主任	秀屿埭头	2017.03～
洪茂兴	保留原职级干部	城厢华亭	续任
陈洪元	保留原职级干部	秀屿埭头	续任
教师进修学校			
张宁建	校长 教育局局务会成员	城厢龙桥	续任

续表

姓　名	现单位及职务	籍　贯	任现职务时间
卢小媚（女）	党支部书记（聘任）	荔城镇海	续任
徐国裕	副校长	城厢华亭	续任
莆田五中			
吴志明	校长	涵江涵西	续任
黄家红（女）	党委书记	涵江涵西	续任
郑毓青	副校长	城厢华亭	续任
陈国勇	副校长 文献中学校长	荔城新度	续任
梁宏晖	副校长	荔城镇海	续任
傅锦国	党委副书记	城厢凤办	续任
莆田三中			
荣秀庆	党支部书记	城厢华亭	续任
韩志勇	副校长	城厢霞林	续任
俞为民	副校长	荔城西天尾	续任
文体广电出版局			
许淑珍（女）	局长	秀屿平海	续任
姚正扬	副局长（正科级）	涵江国欢	续任
程正中	副局长	仙游枫亭	续任
许建平	主任科员	荔城镇海	续任
林劲松	主任科员	城厢华亭	续任
文化市场综合执法大队			
卫生和计划生育局			
陈清汉	局长	秀屿平海	续任
林的华	副局长	秀屿埭头	续任
蔡智勇	副局长	城厢东海	续任

续表

姓　名	现单位及职务	籍　贯	任现职务时间
黄顺华	副局长 霞林街道党工委副书记（挂职）	城厢龙桥	续任
吴金世	主任科员	秀屿埭头	续任
林文富	副主任科员	荔城黄石	续任
郑友山	副主任科员	城厢灵川	续任
	计生协会		
郑友洪	专职副会长	荔城拱辰	2017.02～
吴元开	主任科员	城厢灵川	2017.06～
陈玉爱（女）	副主任科员	荔城新度	续任
	区医院		
刘华山	院长	涵江国欢	续任
吴武中	党支部书记	秀屿埭头	续任
	疾控中心		
郭　伟	主任	城厢凤凰山	续任
	红十字会		
黄荔青（女）	常务副会长（正科级）	荔城拱辰	续任
	科技局		
孙桂芳	局长	城厢灵川	续任
陈宝卫	副局长（正科级）	荔城拱辰	续任
陈平越	副局长	城厢华亭	续任
苏美金（女）	主任科员	仙游度尾	续任
	地震办		
黄慧娟（女）	副主任	荔城镇海	2017.03～
易振环	主任科员 报道组组长	涵江庄边	续任
郭玉章	副主任科员	涵江大洋	续任

续表

姓　名	现单位及职务	籍　贯	任现职务时间
民政局			
林平凡	局长	城厢常太	续任
黄国生	副局长（正科级）	城厢常太	续任
陈金华	主任科员	秀屿平海	续任
老龄办			
张建峰	常务副主任	涵江涵东	续任
司法局			
陈志平	局长	荔城拱辰	续任
施荔红（女）	副局长（正科级）	秀屿笏石	续任
苏新添	副局长	秀屿东庄	续任
林长春	副局长	城厢灵川	续任
林　毅	副主任科员	城厢华亭	续任
陈文林	副主任科员	安溪桃舟	续任
住建局（人防办）			
黄志汉	局长 区人防办主任	荔城西天尾	续任 2017.03～
林建东	副局长	秀屿埭头	续任
李晓忠	副局长	涵江江口	续任
建设系统党委			
陈臻华	专职副书记	荔城镇海	2017.06～
城市管理行政执法局			
黄鹏远	区委文明办副主任（正科级） 暂时负责区执法局工作	城厢龙桥	2017.02～
陈　翔	副局长	城厢东海	续任
佘建明	副局长	秀屿南日	续任
陈志辉	副局长	仙游郊尾	续任
何国文	主任科员	城厢华亭	续任
黄国武	党支部副书记（副科级）	秀屿东庄	续任

续表

姓　名	现单位及职务	籍　贯	任现职务时间
环卫处（城管办）			
林清飞	主任	仙游社硎	续任
欧宗辉	环卫处党支部书记	涵江庄边	续任
环保局			
林桂祖	局长	秀屿东峤	续任
王志强	副局长（正科级）	城厢华亭	续任
王国阳	副局长	涵江梧塘	续任
黄锦菁	副局长 凤凰山街道党工委副书记（挂职）	涵江梧塘	续任
陈振达	副主任科员	荔城拱辰	续任
水务局			
吴立锋	局长	荔城黄石	2017.02～
林密腾	副局长（正科级）	城厢华亭	续任
龚　勇	副局长	荔城新度	续任
谢玉仙	总工程师（聘任，副科级）	荔城拱辰	续任
防汛抗旱指挥部办公室			
吴洪云	防汛办主任（副科级）	秀屿埭头	续任
农业局（农办）			
刘都峰	局长（主任）	秀屿笏石	2017.06～
陈玉华	副局长	城厢霞林	续任
戴志朋	副局长	秀屿东埔	续任
詹志宇	室务会成员（正科级） 移民局局长	秀屿笏石	续任
陈成瑞	主任科员 农业系统党委专职副书记	仙游郊尾	续任
吴国良	主任科员	秀屿埭头	2017.04～
海洋与渔业执法大队			
戴剑晗	大队长	涵江江口	续任

续表

姓　名	现单位及职务	籍　贯	任现职务时间
农业系统党委			
陈成瑞	专职副书记 农业局主任科员	仙游郊尾	续任
供销社			
林基立	主任	仙游鲤城	续任
林垒镕（女）	副主任	涵江三江口	续任
蔡腾达	副主任	城厢东海	2017.06～
方志委			
林建如	主任	仙游游洋	续任
谢　彬	副主任科员	城厢霞林	续任
行政服务中心管委会			
林雄峰	副主任（聘任）	荔城镇海	续任
江　波	副主任	城厢龙桥	续任
颜颖频	党支部专职副书记（聘任） 区经济和信息化局局务会成员 二轻工业联社主任	荔城拱辰	续任
华林经济开发区			
张伟国	党工委书记（副处级） 区政府党组成员	荔城黄石	续任
陈丽萍（女）	党工委副书记 管委会主任（副处级） 区政府党组成员	秀屿山亭	续任
林俊杰	党工委副书记（挂职） 区委办室务会成员 区信访局局长	城厢凤凰山	2017.06～ 续任 续任
柯黎明	党工委委员（聘任） 太湖工业园党委副书记兼副主任	城厢华亭	续任
柯金芳	党工委委员 华林工业园党委副书记兼副主任（聘任）	城厢灵川	续任
柳军英（女）	党工委委员（聘任）	北岸山亭	续任
吴　震	党工委副书记、纪工委书记	城厢常太	续任
曾志聪	管委会副主任	荔城镇海	续任

续表

姓　名	现单位及职务	籍　贯	任现职务时间
陈国霖	管委会副主任	秀屿笏石	续任
蔡国贤	管委会副主任 华林工业园党委委员兼副主任	城厢东海	续任
林　健	管委会副主任	荔城拱辰	续任
陈光青	管委会副主任	秀屿平海	续任
吴海东	管委会副主任（聘任）	荔城新度	续任
太湖工业园			
郑　雄	党委书记兼管委会主任（聘任）	仙游榜头	2017.07～
柯黎明	党委副书记兼副主任 华林经济开发区党工委委员（聘任）	城厢华亭	续任
张亦强	党委委员兼副主任	城厢华亭	续任
华林工业园			
柯金芳	党委副书记兼副主任 华林经济开发区党工委委员（聘任）	城厢灵川	续任
张朝阳	党委委员兼副主任 （聘任，副科级）	仙游榜头	续任
蔡国贤	党委委员兼副主任 华林经济开发区管委会副主任	城厢东海	续任
华亭镇			
蒋万顺	副书记 镇长	城厢灵川	续任
刘国文	党委委员 人大主席	秀屿埭头	续任
胡彬伟	副书记	荔城黄石	续任
陈　攀	副书记	城厢霞林	续任
陈旭清	党委委员 纪委书记	仙游赖店	续任
郑英杰	组织委员	仙游榜头	续任
沈耀森	党委委员 武装部部长	漳州诏安	续任
庄且静 （女）	副镇长	涵江梧塘	续任
蔡庆明	副镇长	城厢东海	续任

续表

姓　名	现单位及职务	籍　贯	任现职务时间
李永鑫	综治办专职副主任	涵江江口	续任
林　凡	锻炼干部 区信访信息中心干部	仙游榜头	续任
常太镇			
吴晋春	书记	荔城拱辰	续任
沈海霞（女）	副书记 镇长	城厢东海	续任
陈士忠	党委委员 人大主席 区信访局负责人	城厢凤凰山	续任
陈志敏	副书记	秀屿笏石	续任
陈屹楠	党委委员 纪委书记	北岸山亭	续任
张少俊	党委组织委员	荔城新度	续任
林　宇	党委宣传、统战委员	荔城黄石	续任
贾　昱	党委委员 武装部部长	江西萍乡	续任
戴玉腾	党委委员 副镇长	城厢华亭	续任
郭凤祥	副镇长	秀屿东峤	续任
邹圣侠	科技副镇长（挂职） 区移民局综合股和计财股负责人	荔城黄石	续任
黄超群	司法所所长	秀屿平海	续任
蔡莉娜（女）	综治办专职副主任	城厢常太	续任
灵川镇			
林海斌	书记	城厢霞林	续任
林　根	副书记 镇长	仙游鲤城	续任
曾　锋	党委委员 人大主席	城厢凤凰山	续任
潘金珍	主任科员	湄洲岛	续任
许晋芳	副书记	城厢华亭	续任

续表

姓　名	现单位及职务	籍　贯	任现职务时间
徐晓松	副书记（挂职） 区人力资源和社会保障局副局长	荔城黄石	续任
杨少龙	党委委员 纪委书记	城厢常太	续任
郑碧樊（女）	党委组织委员	城厢龙桥	续任
张印忠	党委委员 武装部部长	河北巨鹿	续任
王春树	党委委员 副镇长	北岸山亭	续任
吴清松	副镇长	城厢霞林	续任
陈清龙	副镇长	城厢凤办	续任
吴美玉（女）	科技副镇长（挂职） 区卫生监督所科员	荔城拱辰	续任
蔡明华	司法所所长	城厢东海	续任
东海镇			
陈志军	书记	荔城拱辰	续任
沈国发	副书记 镇长	秀屿埭头	续任
黄俊飞	主任科员	城厢灵川	续任
黄智强	副书记	仙游榜头	续任
林　航	党委委员 纪委书记	仙游鲤城	续任
许　震	党委组织委员	城厢华亭	续任
陈丽丽（女）	党委宣传、统战委员	秀屿东埔	续任
王谟兵	党委委员 武装部部长	江苏赣榆	续任
胡元良	党委委员 副镇长	仙游枫亭	续任
林梅红（女）	副镇长	仙游盖尾	续任
阮成伟	科技副镇长（挂职） 区交通局工程路政股负责人	仙游郊尾	续任
许宇宙	司法所所长	秀屿笏石	续任

姓　名	现单位及职务	籍　贯	任现职务时间
黄剑恒	综治办专职副主任	涵江白塘	续任
	龙桥街道		
张洪宾	书记	仙游榜头	续任
宋朝阳	副书记 主任	秀屿平海	续任
苏顺琪	党工委委员 人大主任	城厢东海	续任
陈俊成	副书记	秀屿埭头	续任
林志伟	党工委委员 纪工委书记	城厢龙桥	续任
翁朝晖	党工委宣传、统战委员	荔城镇海	续任
陈建华	党工委委员 武装部部长	城厢灵川	续任
蔡金平	党工委委员 副主任	城厢霞林	续任
陈毓卿（女）	副主任	秀屿平海	续任
陈　扬	副主任	涵江国欢	续任
方海英（女）	司法所所长	荔城拱辰	续任
曾秋泉	综治办专职副主任	秀屿湄洲	续任
	霞林街道		
陈国忠	书记	秀屿东庄	2017.07～
陈元兴	副书记 主任	荔城新度	2017.07～
许庆明	党工委委员 人大主任	秀屿东峤	续任
黄顺华	副书记（挂职） 区卫生和计划生育局副局长	城厢龙桥	续任
林朝阳	副书记	秀屿埭头	续任
姜大银	党工委委员 纪工委书记	重庆开县	续任
林天虎	党工委组织委员	荔城西天尾	续任
吴敏红（女）	党工委宣传、统战委员	荔城黄石	续任

姓　名	现单位及职务	籍　贯	任现职务时间
杨　勇	党工委委员 武装部部长	江苏海安	续任
刘清伟	党工委委员 副主任	仙游榜头	续任
黄志伟	副主任	城厢龙桥	续任
郑婷婷（女）	副主任	城厢龙桥	续任
周东明	司法所所长	荔城新度	续任
方　晖	综治办专职副主任	城厢灵川	续任
凤凰山街道			
陈　伟	书记	荔城新度	2017.07～
蔡辉彬	副书记 主任	城厢东海	续任
杨智伟	副书记	仙游榜头	续任
黄锦菁	副书记（挂职） 区环境保护局副局长	涵江梧塘	续任
陈鹏远	党工委委员 纪工委书记	涵江涵东	续任
黄　敏（女）	党工委组织委员	城厢灵川	续任
黄雪峰	党工委宣传、统战委员	荔城拱辰	续任
柳军勇	党工委委员 副主任	北岸山亭	续任
蔡妹玉（女）	副主任	荔城镇海	续任
周荔山	副主任	城厢霞林	续任
苏剑炜	综治办专职副主任	城厢龙桥	续任
黄智深	副主任科员	秀屿平海	续任

（徐　炜）

名　录

先进集体

2017年获得国家级表彰的先进单位一览表

获奖单位	荣誉称号	授予单位	表彰级别	授予时间
城厢区	新一批国家知识产权强县试点	国家知识产权局	国务院部委	2017年12月
区委政法委 区法院 区关工委 区教育局	全国第三届“关爱明天、普法先行”——青少年普法教育活动先进单位	中国关工委 司法部 中央综治委	国务院部委	2017年8月
团区委 区委文明办 区司法局 区公安分局 霞林街道 灵川镇	全国第三届“关爱明天、普法先行”——青少年普法教育活动优秀组织奖	中国关工委 司法部 中央综治委	国务院部委	2017年8月
区工商联	2017年全国“五好”县级工商联	全国工商联	国务院部委	2017年12月
区公安分局	“视频技战法”获得“全国公安机关改革创新大赛优秀奖”	中央政法委 公安部	国务院部委	2017年
龙桥派出所	全国维护妇女儿童权益先进集体	全国妇联 全国维护妇女儿童权益暨平安家庭创建协调组	国务院部委	2017年
霞林街道 肖厝社区	全国综合减灾示范社区	民政部	国务院部委	2017年
区教育督导室	国家义务教育质量监测实施“县级优秀组织单位”	教育部	国务院部委	2017年
区司法局	全国法治县(市、区)创建活动先进单位	司法部	国务院部委	2017年

2017年获得省、市级表彰的先进单位一览表

获奖单位	荣誉称号	授予单位	表彰级别	授予时间
常太镇	福建省道路交通安全综合整治先进集体	省政府	省级	2017年
区工商联	福建省2016年“五好”县级工商联	省工商联	省级	2017年1月
区综治办	全省社会治安综合治理先进集体	省综治办	省级	2017年
常太镇马院村	美丽乡村文明创建示范村	省委文明办	省级	2017年
区工商局	全省政务信息宣传先进单位	省工商局	省级	2017年
区公安分局	2016年度全省公安机关执法质量优秀单位	省公安厅	省级	2017年
区公安分局常太派出所	全省公安机关“暖警”工程建设成绩突出集体	省公安厅	省级	2017年
区公安分局国保大队	集体二等功	省公安厅	省级	2017年
安福电商城	福建省巾帼众创空间示范基地	省妇联	省级	2017年2月
安福电商城青年突击队	福建省青年突击队	团省委	省级	2017年3月
区审计局	组织实施的《城厢区灵川卫生院资金使用管理情况的审计调查》项目获得2017年计算机应用实例“优秀奖”	省审计厅	省级	2017年
南门社区	爱国拥军模范单位	省民政厅	省级	2017年
区民政局婚姻登记处	福建省第八届（2015－2017年度）文明行业创建示范点	省委文明办	省级	2017年
区经信局	全省经信系统先进集体	省人社厅 省经信委	省级	2017年
区环境监察大队	厦门会晤环境质量保障工作先进集体	省环保厅	省级	2017年
区环境监察大队	环境执法大练兵表现突出县级单位	省环保厅	省级	2017年
区老龄办	2017年度老龄系统先进集体	省人社厅 省老龄办	省级	2017年
区法院审监庭	全省法院系统先进集体	省高院	省级	2017年
区委政法委	厦门会晤和党的十九大工作集体三等功	市委 市政府	市级	2017年
教育督导室	两项督导教育强区	市政府	市级	2017年12月

先进个人

2017年获得市级以上表彰的先进个人一览表

姓　名	工作单位	荣誉称号	授予单位	表彰级别
陈庆王	区委政法委	全国第三届“关爱明天、普法先行”——青少年普法教育活动先进个人	中国关工委 司法部 中央综治委	国家级
陈　进	区教育局	全国第三届“关爱明天、普法先行”——青少年普法教育活动先进个人	中国关工委 司法部 中央综治委	国家级
林鸿伟	团区委	全国第三届“关爱明天、普法先行”——青少年普法教育活动先进个人	中国关工委 司法部 中央综治委	国家级
徐　荟	区法院	全国第三届“关爱明天、普法先行”——青少年普法教育活动先进个人	中国关工委 司法部 中央综治委	国家级
蔡朝晖	关工委	全国第三届“关爱明天、普法先行”——青少年普法教育活动先进个人	中国关工委 司法部 中央综治委	国家级
柯梅英	关工委	全国第三届“关爱明天、普法先行”——青少年普法教育活动优秀辅导员	中国关工委 司法部 中央综治委	国家级
陈希慧	区公安分局	全国第三届“关爱明天、普法先行”——青少年普法教育活动优秀组织奖	中国关工委 司法部 中央综治委	国家级
陈燕茹	区法院	全国第三届“关爱明天、普法先行”——青少年普法教育活动优秀辅导员	中国关工委 司法部 中央综治委	国家级
林丽贞	区法院	全国第三届“关爱明天、普法先行”——青少年普法教育活动优秀辅导员	中国关工委 司法部 中央综治委	国家级
陈志权	区法院	全国维护妇女儿童权益先进个人	全国妇联	国家级
陈　静	区法院	全国巾帼建功标兵	全国妇联 最高院	国家级

续表

姓　名	工作单位	荣誉称号	授予单位	表彰级别
陈家波	区环保局	打击进口废物加工利用行业环境违法行为专项行动中表现突出人员	环保部	国家级
陈家波	区环保局	强化督查工作中表现突出人员	环保部	国家级
陈庆王	区委政法委	金砖会晤筹备和保障工作优秀嘉奖	省　委 省政府	省级
姚子镰	区财政局	全省财政系统先进工作者	省财政厅 省人社厅	省级
陈开水	区总工会	福建省第四届工会职工运动会男子飞镖项目一等奖	省总工会	省级
郑荔涵	区委宣传部	第六、七期社科知识有奖竞答活动先进个人	省社科联	省级
郑燕萍	区卫计局	福建省基层岗位练兵和职能竞赛社区护理组三等奖、2016年全省基层卫生技术能手	省卫计委 省总工会	省级
庄国辉 陈　真 吴瑞珊	区公安分局	全省优秀人民警察	省人社厅 省公安厅	省级
吴瑞珊	区公安分局	金砖国家领导人第九次会晤筹备和服务保障工作中受到嘉奖	省　委 省政府	省级
陈慧扬	区公安分局	全省公安机关“暖警”工程建设成绩突出个人	省公安厅	省级
林吉辉	区法院	全省优秀法官	省高院	省级
谢倩倩	区法院	全省法院系统先进工作者	省高院	省级
陈玲亚	区法院	全省法院系统先进工作者	省高院	省级
曾可嘉	区法院	全省法院五好文明家庭	省高院	省级

续表

姓　名	工作单位	荣誉称号	授予单位	表彰级别
游智武	区法院	在全省法院司法警察警务技能汇报演练中受到嘉奖	省高院	省级
张　燕	区法院	在全省法院司法警察警务技能汇报演练中受到嘉奖	省高院	省级
刘志猛	区法院	全省法院执行工作先进个人	省高院	省级
曾可嘉	区法院	全省法院系统文明行业创建活动先进个人	省高院	省级
黄盈熹	区法院	全省法院学术研讨会三等奖	省高院	省级
邱晓敏	区法院	全省法院刑事审判工作先进个人	省高院	省级
戴爱富	区法院	荣誉天平奖章	省高院	省级
郑梦华	区法院	全国“两会”期间驻京接访工作先进个人	省高院	省级
郑梦华	区法院	党的十九大和厦门金砖会晤期间全省法院涉诉信访安保维稳工作先进个人	省高院	省级
曾霖杰	区公安分局	入选2017年8月“中国好人榜”的“孝老爱亲”类别	省委文明办	省级
卓国华	区委政法委	厦门会晤和党的十九大工作个人三等功	市　委 市政府	市级
翁榕花	区公安分局	莆田市劳动模范荣誉称号	市　委 市政府	市级
吕伍平	凤凰山街道	2016年度“征兵先进个人”称号	市政府	市级

技术创新企业名录

城厢区各类技术创新企业一览表

序号	项目	企业名称
1	省级企业技术中心	才子服饰股份有限公司
2	市级企业技术中心	福建东南艺术纸品有限公司 蛤老大（福建）食品有限公司 福建省莆田市荔城纸业有限公司 莆田市萨拉曼户外用品有限公司
3	福建省科技小巨人领军企业（科技局）	莆田市金日兴生物科技开发有限公司 福建省亚明食品有限公司 莆田市嘉辉光电有限公司 莆田市嘉业光电电子有限公司 中科华宇（福建）科技发展有限公司 福建东南艺术纸品股份有限公司 莆田市城厢区振兴旅游用品有限公司
4	福建省品牌培育试点企业	亚明食品有限公司
5	福建省质量标杆企业	溢通环保有限公司 才子服饰有限公司
6	福建省名牌产品	莆田市鸿立印刷包装有限公司（鸿立牌一次性纸杯） 莆田市东南纸业工贸有限公司（吉福康+图形牌餐巾纸） 溢通环保科技（莆田）有限公司（彩标+图形、溢通+图形牌溢通车用尿素溶液）

《两岸网络电信诈骗犯罪问题研究》获最高检立项

海峡两岸自1987年开放交流之后，交流、交通更为便捷，自然衍生跨境犯罪行为，传统诈骗行为逐渐演变成新兴型态的跨境网络电信诈骗犯罪。其影响层面广泛、涉案金额巨大、被害人数众多，加之两岸分治的特殊关系，造成该等犯罪集团不易查缉，成为两岸社会治安的重大隐患。

城厢区人民检察院成立以沈威副检察长为负责人、公诉科徐晋雄副科长为成员的课题组，以《两岸网络电信诈骗犯罪问题研究》为题展开专门研究，依托闽台地缘优势，围绕电信诈骗突显出两岸司法互助存在的配合、衔接、问题，提出可能解决的途径。该课题于2017年3月向最高人民检察院申请检察应用理论研究重点课题立项，最高人民检察院于2017年5月批准立项。

2017年7月，课题组的阶段性研究成果《网络时代跨境电信诈骗犯罪的新变化与防治对策研究》发表于由最高人民法院主办的《中国应用法学》2017年第2期。因研究主题契合社会关注热点且具有较高理论指导实践价值，该阶段性成果还被由中国人民大学主办的《复印报刊资料：刑事法学》2017年第8期所收录。2017年12月，课题组向最高人民检察院申请结项。

（徐　威）

调解案入选司法部案例库

2017年12月份，城厢区报送的“许某甲等二人与刘某损害赔偿纠纷调解案”入选司法部司法行政（法律服务）案例库，并在中国法律服务网刊登，成为莆田市仅有的两个入选案例之一。

一、入选理由

根据《司法部关于建立司法行政（法律服务）案例库的方案》要求，结合城厢区人民调解工作实际，根据依法原则、规范原则、典型原则和客观原则，城厢区司法局推选了本案例。“许某甲等二人与刘某损害赔偿纠纷调解案”充分展现本区人民调解工作的经验和亮点。一是案件中的价格争议调解处理工作站是城厢区发挥专业性、行业性调委会的专业性、权威性、灵活性等特点，完善多元调解机制，有效地将矛盾纠纷解决在基层的社会综合治理方式的创新实践之一。二是案件中的“微调解”工作方法是城厢区工作重心下沉，改变工作思维的典型模式。

二、入选意义

该典型案例的推广有利于普法宣传工作，方便群众从案例中学习相关法律规范；有利于扩大城厢区人民调解影响力，让更多群众放心选择人民调解方式解决矛盾纠纷；有利于优秀的调解经验的推广，对类似的纠纷调解具有指导、示范和借鉴意义。

三、案例正文

莆田市城厢区许某甲等二人与刘某损害赔偿纠纷调解案

案例类型：其他人民调解典型案例

矛盾纠纷受理时间：2017年8月18日

矛盾纠纷类型：损害赔偿纠纷

调解组织名称：莆田市城厢区东海镇人民调解委员会

【案情简介】

2017年8月18日，刘某驾驶大货车不慎将许某甲和许某乙果园里果树损坏。许某甲和许某乙要求刘某赔偿果园损失，双方就赔偿问题产生争执。经双方同意，莆田市城厢区某镇人民调解委员会（以下简称“调委会”）指派人民调解员介入调解。

【调解过程】

调解员先和三方核实案件的经过，调查案件基本情况。2017年8月18日，12时10分，刘某驾驶大货车不慎驶入许某甲和许某乙的果园里，损坏许某甲果园中的4棵龙眼树、部分地瓜苗和许某乙果园里的2棵龙眼树、地瓜苗。事情发生后，许某甲和许某乙第一时间到达事发现场，要求肇事司机赔偿果园损失，包括果树和地瓜苗本身价值及果实的损失，要价达十万。司机认为对方当事人狮子大开口，无凭无据，漫天要价。双方就赔偿问题产生争执不下，就赔偿金额问题一直无法达成一致。矛盾的焦点是如何确定一个客观、合理的谈判价格。

调解员在详细了解整个事件的前因后果后，启动“微调解”模式，邀请本地价格争议调解处理工作站的工作人员、村调委会人民调解员、村干部、村法律顾问、交警联合开展调解。

首先由交警和法律顾问分析事件的赔偿责任。此事应由司机负全责。法律顾问指出赔偿内容应该包括可预料的合理范围内天然孳息的损失。孳息是指因物或权益而生的收益。天然孳息是指原物因自然规律而产生的，或者按照物的用法而收获的物，比如果实。

接着由价格争议调解处理工作站的工作人员从果树的年限、产量、市场价、受损情况等方面，客观中立地提出损失金额总价。许某甲的四棵龙眼树树龄均大概有十几年，每棵龙眼木的价值大概在七八千。每棵树的龙眼果实损失为2000元左右。地瓜苗损失为500元左右。许某甲的总损失大概为三四万。许某乙的二棵龙眼树树龄分别只有五、六年左右，每棵龙眼木的价值大概在三千五左右。每棵树的龙眼果实损失大概在1500元。地瓜苗损失为600元左右。许某乙的损失大概在一万元左右。

然后由镇、村两级调解员和村干部对双方当事人进行思想劝导，从法理上阐明事件的责任和理赔依据，就赔偿争议进行了明确的指导和建议。村调解员、村干部负责和两位村民谈话，指出要解决争议就要有根有据地提出赔偿要求，做人做事应该清清楚楚，应当参考权威的机构提出的客观估价。两位村民当场表示可以根据价格争议调解处理工作站提出的损失金额为谈判价格。镇调解员则对司机进行了劝解。有过错并造成他人损失就应当承担赔偿责任。作为货车司机，尽快解决矛盾纠纷，也可以避免迟延交货及其他机会成本的损失。经过劝解，司机认为既然有客观的估价，他愿意在估价范围内进行赔偿。

参与调解的工作人员分工明确，利用各自职业优势，分析事态客观公正，讲解耐心细致。经过两天时间的共同努力，双方当事人最终达成了赔偿协议，成功化解了这起纠纷。

【调解结果】

2017年8月20日，三方达成了书面调解协议：一是刘某方一次性赔偿给许某甲龙眼树4棵、地瓜苗若干经济损失，共计人民币35000元整。二是刘某方一次性赔偿给许某乙龙眼树2棵，地瓜苗若干的经济损失，共计人民币10000元整。

三是刘某在搬运货物或拖车过程中，如再损坏地瓜苗无需再赔，如果再损坏龙眼树则另行折价再赔。四是待刘某全部付清经济损失赔偿款后，方可卸货将挂车拉走。

该起矛盾纠纷在初期得以顺利化解，有效防止了民转刑案件的发生。

【案例点评】

该案例的亮点之一是发挥价格争议调解处理工作站工作人员的专业优势，促使双方当事人在赔偿金额上达成一致。本案的争议焦点是损坏物品的市场价位，即赔偿金额问题。针对当前价格矛盾纠纷日益增多的问题，城厢区某镇人民调解委员会联手区发改局价格认证中心在镇调委会成立价格争议调处工作站。价格争议调处的范围包括平等主体之间涉及财产财物价格、财产财物分割和财产财物损失的争议等；生产、经营者服务收费、收益或损失争议，以及其他涉及价格行为的合法性、价格水平合理性的争议。调委会充分利用调处工作站专业性、权威性、灵活性等特点，完善多元调解机制，开展价格争议调解处理工作，有效地将价格矛盾解决在基层。

本案例的另一个亮点是该镇调委会创新“微调解”模式，成功化解矛盾纠纷：一是调处于“微”时，在矛盾纠纷激化之前，及时介入，防微杜渐，指导村级人民调解组织第一时间介入，防止纠纷扩大升级；二是集聚“微”力量，召集该镇价格争议调解处理工作站的工作人员、村调委会调解员、村干部、村法律顾问、交警等人员共同解决纠纷；三是精细入“微”，考虑问题细致周全，避免发生二次纠纷。

四、结语

“许某甲等二人与刘某损害赔偿纠纷调解案”是城厢区调解工作的缩影。此外，城厢区还有侯毅民心调解室(市级金牌调解室)、万辉物业调委会(全市首家物业调委会)、城厢区教育集团调委会(全市首家教育集团调委会，包括五中、逸夫和南门教育集团调委会)、城厢区网上调解中心(全市首家网上调解中心)等多个调解品牌与亮点。城厢区司法局贴近基层需求，不断强化服务思维，创新调解思路，发扬将矛盾解决在基层的枫桥经验，打造出城厢特色的调解品牌。

（林如惠）

市级以上新闻媒体报道题录

国家级媒体报道

新华社

2017.01.18　新华网　“90后”木雕手艺人郑暖冬：用工匠精神让木头重现生机

2017.01.18　新华社照片　福建莆田：工业企业转型升级促增长

2017.01.19　新华社照片　（新春走基层）福建莆田：美丽乡村　造福百姓

2017.02.16　新华社照片　福建莆田：节后企业正常开工

2017.02.12　新华网　福建莆田：民俗展演　欢乐新春

2017.05.08　新华网　新华社中经社智库专家组调研莆田城厢区华林“鞋艺小镇”

2017.06.03　新华社图片　福建莆田：乡村采摘游致富新业态

2017.08.17　新华社图片　福建对俄罗斯、印度、巴西、南非贸易额高速增长

2017.09.25　新华网　福建莆田：非遗技艺推动相关产业协同发展

2017.10.06　新华每日电讯　2版　实干加创新　跑出莆田速度

2017.12.21　新华社图片　福建莆田：制鞋产业转型升级

中央电视台

2017.10.25　CCTV－13《共同关注》《东方时空》《24小时》栏目播出《聚焦十九大》

《中国纪检监察报》

2017.01.04　1版图片新闻　信任不能代替监督

2017.01.14　2版图片新闻　学深悟透　领会精神

2017.02.15　1版图片新闻　开学第一课：家训文化进课堂

2017.02.20　1版　原鲁山：只留清风在人间

2017.02.27　1版图片新闻　通过多种方式　助力精准扶贫

2017.04.19　1版图片新闻　携手反“四风”　你我共参与

2017.08.19　1版图片新闻　交叉访查全覆盖　助力脱贫攻坚

省级媒体报道

《福建日报》

2017.01.07　3版头条　莆田油画转型呼唤跨界思维

2017.02.07　6版头条　他们把台湾小吃做成了爆款

2017.02.09　9版头条　村档镇管，留住乡村记忆

2017.02.13　5版　城厢区出新政补齐家政服务行业短板

2017.02.22　4版头条　律师代申诉　解开“心疙瘩”

2017.02.23　4版　莆田城厢区居民健康档案可自助查询

2017.03.04　3版头条　复兴莆田茶，别忘了三张特色牌

2017.03.07　11版　东汾宋代陶瓷　畅销海丝之路
2017.03.09　11版头条　“在路上才有业绩”——跟着小哥送外卖
2017.03.16　5版头条　原创冲动：莆田油画的第二次出发
2017.03.29　9版头条　外卖大军中的突围者
2017.04.04　2版　莆田宣传水资源保护和“河长制”
2017.04.05　9版头条　培养电商人才　打开世界通路
2017.04.09　2版头条　让村庄绽放“笑颜”
2017.04.13　5版　莆田市首个中心村妇联成立
2017.04.25　4版　莆田首家非公募性慈善机构成立
2017.05.03　3版　莆田下尾千亿粒蛤苗畅销各地
2017.05.05　5版　莆田市城厢区新建36个全民健身点
2017.05.05　6版　台湾信众赴莆田东汾祖庙进香
2017.05.09　5版　莆田成立首个鞋服产业妇委会
2017.05.10　9版头条　借网出海两个自主品牌的跨境电商之路
2017.05.13　3版头条　乡村旅游，慢一点才能更快
2017.05.15　5版　市场有了快检站市民买菜更放心
2017.05.16　6版　莆田城厢区偏远乡村卫生所实现远程影像会诊
2017.05.18　6版头条　油画，架起友谊之桥
2017.06.02　4版　城厢　畅通精准扶贫“阳光通道”
2017.06.05　2版头条　爱心帮帮团　扶贫月月见
2017.06.17　1版　莆田城厢马院村：老区村今朝变景区
2017.06.22　9版　美丽乡村的华亭路径
2017.07.03　2版头条　一村一律师　服务零距离
2017.09.04　10版　木兰溪，流出一片“新乐土”
2017.09.25　7版头条　转型与突围齐飞　传统邀现代共舞
2017.10.19　16版头条　莆田木雕：以刀为笔“书”写新时代
2017.10.26　13版头条　生态文明的莆田探索
2017.10.26　15版　城镇独生子女户免费享受居民医保
2017.10.30　8版头条　老街乐队：把莆仙民谣唱给世界听
2017.11.07　3版头条　莆田鞋业自主品牌乘风跨境电商
2017.11.14　2版　深入学习宣传贯彻党的十九大精神　做大做强“美的事业”
2017.11.16　13版　APP巡河　保家乡河清水畅
2017.11.20　1版　文明之花，绽放莆阳大地
2017.11.23　13版　创新社会治理，莆田拿出好方案
2017.11.24　10版　绶溪美景看不完
2017.12.04　11版　莆田桂山村碗窑山
2017.12.07　15版　城乡群众　共饮一缸优质水
2017.12.13　01版　莆田：文化沃土培植产业大树
2017.12.14　14版　城厢否决　一污水处理站设置申请
2017.12.21　13版　水清气爽的莆田“颜值”
2017.12.28　15版　红砖红瓦燕尾脊　莆田公厕有“颜值”

市级媒体报道

《湄州日报》

2017.01.04　B1头条　严格依法履职　规范公正执法——城厢公安分局推行法制集约运作模式成效显著
2017.01.04　B2头条　唱响鱼水情深曲——城厢区双拥蝉联“省级双拥模范区”三连冠纪实
2017.01.16　A2头条　中共闽中特委机关所在地闽中工农游击队驻地漈川纪事
2017.01.18　B2头条　乡村描绘新画卷——城厢区共建美丽乡村侧记
2017.01.23　B1专版　情暖环卫工人　共建美丽

莆田

2017.01.25　B2头条　扶持工业企业发展壮大——城厢区推进“三转一市”成效显

2017.02.15　B2头条　致力先行谱新篇——城厢区奋力拼搏开好局

2017.02.22　B2头条　谋创新　树标杆　强后劲——城厢区第三产业取得新突破

2017.03.01　B2头条　唱响幸福安居歌——华亭镇共建美丽乡村营造良好环境

2017.03.08　B2头条　擦亮城市名片　共建美丽莆田——城厢区多部门联合促城市管理提升

2017.03.09　B1头条　花卉开出“美丽经济”

2017.03.15　B2头条　多方携手筑牢“城墙”——城厢区多部门联合持续推进防诈骗反传销

2017.03.16　B3头条　清隐患　保平安　促稳定——城厢公安分局“打黑恶·缉枪爆”专项行动取得阶段性成果

2017.03.20　A4专版　革命老区焕发旅游新活力

2017.03.22　B2头条　开启创业“她时代”——城厢区积极引导女性“互联网+”创业创新

2017.03.29　B2头条　三月处处漾春风——城厢开展“邻里守望·爱在城厢”志愿活动侧记

2017.04.04　3版头条　传播妈祖文化新窗口　扩大对外交流新阵地——湄洲妈祖祖庙莆田会馆开馆侧记

2017.04.05　B2头条　田园风光醉游人——城厢区乡村旅游渐入佳境

2017.04.12　B2头条　打造绿色宜居城——城厢区持续推进创建国家森林城市

2017.04.19　B2头条　按下“快进键”——城厢区积极推进重点攻坚项目

2017.04.26　B2头条　守护“大水缸”——常太镇多措并举保护东圳水库用水安全

2017.05.03　B2头条　实现经济互联互通——城厢区大踏步发展“互联网+”产业

2017.05.08　B3专版　步履不停奋向前——看城厢区对标实干建设美丽莆田先行

2017.05.17　B2头条　积极打造鞋艺小镇——新华社中经社智库专家组来城厢区“把脉”

2017.05.23　A1新闻眼　全市首份要素式判决书启用　城厢区法院创新模式提升办案质效

2017.05.24　B2头条　倾情服务促发展——城厢区经信局多举措促进惠企政策落实

2017.05.25　A1新闻眼　15个党代表工作室成立城厢区建立省市两级党代表履职平台

2017.05.31　B2头条　精准发力拔“穷根”——城厢区多措并举打好脱贫攻坚战

2017.06.07　B2头条　产业生态文化——城厢区将美丽乡村建设引入深处

2017.06.14　B2头条　让天蓝山绿水清——城厢区全力推进生态环保突出问题整改工作

2017.06.21　B2头条　发挥优势亮点频现——城厢区加快商贸转型发展

2017.06.21　B3头条　坚守公平正义　践行司法为民——城厢区人民法院着力推进执行工作长效机制建设

2017.06.23　A1图文　兰溪绿洲韵盎然——华亭镇园头村探美

2017.06.28　B2头条　吹响创城“冲锋号”——龙桥街道勠力同心推进创城工作

2017.06.29　A1图文　严守纪律　甘于奉献——城厢区委组织部开展“主题党日”活动侧记

2017.06.29　B1头条　采摘经济，为乡村添彩

2017.07.05　B2头条　构筑和谐密码莆田模式——城厢区多元化化解矛盾纠纷

2017.07.12　B2头条　提升美丽指数——城厢区东海镇推进共建美丽乡村工作

2017.07.13　B2头条　一路美景伴客行

2017.07.19　B2头条　校园聚力创文明——城厢区教育系统多项举措助推“创城”

2017.07.25　B1头条　传递爱心　扶志助学

2017.07.26　B2头条　党建引领促发展——灵川镇党员一线服务推进项目征迁提速

2017.07.31　A4专版　美丽莆田我先行　服务大局谱新篇——城厢区组织工作为“打造人文宜居新城厢　建设美丽莆田先行区”提供坚强保障

2017.08.02　B2头条　绿色产业正崛起——城厢区大力推动绿色发展

2017.08.04　A2头条　“光盘行动”让餐桌更文明城厢大力倡导勤俭节约反对铺张浪费

2017.08.09　B2头条　让鞋业走得更远——城厢区促进企业转型升级

2017.08.16　B2头条　布天网　搭平台　集资源——城厢区多措并举推进社会治理

2017.08.17　B3头条　旧门牌升级共享“智慧城市”——城厢区地址二维码工作将于8月底全面完成

2017.08.23　B2头条　让违建无处藏身——城厢区“两违”综合治理侧记

2017.08.30　B2头条　服务架起连心桥——城厢区扎实推进在职党员进社区志愿服务活动侧记

2017.09.06　B2头条　文化育检　文化树人——城厢区检察院打造特色文化建设侧记

2017.09.13　B2头条　主动作为全力攻坚——华亭镇多措并举　促项目提速增效

2017.09.18　A4专版　书写文明新答卷——城厢区常太镇纵深推进创城工作让群众更有幸福感

2017.09.20　A4头条　力推义务教育均衡发展——城厢区教育集团化办学模式成效显

2017.09.27　A4头条　美丽乡村醉游人——常太镇全力发展生态旅游

2017.10.11　B2头条　润物细无声——华亭镇大力推进　家风家训建设

2017.10.18　B1头条　汲取前行力量　当标兵做表率——城厢区开展向廖俊波同志学习活动侧记

2017.10.23　B4头条　主动作为　砥砺前行——城厢公安分局推进改革创新成效显著

2017.10.24　B4专版　人文生态和谐　繁华美景兼得——城厢区龙桥街道多措并举持续推进经济社会发展

2017.10.25　B3头条　网上纵览天下客——城厢区打造电商小镇推动电商产业发展壮大

2017.11.01　B2头条　奏响法治乐章　共建和谐城厢——城厢区普法依法治理工作侧记

2017.11.08　A4头条　为了城市更美好——城厢区加强城市管理工作侧记

2017.11.15　B2头条　践行新理念　引领新作为——城厢深入学习贯彻党的十九大精神推进全年工作目标实现

2017.11.22　B2头条　党旗高扬新时代——城厢区多措并举大力推进主题党日活动

2017.11.29　B2头条　浓墨重彩绘新颜——记“第五届全国文明村镇”常太镇马院村

2017.12.06　B2头条　擦亮巡察利剑——城厢区开展巡察工作侧记

2017.12.13　B2头条　让群众享受便捷法律服务——城厢区开展一村一法律顾问工作侧记

2017.12.20　B2头条　让群众真正得实惠——凤凰山街道在全市率先试行公益早教侧记

2017.12.27　B2头条　抢占创新高点　引领企业发展——城厢区多措并举推进产业转型升级

2017.12.30　A1图文　打通致富路——城厢区灵华线公路施工现场探访

（梁亦娴）

索引

说　明

一、本索引采用主题词分析法，按主题词首字汉语拼音字母顺序排列。

二、类目、分目标题用黑体字。“特载”“专辑”“大事记” “人物 名录”“附录”等类目文件夹内容及“工作概况”条目不作索引。

三、索引主题词后的数字表示页码，数字后的a、b、c表示栏别左中右。

四、空一字起排的款目为上一主题的说明项。

A

B

C

D

E

F

G

H

J

K

L

M

N

P

Q

R

S

T

W

X

Y

Z

图书在版编目（CIP）数据

城厢年鉴. 2018 / 城厢区地方志编纂委员会编. --
北京：方志出版社， 2018.12
ISBN 978-7-5144-3517-7

Ⅰ. ①城… Ⅱ. ①城… Ⅲ. ①区（城市）—莆田—2018
—年鉴 Ⅳ. ①Z525.74

中国版本图书馆CIP数据核字（2019）第011028号

城厢年鉴2018

编　　者：城厢区地方志编纂委员会
责任编辑：黄　彦

出 版 人：冀祥德
出 版 者：方志出版社
地址　北京市朝阳区潘家园东里 9 号（国家方志馆 4 层）
邮编　100021
网址　http://www.fzph.org
发　　行：方志出版社图书经销中心
电话（010）67110500
经　　销：各地新华书店
印　　刷：福州锦星元印务有限公司

开　　本：889 x 1194　　1/16
印　　张：20　　**插　　页**：20
字　　数：546千字
版　　次：2018年12月第1版　　2018年12月第1次印刷

ISBN 978-7-5144-3517-7　　定价：260.00元